KAREN L. KING

WHAT IS
GNOSTICISM

何为
灵知派

[美] 凯伦·L.金 —————— 著　　张湛 —————— 译

上海书店出版社
SHANGHAI BOOKSTORE PUBLISHING HOUSE

前　　言

　　史学家正在重写最早期的基督教史，这要部分地依赖新发现的纸草文献，这些文献中包括大量以前不知道的早期基督教文本。我们不但有了新发现，而且在处理这些材料时也遇到了新问题。多元化、殖民化、差异化、边缘化这些论题频率越来越高地出现在我们的学术讨论中。专家们开发新方法，并探讨过去的理论范式与理论框架。眼下我们只能概览一下对早期基督教史的叙述。但新发现至少确证了一点：早期基督教变化多端、形式多样，超出一个世纪前任何人的想象。而且，史学家将不得不撰写这样一个故事：在这个故事中，基督教战胜了异教文化，但基督教对犹太教的取代不再具有确定无疑的历史背景；在这个故事中，妇女扮演了积极角色。

　　现存的古代文献表明，1世纪的基督教深刻地卷入了一些基本论题的争论，比如耶稣的教义、他的死的意义、妇女的角色、理想社会的意象，等等。不过，当这些争论出现时，没有一个适当的结构来决定谁对谁错——没有《新约》正典，没有《尼西亚信经》，没有固化的僧侣领导层，没有教皇。早期基督教史既是关于这些争论的历史，也是对创始这些评判体系的描述。

我的兴趣,首先是早期基督教的身份塑造以及对这些分析的当前学术分类的批判,很大程度上是通过对灵知派这一异端的研究形成的。灵知派,据说出现于古代地中海地区希腊和罗马的殖民地世界,无论在古代还是当代语境中都是通过差异和边缘来定义的。灵知派被称作异端的、融合的、东方的、激进的、忤逆的和寄生的。本书既不提供一个对所有归属灵知派的集团、文本和观念的描述,也不是对20世纪灵知派研究的一个巨细无遗的报道。本书从属于一个更大的计划,这就是通过检查现代文献史学如何一步一步地发明出了一种新宗教即灵知派来重写基督教史——这个灵知派出自早期基督教论辩而贯穿于后启蒙时代的历史决定论、殖民主义和生存论现象学。

这本书还有一个目的,就是要确定在哪些地方,那些在与古代异端的斗争中形成的假定在当代文献史学方法中仍然起作用。尤其是有关纯洁、起源、本质的那些建构,在其中,差异被看作分裂,混合被看作污染,变革被看作离经叛道。我以为,这些假定不止被卷入了学术方法,而且在我们今天这个时代,这些假定也继续支持身份政治的宗教规范与宗教行为的特定观念。作为一个研究古代世界的史学家,我也担心当前对灵知派的理解歪曲了我们对古代文本的解读,把对早期基督教史的解释过于简单化了,为神学思考而滥用了历史材料。问一问"什么是灵知派?"有助于消除上述问题,并为古代基督教研究和当代身份政治的动力学研究打开新视界。

这本书的酝酿至少有二十年。其间我曾与大批同事、朋友、学生交谈,我从他们的批评和鼓励中获益良多。我愿表达我的感激之情,尽管无法一一列举他们的姓名。我要向一些同事和机构表示诚挚的谢意,他们使我可以在不同场合提出初步设想:加斯东学术研讨会(俄勒冈大学,尤金);安嫩伯格学院(费城);古代和基督教研究所(克莱蒙特,加利福尼亚州);亨廷顿图书馆妇女研究讨论班(帕萨迪纳,加利福尼亚州);哈佛大学神学院(剑桥,马萨诸塞州);"公共生活中的宗教"研究中心(哈特福德,康涅狄格州);1999年Showers基督宗教讲座(印第安纳波利斯大学,印第安纳州);Thomas L. King宗教研究讲座(沃什伯恩大学,托皮卡,堪萨斯州);Remsen Bird讲座(西方学院,洛杉矶,加利福尼亚州);科普特研究第5届国际会议(1992,美国天主教大学,华盛顿特区);国际宗教史联合会会议[罗马(1990)和墨西哥城(1995)];北美教父学协会全会发言(芝加哥,伊利诺伊州);《圣经》文学协会及美国宗教学会的各种会议,在1998年美国宗教学会地区会议全体会议上的发言,以及1999年应邀在《圣经》文学协会上的演讲(赫尔辛基和拉赫蒂,芬兰)。

我有些论点的早期版本出现在以下文章中:《翻译史:在后现代性中重订灵知派》,载《传统与翻译:宗教现象的跨文化可译性问题,卡斯滕·柯尔普六十五岁纪念文集》(柏林:沃尔特·德·格鲁伊特出版社,1994);《神话与起源上的阴谋》,载《重述基督教的起源:纪念伯顿·迈克学术研讨会》(哈里斯堡,宾夕法尼亚州:国际三一出版社,1996),以及《混合论策略与灵知派定义问题》,载《史学反思》,27.3(2001),461—479。

衷心感谢Tom Hall,他不辞辛劳编订全稿,他的聪慧和一丝不苟使我免于英语使用上的诸多不当。我也要感谢哈佛大学出版社编辑 Margaretta Fulton 的支持，感谢 Christine Thorsteinsson 的编辑工作。

我还要向我的同事们表达特别谢意，他们的反馈和鼓励不可或缺：Virginia Burrus、Anne McGuire、Patricia Cox Miller、Laura Nasrallah、Karen Jo Torjesen 及 Dale Wright。我对 Daniel Boyarin、Elaine Pagels、Elisabeth Schüssler Fiorenza 和 Hal Taussig 深表感激，他们提供了持续支持和有益批评，用自己宝贵的时间通读这个手稿的全部草稿。书稿未尽之处自然在我，但许多重要时刻，他们的帮助给了我力量。拳拳之心，殷殷深情，同事友谊对我最可宝贵。

目　　录

如果不假定一个开端，人什么也干不了。科学以精确著称，也不能不从一个假定的单元开始，必须在恒星的持续运转中固定一点，而他的恒星钟假定，在这一点上时间不存在。诗歌（科学不太精确的祖母）通常被认为是从半路开始的。但仔细想想，诗歌的做法与科学并无太大不同。科学也和往后数一样往前数，分其单元十亿份，尽管其时钟指针所指处没有时间，实际上却从中途开始。没有那么一种追溯可以把我们带到真实开端；无论我们的序曲发生在天上还是凡间，都不过是我们故事据以开始的预设事实的一片段。

——乔治·艾略特*《丹尼尔·德隆达》(1876)

---

* 乔治·艾略特(1819—1880)，英国女作家。《丹尼尔·德隆达》是她最后一部小说。——译者注

导　　论

　　1945年,埃及农民穆罕默德·阿里到拿戈·玛第镇附近的山中挖肥料,意外地发现一个陶罐。陶罐里是4世纪的纸草书籍,包括近46种不同作品,多数是此前不为人知的。其中有新的福音书,包括《多马福音》和《真理的福音》,讲述陌生的耶稣学说,不是从罪与赎来解释耶稣的死与复活,而是从战胜无知与痛苦的启明来解释;其中有宏伟的神话,讲解创世记的恶神创造世界和人类,这恶神试图控制人类的神性火花并将其拘囚在人此世的肉身中;其中有改邪归正的玛利亚的故事,她是上帝属灵的门徒和领袖,也作为上帝的女性形象。

　　几乎从一开始,这一发现就被称作灵知派文库。但什么是灵知派?尽管学者们付出了巨大努力来确定灵知派的起源和发展,界划其背景和出处,并定义其本质,但在以上任何一个问题上都没能确立共识。新文献的发现使局面更趋恶化,这些新文献对最底限地定义灵知派的一些基本要素提出了严重挑战。[1]专家们越来越认识到,要解释新的文本资料,以前对灵知派的定义是不充分的,除非对这些资料做严重歪曲。

　　定义灵知派为什么这么难?这个问题,我认为,是对雄辩术语和历史实体的混淆。如果我们指的是某种具有单一来源和一系列明确特征的古代宗教实体,那么,以前和现在都不存在灵知派这么一个东西。毋宁说,灵知派这个术语,是在现代早期为了界定规范性的基督教而发明出来的。尽管它已经逐渐被错误地思考为一种特殊的基督教异端甚至一种实实在在的宗教。而图书馆里充斥着描述它基本教义的书籍,讨论它的起源,研究它的历史。

不过,如果说在古代并无一种叫做灵知派的宗教,我们仍需解释古代辩论家描述的所有观念、作品、人物和实践,更不用说在拿戈·玛第和其他地方发现的文本。它们如果不是灵知派,那是什么? 我们如何历史地安置并解释它们?

有人通过完全绕开定义任务(至少是年代问题)来回应这一挑战。对这种普遍情绪,沙勒姆概括说,"在我们这个时代,灵知派研究已经进入了一个新阶段,但离有信心建立有效的归纳尚相距遥远。这主要归因于流行的假设皆基础薄弱。对我来说,最需要的是仔细分析那些可能据以建立普遍结论的东西"[2]。实际上,归纳必须基于对一手材料详尽精审的研究,以防浮皮潦草、主观武断和以偏概全。当这些研究推进到这种地步,就可以审慎地终止这一术语(以及与之相关的定义和分类)的使用,因为此时对灵知派的归纳已经显得事与愿违了。

然而,学者们还没有发现可以完全消除这一术语的可能。尽管我们试图指出以前灵知派定义的不足,但很难想象我们可以完全抛开这一术语。[3] 主要原因是,这一术语似乎依然承担着不可或缺的思想工作。但是,灵知派到底承担着什么工作？是什么问题或解释框架需要它？

　　最初的洞见非常简单：灵知派的定义问题首先与规范性基督教的身份有关。灵知派主要是，在与对正统基督教变化多端的理解的关系中，作为异端他者被构建出来的。这意味着，对灵知派的现代史学构建，反映出伊里奈乌和德尔图良所使用的诸多特点和策略，他们是构建异端的早期基督教辩论者。尽管这两个构建完全不同，但异端话题与灵知派特征描述之间的连续性显而易见。这既适用于对灵知派的类型学定义，也适用于通过查明其来源追寻其发展从而历史学地定义灵知派的努力。[4]实际上，主要是出于保卫规范性基督教的护教目的，作为一个范畴的灵知派才完全清晰起来。

　　正如在自我与他者（如公民/外国人、希腊人/野蛮人、犹太人/外邦人、基督徒/异教徒）这类相比对的二元范畴中，他者只有通过与自我的对照才能获得它的存在和身份。当试图理解那些他者巨大的社会和文化多样性，这些范畴完全不够，因为它们是被发明出来的，并不能充分恰当地处理它们所包含的团体与素材，而是要满足界定自我的需要。这样，灵知派范畴是通过关于正统与异端的基督教话题而产生的。结果就是一个人造实体的出现，通过把异教研究话题的要素应用到被归拢在灵知派这个名目下的历史素材上，这个人造实体实现了它的实体化。于是，灵知派被归为一种边缘的、偏执的、秘传的、神话的、融合的、寄生的、东方的宗教，以对应主流的、真正的、种族的、历史的、理性的或普遍的宗教，比如正统基督教。这种特征描述对于宗教辩论的政策比对史学研究更有用。

　　只要灵知派范畴继续作为正统基督教的异端他者来使

用,那么对一手材料的解释和史学重建,它就是不够的。尽管
我完全赞同这一主张,即灵知派是一个无用的虚构的雄辩术
构建——正如犹太教、基督教、东方宗教或其他宗教身份术
语——我并不把这一术语放进引号中,这是很多其他学者慢
慢形成的习惯。实际上,"宗教"这个术语本身就是一个构建,
服务于一系列的论证和雄辩目的。[5]这同样也适用于各类其
他武断的范畴,比如正统与异端。对于任何这类术语,有意思
的不在于它们是人工的构建,而在于它们是怎样和出于什么
目的而被构建出来的。

4　　　　在这本书中,我将依次分析 20 世纪的灵知派研究,以说
明这些研究在何处和怎样卷入了古代基督教关于正统和异端
的讨论,并拆解这些研究。这个设想包含对框架、方法和范畴
的再检讨,这一再检讨不但是对灵知派的,而且在更一般意义
上,也适用于对古代环地中海地区宗教的研究(更多有关本书
使用的方法,参见书后"对方法的注释")。

　　　　本书通篇质疑当前灵知派定义的适当,不过我仍然使用
这一术语。这样做可能会给读者带来一些困难。只要记住,
在本书中,我不把灵知派看作一种古代宗教甚或古代的一系
团体或素材,而是把它看作一个成问题的有待重新评估的术
语,那么这些困难就可以在某种程度上得到消除。出于这一
有限目的,我将给出 20 世纪文献史学中所使用的灵知派的
定义。

　　　　从史学上看,灵知派这个术语属于规范性基督教的身份
塑造这一话题,在使用上主要有以下指谓:

1. 所有早期基督教的变体,具有以下特点:对犹太教有极少或极反面的盗用;

2. 对纯基督教的外部玷污,或者是作为一种力量玷污了基督教(把灵知派看作独立宗教),或者是作为被玷污了的基督教的一种形式(这种情况下灵知派被理解作纯基督教的一种次级衍生物);

3. 据说是与这种被玷污了的基督教紧密相关的若干传统中的任何一种,不管它们是否包含清晰的基督教因素,比如赫尔墨斯学、柏拉图化的赛特派、曼达派、摩尼教、阿尔比派异端或者中世纪清洁派。

以下各章我要探讨的就是对灵知派的这些理解。

注　释

[1]　参看 Williams,*Rethinking Gnosticism*。

[2]　"Jaldabaoth Reconsidered",载 *Mléanges d'Histoire des Religions offert à Henri-Charles Puech*（Paris：Presses Universitaires de France,1974）,405。

[3]　见 M.Smith,"The History of the Term of Gnostikos",806—807。

[4]　虽然不好说所有学者都有这种叙事兴趣(H-M. Schenke 及 B. Layton 的著作是极好的反例),但说对灵知派的定义中充斥这种兴趣则是公正的。因而对灵知派的研究几乎不可避免地与各种辩护企图纠缠在一起。

[5]　参见 Asad,*Genealogies of Religion*。

第一章 为什么定义灵知派这么难？

　　gnosis（灵知）：古代灵知派信徒（Gnostics）所持信的关于属灵真理的密传知识，为拯救所必需。

　　gnostic（灵知派，灵知人）：一个信奉灵知派（gnosticism）的人。

　　gnosticism（灵知派，灵知主义）：确信物质邪恶并可通过灵知（gnosis）获得解放的各种教派的思想和实践，特别是在前基督教时代晚期和早期基督教时代。

——《韦氏新大学生词典》

　　对"灵知派"这个术语的定义，尽管韦氏词典做了相对轻松的处理，仍然是灵知派研究中最大的挑战之一。这个词在使用上如此宽泛如此意义不同，以至于在任何具体情况中通常很难分辨它的确切含义。实际上，灵知派不但被用来指称某种古代基督教的异端，而且在其他各种领域都有多种使用，包括哲学、文学研究、政治学、心理学。[1]它已经与佛教、虚无主义，以及进步党主义、实证主义、黑格尔主义、马克思主义这些现代运动联系在一起。[2]在荣格的集体无意识和原型理论中灵知主义起着关键作用。[3]在麦尔维尔(H. Melville)、达雷尔(L. Durrell)和珀西(W. Percy)的小说中也能看到灵知派主题。[4]文学批评家布鲁姆(H. Bloom)甚至构想了一部新的灵知派小说：《飞往路西菲尔：一部灵知派幻想》。

　　灵知派还宣称拥有当代的教会和实践者，特别是曼达派。曼达派作为一种独特的宗教传统，在底格里斯河和幼发拉底河之间存在了至少16个世纪，不过由于迫害和迁移，现在面临可悲的灭绝可能。[5]而且，在新时代运动的各团体中，灵知派也被特别地建立起来。[6]在西方学院 * 我的灵知派研究班上，有个参加洛杉矶灵知派教会的学生，为了加深对这个传统的了解来听课，正如其他学生可能希望多了解一些他们自身的传统一样。而所有这些不过是当代灵知派的冰山一角。

　　然而，无处不在并非是清晰定义灵知派中的唯一问题。即使我们把讨论限定在1至5世纪的古代地中海地区，问题依然没法解决。[7]实际上，从近来的努力中并未得出被普遍接受的共识，这些努力包括定义灵知派、归纳其性质本质、列举其本质特征、确立其来源、追溯其发展。研究地中海地区历史的学者在基本论题上存在严重分歧。这个问题变得如此混乱、如此争议不断，以至于有人甚至建议完全取消这个术语而重新使用一个新范畴。[8]这一方案貌似简单，然而，除非基本论题得到解决，否则对新术语、新范畴的争论，即使以新的面貌出现，也将毫无疑问地和旧争论一样成问题。关键是我们要理解定义灵知派为什么这么难。

―――――――――

* 美国大学，在洛杉矶。――译者注

6

有一个时期，问题看起来似乎在于材料不足。直到晚近，有关古代灵知派的信息几乎完全来自它的诋毁者的著作，首先是基督教辩论家，他们写书，通过驳斥其他基督徒的观点来宣扬自己的神学观点。于是出现了一个被现代学者归为灵知派（既有还存活的，也有早就灭绝的团体）的作品的涌入。远至中国、埃及、伊朗和伊拉克的手卷被带到欧洲。最有意义的发现是1945年拿戈·玛第附近秘藏的纸草书籍。这些迷人的一手资料可能被期望能解决灵知派的定义问题，但实际上它们使这个问题更加恶化，它们使归为灵知派的已经宽泛多样的现象更加扩展了。通过循环论证，这一巨量资料似乎为灵知派的实际存在提供了无可辩驳的证据，这掩盖了它作为一个学术发明的本质。

这种种材料是怎样被归于灵知派这一单一名头之下的呢？[9]现代学者倾向于把一大批古代基督教辩论家作品中描述的古代人物、观念和文本归为一类。除了几个突出的例外，早期基督教辩论家并不把这些团体称作灵知派，而是把他们标示为异端。

雷顿（B. Layton）认为，1669 年，莫尔（H. More）最先使用"灵知派"（Gnosticism）一词，语境是新教的反天主教辩论。莫尔把天主教称作"古老可憎的灵知派的一点情趣"，一种把真正基督徒引向偶像崇拜的虚假预言。[10]他可能是依据 2 世纪里昂的伊里奈乌一部作品的题目造作了这个术语，这部作品即《揭露并驳斥冒称的"知识"》（通常称作《驳异端》）。*Knowledge*（知识）一词译自希腊词 *gnosis*（灵知），不过在 Gnosticism（灵知派，灵知主义）中，它逐渐代表虚假的知识，简言之，代表异端。

　　早期基督徒把灵知派理解为一种特别的异端。现代学者一般把最早的各类基督教划分为三个范畴：犹太基督教、灵知派、正统派。第一家对犹太教挪用甚多并对其取非常肯定的态度；第二家对犹太教挪用甚少并对其取非常否定的态度。[11]正统派恰是适当的，处在两者之间，远离两者的危险。

　　灵知派作为一个范畴，担负重要的思想功能：界定规范性基督教的边界（特别是就犹太教来说）；通过把作为东方异端的灵知派与真正的西方宗教相对照推进殖民主义。而且，它提供了一个单一范畴，用来指谓广大范围的观念、文学作品、人物和团体。一些有名望的人对这个术语的重复强化了某种意义上的实在论，直到其存在看起来是不成问题的。

　　一旦灵知派被接受为一个抽象的历史现象，学者们就试图查明其来源，描述其学说的内容。古代基督教辩论家的作品培养了对单一起源的寻找，这个单一起源的基础是他们断言异端有一个作者，即撒旦，正如真理有一个作者，即上帝。学者们原则上接受，灵知派所有的多重表达可以追溯到一个单一起源，不过其在许多历史地点（比如犹太教或伊朗神话）寻找这一源头。由于学者们如此看重辩论家的描述，他们对灵知派的描述最终几乎完全使用辩论家的术语：真正的上帝并未创造世界与人类；《创世记》的世界创造者是个无知的妒忌的冒牌货；基督并没有真正地获得肉身并死亡，如此表现只是为了欺骗低等的上帝及其天使；人们应该爱精神而憎肉身，这种观点只能或者是导向对生命的一种错误的苦行拒斥，或者是导向对传统道德的一种放荡的蔑视。灵知派被不同地描述为：异己的叛军，虚无地反对他们时代肯定世界的价值观；

对经卷来说不道德的、亵渎的变态狂；个人主义的精英，认为他们在精神上高于任何其他人，因而不需要服从神父和主教。这些观念被理解为灵知派的存在标志。

新近，一些人赞赏灵知派，把他们看作具有如下特征（如汤姆·霍尔所说）：

> 正如反叛古典主义（正统派）的浪漫派一样，他们强调个人甚于强调群体；他们是自由主义者而非神圣的保守主义者；是贵格派和再洗礼派，不是罗马人或高圣公会。*他们是嬉皮士，不是公司经理；是属灵的人而非圣事圣礼的袭礼者；他们在启示中而不是在教会法令中看到拯救；他们是神恩的追寻者而非神恩的接受者；是信仰者的牧师而非牧师的信仰者。他们是理想主义者，不是教堂建造者；是为伊万·卡拉马佐夫**欢呼而非为他诗剧中的宗教大法官欢呼的人。[12]

---

*　贵格派是公谊会的别名，兴起于17世纪中期的英国基督教派。"贵格"是英语Quaker（颤抖者）的音译。贵格会没有成文的信经、教义，也没有圣礼和节日，强调直接依靠圣灵启示指导信徒宗教活动与社会生活，具有神秘主义色彩。再洗礼派是16世纪欧洲宗教改革时期新教中一些主张成人洗礼的激进派别的总称，认为原来教会的洗礼没有信心和圣灵的降临，信徒需要重新接受洗礼，有神秘主义倾向。圣公会高教会派，与低教会派区别，强调教会的权威和礼仪。——译者注

**　伊万·卡拉马佐夫是陀思妥耶夫斯基小说《卡拉马佐夫兄弟》里老卡拉马佐夫的次子，《宗教大法官》是小说中他创作的一部诗剧。故事大意是，耶稣基督突然现身人间行各种神迹，当时的宗教大法官把他抓起来，说你就是耶稣吧，你最好闭嘴。你把人类看得太高了，其实大部分人宁可要幸福的保证也不要自由的信仰，教会能满足人们这一需求。全剧耶稣不发一言，都是主教自白。最后主教还是把耶稣放了，没有烧死他。——译者注

然而，灵知派的这一肖像同样依赖辩论家的攻击——只是评价迥异。无论这些肖像引起的是钦佩还是谴责，它们都试图把辩论家的观点呈现为客观的历史。

这个范畴还有其他问题。一些据说是灵知派的观念，比如宇宙论上的二元论，在大量的非灵知派文献中也能找到，而在一些所谓的灵知派作品中则可能没有。这些文献经受得住将其神学多样性迫入舒适的范畴分类中的努力。这有点儿像一个儿童游戏，把正确的模型（圆柱体、正方体、四面体）放入正确的孔洞中。如果你没有与孔洞相配的积木，通过扩大孔洞或损削模块，你也可以让它们合适。但是，如果不对证据施加一定的暴力，你就不可能真正使不同形状的积木都适合同一个孔洞。

尽管学者们向这个主题贡献了大量精力，但在新文献和被辩论家归为异端的人物和团体之间，仍然无法建立起清晰的联系。材料的复杂多样使所有这些努力一团糟。问题如此艰深以至于灵知派团体的存在已经成了问题。有人认为，由于灵知派文本的内容太过纷纭，很可能并无一个具体的团体对应于这一名号。我们可能正在处理数目不详团体，它们彼此相异，需要区别对待。或者这一多样性显示灵知派思想如此"个性"和"反权威"，以至于排斥任何团体身份或组织。正如史密斯（J.Z. Smith）所说，我们可以把灵知派看作仅仅是"若干宗教传统中一种构造上的可能性"[13]。

这些思索直接导致（也许是直接来自）一个特别棘手而且也是被普遍认识到的问题：如果不问"谁是灵知派"，我们能回答"什么是灵知派"这一问题吗？

新抄本的发现带来了大量新信息,不过几乎只有一个种类:神话。尽管这些文本解说了大量原创类型,包括启示录、启示对话、福音书、赞美诗、祷辞等,内容首先使用神话语言表述,偶尔使用仪式语言。灵知派定义上的犹豫不决,直接与以下事实相关,即社会学信息缺乏,于是社会史思想史写作只能依赖神话学资源。[14]有关创作、阅读这些文本的个人和团体身份的直接信息,我们知道的很少。[15]我们只能推测它们不是出自个人神秘主义者,就是出自教派小团体,或者学校。年代同样难以确定,除了现存抄本的年代提供的终止期。我们真正拥有的来自古代辩论家和新文本的少量信息非常不足,而且一定已被辩论家和文本作者戴着辩论和兴趣的眼镜研读过了。[16]甚至宗教身份也是争论热点:他们是基督教异端?犹太教异端作品?柏拉图化哲学地下组织的证据?"异端""异端的""地下运动"意指什么?简言之,所有对现代文献史学来说最基本的信息遗失了或很少,这一缺乏,严重限制了我们对灵知派身份这一史学问题的回答。

确定如何依靠神话来写社会史,这在古代文献史学中真是一个最棘手的问题。尽管在神话和社会实践之间并无直接联系(即神话并不为行为提供规范,更不用说描述实际行为者),一个宇宙论神话(比如《约翰密传》,这是一部柏林抄本和拿戈·玛第抄本中都有的作品),确实提供了一个框架,在其中,实践和选择可以被定向并被赋予意义。这样一个框架将使某些实践比其他一些更容易发生。例如,通过把神呈现为强力的积极的女性形象,可以潜在地使女性胜任领导角色,不过这不能必然地证明她们在历史上确实做到过。要把可能性变成历史上的可能性，旁证是必要的。

　　而且，如特纳（V. Turner）提醒的，神话并不仅仅"被当做世俗行为的模范……接受奥秘者通过仪式和神话追求的，与其说是道德楷模，不如说是超越他以前地位的权力。尽管他知道他必须接受新地位的规范性限制"[17]。在《约翰密传》中，新地位的获得（通过洗礼和神话），包含对灵的接受，以及相应的摆脱伪灵羁绊的能力，伪灵通过非法统治、无知和痛苦拘囚灵魂。新地位通过洗礼和真知获得，这是关于世界和真正上帝的本性的真知。新地位带来道德自由和属灵权力。

　　这个新地位如何转化成实际行为是另一个问题。不过，有证据表明，有人使用《约翰密传》来修习符咒之术，用以控制身体，戒绝性欲，追求不动心——一种欲、苦、怒、妒、贪被彻底戒除的状态。这样，我们可以钻研一篇像《约翰密传》这样的文本，来考察它如何评价那个时代的文化价值。[18]如果考虑到通常有关"灵知派叛乱"的陈词滥调，足以令人惊奇的是，伴随着对他们倒错行为的辛辣批判，《约翰密传》表现出对时代文化价值的强烈认同。[19]他们的态度更多是理想主义和乌托邦的，而较少是"反叛的"。

　　因此，尽管在使用神话来描述社会实践或构建团体历史时存在确定无疑的限制，但在以下方面，神话仍然可以是迷人的指示物：面对某些行为人们如何取向，这些行为是怎样被概念化的，意义和归属感的模式是怎样建立起来的。

　　在19、20世纪学术中，对灵知派的定义是由两个方法主导的：（1）确定其历史起源及其谱系学发展；（2）并从类型学上建立其本质特征。

第一个方法把起源和本质联系起来,认为如果能确定一个具体现象的起源地,那么我们就已经对其本质特征、意义和历史有所了解。阿道夫·冯·哈纳克是这条进路一个很好的例子,我们将在第三章做详细解释。他在耶稣教义最早和最纯正的形式中确定基督教的本质。当这一纯正形式被希腊宗教和思想的影响污染时,灵知派就兴起了。哈纳克相信,展现这一历史过程,可以使基督教信仰在起源上的纯正性在他自己的神学中重现出来。在这儿,本质与起源一致,发展被看作衰退和歪曲的过程。

而汉斯·约纳斯否认这一主张——把作为基督教的污染物的灵知派的起源置于一个单一的历史地点,相反,他认为灵知派作为一种独立宗教同时兴起于广大的古代地中海各地区。不过,他也把起源等同于本质。他主张,尽管灵知派披着古代外衣,但它是从人类异化的生存体验中兴起的,因而是每个时代都存在的一种可能性。约纳斯的理解,属于他那个时代德国思想圈中去除《圣经》神话色彩的方法,容许把一个现象的本质从其历史表述的具体性中抽象出来。不过,本质与起源相符的观念,对约纳斯的灵知派定义依然是基本的。

尽管哈纳克与约纳斯对灵知派起源问题的解决是对立的,但他们都假定,确定了灵知派的起源同时也就确定了其本质和意义。这一共同假定已被新材料完全驳倒。这部分地是因为归在这一简要名称下的材料五花八门,部分地是因为历史研究既无法假定纯正的起源也无法确定本质。为基督教确定一个本源的、纯正的形式,说明异教污染的过程,或者在形

12

形色色的材料中发现生存上的异化，完全不像哈纳克和约纳斯设想得那么简单。即使可能，结果也靠不住，正如 G.艾略特的精彩说明："没有那么一种追溯可以把我们带到真实开端；无论我们的序曲发生在天上还是凡间，都不过是我们故事据以开始的预设事实的一片段。"历史学只能在差异中追溯连续性，历史学家只能试探性地把某一现象的起源设定为此连续性中的某点差异。历史学上的差异从来不是一个关于纯正和本质的问题，而是在不断摇摆的史学立场中产生的关系可能性的一种因变量。

第二种主要进路即类型学，使用基于归纳推理的现象学方法，这种归纳推理来自对一手材料所做的文学分析。通过列举所有归于灵知派的现象所共有的本质特征，来定义灵知派。这一方法造诣最深的实践者是约纳斯。他最大的贡献是把关于灵知派的讨论从谱系学转到了类型学。相对于通过精确确定异端从哪儿和怎样背离了真正本源的基督教来定义灵知派，约纳斯通过列举一系列抽象的规定性特征来界定本质。

可惜，仔细的文本研究让学者们对由约纳斯和其他人建立的标准类型学的所有要素提出了质疑。特别是，专家们对灵知派作为激进二元论反宇宙主义传统的陈词滥调提出了挑战，这种观点认为这种传统只能产生两种极端的道德可能性：或者是对任何肉欲和世俗污染的戒除（通常被漫画为对身体和世界的憎恶），或者是嘲弄所有道德行为规范的堕落的放荡。实际上，这些文本显示出形形色色的宇宙论立场，不但有反宇宙的二元论，也有二元论的温和形式，即先验论，而且，最令人吃惊的，既有激进的一元论，也有温和的一元论。文本的大部分显示出苦修倾向，与 2—5 世纪广泛的虔敬思潮一致。其中一些主张婚姻的正当，攻击人类的贪婪和性上的不道德，提倡比如自我控制和正义这样的德行，这也是他们那个时代共同的道德论题。并没有发现支持放荡的文章。当然也可能有这种文章，但还没发现。

类型学定义的问题，部分地同样在于五花八门；部分地在于对古代反灵知派辩论家观点无批判的挪用，例如，把不虔诚作为灵知派的本质特征之一。然而，更大的绊脚石是观念与实践相连。去神话（demythologizing）的前提是，现象的本质可以从其"壳"中被抽取或移走。不过，这一观点，不再能够站得住脚。意义和表述不可分割地结合在一起，而且意义本身是地方性的、具体的，是神话或象征在实践中的实际展开中社会化地建立起来的。在这儿，我们又碰到了那些界限，即关于灵知派神话如何在实践中起作用，什么是可以知道的，什么是不可以知道的。承认这些界限对于控制史学想象是必要的。而且，思想与实践、本质与形式间的现象学区分预设了一个站不住脚的二元论认识论。像布迪厄（P.Bourdieu）这样的社会学家的作品清楚地表明，思想也是一种实践，社会意识形态的系统表述与社会关系、经济、政治有着实践联系。对一种象征的再现、以新方式讲老故事，它自身就产生实践的社会效果。在对古代文本的解读中，我们不应将其内容本质化，而应询问它们在实践中起什么作用，目标是谁。

灵知派定义最根本的问题可能是这些定义自身的性质。定义灵知派，无论是历史—谱系学（起源）的定义还是类型学的定义，取的都是本质主义进路。用艾贝尔森（R.Abelson）的

14

说法,它们假定定义提供"精确和严格的知识","为目的提供有关它们对象的描述性信息",并"为被定义事物提供因果解释"。[20]因而,"体系化的分类与理论解释是一回事"。[21]

雷顿(B.Layton)新近为灵知派定义引入了一种新的唯名论(nominalism)进路。唯名论,用艾贝尔森的话说,是"通过使已有概念接受可观察可测量的定义还原的检验,清除和避免两可、含混、晦涩语言的方法"。[22]唯名论(形式主义)观点进一步认为,定义之所以有用,首先因为它是一种经济节约的速记法。

雷顿从确定"gnostic"和"gnostics"在希腊语文本中用以指称具体社会团体的情况开始。从这一严格的文献学出发点,他发展了一套方法,来确定"其他可以被看作灵知派并可以加入灵知派资料库的非宗派文本材料"。"Gnosticism"就指这些清晰界划的材料。[23]

对于定义灵知派,无论本质主义进路还是唯名论进路,都有利有弊。前者通过指出源始意义是真正意义或通过界划一套固定的本质特征,希望策略地稳定这些定义,但这些定义同时倾向于把历史材料物化为静止的和人造的实体,遮蔽了定义灵知派的论辩功能和意识形态功能。而且,只要对起源的确定是笼统的、模糊的、不精确的,那么这个词的意义也是如此。本质主义进路无法解决归于灵知派的现象的多样性;没有一个定义,没有一个对起源问题的解答,没有一套类型学的范畴能满足需要。

唯名论对于术语的明晰特别有用,这一进路倾向"把定义还原为对语言行为的历史报道"或者从语言行为中找出归纳性范畴。在对一项历史记录的要素作武断的范畴命名之外，另有一些现象的**意义**，很有必要以这种方式进行探索。[24]尽管范畴化是定义的一种形态，雷顿的定义事实上把大多数已归为灵知派的现象从灵知派范畴中剔除出去了。这表明了一种需要，即对被排除的资料再进行范畴化。实际上雷顿的著作指明的恰是这样一种替代的范畴化。[25]更严重的困难在于，雷顿的唯名论进路需要有追加的方法来建立更大的语境，在其中意义得以探讨，因而与起源论和类型学的本质主义进路兼容。就是说，我们最后又回到了出发的地方。

这些观察留给我们什么？任何定义，只要它注意了一组现象的某些方面或特征而忽略或隐藏了其他的方面特征，都是有局限性的。定义倾向于产生静态物化的实体，而隐藏定义构造者的辩论和意识形态兴趣。灵知派通常更多地是被处理作一种历史实体而不是一个定义范畴，没有谁比灵知派更全面地获得了这种物化。但是，尽管有这些重要限制，完全放弃定义也是不可能的。

艾贝尔森认识到这些困难，他提供了一个有益的建议，他称作定义的"实用主义—上下文主义进路"。在这一方法中，**定义是就其被设计的目的而被塑造和被评估的**。他写道：

> 当且仅当定义能满它所意求的目的时，定义才是好的。因而，对一个定义的评估需从确定定义的要点或目的开始，而这要求了解定义的需求所从出的论证环境……在一个或好或坏的定义提供的评判标准的明晰性中，能发现对定义本性的任何解释的实践价值……定义

中要宣布的东西随着定义的目的而变化。[26]

因为定义以及决定其充分程度的标准随目的和论证环境而变化，**定义被看作是因时而变和因地而变的**。[27]从这个角度看，定义被看作是历史学家工具箱里的一件思想工具。每件工具都是为适合某些具体任务而制作的，工具的临时性与此相连；而工具的合用程度是由它完成既定工作的能力决定的。认识到定义是因地而变的，要求分析定义在其中被构造被使用的论证环境，包括分析谁使用这一定义、目的何在、符合谁的利益。

艾贝尔森的进路立刻显示出灵知派定义如此混乱的首要原因。问题主要出在学者们并未搞清我们研究灵知派时我们想要知道的是什么。多数史学讨论的本性，假定"过去"是已定的，现在的任务不过是把它揭示出来。比如，依据既有的标准通过史学方法的锤炼把灵知派重现出来。一旦灵知派成为对象而某些已有的原始材料比如纸草抄本归到了它名下，把灵知派从过去揭示出来就成为可能。在这种状态下，历史学家想要知道的是过去的真相，真实的过去，本然的过去。以20世纪早期宗教历史学家波赛特（W. Bousset）为例，他宣称：

> 事件真实的历史过程通常更怪异、更多变，比事先提出的理论要丰富。宗教史领域的成果当然不是从预设的理论发展起来的，而是在事实的压迫下被塑造出来的。没有比通过艰苦的劳作让事实自己说话更好的了。因而关于理论的争论将被自身扫除并走向终结。在眼下这部

书里我是否成功做到了让事实说话和接近了事件的真实
过程,应该受到那些以评判为职业的评判者的评判。[28]

对任何"预设理论"的回避和对"事实的压迫"的呼唤以及
专业的训练,使对波赛特在解释灵知派时可能具有的目的反
思或表述变得不可能了。[29]是事实在说话,而不是历史学家
(假定他做对了工作),但今天研究灵知派的史学家,几乎没人
会下此大胆断语,因为现在的历史学家认识到和承认,我们所
问问题是史学重建结果的重要决定因素。不过,一向欠缺对
定义灵知派的目的的明确讨论,表明对"过去"的客体化倾向
仍然在起作用。

问题不在于用定义来阐明一个东西是否合适,所有灵知
派定义都与辩论和意识形态实践结合在一起这一事实**就其自
身来说**是不接受批判的。摆脱实践世界及其策略,既不可能
也不可取。实践领域是所有人类以这种或那种方式居住其中
的社会世界。问题在于,有没有可能对定义给出批判性评估。
当我们把定义看作是因时因地变化的,其辩论使用和意识形
态使用就变得很明显,比可能的本质化定义更容易分析和评
估。为了提供适当的灵知派定义,我们必须清晰地确定定义
的目的,并为定义的好坏、充分与否的判断提供标准。[30]

在为历史研究完成定义任务中,关键是不去物化定义,对
定义的物化是通过把只在我们(目前)讨论中(过去)的事实归
于定义,或者更确切地说,通过把起实践决定者功能的能力归
于定义而实现的。[31]例如,我们经常听说正统派的许多要素,
包括使徒统绪的教义、正典的形成、信仰的排他法则,是在对

17

灵知派造成的威胁的回应中形成的。[32]在这个模型中，灵知派引起了"教会"的回应，这被理解为正统派基本要素得以发展的直接原因。灵知派，一个学者的构造物，被发明出来去定义大量古代材料共有的起源和本质特征，在这儿，变成了在历史和动因事件中起作用的实体。把这个术语理解为一个临时性的范畴，有助于避免这种歪曲。

艾贝尔森实用主义—上下文主义进路不但有助于为将来定义灵知派规划方向，也有助于解释那个造成了当前某些困扰的决定性困难。我们面临问题的一个源头可能是：我们希望确定一个单一的灵知派定义来满足这个术语被赋予的多种目的。

当定义灵知派从根本上被理解为这样一项任务，即为早期基督教异端的一种主要类型提炼知识，就会清楚谁想知道、想知道什么，以及为什么：基督教辩论家希望他们的读者知道在什么地方欺骗把人们引离了真理，以便帮助他们避免谬误。在基督教史学家中，这些动机曾经并且依然十分强烈。实际上，灵知派是一种异端这一基本和流行的认识，依然是灵知派定义方式的关键因素和定义的实际内容。这等于说，灵知派的定义问题曾经是并将继续是——主要是——界定和维持一个规范性基督教的持续方案的一个方面。[33]

既然定义灵知派主要仍然是为了确定基督教的历史身份，那么它的用途与定义异端的用途并无二致。异端是一个非常高明的范畴，用途是区分信仰和行为的对错，界定内外界限，建立权威的清晰边界。灵知派通常起的正是这些作用。它标志错误、异端、分裂，还有威胁、反常、秘传和秘密。

　　然而,在 20 世纪,灵知派慢慢开始满足许多其他用途。对于哲学家约纳斯来说,它标志的是人类异化史的一幕。对于历史学家雷顿,它确定重建一个古代宗教团体的材料。心理学和文学研究用它来指神秘原型或二元论主题。很明显,对如此不同的用途使用同一个术语,这让清晰地定义灵知派复杂得难以置信了。

19　　　那么我们希望从灵知派研究得到什么? 基督教的所有变体? 为什么? 为当代神学思索提供更多选项? 通过展现规范性基督教的特有结构和传统的优越性而把它置于坚实的历史基础之上? 使当代基督教(女性主义、自由主义、福音派)定义规则和实践的变化合法化? 把灵知派现象理解作人类宗教经验的范本,因而看作我们自身的可能性? 徒劳无功地探究人类思想的深度? 或者是一项颇受局限的任务? 辨别出了一个自我确认的团体和一个文本材料的复合体? 阐明古代文献中晦涩段落的意义?

　　我在本书中的目的是思索早期基督教辩论家关于正统异端的讨论与关于灵知派的 20 世纪学术是怎么纠缠到一起的,以显示这一纠缠是在哪里和怎样歪曲了我们对古代文本的分析。攸关的不只是写一部更准确更全面的古代基督教史的能力,而且是以我们的这种能力:批判地介入关于宗教差异的古代政治,而不是不知不觉地重新创造其策略和后果。

　　[本章部分早期草稿曾于 1999 年在芬兰赫尔辛基及拉赫蒂召开的国际《圣经》文学协会(SBL)会议上宣读过。]

注 释

[1] 见 Chadwick，*The Early Church*，32—41。有关灵知派与当代文化进一步的一般讨论，见 Filoramo，"Gnosis and Modern Culture"（载 A *History of Gnosticism* xiii—xviii）；R. Smith，"Afterword：The Modern Relevance of Gnosticism"；Perkins，"Epilogue：Gnosis and the Modern Spirit"（载 *The Gnostic Dialogue*，205—217）；以及 Segal，The *Allure of Gnosticism*。

[2] 见 Conze，"Buddhism and Gnosticism"；Kenneth O'Neill，"Parallels to Gnosticism in Pure Land Buddhism"（载 Segal，*The Allure of Gnosticism*，190—198）；Hans Jonas，"Epilogue：Gnosticism，Existentialism，and Nihilism"（载 *The Gnostic Religion*，320—340）；Voegelin，*Science*，*Politics and Gnosticism*。

[3] 参见 Segal 编的一个荣格选集，*The Gnostic Jung*。

[4] Brooks，"Walter Percy and Modern Gnosticism"，参见 Perkins 在 *The Gnostic Dialogue* 第 207—211 页中的讨论。

[5] 见 Buckley，"With the Mandaceans in Iran"及 *The Mandaeans*；Lupieri，*The Mandaeans*，3—5。

[6] 见 R. Smith，"The Revival of Ancient Gnosis"以及 *Gnosis* 杂志。

[7] 见 Wilson 在"Slippery Words"一文中的概括讨论。

[8] 例如 Williams，Michael，他建议使用"《圣经》德牧革的"（*Rethinking Gnosticism*，265）这一用法。Williams 详尽论述了在好几种重大情况下灵知派这一范畴都是成问题的，但他并没问这个范畴为什么和怎样变得如此成问题，以及为什么甚至在普遍认识到这一问题后人们依然使用这一范畴。

[9] 这一敏锐问题，我要感谢 Karen Torjesen。

[10] 见 Layton，"Prolegomena"，348—349。

[11] 还有一些被当代教会史家认作古代异端的现象，那些认为这些

现象并无根本错误的学者对它们的处理就与对这两者的处理不同。比如 Casey,认为区别以下两种异端很重要:一种"改变了基督教思想的表层却并未改变其基本结构"(比如撒伯流主义、多纳图主义、阿里乌主义);一种则意味着"对结构的根本转变"(他举了马西昂派、瓦伦廷派和摩尼教的例子),参见 Casey,"The Study of Gnosticism", 58。

[12]　私人通信,2002.3.7。

[13]　Jonathan Z. Smith, *Map Is Not Territory*, 151,注 12。

[14]　见 Rudolph,"Das Problem einer Soziologie"。

[15]　Layton 的 *The Gnostic Scriptures* 对有关可用信息有很好的概述,特别是他在每部分开头撰写的"Historical Introduction"。

[16]　例如,对瓦伦廷、巴西利德、以西多和西门派(译者按:拜行邪术的西门的派别)的谴责(*Test Truth* 56.2—5;57.6—8;58.2—3);认为 *Gos Truth* 可能出自瓦伦廷之手(见 Irenaeus, *AgHer* 3.11.9;van Unnik,"The 'Gospel of Truth' and the New Testament",90—97);纸草纸做的皮书套内衬上的日期和名字,至少显示了某些拿戈·玛第抄本(Ⅰ、Ⅵ、Ⅶ、ⅩⅠ)与当地帕克米乌(Pachomius)隐修院之间的关系(参见 Barns 等, *Greek and Coptic Papyri*, Ⅱ;Goehring, *Ascetics*, *Society and the Desert*, 173—179)。

[17]　V. Turner,"Myth and Symbol", 577.

[18]　Turner 强调,神话提供了一种阈限,可以被看作是"从社会行为规范态回撤的一种时空",因而"神话可以潜在地被看作是对它所从出的核心价值和文化规范的一个仔细考察的阶段"。V. Turner, *The Ritual Process*, 167.

[19]　比如,V. Turner 指出:"通过把卑贱变高贵和把高贵变卑贱,它们(地位倒转的仪式)重新确证了等级秩序。通过对高贵行为的矮化模仿(漫画化),通过对傲慢者的举措进行抑制,他们强化了不

同社会阶层之间固有日常文化行为的合理性。"(*The Ritual Process*，176)这一观点引发我们质疑如下假定的恰当性，即认为应把 *Apocryphon of John* 神话中的"倒转"(比如众神与人类的相对地位)看作对神的不敬而不是看作对社会价值的强调——而这个社会价值是由对权力关系的某种社会批判(即"对傲慢者的举措进行抑制")所伴随的。

[20] 对定义中所含哲学问题的一个简短讨论，见 Abelson，"Definition"，314—324；on essentialism，314—317。

[21] 见 Abelson，"Definition"，316。

[22] Ibid.，318.

[23] Layton，"Prolegomena"，340—341。用 Layton 的话说，"'灵知派'因而意指只是基于这些材料的一个归纳性范畴"(343)。

[24] 见 Abelson，"Definition"，321。

[25] 参见比如，Layton 在 *The Gnostic Scriptures* 中把原始材料分为"经典灵知派经文"(赛特派)、"瓦伦廷"与"瓦伦廷派"、"圣多马学派"以及"其他早期思潮"(包括巴西利德和赫尔墨斯文集)。

[26] Abelson，"Definition"，322. Abelson 列举了定义中通常使用的经验法则：

(1) 定义应该给出被定义事物的本质或本性，而不是其偶然属性。

(2) 定义应该给出被定义事物的属和种差。

(3) 不可同义反复。

(4) 定义应简洁。

(5) 不可使用比喻来定义。

(6) 不可使用否定词或关联词来定义(如，不能用南的反向来定义北，不能把父母定义为有孩子的人)(Abelson，"定义"，322)。

见 Abelson 对这些"经验法则"的批判，322—323。

[27]　临时性或暂时性指出了定义的这样一种性质,即无法完全用绝对的(更不用说客观的)术语来描述一个现象。任何定义都采取、复制一种立场并由这一立场构成,而定义就是从这一立场引出的。任何客观性都以安置主客关系的方式采取了一种定位(位置性)。见 Bourdieu, *The Logic of Practice*, 30—41。

[28]　*Kyrios Christos*, 22.

[29]　用 Bousset 的话讲,专家是"那些呼唤事情真相的人"(*Kyrios Christos*, 22);参见 Schüssler Fiorenza 的批判,Fiorenza 指出,学术联谊会"不仅是个学术研究团体,也是一个权威团体。他们拥有权力去排斥谁欢迎谁、去认识并界定'真正的学术'承传了什么"(*Rhetoric and Ethic*, 22)。尽管 Fiorenza 在这儿指的是圣经文学协会,她的评论却可以扩展至整个《圣经》的学术研究,这一学术研究收学生、颁学位、界定学术地位,并控制录用、升迁和任职。

[30]　也是依据 Abelson, "Definition", 322。

[31]　这儿我想的是与 Bourdieu 对话。他写道:"客观主义话语倾向于构造能把实践解释为权力(真正能决定这些实践的权利)的模型。"(见 *The Logic of Practice*, 36—37)

[32]　参见例如,Chadwick, *The Early Church*, 41—45; Lebreton 与 Zeiller, *Heresy and Orthodoxy*,第 2 章,"The Catholic Reaction"。

[33]　谁能说出规范性的基督教是什么? 其内容和形式是什么? 不用说,这些问题依然众说纷纭。既然如此,异端问题也就在很多地方存在,在这些地方对灵知派的实际考虑不是关键。不过,对灵知派定义问题的分析还是暴露了基督教中所有异端论述的共有结构,详见第二章。

第二章　灵知派作为异端

即使从精确无蔽地反思"自己与他者的重叠"出发，

问题依旧。形而上学的虚妄有个用处，就是可以标注时代：把人径直带回纯粹真理与纯粹存在的实证主义梦想。我会说，**裸着，但并未全裸**。 佛教有时会说，有八万四千条路通向实在*，而思索实在与非实在的对立也会导向二者之一，只要关于灵魂的这一喋喋不休没把指向月亮的手指当成月亮本身。[1]

郑　明

我们对灵知派的讨论从古代基督教辩论家开始。这些人主要有殉教者查士丁、里昂的伊里奈乌、亚历山大的革利免、亚历山大的奥利金、迦太基的德尔图良、罗马的希波律陀、萨拉米的伊皮法纽。他们全部生活在公元后四个世纪的罗马帝国，写作辩论文章反驳其他基督教徒。[2]在他们的驳论中，对论敌的观点和行为提供了详尽（即使偏颇）描述，偶尔大段引

---

　*　按佛教有八万四千法门的说法。——译者注

用其著作。直到晚近,这几乎是灵知派研究可以依据的唯一信息。辩论家的著作被仔细地保留下来,主要是因为他们的观点在早期基督徒的斗争中胜出了。

尽管辩论家不使用"灵知派"一词,不过他们的诋毁不但提供了大部分我们所谓灵知派的信息,而且建立了对其定义和评估的策略。正是这些策略卷入了对灵知派的现代讨论和构建,以至于对异端的古代构建和对灵知派的现代构建之间的联系既不短暂也不随便。

对异端的构建只是规范性基督教确立边界的雄辩事业的一部分,需把自身与其他形式的信仰和实践(特别是犹太教和异教)区别开来。出于这个目的,辩论家不但写书反对异端,也写辩论文章反对犹太教,同时针对罗马当局和希腊思想家写辩护著作。例如,2世纪辩论家和神学家殉教者查士丁写作所有这三种类型的作品:一篇已佚的文章反对异端,两篇针对罗马皇帝的护教文,一篇名为《与犹太人特来弗对话录》的短文反对犹太教。这些论文的目的,至少在提供内部的自我定义上,和说服异端、犹太人或异教徒相信只有辩论家才掌握神圣真理的钥匙差不多。

我们题目的要点是,辩论解释中所有三种类型中的驳论和辩护的基本策略极其相似,尽管论题因受众的不同而有区别。[3] 20世纪文献史学重演了辩论的这三种类型的论证策略,尽管明显有对当代社会和思想状况及话题的适应。这样,讨论正统与异端这个话题还包括以异教徒和犹太人为目标的辩论。

这里,重要的不是对基督教关于异端这一话题的全面分析,而毋宁是对——在关于灵知派的20世纪学术中重演的辩

论家的话题——那些具体方面的确认。[4]实际上,关于灵知派
这个范畴,通过确认出现在现代学者中的古代辩论家的论题
与策略,比考察这些辩论家对异端的描述,能使我们了解更
多。把所有辩论家的各种争辩归拢到一起,确实损害了它们
历史背景的复杂性和具体性,但也提供了一个很好的对照形
式,在其中,辩论家们的观点被挪用到了现代阶段。尽管我在
这里只是初步描述了古代和现代讨论之间的交叉,我希望这
足以草描 20 世纪灵知派定义努力中的扭曲。

基督教的身份塑造

22

尽管古代基督教在神学上种类繁多、在社会学上形式多
样,积极参与古代的城市多元主义,不过在基督徒皇帝的引领
下,4、5 世纪还是见证了一个更统一的基督教的形成和巩固。
一个以主教为首的教会,以信经和正典来规范,由不断增强的
标准化了的礼拜仪式所统一,在某个时间宣称自己拥有正统
资格。尽管这个阶段冲突激烈,基督教也并未获得真正的统
一性,但还是在主教制权威和帝国优遇下获得了某种稳定的
和大一统的统一,这种情况在 4 世纪早期君士坦丁大帝皈依
之前是不存在的。

在神学、政治和雄辩这些工具中最主要的是把对手谴责
为异端。勒布吕认为,教会强调忏悔和绝罚,界定仪式上的洁
净与道德,捍卫教义上的完整与真实以反对异议,逐渐巩固教
会的统一。把异端表述为一种普遍的永不过时的概念因此变
成一个如此有力的工具,以至于只要援引此名就足以加以谴

责和排斥。[5]

另一个强有力的很大程度上没被认识到的工具，是把各式各样的宗教实践从雄辩术上强化为三个相互排斥的团体：犹太人、基督徒和异教徒。这些范畴在后来几个世纪中进一步具体化，并在当代文献史学中几乎是自动地继续发挥作用，把4、5世纪正统派的雄辩术重新登记、顺化为一种貌似常识的对古代宗教生活的区分。它们的强固难移证明了基督教雄辩术在主导直到今天的宗教身份政策中的成功。与其假定这些范畴代表了历史现实，我们需要问：它们是怎么被建立起来的，它们干了什么活儿，它们代表了谁的利益，攸关的是什么？

对于基督教的自我界定来说，不管是区别正统与异端，还是区别基督徒与非基督徒，首要的挑战是相同性。尽管目标是在集团内部缩小实际的差异同时扩大同外人的差异，具有讽刺意味的是，策略或多或少是相同的，为了排斥辩论家反对的基督教观点，需要让他们的对手看起来像外人，而不是自己人。[6]真正的差异会被彻底利用甚至夸大，而相似点最好被完全忽略或被描绘为恶意或表面的模仿。辩论家很好地做到了这一点，对我们来说，"正统"与"异端"意味的只是差异，没有相似。

有人可能正确地指出，基督教的内部争论事实上也是差异问题。确实如此。不过对于区分正统和异端来说，迫切的问题在于，早期基督教都把他们的神学立场建立在来自耶稣基督的启示上。当他们阅读《圣经》，重演古代思想的各种思潮，他们使用非常相似的诠释学方法，比如寓言、象征主义、米德拉什式的改写。[7]神学并不相同，但下真理断语的论证策略却极其相似。如果没有被普遍接受的主教制教阶、共同的信经或 1 世纪的新约正典,就很难裁断谁的基督论或谁对《圣经》的解读是正确的。早期辩论家处理的就是这个问题。他们发展了一些特别的有力的雄辩策略来证明,他们,且只有他们,理解基督的启示并正确地阐释《圣经》。恰是这些策略应该引起我们的关注。

异　　端

古代的哲学和医学作家用 *hairesis* 这个词标志一种融贯的学说或倾向,通常把它用于和一个特别建立者及其传人相关的各种哲学学说和思想"流派"。[8]辩论家同样把异端看作特别的教义思潮,并总是提供一个异端的传承(通常从行邪术的西门开始),一定程度上辅以传记和学说介绍。

但对于基督教辩论家来说,"异端"一词是贬义的,这和它的希腊语用法不同。勒布吕认为,通过把名实之间的希腊对照应用到对真假信徒的区分上,基督徒把对 *hairesis*(复数)的大部分积极理解转化为一个消极概念。他们的推理是,异端并非**真正的**基督徒,他们只是冒用了基督徒的**名号**,事实上他们的信仰和实践与基督的训诫恰相反对。从这一逻辑出发,勒布吕认为,"'异端'的观念就诞生了"。[9]

"正统"与"异端"是评估以下目的的术语,即表述自我同时打压排斥团体内的他者。正统与异端这说法中包含的权力关系,深深地嵌入了——有人倾向于说这是真相:正统派是胜利者而异端是失败者——所包含的斗争中。这一说法不止认定了自我还构建了他者。他者是个思维用的雄辩工具,不应与为了从思想和政治上予以掌控而构建起来的现实搞混。[10]
把这种反思理解为"真正关乎"自身也是不恰当的。对自我的
构建,正如对他者的构建,如郑明所说,"指向月亮的手指不是
月亮"。对手指的分析不会把我们引向"实在的、真实的月
亮"——"明白无误的反思,关于纯粹真理和纯粹反思的实证
主义梦想"。[11]

　　尽管定义自我与他者的步骤在实践中是易变的、动态的、
模糊的,但正统与异端说法的基本模式自古至今相当稳定,影
响超出宗教,遍于身份构建的其他领域,如民族主义、种族认
同和人种。我的观点是,早期基督徒界定正统与异端所设计
的策略,在现代世界有关宗教规范性的策略中活得好好的,尽
管在形式上做了修改以适应新的变化了的形势。宣称忠实于
传统;指责对手以"世俗""现代"或"西方"的观念与习俗玷污
了传统的原始、纯粹形式;回避能对信仰造成不必要混乱的思
想或道德疑问——这些实践有效复制了古代辩论家的方案。

　　把人称作异端是这样一种努力,即把那些宣布在**里面**的
人置于**外面**。史密斯(J.Z.Smith)认为,最紧迫地导致歧视性
语言的是近的他者而非远的他者:

25　　　　　差异问题是这样一种状态,既是文化上的编码也是
　　　　文化上的解码,既是对内部区别和外部区别的保持也是
　　　　对这个区别的相对化。差异问题给出……的见解是:被
　　　　看作是成问题和(或)危险的,并非远的"他者",而是近的
　　　　"他者"。近邻是最麻烦的。就是说,相对于差异或"他
　　　　性"被看作**像我们**或**不像我们**,最成问题的是**太像我们了**

或干脆**就是我们**。正是在这儿，真正紧迫的有关"他者"的理论出现了。这理论的提出，与其说是出于安置差异的需要，不如说出于安置我们自身的需要。[12]

异端是对亲近状态的一种特有的滋扰，表现在异端也被称作基督徒。[13]驱离他们，抛弃了某些本是基督徒的东西，与自己的传统的某些部分疏离了。驱离那些宣称自己是基督徒的人，意味着为了权力和纯洁性对整体的自我进行了分割。因此在驱离策略中明显存在着难以区分的裂隙，这些裂隙来自令人烦恼的疏离。

通过把自己的对手称作异端来主导他们，对于称呼者自己也有反作用。威廉·格林（William Green）指出，这种称呼"可以改变称呼者自身的社会图景，暴露了其脆弱性，鼓舞了对其中他性之可能性或现实性的意识或思索"。[14]正统在对异端的驳斥中获得稳定的定义和外形，历史学家在对这一过程的刻画中通常会注意到这一相互作用。比如，查德威克（H. Chadwick）认为，使徒统续的教义、新约正典的发展、信仰规范的公式化，都是在正统保卫中锻造的武器。[15]然而，我们可以反过来看，从而注意到，许多今天被认为是基督教思想和实践基本要素的东西，特别是正典和信经，在最早的基督教中是没有的。这儿完全没有需要被仔细保卫的前定的正统。[16]构建一个异端的他者，同时也就反方向地显露了正统的偏颇、易变和不稳定。

辩论家的著作被仔细地保留下了，主要是因为他们的观点在早期基督教的斗争中胜出了。他们对手的作品，除非被沙漠和无常的历史偶然相结合的力量保存了上千年,多半都散佚了。

　　辩论家提供的信息在史学上不可忽略,但在阅读时必须想到他们的诋毁目的,必须看到他们在驳论上的古代雄辩惯例以及诽谤的意图。[17]而且,辩论家们有时会误解那些他们绝少同情的对手。[18]无论如何,我们不能假定他们准确再现了他们对手给予重大关切的问题,因为他们的驳论必定反映他们自己关心的问题。[19]这种雄辩惯例很少被研究和理解,直到晚近严重关系到对灵知派的任何描述。只通过他们诋毁者的有色眼镜来阅读这些材料,歪曲了我们的看法,模糊了许多关键信息。

　　尽管古代辩论家并不实际使用"灵知派"(Gnosticism)一词,但他们确实偶尔把他们不喜欢的一些团体称作灵知派(Gnostics)。[20]不过,这个词也会被正面使用(例如,亚历山大的革利免使用这个词指那些进境到属灵境界的基督徒);还有,辩论家喜欢称他们对手的灵知(知识)是"冒称的"。实际上,2世纪辩论家和神学家里昂的伊里奈乌主要著作的标题据称就是《揭露并驳斥冒称的"知识"》。[21]

　　像伊里奈乌这样的辩论家,通过强调神学和实践上的某些差异,驱离那些他认为是异端的人。他先展开对异端观点的说明,然后驳斥它们。他关注三个领域:宇宙论、拯救和伦理学。他宣称,异端,否认希伯来《圣经》的上帝是真正的上帝和宇宙的创造者。他们既否认创世者也否认创造行为的神圣善性,而他认为这个善有清晰的《圣经》证据。而且,他们既否认耶稣有肉身也否认信徒和耶稣一样有肉身的复活(一种称作幻影论的立场），挖了拯救的墙角。伊里奈乌说，这些异端专横地宣称，只有属灵的精英能"通过本性而被拯救"，这本性来自他的天堂出身。拯救不是来自对基督的信仰，而是通过只对他们启示的知识。在伊里奈乌看来，这样一种立场既傲慢又错误。

辩论家们进一步反对说，这些信仰意味着人类不需要救主，道德努力、指引、纯洁、德行是不必要的。他们说，虚假的信仰导致异端拒绝使徒合法继承人（即真正教会的主教和神父）的权威。而且，异端回避殉教，这种逃避清晰地表明他们缺乏真正的信仰。辩论家们说，这类神学，只能导致无道德或不道德的实践，不管是苦修的还是放荡的。

尽管对于描述灵知派的所有现代作品来说，辩论家的反驳都是基础，但辩论家对异端的描述严重歪曲了他们对手的观点。所谓的灵知派文本，总是描绘需要一个救主（通常是耶稣），这些文本就无知、不洁、罪恶描绘了人类的困境，这无知必须用真正的教义来启蒙，不洁需被扫除，罪恶需被抵制和克服。简言之，需要道德努力。而且，辩论家自己的作品中有证据表明，有些异端是殉教的。一些所谓的灵知派著作主张人类的普遍拯救，著名的如《约翰密传》，只排斥叛教者。其他一些则把拯救限制在他们自己的团体，但辩论家也是这么做的，通常把非基督徒判入地狱接受永罚。还有一些则拒绝承认上帝是罚入地狱的原因，否认最后审判的观念。[22]最近发现的许多著作，与其他基督教作品一样，把他们的权威建立在主张使徒统续上，尽管他们确实宣扬了一种损害如下主张的权威，即只有男性主教和神父才可以是使徒的继承人。[23]也许，真正的摩擦在这里面。

至于指控异端歪曲《圣经》，德尔图良（3世纪初在北非写作）写了一本《对异端的训令》，告诫他的读者不要和异端讨论对《圣经》的解释，因为结果必然是众说纷纭。德尔图良的目的不只是要阻止对《圣经》内容的公开讨论，而且要限制那些有权释经的人：

> 你怎样说服多数博学的《圣经》学者——如果他们非你所是而是你所非？诚然，在争论中除了声音你什么也没损失，从他们渎神的言辞中除了恼怒你什么也没得到。你为了争取某些摇摆者而参与《圣经》争论，他会在实际上比倾向异端更倾向真理吗？他看到你一无所获，争辩双方在反对和赞同上拥有相同的权利，拥有相同的地位。结果是他可能抛弃这个比以前更不确定的争论，不知道会把谁认作异端。异端也会把这个指控用到我们身上。他们同样坚持真理在他们一方，必然会说是我们引起了对《圣经》的歪曲和不真实的解释。然后就是我们也不必诉诸《圣经》，也不必主张在什么地方胜利是不可能的或不确定的或不够确定的。[24]

拿戈·玛第抄本中的基督教作品说明了这类争论曾经多么令人丧气。尽管所有基督教注释家使用相似的解释类型，比如寓言和象征，但他们的前提十分不同，因而得出的结论五花八门。所有的基督徒都既诉诸《圣经》也诉诸以使徒权威为中介的基督中的启示，但是他们的做法大相径庭。[25]

比如,《约翰密传》宣称,纯粹的真理存在于基督给他门徒约翰的启示中。相反,犹太教《圣经》中的真理掺杂了谬误,因而读者如果没有基督启示的引导,《圣经》自身就可能造成误解甚至欺骗。而对于殉教者查士丁来说,基督教真理向世界的证明,是通过耶稣生平事迹如何实现《圣经》的预言来显示的,实际上《圣经》的真理只有通过基督才能被完全阐明。最后,不管是诉诸启示还是预言,查士丁把他的基督论与《圣经》联系在一起,而《约翰密传》则是以基督论来确定《圣经》的真伪。结果是,《圣经》的权威地位在一定意义上对于查士丁是本质性的,但对那些写作和使用《约翰密传》的人却不是这样。两者都要处理成问题的段落,查士丁对它们做寓言式处理,以避免任何诋毁,因为《圣经》是完美的,而《约翰密传》则通过让《圣经》服从基督的启示来解决类似的困难。关键是基督教建立其上的那个权威。

尽管在怎样解读《圣经》上有这样的矛盾,却也并未形成一部固化的正典,德尔图良委婉地写道:"任何异端都会否认《圣经》的这卷或那卷。"[26]然而,他也没给出他自己的卷次,因为对他来说这还是个未定的问题,对 2 世纪其他很多人这都是个未定的问题。[27]而且,德尔图良认为,很难准确断定到底谁是异端,因为他们中包括一些人,被认为是"教会最忠贞最睿智最有经验的成员"。[28]德尔图良坚持需要限制对耶稣训诫的寻找和发现,他用这些限制为《圣经》设置防护。一旦有人找到了这种训诫,他就说,现在可以停止寻找了。只有在他认可的团体中坚持信仰规范的人才可以去寻找这种训诫。[29]他总结说:

29

不过,最后一招,你最好保持无知,以免知道你不该知道的东西。你只需知道你应该知道的东西。"你的信仰拯救了你",这说的是,并非《圣经》学习拯救了你。信仰是在规则中建立起来的……不知道有悖规则的东西就是知道任何东西。[30]

如此,德尔图良对《圣经》的处理被策略地设计成对对手影响的降低:限制那些有权释经的人,减少对《圣经》的接近,建立信仰规则来规范解释,而最重要的也许是,把真正的教会与男性权威的等级秩序等同起来,他宣告此男性权威通过 12 位男性使徒来自耶稣。我则主张这些策略不是面对清晰的外部敌人,而是为了处理关于差异的内部危机而设计出来的。对于争论中的信仰或实践问题,信徒很难确定谁对谁错。所以,关键是不要搞错德尔图良自己的观点以及对现实的雄辩术。在争论之下有真正的问题;关于差异有真正的关键点;但辩论家们只能把我们引向他们认为是关键问题的地方,而不是全幅的争论意见。辩论家需要为差异创造尖锐的界限,因为在实践中边界并不清晰。有关信仰与实践的一致,在埃及发现的新的一手材料显示出许多没有想到过的领域,在某些方面表现出与那些辩论家完全不同的神学兴趣。

辩论家们使用、改造取自他们文化背景的各种其他策略来适应他们自己的目的。[31]这包括人身攻击,把他们对手道德和精神上的恶毒指责为傲慢、骄傲、妒忌以及性上伤风败俗,这些都是有教养的争论中的常见谩骂。另一个策略完全是唯名论的:把他们的对手称作"异端",而把真正信徒(真门徒、真基督徒等）的名字留给自己。

对我们来说，认识到这一策略，并不一定要出现"异端"这个词，辩论家只需这样描绘异端，即宣布他们的信仰和实践是有缺陷的。这样，相对于真正的基督教辩论家的论文把异端塑造为有缺点有缺陷的他者，这种描绘可以有多种形式。比如区分义与不义、开明与黑暗、纯洁与玷污、枯竭的渠道与传递真教义的渠道等等。按这种说法，真正的基督徒据说仰仗作为创世主的上帝；异端否认作为创世主的上帝因而是不信神的。真正的基督徒知道他们借信仰耶稣基督（*pistis*）通过上帝的恩典得救；异端错误地相信他们通过救主的启示（*gnosis*）经由本性得救。真正的基督徒以《圣经》作为信仰和适当的道德行为的指引；异端为了阴险的目的而歪曲《圣经》，也没有真正的道德行为。真正的基督徒在上帝面前是谦虚的；异端在上帝面前是傲慢的；等等。异端无论被表述为某种积极因素（比如虔诚或信念）的缺乏，或某种神学谬误或道德缺陷的存在，要点是相同的：异端缺乏真理因而陷入谬误、道德败坏和分裂。

伊里奈乌特别把真正教会的统一和异端的分裂相比对。他显然认为，"显示"这些异端教义"对真理来说完全荒谬、不一致、不协调"的最好方法，就是去描述他们并把他们与真正的基督学说想对照。[32] 这样他的驳斥是双向的：描述假教义提供真教义。如此这般，他的著作《驳异端》不但为后来的基督教正统奠定基础，而且也为攻击对手设定了延续至今的模式。[33]

伊里奈乌在描述他对手的信仰与实践中，是由两个相关的策略引导的。一是展示，与真正教会的和谐统一及其信仰的唯一准则相对,异端缺少任何种类的社会统一或教义一致。他认为,他们意见不一,领袖之间也意见不合。他们的好辩就足以表明他们是被邪灵鼓舞的。[34]伊里奈乌的断语在古代影响极大,因为他从一个被普遍接受的看法汲取了雄辩力量,这个看法就是,真理是单一和统一的,而谬误则形式多端。这来自一个古代的基本价值观念,这个观念把统一和和谐置于同一中,而把混乱和无序置于差异中。

这一论断直接演化为伊里奈乌的第二个策略:构建一个单一源头的异端谱系。[35]他非常策略地处理这一谱系,把异端团体的恶魔源头和真正教会的使徒源头相对照。伊里奈乌坚持,他的对手不是**真正的**同类基督徒,而是魔鬼的代言人。他们的教义来自魔鬼——通过它的部属西门及其娼妓海伦,而真正基督徒的教义来自上帝——通过耶稣和被他拣选的男性门徒。[36]这暗示了这些传承谱系中性的污染与纯正的父权世系的对立。[37]

在《驳异端》Ⅰ.23—28中,伊里奈乌把撒玛利亚的西门定为异端的源头,"所有异端从他开始",并把所有主要的异端回溯到他那儿。[38]他认为,异端观点是人类的捏造,无疑是由魔鬼唤起,而为嫉妒、傲慢、谬误这些人类缺点所驱使。在伊里奈乌看来,摆出这些异端的家族世系足以暴露他们信仰和实践的真实本性,因为起源揭示了本质和特征。你从果实可以确定一棵好树,这也意味着你从一棵毒树会得到什么样的果实。相反,教会的教义来自上帝,通过耶稣传给12使徒,从这样一个源头只能得到绝对正确的真理。

谱系,提供了一个强大的隐喻,使伊里奈乌能把他所有的对手归拢在一个类目下——异端,不管他们的信仰和实践何其种类繁多。尽管多样性表现了他们的虚妄，一个共同的谱系表明他们在恶魔的谬误中拥有共同的源头和本质。

就像布尔（D. Buell）最近表明的，诉诸家族世系，正如诉诸统一性，带来强烈的雄辩冲击，这部分地是因为它利用了生物繁殖的观念，把社会的构造的观点"像生育一样"的自然化了。[39] 尽管伊里奈乌描述异端间关系所使用的最高的主导语言是一个哲学性的 hairesis（一个教师及其门徒和继承者），但是对生育、血统、亲属这类语言的隐喻式使用，就像树和果实的形象，有力地顺应了这一观点，即异端只能产生其他异端。在伊里奈乌看来，这种扭曲的生育，产生的只能是怪物。[40]

尽管伊里奈乌谱系学的实质并未得到严格检查，但现代学术通过提供各种供选择的谱系学，试图继承伊里奈乌的策略。[41] 最重要的，伊里奈乌设定的结构模式在现代阶段很好地成了对异端进行史学探索的基础：**描述各种文本和学说，强调它们彼此之间的差异，同时，尽管清楚地认识到它们之间的多重差异，仍以单一的源头和单一的本质特征把它们连接在一个线性的谱系中。**是谱系学，而不是共同的内容，继续证明着把所有这些形形色色的人物、团体、实践、神话归到一个共同的名头灵知派下的正当，尽管事实上学者们并未就任何具体的谱系学达成过一致。

一方面，异端据说是被共同起源和魔鬼本质串在一起的；另一方面，辩论家又把他们看作基督教内部分裂的源头。尽管辩论家们把淫邪实践和分裂看作劣质神学的直接后果，雄辩术应用广泛，他们还是倾向于清晰地讨论教义问题。这一联合的结果就是，异端既可以从教义上的变异来确定，也可以

33

从社会上的离经叛道来确定。通过坚持团体的统一必扎根于共同的教义,辩论家们推进了这一观点:对体制性教会既有领袖权威的坚信形成正统性。那些抵制这一权威的人将**从定义**上被看作分裂主义者,无论他们是否实际上离开了该团体。

这种雄辩术使辩论家免于被指控是他们导致了分裂。按这种逻辑,辩论家对付异端的招数,不应该被看作是推动了分裂,而应该(从他们的观点)被看作是认识到了因为差异而被异端建立起来的分裂。[42]实际上,是谁首先孤立了谁(当他们这么做时),依然是个未决的问题,需要——超出仅仅依靠辩论家雄辩术的——证据和论证。[43]

辩论家们宣布,异端实际上不是一个**内部**问题,而是一个从**外部**的污染问题,这把辩论家们的雄辩术搞得更加复杂了。换句话说,辩论家们试图雄辩术地重释环境,以便异端问题不是被把握为内部的不和与斗争,而是被把握为松弛破绽的分界线通过这一边界污染得以渗漏。像伊里奈乌和德尔图良这样的辩论家,坚持主张异端是因导入异教希腊思想引起真正基督教义的腐败而兴起的。[44]他们的雄辩术既包含未言明的也包含清晰的——安定边界稳定内部秩序——需求,以通过排斥来恢复(不如说创造)纯正。

我们可以就反混合论(antisyncretism)来理解这种逻辑。因为对融合的界定,包含对一个传统的本真性的**评估**。由于评估可以是积极的、也可以是消极的或实际上是两可的,罗莎琳德·肖(Rosalind Shaw)和查尔斯·斯图尔德(Charles Steward)认为,不但需要谈论混合论,也需要谈论反混合论。他们把反混合论界定为:

　　代理人表现出的与宗教综合的对抗，与对宗教边界
的捍卫有关。反混合论总是与对"本真"的构建有关，这
个"本真"通常又与"纯正"的观念有关。特别是在西方宗
教的论文和学术中，未言明的信念依然是：纯正自然地超
越地表述为本真……用于混合论的是这样一些词汇：病
变、危害、衰败、失利；被反复提及的是一些不详的指谓：
"问题"或"混合论的危险"、"融合的倾向"或"丧失了基督
教的本质"。[45]

　　对混合论这个词特别贬义的使用意味着"'不真'或'污染'，是
对一个据称是'纯正'的传统的渗透，这个传统从象征和意义
上被看作属于另一个不相容的传统"。[46]这一评论特别有助于
理解辩护和辩论领域中对混合论的指控。反混合论首先对界
定和捍卫边界有用。定义异端，是辩论家们把基督教构建、标
志为规范与正统的主要努力。

　　辩论家反混合论的主要目标是异教哲学。[47]在这种雄辩
中，混合论既被解释为异端的原因，也被解释为用以界定异端
的一个特征。这种例子大量存在于伊里奈乌、希波律陀等人
的著作中，不过经典的表述来自德尔图良，他认为，某些异端
是由于希腊哲学对基督教纯正信仰的影响而被魔鬼唆使
的。[48]他认为，尽管所有异端的最终源头是恶魔，"却是哲学为
异端提供了装备……异端和哲学家提出相同的问题，进行相
同的讨论……那些寓言、无穷无尽的谱系和没有结果的问题，
那些'像肿瘤一样扩散的言语'，都来自哲学"。[49]德尔图良说，
瓦伦廷的错误来自柏拉图；马西昂"更好的上帝"来自斯多亚

派；灵魂死亡的错误观念来自伊壁鸠鲁派；对身体复活的否认来自所有哲学家；把物质等同于上帝属于芝诺；暴躁之神的教义来自赫拉克利特；德尔图良所认为的使真实知识变得不可能的辩证法，来自亚里士多德。

为了支持他的论点，德尔图良强调了使徒保罗的权威，保罗在《歌罗西书》2：8 中提醒教会要警惕哲学。德尔图良说，保罗去过雅典，知道自己谈的这些东西。[50]在雅典，保罗"开始处理那些侵害并败坏真理的人类智慧，因为这智慧在自身内部被它大量相互对立的部分区分成一大堆异端邪说"。这一观点集中体现在德尔图良以下名言中：

> 雅典与耶路撒冷何干？学院与教会何干？异端与基督徒何干？我们的原则来自所罗门廊下，他教导说，应在心灵的单纯中寻找主。我不需要斯多亚派的或柏拉图派的或辩证法家的基督徒。耶稣基督之后我们不再需要思辨，福音书后不需要探索。当我们开始信，我们就无意于再信其他任何东西；因为我们是由再无其他需信的信仰开始的。[51]

考虑到德尔图良自己的神学深深受惠于他所受的古典拉丁教育，因而经常有人指出，德尔图良所说并非他的真实想法。[52]这个说法可以读成，不是对德尔图良本人神学实践的描述，而是一个反混合论的断语，着眼于建立他对基督教信仰信经式表述的纯正与本真。为了保护福音启示的纯正性免受虚妄信仰实践的污染，德尔图良反复表述文化的混合问题。

德尔图良反对他对手"人类的和魔鬼的学说"，坚持把建立在使徒秩序中的信仰规则作为真理的基础。[53]他认为,由于信仰规则的内容上溯至使徒,因而真理具有历史基础,并在年代上先于谬误。他认为,"任何事物必据起源分类",因为"真理先到而谬误后到……我们的教义不是晚到的,比他们都早。这其中有其真理的证据,无论何处都居首位"。[54]注意德尔图良逻辑的同义反复:因为信仰规则是真的,因而必来自使徒时期;因为异端是谬误的,因而必然晚到。如他所说:

> 　　因而这些异端可以随意为他们的开端确定年代。如果这些开端在真理中没有基础,那么这个定时也无关紧要。当然这些开端不会存在于使徒时代,这不可能。如果它们确实存在过,它们必已被清晰地命名,因而它们也必已受到打压。[55]

德尔图良在他的短论中简明扼要地表述了什么成了基督教史中对差异的规范论述。源头与统一、纯正、本质、真理联系在一起。异端是后起的背离,由对本源的福音真理的外部污染引起。基督教的起源与发展被构思为一种衰落,是撒旦对教会使徒基础的不断侵害。德尔图良把这些基础的统一单纯与异端及其思辨的歧异繁复相对照。不迟于 4 世纪,这种立场对于有关基督教起源的主要故事已经变成基础性的了。[56]直到 1934 年鲍尔(W. Bauer)的著作,这种立场才受到挑战。因而全面表述了打击异端基本范式的德尔图良后来也被谴责为异端,就特别具有讽刺意味。

　　辩论家为对他们对手观念行为的描述加上了浓重的雄辩

色彩。毕竟,描述不是反对,除非用反对的论文来表达。描述
只是说"我们信这个并这么做"而"他们信那个并那么做"。反
对的论文要求清晰的雄辩结构以成为驳论。辩论家们在对其
他基督徒观点的驳论中发展出一种强烈持久的反混合论主
题,这些主题为宣布"我们的所信所做是对的"而"他们的所信
所做是错的"提供了全部理由。他们并非仅仅要暴露那些观
点,而是要把这些观点和持这些观点的人逐出他们所属的团
体。他们做到了多少是另一个问题。

　　尽管所有基督徒都把纯正源始的真理确定在耶稣基督的
启示中,但他们的做法各不相同。[57]辩论家的策略是坚持正统
源头的本质真理囊括在信仰规则中,并且其纯正性是由使徒
统续来保证的。所有否认信仰规则并反对其男性使徒保证人
的就是异端,他们并不(雄辩地说也从未)真正地属于过真正
的教会。异端另有来源——不是出自基督而是出自撒旦,魔
鬼的鼓舞暴露了他们真实的身份,正如基督的启示决定了教
会的真实身份。正统与异端的雄辩论文都是这么宣称的。不
过我们不要忘记这些论文带来了相当的混乱,因为对手也宣
称拥有使徒的起源和得自基督的启示。

　　古代的哲学论文把真理等同于源头、纯正和本质。这样,
本体论(ontology)与认识论是相关的。真正的知识是关于开
端的知识,而且首先是关于神的知识。[58]

　　历史一般被构想为从纯正源头某点的衰落这样一个故
事。年代较晚或逻辑上次等的通常被看作是衍生的和低级的
(如果不是异常的)。因而把某行为、观念或现象的发展定位
在原始源头之后的某点——以表明它是"新的",相当于质疑

其价值。

对照起来,纯正性,则由一个未被污染的谱系联系保留下来,这一谱系联系描绘了事物从那个纯正源头到当前状态的未间断的路线。无论是强调相对于动物的人类的单一起源,赋予某狭隘种族相对于其他族群的特权,还是展开某种相关的策略,身份通常是就源头来表述的,而共同身份由共同源头表述。如何界定源头是关键性的,因为这确立了适当的边界和关系,并相应界定了一个团体的成员身份、道德观念和传统。因为这个原因,源头和谱系是事关重大的战场。

文本还显示,所有早期基督徒都确定他们信仰、实践的真理,并通过诉诸源头、本质和纯正性建立他们的身份。如我们所看到的,伊里奈乌和德尔图良在他们对其他基督徒信仰实践的反驳中阐发了这个道理。他们努力的目标是从教会中驱逐那些不受欢迎的"他者"。伊里奈乌不但为正统和异端确定了清晰的起源点(上帝和撒旦),而且分别为两者阐发了谱系:使徒及其后继者的统一统续,这是真正教会的;异端及其分裂的后继者的统续,这是虚妄的离经叛道者的。他为正统教义表述了一个有力的神学,为对歪曲真正教义可能采取的种种形式表述了一个甚至更有力的反驳。两者都具深远影响。

38

创造外人:犹太人与异教徒

创造异端只是基督教身份塑造计划的一部分。基督徒还需创造范畴,以把他们自己和外人区别开来。

由此带来的范畴尽人皆知,近乎陈词滥调:基督教、犹太教、异教。不过这些范畴的有效性并不像它们的广泛使用所暗示的那样是不言自明的。尽管犹太教与地中海世界的其他宗教早就在基督教之前传播,但基督教以适应自己身份构建计划的方式来定义这些团体,使基督教与真理结盟,使犹太教与被战胜的、现已背离正道的真理结盟,使异教与谬误结盟。这儿也是,正统自身的创造同时并互反地为他者创造了新范畴。

为了理解这些宗教命名与自我命名在早期基督教辩论中怎样起作用,我们需要把它们看作因时因地而变的范畴,从事某些有限种类的思想工作。无论它们的影响多么真实持久,它们是宗教功能的分类学分类的反映,正如它们所做的,在文本材料和社会团体中制造区别。人类学家格尔茨(C.Geertz)强调了当代多元主义背景中所有种族身份和民族主义身份的构建特征:

> 当你细看它们,它们的稳固性就消解了,留给你的并非一系列定义好的东西等着安排和分类,一个关于自然种类的孟德尔式表格,而是一团只理出了一半的差异和相似性。使塞尔维亚人成为塞尔维亚人,僧伽罗人成为僧伽罗人,或法裔加拿大人成为法裔加拿大人,或随便哪个人成为那个人的,是它们和世界的其余部分——在某个时间某种程度,为了某种目的并在某种背景中——逐渐把它们看作与它们的周围环境相对照的东西。[59]

39　古代宗教身份的命名也是这样。

不过现代人和古代人并非以相同方式相同效果塑造宗教

身份。实际上,宗教是什么以及宗教身份如何被表达、被塑造因地点不同而不同,即使今天也是这样。[60]对于许多美国人,特别是新教徒,宗教身份被理解为一种个人选择的事。基督徒身份不被认为是与任何种族、国家或法律系统联系在一起的,尽管在实践中并不总是这样。[61]在美国,通过政教分离,宗教自由得到法律上的保护。政教分离是这样一种系统,倾向于把宗教降到私人领域,以怀疑的眼光看待它在公共领域中的存在。然而,对宗教身份的这种理解远非普遍看法。在其他一些地方,宗教身份与种族、法律、通常还有民族主义密不可分。宗教身份不被看作是个人的事,而是被看作出身和文化的自然后果。在有些地方,国家甚至强化信仰和实践作为法律或国家政策的特有观念。宗教因而与身份自身一样不是个稳定的东西,就是说它极不稳定、变动不居而且形式多样。[62]

布尔(D.Buell)颇具说服力地证明,在古代,身份塑造借助于被构建的范畴:性别、阶级、种族或人种。[63]种族由所在地、血缘、语言、传统、生活方式等因素决定。按布尔,基督教,尽管并不首要地通过性别和阶级来确定他们的身份,他们却宽泛地诉诸种族。有些人明确把他们自己称作"第三人种",但更多的则在创造他们的身份感时运用种族的逻辑。[64]他们应该讨论,是通过信仰成为亚伯拉罕的子孙,还是成为赛特的最早后裔,还是未被统治没有国王的人种。血缘、所在地、语言在基督教身份的形成中用处很小,但建立一个共同的传统和生活方式则至关重要。[65]

基督徒是古代地中海文化整体中的一个部分,必然要在其中塑造他们的身份。他们面临的挑战是决定怎样清晰地把自己和他人区别开来,同时又不能显得像一个缺少古老可敬谱系学的"新"团体。事后看,我们可以发现,在早期几个世纪,不同的团体试验不同的策略,力求建立他们自己的身份。在对种种这些努力的过度同质化中尽管有某些漫画化的危险,我还是想概括一下斗争的模式与要点,这斗争表现为各种基督徒面对犹太人和异教时对他们自己的界定。

犹　太　教

基督教身份反思从犹太教获取的资源比从古代任何其他传统都多,主要是通过对犹太教《圣经》的各种挪用。《圣经》通常为基督教构建史诗、设计种族术语、确立可敬的古老过去提供手段。结果是,构建与犹太教的适当关系,成为基督教身份塑造中最关键也是争论最热烈的问题,这也是定义正统与异端的核心因素。在基督教内部,激烈的争论几乎完全围绕如何对《圣经》和犹太教进行重新解释,以便它们可以为基督教的目标服务。

作为基督教雄辩术构建的犹太教,与作为描述犹太人历史信仰实践的犹太教,不是一回事。但这两个犹太教也不是截然不同,因为史学重建在一定程度上制约了意识形态构建,反之亦然。基督教的雄辩术倾向于把犹太教和基督教确定为两种完全不同的东西,但这一概况既忽略了犹太教和古代基督教内部的多样性,也忽略了两者相互交织的多种方式。[66]同样容易被忽略的还有,犹太教和基督教自我身份的构建具有交互影响的结果。[67]

　　然而,并非古代基督教的所有类型都试图与他们所构建的犹太教建立并确定同一种关系。实际上,从某个视角看,两者从未被理解作不同的东西。比如,保罗认为,以色列人由那些通过基督的死与复活而与上帝和解的人构成。当他有意要把外邦人也像犹太人一样包括在上帝的民中,他对犹太教的构建和对《圣经》的解释就与其他类型的犹太教有效地划开了一条界线。他认为,对于"嫁接"入以色列的外邦人,在面对基督的死与复活时不一定要实践割礼或遵守饮食上的律法。[68]

41

　　《马太福音》采取了另外的方针,把弥赛亚耶稣与希伯来史诗联系起来,宣布耶稣来应验律法和先知。[69]联系的线索基本上是围绕着犹太教问题引出的:律法和先知的真正意义是什么? 谁是真正的以色列人? 耶稣是应许的弥赛亚吗? 尽管对这些问题有争论,尽管在《马太福音》中教会开始明确作为一个实体出现,在犹太教与基督教之间仍然没有清晰的界线。重点在于表达为"应验"的连续性。

　　迟至3、4 世纪,至少有一些耶稣的门徒依然参加犹太教聚会,遵守戒律,包括饮食上的律法和割礼,甚至强调共同的不可替代的遗产。[70]没有证据表明这些人知道追随耶稣就意味着与犹太教有一个决定性的割裂。这种情况,对于那些试图建立与犹太教截然不同的基督教身份的人来说是不可接受的。

　　2 世纪早期论文《巴拿巴书信》*的作者,面临的似乎就是

---

　　* 《巴拿巴书信》,早期教会文献,是使徒后期教父书信。以外邦信徒为写作对象,反对墨守律法的观点,与《巴拿巴福音》不同。《巴拿巴福音》是意大利文艺复兴时期的托名著作,从伊斯兰教角度诠释耶稣,可能含有某些古代犹太基督徒的传统。——译者注

这样一种界线模糊的状况，他反对这种定义不清的边界，而他的这一反对，导向对犹太教的持续攻击。[71]他告诫他的读者："你们现在要当心自己，不要变成像某些人，堆积起你们的罪孽而**说约既是他们的也是我们的**。它是我们的。"他坚持说，犹太人已经失去了约，因为摩西在山上时犹太人转而拜偶像。他认为，甚至摩西也知道这一点"并摔了那两块法版，他们的约就碎了，目的是让上帝爱子耶稣的约得以印在怀着耶稣信仰的我们的心中"。这样，《巴拿巴书信》这本小书中就充斥着"我们和他们"这一两分的语言。宣布拥有《圣经》传统意味着把他人从这传统中赶走。对于这位作者来说，约实际上只属于基督徒，而不是犹太人，犹太人"由于罪恶不配拥有它"。[72]他并不把他们的团体称作"基督徒"，而是称他们作真正的以色列人。而关于保罗和《马太福音》是否属于犹太教内部，则已经变成责骂和漫画式的论辩了。

42　　1世纪末2世纪初论文《十二使徒遗训》（通常称作*Didache*）的作者甚至建议在没有差异的地方也要制造出差异。他告诫说："不要把你们的斋戒和那些伪君子放在一起，他们的斋戒在周一周二，你们就放在周三周五。"[73]《巴拿巴书信》与《十二使徒遗训》意图清晰，不但要把基督教对犹太教《圣经》和传统的挪用合理化，而且要制造差异的标志，突出原本并不明显的界线。在这个过程中，他们回避了多数把犹太人与外邦人区别开来的那些犹太教做法：割礼、饮食上的戒律、奉守安息日、参加犹太教徒聚会。

　　然而，这样界定基督教，也导致了其他困难。基督徒一方面宣称他们是犹太教《圣经》和传统的继承者，另一方面又要把自己和犹太人区别开来，这就出现了一个表面上的矛盾。
就是说，如果从犹太教中挪用太多，他们就没法把自己区别清
楚；如果挪用太少，他们就丧失了受人尊敬的犹太教遗产。2
世纪神学家殉教者查士丁，在构建一个有利于基督教辩护的
犹太教时，就行走在这样一条狭窄的道路上。

160 年左右，查士丁撰写了一篇辩文，勾画了别具影响的
对犹太教的基督教构建，从雄辩术上构筑了基督教对犹太教
的反抗。他这篇文章采取了他与一个名叫特里丰（Trypho）的
犹太人对话的形式，当然文中这两个人物作为角色是他创作
出来的。在这篇文章中，特里丰对基督徒提出了一些严厉的
批评：他们宣称服从上帝，但却不守上帝的戒律行割礼、遵守
既有的节日等；他们甚至吃献给偶像的食物，说不会有害，破
坏了戒律。特里丰还说耶稣不可能是真正的基督，因为他注
定完蛋，死得既不名誉也不光彩。而且，如果把他作为上帝，
基督徒就冒犯了一神教。书中的查士丁尽量回答了这些指
控，以对《圣经》的另一种解释进行了反击。他认为律法是由
于罪恶和冷酷而设立的。[74]尽管律法最初具有积极作用，使犹
太人关注上帝、远离偶像崇拜；不过现在，他们曲解《圣经》，杀
死基督，反对基督徒，上帝于是毁灭耶路撒冷，以显示他们的
错误。那些接受基督的人是真正的以色列人，拥有真正的约，
是新人。[75]

他提供了两个证据来证明那些跟随耶稣的人是正确的：
首先，他认为从《圣经》上看，上帝已经摈弃了以色列人，向外
邦人提供了普遍的拯救；第二，他强调了生命的基督徒之路，
特别是殉教。[76]在基督教西方的反犹中，这些题目后来都有很

43

长的历史,基督教普适性将被吹捧以反对犹太教的排他主义,
而基督教的这些精神特质被评估为道德生活的最高形式。

　　在确定基督教边界和对基督教的捍卫中,基督教辩文作
者重塑了外邦人世界面对犹太教的许多态度。他们把犹太教
思想实践中多数受指责的方面归于犹太人,而把其中受赞扬
受尊敬的方面说成是他们自己的。外邦人对犹太人的"野蛮"
行径做了广泛的批评:割礼、"不合理"的饮食律法、上帝的人
格化形象(比如:天起了凉风上帝在园中行走;他也嫉妒也愤
怒),特别是他们的排他主义——否认其他神灵的灵验甚至存
在。[77]辩论家们把所有这些特点归于犹太人。相对照的,犹太
教一神教和伦理学在古代世界广受赞誉。摩西是作为智慧的
律法颁布者、作为神的正义与启示声音的先知而被接受的。
特别是,犹太教被接受为一种古代传统,应该受到赞美和尊
重。辩论家们把所有这些积极特点归于真正的基督教。

　　他们主要的论证路线是宣布只有他们恰当地理解了古代
的《圣经》。这种观点的毛病在于,不同的基督徒对《圣经》的
解释差别很大——这种不可接受的情况来自他们独专《圣经》
导致的护教和辩论的重要性。实际上,对查士丁这样基督教
神学家的辩论来说,如果构建一个可用的犹太教在雄辩术上
是与正统异端这个话题纠缠在一起的,那么,对《圣经》单一、
真实的解释至为重要。"犹太化"这一指控,不但可以用于区
别基督徒和犹太人,也可用于认定异端。

44　　　乔恩·泰勒(Joan Taylor)在她对伊纳爵(安提阿主教,
117 年之前的某个时间殉教于罗马)的讨论中认为:

> 那些积极参与基督徒团契中向犹太教实践回归或维
> 持犹太教实践的基督徒……是危险的,倒不是因为他们
> 自己践行犹太教,而是因为他们脱离主教权威,由于拒绝
> 与外邦人共享上帝的筵席而导致分裂。[78]

对伊纳爵来说,攸关的问题是基督教的统一性。因此对犹太教的界定不止是在基督教犹太教之间清晰划界的问题,其中也包含对异端的认定。伊纳爵把这些异端称作"貌似有理的狼"和"有毒的杂草"。[79]他们是"貌似有理的",正是因为他们依据《圣经》来支持他们的观点。

当我们来看早期基督教的《圣经》解释,进路和立场引人注目的多样性就映入眼帘。像《玛利亚福音》和《真理的福音》这样的作品,在神学和基督论上对犹太教《圣经》几乎没有任何引用。而《巴拿巴书信》的作者,通过坚持犹太人由于字面地解读《圣经》而误解了《圣经》,在基督教和犹太教对《圣经》的解释之间做出清晰区分。对巴拿巴来说,只有基督的启示,通过寓言与象征主义的解释,才提供了通向《圣经》真实、属灵意义的钥匙。比如,真正的斋戒,意思是好的行为,但犹太人"拘泥于肉欲"而只从字面上解释摩西。[80]尽管巴拿巴接受犹太教《圣经》的真理和权威,但他认为摩西和先知们的真正意义,不但应该导向真正属灵的和道德的实践,也应使我们看到基督肉身化并赴死的必要性,基督的死"好叫我们因他洒出的血,赦罪而成圣"。[81]他宣称,恰当的《圣经》解释导向恰当的信仰和实践,不适当的(字面的)解释导向罪恶和罪孽。原则就这样确定了。

从辩论家的观点看,所谓异端问题,在于他们向这边或那边偏离了这条狭窄的路线,要么就是太像犹太人,要么就是没有给《圣经》足够的权威。比如,马西昂,2世纪的基督徒,来自小亚细亚的本都(Pontus)*,被认为有后者的毛病。他同意对《圣经》的字面解读导致不能充分理解上帝的拯救,但是当《巴拿巴书信》的作者和其他一些人乐于发明或至少是提供一种寓言式和象征主义的解释来融合他们的信仰与《圣经》的字面意义,马西昂几乎专门从字面上来解读《圣经》。他这么做时,在他看来这些文本就是一个低等创世神的作品。耶稣和保罗已经宣告了基督教真正至高的上帝,但他们的作品被那些把创世神误作这个真神的人歪曲了。犹太人和被误导的基督徒都是这个次要的神的错误信徒。因而马西昂通过恢复被犹太化篡改污染的《路加福音》和保罗书信的原始纯正文本,来重建耶稣的真实启示。战线还是围绕着《圣经》解释,不过是以完全不同的方式。

赛特派灵知派对犹太教文献的立场与马西昂类似,尽管他们的策略不是删减而是重新讲述《圣经》的故事以使之正确。[82]像《约翰密传》或《掌权者的实体》这类作品,有选择地挪用犹太教《圣经》的部分,以新奇的歪曲重新讲述,据说能够显明低等造物神及其在拯救剧中角色的真相。在这些重新讲述中,夏娃不是犯了原罪的人,而是亚当精神启蒙的源泉。对善与恶的知识,使亚当和夏娃认识到创世者不过是个妒忌和图

---

* 《圣经》地名,意思是"海边之地"。新约时代是罗马帝国的一个省,在今天土耳其境内。——译者注

谋报复的妄求者，而不是统治美德和光明的超越领域的真神。

2 世纪瓦伦廷派神学家托勒密采取了一条中间路线。他在《致弗罗拉》(*Epistle to Flora*)中认为，《圣经》混合了三个不同来源的材料：真实的上帝、摩西以及人类中的长者，于是他提供了《圣经》的三个区分：

> 纯正但不完美的法规，比如十诫（这是救主要实现的）；
> 纠缠在低级与不公之中的真理（这是救主要废止的）；
> 象征的与寓言的材料（救主将其所指对象从可感的变成属灵的）。[83]

46

例如，耶稣在《马太福音》19.3—9 中的教义表明，纯正的上帝立法禁止离婚，但摩西允许离婚以迁就人类的弱点。人类中的长者也改变了上帝的诫命，正如耶稣在《马太福音》15.4—9 有关孝敬父母的诫命中指出的。类似的，出于公正，救主展示了"以眼还眼"的教义，邪恶者需受到惩罚，但这无助于获得真正的公正，因为这要求犯另一桩罪。通过指示人民"把左脸也转过来由他打"，耶稣纠正了这一矛盾的立法。最后，救主通过寓言式地解释诫命而展现了诫命的真实意思。真正的献祭和奉献是对上帝和德行的赞美。安息日不应限制人们做好事而应限制人们做恶事。

据托勒密，救主的教义表明，创制了世界并建立了律法的上帝既不善也不恶，而只是公正的。上面还有一个全善的上帝,救主揭示了这个真正的上帝。对《圣经》的恰当解释再次提供了通向真理的钥匙,也是基督教内部神学斗争的战场。

应该强调,马西昂、《约翰密传》的作者、托勒密并不完全否认犹太教《圣经》,他们广泛地引用《圣经》来阐释他们的神学,但他们赋予救主的启示以优先地位,并用这启示来批评《圣经》。与其他基督徒一样,他们也拒斥在罗马世界广受诋毁的犹太教信仰和实践,比如割礼、动物献祭、上帝的人格化形象。但与其他基督徒不同,他们在这个过程中并不介意放弃《圣经》的权威。

尽管基督徒在对《圣经》的解读、评价上存在重大差异,还是可以分辨出一个起作用的诠释学步骤,包含同时进行的三步:挪用、驳斥、擦除。基督徒宣称他们自己就可以恰当地解释《圣经》。他们对《圣经》的不同解读甚至与(其他)犹太团体的解读正相反对,他们通过这种不同解读否认了犹太人对他们自己《圣经》的拥有。[84] 他们宣称,基督徒的解读是古老而原始的真理,而犹太人从未理解他们自己《圣经》的真实意义,他们通过这一宣称擦除了那个挪用过程。然而,有趣的是,当一部据称是异端的作品使用同一策略步骤,无论古代的辩论家还是现代教会的史学家都会异口同声地指控——不敬。不过,在为控制这一声望卓著的《圣经》而进行的诠释学之战中,这些最好被理解为另外一种训练。

各类基督徒对犹太教《圣经》的挪用并不是没有争论的。犹太人自然反对基督徒的各种革新,把它们统统看作错误和亵渎。其他人,比如希腊哲学家赛尔苏斯,倾向于赞同对基督徒革新和不敬的指控。而且,对《圣经》不当阐释和不敬的指控在基督教内部也满天飞。保罗指责彼得和其他人追随犹太教实践的虚伪和对《圣经》的误解。《巴拿巴书信》警告那些说"约既是我们的也是他们的"的人。伊里奈乌告诉我们一些所谓的异端指控使徒们犹太化！他惊异地发现，这些异端实际上主张使徒们受了犹太人的影响，因为他们教导人们崇拜一个低等世界的创造者而不是崇拜真正超越的父；在转化外邦人多神教的错误中，使徒们恰恰带给了他们新的错误！[85]

这种指控的一个很好的例子现在可以在拿戈·玛第文库中找到。《真理的见证》指责说，"很多人寻找真理却找不到，因为法利赛人的老酵母和律法的抄写员限制了他们"[86]。这个指控，即使徒们误把创造者当作真正的上帝，被认为是对《创世记》的误读。但从我们的观点看，这是一个通过诠释学真理拥有权的斗争来操作身份政治的例证，谁能够正确地阐释《圣经》，这一斗争不但在基督徒和犹太人之间而且也在基督徒中间画出了界线。结果是基督教内部的分裂，更不用说通过强行制造差异和擦掉共同基础给犹太教以及犹—基关系带来的极大伤害。

异　　教

当目标是否认继承性同时却又要挪用人家的传统，那么它该怎么做？这就是基督教反混合论在环地中海诸传统（不止犹太教）中界定自己时所面对的问题。

这些传统通常一揽子地被现代学者称为异教。"异教徒"这词是个口语用法，首见于 4 世纪的基督教铭文。在那儿异教指的是还未受洗的人，简言之，指的是非基督徒。"异教"，是古典史家发明的派生词,首先用来描述古代环地中海宗教实践的崇拜面貌。这个词涵盖了广阔的地理区域和各种各样的信仰、实践、物品(庙宇、膜拜用具、雕像等)。要说有什么不同的话,异教涵盖的现象远比犹太教基督教丰富多彩。[87]

如果"异教徒"这词只作口语使用而且出现相对较晚(4世纪),那么此前基督徒怎么称呼异教徒?他们的用语是变化的。从概念上讲,异教是基督教构建出来的,在这个构建中,基督徒有时把他们自己确定为一个"第三族群"。[88]犹太人和基督徒是这个三元组中不变的部分;而第三个部分是变动的,依赖于谁在讲话或谁被谈到。基督徒这个名称有时被加进犹太人与外邦人(指"不信上帝的人"和"非犹太民族")这种犹太教术语中,于是就是"犹太人、外邦人、基督徒"。或者融入希腊术语("希腊人与野蛮人"),结果就变成"希腊人、犹太人、基督徒"这样一个三元组,阿道夫·冯·哈纳克把这个三元组称作"教会史的根本概念"。[89]而且,还可以是"罗马人、犹太人、基督徒"。这样,尽管异教徒的名称可以从修辞上变动,但总是指那些不是犹太人和基督徒的人。这是一个普遍范畴,一个"他者"的简称。[90]

从普通代码到**理性**神学,基督徒如何从不过是古代环地中海社会文化的一部分到数目庞大并闻名于世,其中的例子就无需重述了。[91]而且,当各种杂交实践伴随着公开的反混合论话题,辩论家在实践中的态度是变化的,从完全拒斥到模棱两可甚至到相互矛盾。[92]简洁起见,我们还是概况三个主要策略,用于基督徒和异教徒之间的划界:完全拒斥、等级上从属、转变(掠夺,*spolatio*)。

事实上基督徒在面对希腊—罗马宗教时的立场毫不含糊。对于拜其他神的态度是完全拒斥：任何可以被认为是参与拜其他神灵的活动（特别是包含献祭的）都是不可容忍的。基督徒反混合论的态度固执且高调。这一立场几乎没有为基督徒的自我界定带来任何问题；实际上，正是由于基督徒拒绝参与他们时代公民和帝国的宗教活动，把他们与他们的同行最清晰地区分开来，最有力地为基督徒身份创制了清晰的边界。

同时，辩论家们认识到，在基督教神学与希腊—罗马哲学的某些因素之间，存在大量无法根除的相似性。至于异端与犹太教，更棘手的问题就是相似性，而非差异。这样，当异教徒的哲学、道德因素与基督教教义相符时，策略是积极地把它们拢到自然神学或福音准备（Preparatio evangelica）* 的名头下。[93]基督教神学家承认，异教哲学有时也揭示真理，尽管是以偏颇和掩盖的方式。基督教的高级在于通过启示拥有全部真理。[94]这个策略容纳相似性，不过只在基督教至上的外表下。这一等级上的从属掩盖了如下内含，即相似和融合可能损害基督教的纯正性和它所宣称的唯一性。在后面几章我们将看到，这一策略在有关社会进化或线性类型学的新理论下重新起作用，其中基督教以"最发达"宗教的形式出现。[95]

这一策略的古代例证可以在雅典那哥拉（Athenagoras）的护教文中找到，这是写给奥勒留皇帝（Marcus Aurelius）和康茂德皇帝（Lucius Aurelius Commodus）的，名叫《为基督徒辩

---

* 福音准备（Preparatio evangelica），认为犹太教的历史不过是为上帝的福音做准备。——译者注

护》(*A Plea Regarding Christians*)。雅典那哥拉的目的是驳斥
说基督徒是乱伦与同类相食的无神论者的指控。他采取了两
个相关的方针。第一个是证明基督教教义承认但也优于异
教——有关上帝的恰当哲学观点和道德行为规范——的最高
确信。第二个是公开抨击异教在思想上一些最薄弱的地方：
众神不道德行为的粗鄙形象、众神对献祭的欲求、偶像崇拜。
雅典那哥拉使用了许多与辩论家反对他们同行基督徒相同的
证明：他们错失了真正的上帝，在魔鬼的影响下被引向不道德
不虔诚的行为；他们混乱的教义进一步证明哲学家错失了整
个真理。雅典那哥拉对与最有名异教思想道德传统相似性的
承认，服务于他的护教目的。[96]但这种承认，不可避免地伴随
着对基督教至上的强调，甚至是对希腊罗马哲学传统中最好
的部分。

　　而且，任何形式的借入都被明确否认。例如，基督教的对
手指责说，他们与基督徒在观点上的任何相似性，都是基督徒
对古老宗教实践和哲学信仰不完美模仿的结果。雅典那哥拉
在辩护中认为，一些诗人和哲学家可能"对神圣的灵"具有有
限的"感应"；基督教先知并未从他们学习，先知的教义直接得
自上帝：

　　　　诗人和哲学家已经摸索着从这儿或那儿开始。他们
　　受自己灵魂的驱使，借着对神圣的灵的感应，去看看有没
　　有可能发现并把握真理。对于实在，他们实际上能得到
　　一些概念，但不是去发现，因为他们并不屈尊向上帝学习
　　关于上帝的东西，而是各自向自身寻找。因此，关于上

帝、物质、形式、世界,他们传授的都是些矛盾的学说。相反,我们作为我们所思所信的见证,拥有通过圣灵讲述上帝和上帝事物的先知。[97]

其他基督教辩惑家则通过把基督教源头追溯到创造本身,通过指责魔鬼模仿了基督教的仪式以便败坏基督教的实践,来反驳不当借入的指控。[98]基督教信仰实践被吹捧为异教实践的真正模型,而异教实践不过是被歪曲的副本。这个论点扭转了希腊—罗马哲学和宗教在年代学上的明显优势。这样,甚至对相似性的明确承认,也可以完全被嵌入否认任何借入的反混合论论调。

第三个策略不太普遍,即掠夺(spolatio)。这个词来自奥利金对《出埃及记》12:35—36 的辩护解释,以色列人在离开埃及时劫掠了他们的邻居。作为一个警诫故事,奥利金对这段文字提供了一个经典的基督教解读:任何盗自他人的财物通过奉献给上帝都可以得到**转化**,以免这些财物成为偶像崇拜的一个诱因。毕竟,以色列人劫掠的这些东西意图用于建设上帝的帐幕,而不是金牛。赫勒曼(W.Helleman)概括如下:

> 批判性的挪用……要为文化财富被吸收**进**基督教立场时积极的转化模型留出余地。另一方面,基督教改变自己的立场以**适应**这些礼物也是可能的;这能导致偶像崇拜或污染的其他形式。[99]

掠夺(spolatio)的合理化,暴露出早期基督教话语有关挪用希腊罗马材料的所有两可性:这些材料可能被转化,为基督教所用;但它们也代表了真正的危险,因为它们也可能污染基督教。这种立场的雄辩术不是把相似性和挪用解释作借入,而是解释作转化。而且,通过把这种挪用命名为"劫掠物"或"礼物",掠夺(spolatio)这种表述掩盖了文化综合的政治动力——对谁有权利说他"拥有"一个传统的争夺。毕竟,一个团体的"劫掠物"是另一个团体的"失窃"。它还掩盖了反混合论的目标:为以前未做标注(或做不同标志)的社会版图导入新的区分和划分。

正如历史所表明的,不但各类基督徒在实践上对他们自己与他者之间的边界做不同标注,而且不得不持续地重新协商这些边界,实际上现在也在谈判中。[100] 尽管辩论家们在一定条件下认识到也接受某些挪用,不过显然他们的话语倾向在腔调和含义上是反混合论的。在把异教清晰地构建为一个待驱逐的范畴后,规范化基督教就不能容忍它从异教思想实践挪用过多了。基督教自我界定所面临的问题不是差异而是相似,不是疏远而是亲近。

现 代 异 端

20世纪,灵知派研究学者建议与辩论家们传下的策略妥协,当然在现代讨论中规划了细微的和不那么细微的转换。他们也讨论了如何把新资料整合进古代环地中海宗教的研究中。

后面几章将显示,辩论家论辩的许多因素已经完全被结合进20世纪有关灵知派的学术讨论了。但这也并不奇怪。

毕竟,迄今几乎我们所有信息都是辩论家提供的。这种局面因新文本的发现而剧烈改观,这是紧随欧洲殖民主义而发生的。但灵知派研究嵌入其中的讨论,变化却缓慢得多。学者们只是慢慢才认识到老模型和方法的不足,并开始归纳新的进路。

　　尽管有重要的转变,辩论家依然主导了 20 世纪的多数时间,学者们倾向于否定性地评价灵知派,与辩论家们对异端的处理在基础上相差无几。[101]灵知派被描绘为在神学上低等,在道德上有缺陷;被描绘为虚伪、混合的寄生虫;被描绘为个人主义、虚无主义、逃避现实的宗教,无法形成任何类型的道德群体。学者们把范围越来越广的各种材料包括在灵知派这个范畴下面,而他们也因灵知派本质特征的定义问题而倍感困扰。然而首先,我们错误地专注于确定它的源头并从谱系学上寻找它与正统基督教的关系,因为我们不知不觉地把一个雄辩术上的范畴具体化为了一个历史上的实体存在。

　　埃及发现所带来的古代文本显然是由辩论家所谴责的各类基督徒撰写的。学者们现在有机会评估辩论家对他们对手的描述。辩论家并未直接伪造这些描绘,不过他们确实关注他们对手信仰中最不吸引人或与他们自己观点区别最大的部分。看来,他们如此认真地对待对手,如此决绝地谴责对手,恰恰因为他们自己的观点与他们对手的观点在许多方面是如此接近。

　　另一个问题是,通过暗示早期基督教只提供正统与异端这对立的两端,正统与异端问题产生了一种雄辩术,这种雄辩术倾向于把早期基督教两分化和两极化。但学者们现在认识

53

到,这种概括太过简单了。例如,拿戈·玛第文集中的文学作品《彼得启示录》和《真理的见证》表明,尽管辩论家们的观点是,相对于各种异端,真正的基督徒是统一的,但不迟于3世纪,对异端的指责却充斥各个方向。实际上,辩论家们确实把《真理的见证》中极端的幻影论和苦行教义看作主要异端,并把它的作者归于瓦伦廷派或其他此类"异端"。然而,《真理的见证》的作者却把异教研究者的学说与瓦伦廷派看作相同一类。他认为,这两者对于基督教义和拯救本质的看法都极其错误,因为两者都认可婚姻,而婚姻行为与作者所持基督前来"终止肉体生育"的信仰正相反对。这个例子暗示了在基督教最初几个世纪里局面的复杂性,说明指控不止充斥在两组对手间,而是多边多结构的。然而,现代学者对正统与异端这个话题的挪用,最严重的缺陷可能在于,对相似性与差异性的注意和处理方式。正统与异端这个话题被用于解释灵知派与基督教之间的关系,几乎完全从差异性出发;而对繁复多样的所谓灵知派材料之间相互关系的解释则几乎完全从相似性出发。这个话题令人难以置信地遮蔽和搞乱了古代材料及其相互关系的史学研究,无论这个话题被分类作异端与正统,还是灵知派与基督徒。

54　　现代史家采取辩论家构建异端的策略和内容来界定灵知派,他们并非只是重新制造了辩论家们的异端,而是自己传播了正统与异端的政治。当我们看到20世纪史学家应用灵知派这一范畴来确定规范化基督教的边界——无论是在新教反天主教的论辩、新教内部的讨论中,还是在东方学的殖民地政治中——我们不应感到奇怪。正如我指出的,灵知派研究专家现在清楚地认识到定义灵知派中存在的问题,但是关于异端的古代话题以何种方式穿过现代文献史学就不那么清楚了。[102]

正统与异端的语言、论题和策略,被证明是个强有力的话题,以各种形式一直持续到我们今天的时代。我这本书的目的就是要显明,20 世纪关于灵知派的学术是如何在这个话题上同时再注册、解释和发源的。第一个修正的步骤也许最具影响:通过用"灵知派"这个术语来替代一种异端,亨利·莫尔(Henry More)及其后继者把这个题目构建成教会史的一个永久论题。

下面几章有选择地概览一些案例,在这些案例中关于正统和异端的老话语在 20 世纪学术中依然起作用,还有由于历史环境的改变给这个话题带来的一些转换、各种话题的交织、新的文本证据的发现。这个讨论还打算提供一个场合,反思学术实践和史学思想的立场是如何影响我们向这些材料提出问题的、这些问题是如何被构思的,以及我们如何可能从新的角度来处理这些材料。

注　释

[1]　引文出自 Trinh, *Woman*, *Native*, *Other*, 61,重点是我加的。

[2]　尽管殉教者查士丁的反异端著作已佚,但学者们普遍承认查士丁在异教研究话语的发展中起关键作用(见 Le Boulluec, *Le Notion d'hérésie*, 35—36)。还应提到其他一些人,不过基督教异教研究话语形成中的主要人物就是他们。Rudolph 对这些人及其主要著作有很好的介绍,参见他的 *Gnosis*, 10—25。辩论家们

保留的神学和神话材料,包括瓦伦廷派狄奥多图作品的一个选集,查士丁的 *Brauch*,以及与赛特派灵知派 *The Apocryphon of John* 有文学联系的一个文本的一部分;解释性的材料,比如托勒密著名的 *EpFlora*,详述了瓦伦廷派的《圣经》解释方法;膜拜性的材料,则如挪阿新派(蛇派)圣歌。Le Boulluec 指出了反异端论文与古代作者(如第欧根尼·拉尔修)所编古希腊哲学著作在文体上的关联(*Le Notion d'hérésie*, 40)。

[3]　Le Boulluec, *Le Notion d'hérésie*, 15—16,也提到殉教者查士丁在他驳斥异端(反对犹太人特来弗的论文和两部护教书)中所用论题和策略的相似点。

[4]　Le Boulluec 对早期的基督教异端话题做了充分研究。见 *Le Notion d'hérésie*。

[5]　同上书,18—19。

[6]　Le Boulluec 认为,在与犹太人和希腊人的冲突中发展出来的策略,被"模仿和变形",用来处理内部差异引起的麻烦(*Le Notion d'hérésie*, 16)。

[7]　参见比如 Dawson, *Allegorical Readers*。应该指出,《圣经》的精确轮廓并不是这样确定下来的(见 McDonald, *The Formation of the Christian Biblical Canon*)。

[8]　在讨论亚历山大医学文献时,Heinrich von Staden 指出:"亚历山大**异端**文献证据的缺乏,使我们对配得上**异端**这个标签的团体和个人不甚了了。不过证据表明,一个具有如下特征的团体就可以被称作**异端**:具有相当融贯和独特的理论,有一个被承认的创始者(*hairesi-arches*),有明显可辨的领袖表达(1)他们通过理论辩论对竞争理论的驳斥,以及(2)他们的系统替代理论。对**异端**的这一使用,不需要在所有教义问题上一致同意……也不一定包含一个单一的地理中心或任何建制组织。"("Hairesis 与 Heresy:

论 *hairesis iatrikai*"，79—80）Alain Le Boulluec 出色地证明异端的基督教概念出自古代观念和文体。古代作家使用这一术语，他们也用 *hairesis*（异端，复数）来描述各种古代哲学学说。他们实质上使用传记体裁来描画哲学家的承传，提供古希腊哲学论著编辑者的相关信息，包括轶闻和箴言，来描述他们的学说（见 *Le Notion d'hérésie*，40—41）。

[9] Le Boulluec，*Le Notion d'hérésie*，37. 参见 von Staden "Hairesis and Heresy"，81。

[10] 如 J.Z.Smith 所说："差别造就意义。思想必定会被一个拆卸和重装的动态过程拆解掉，这一过程导致这样一个东西，它不再是自然的而是社会的，不再是事实的而是理智上的，而思想倾向于把这一被拆解的思想拢到一起。通过差异化方案，关系得以被发现和重组。"（"差异平等：论'他者'的构建"，14）我在这儿阐发 Smith 观点的政治观念，为的是更一般地把社会关系的权利动因考虑进来。

[11] 引自 Trinh，*Woman*，*Native*，*Other*，61；其他后殖民地时期思想家也已指出这种身份方案的两可，见 Bhabha，*The Location of Culture*，1—18。

[12] J.Z. Smith，13，14.

[13] 如果不用这个名字，也会使用对基督的称呼比如主、救主或启示者。

[14] 见 J.Z. Smith，"Differential Equations"，3。

[15] 见 Chadwick，*The Early Church*，41—45。

[16] 与 Helleman（"跋"，451）相反；也见 R. Williams，"Does It Make Sense to Speak of Pre-Nicene Orthodoxy?" Le Boulluec 在讨论 Walter Bauer 的著作时，建议不用"正统"与"异端"而代以"异端研究的表述"，这么做可以避免正统之优先权这样一个无法克服

的幻觉(*Le Notion d'hérésie*,19)。不过他接着说:"这并非要否认那些为基督教里广泛存在的正统提供基础的形态。这一建议不过是要把握正统(以及在异教研究文本中努力确证其一而排斥其余)被赋予的极其多样的权利。"(*Le Notion d'hérésie*,20)他似乎略带迟疑地说,人们需要敞开这种可能性:被冠以"异端"的基督教形态利用的可能也是它们的早期发展形态,就是说,可能并不是唯有正统才可以宣称原创性,基督教的其他类型也可以。

[17] 即使在辩论家试图准确报道对手观点的那些作品中,这些观点也已被同化进可能转变(歪曲)它们意思的体系中。对于任何挪用进一个新上下文中的行为,这都是真的。我在这儿并非要诋毁辩论家,而是指出他们的做法限制了我们对他们对手观点的了解。

[18] 比如,希波律陀(*Ref* VI,37)说,马西昂派不同意伊里奈乌对他们行为的描述。

[19] 比较辩论家们的著作与新发现的材料就可以发现这一问题的许多例证。如,辩论家攻击他们对手是精英决定论者,因为据说这些对手认为拯救的基础是人的属灵本性。在辩论家们看来,这一立场损害了面对人类原罪时的神圣恩典。但像 *The Apocryphon of John* 这样的文本,并没有否认对原罪的厌恶以及寻求属灵力量以便获得拯救这种需求;实际上,人类属灵本性的教义旨在提供希望,而非宽宥邪恶。

[20] 见 Lipsius, *Die Quellen*, 191—225; M. Smith, "The History of the Term Gnostikos"; McGuire, *Valentinus and the "Gnostike Haeresis"*以及 *Valentinus and the "gnostike hairesis"*, Layton, *The Gnostic Scriptures*, 5—214,特别是"Prolegomena"。

[21] 优西比乌,*EcclHist* V,7 的报道;见 *AbHer* II,序。比较提摩太前书 6:20。伊里奈乌的书通常被称作 *Against the Heresies*。

[22] 参见例如 *Gos Truth*。

[23] 特别参见 Koester 的讨论，*Ancient Christian Gospels*，31—48，特别是 32，以及"使徒传统与灵知派的起源"。Davids 认为（见"Irrtum und Häresie"，187），任何人只要不听主教的话，伊纳爵就把他认作异端（虽然伊纳爵并未使用这个词）；比较 *GosMary*（见 King，*The Gospel of Mary*）。

[24] *PresHer* 17—19（译文见，Greenslade，*Early Latin Theology*，42—43）。

[25] 参见例如，瓦伦廷派查士丁在其 *EpFlora*（译文见，Layton，*Gnostic Scriptures*，308—315）中的做法。

[26] *PresHer* 17（译文见，Greenslade，*Early Latin Theology*，42）.

[27] McDonald，*The Formation of the Christian Biblical Canon*.

[28] 德尔图良，*PresHer* 3（译文见，Greenslade，*Early Latin Theology*，32）。德尔图良认为他们是不可能真正睿智的，因为"既然异端能转化他们，他们就不是睿智、忠贞或有经验的"，这一评论则略带尖刻。当然还是能看到其他一些人，德尔图良认为他们是睿智的。

[29] 见 *PresHer* 13；Countryman，"Tertullian and the Regula Fidei"；Tiessen，"Gnosticism as Heresy"。

[30] *PresHer* 14（译文见，Greenslade，*Early Latin Theology*，40）.

[31] 见 Le Boulluec，*Le Notion d'hérésie* 中的讨论，特别是 21—112；Perkins，"Irenaeus and the Gnostics"；Standaert，"Evangelium Veritatis"。

[32] *AgHer*，序 2（译文见 Unger，*St. Irenaeus of Lyons*，22），这是古代雄辩论的标准做法；见 Perkins，"Irenaeus and the Gnostics"，195。也见 *AgHer* I，31，3，伊里奈乌在这儿写道："实际上，他们的教义恰恰就表现在他们被战胜了。"（译文见 Unger，*St. Irenaeus of Lyons*，103）

[33]　见 Perkins, "Irenaeus and the Gnostics"; Vallée, "'Theological and Non-Theological Motives in Irenaeus' Refutation of the Gnostics"。

[34]　见 AgHer I, 9—11, 22; Clement of Alexandria, Strom 7.108. 1—2。

[35]　M. Williams, Rethinking "Gnosticism", 34—35, 提供了一个表格, 列举了那些被伊里奈乌、希波律陀、伪德尔图良和伊皮法纽归为异端的团体。

[36]　有关这种观念, 即异端属于魔鬼并意味着远离了原始纯正的传统, 更多论述参见 Davids, "Irrtum und Häresie"。

[37]　因而伊皮法纽把列举的异端扩充到 80 种(!), 以便寓言式地把这些异端与雅歌 6:8 中的 80 妃嫔联系起来(见 M. Williams, Rethinking "Gnosticism", 40)。

[38]　伊里奈乌这一论断, 就把从殉教者查士丁已佚著作(或至少其较晚近版本)起对所有异端的反对整合成一个谱系了。在 Apol 26 中, 殉教者查士丁把他的一篇论文称作"反驳既有的所有异端" (译文见, Barnard, St. Justin Martyr, 41)。和伊里奈乌的 AgHer 类似, 他提供了一个从行邪术的西门开始的异端次序。进一步讨论, 见 Wisse, "The Nag Hammadi Library", 213—215(他指出, 这一主张是 R. A. Lipsius 于 1965 年首先提出的); Perkins, "Irenaeus and the Gnostics", 197—198; Desjardins, Michel, "Bauer and Beyond", 78—79。在 Le Notion d'hérésie 40—41 中, Le Boulluec 讨论了哲学家统续希腊主义论述之外的基督教异端谱系的发展。

[39]　Buell, Making Christians, 50—106. 使用生育、血统、亲属关系这类隐喻来把某些关系自然化并用以攻击对手——本书是对这一使用的一种重要而精致的研究。

[40]　见 Le Boulluec, Le Notion d'hérésie, 40—41 中对哲学上 haireseis

（中译按，《圣经》中译作异端、教派、教门、教党、结党等）的讨论。伊里奈乌说诸异端具有相同的"父母和祖先"（*AgHer* I, 31, 3）。至于树和果子，见 *AgHer* I, 22, 2。在 *AgHer* I, 30, 15 中，伊里奈乌说瓦伦廷学派"生似勒拿（中译按，勒拿，湖名）大蛇——一种多头野兽"（译文见 Unger, *St. Irenaeus of Lyons*, 102）。

[41]　见 Wisse, "The Nag Hammadi Library"，特别是 208—209。

[42]　Le Boulluec 弄清了（*Le Notion d'hérésie*, 45—47）在古代的术语中，*haireseis* 表明的一种学说上的一致性或倾向，但并不一定意味着一个组织或一个确定团体（比如一个学派）。

[43]　当代讨论差异至为重要的策略是把信仰的统一与团体的团结联系起来。差异从定义上讲包含社会分裂。在现代学术中，只要神学观点中的差异被用来暗指不同社会团体的存在，我们就又碰到了这一论证手段。这就是说，通常，承认早期基督教的多样性导致学者们提出"相互冲突的社团"。然而，单凭神学差异不足以提出关系上的冲突［参见比如 Riley 认为约翰教团与多马教团有矛盾的主张（*Resurrection Reconsidered*）以及 Dunderberg 的反驳，"约翰与多马冲突？"］。毕竟，我们知道多数团体能维持一定程度上的观念差异而不分裂；这种差异的存在不会导致我们臆想一种社会破裂。

[44]　见 Irenaeus, *AgHer* II, 14, 2—6；Tertullian, *PresHer* 8, 5；也见 Hippolytus, *Ref* I, 导论 11，这些指控也是满天飞；比如 Lieu（*Manichaeism*, 41—42）说保罗书信也因为坚持希腊学说而被某些人认作异端。

[45]　Shaw and Steward, "Introduction", 7, 14.

[46]　Ibid., 1.

[47]　亚历山大的克莱门深深感到了这种观点的矛盾，他认为，对哲学的恰当使用实际上可以支持信仰。见 Le Boulluec 在 *Le Notion*

d'hérésie 第 2 卷第 4 章中的简明讨论。

[48] 也见 Hippolytus，*Ref* I，序 8—9，认为异端出自希腊哲学、神秘教派或占星学。

[49] *PresHer* 40.引自 *PresHer* 7（Greenslade，*Early Latin Theology*，35，稍有改动）。

[50] 德尔图良在这儿依赖的无疑是出自使徒行传的传统，乃保罗在雅典所传。批判的史家认为，是行传的作者而非保罗，写了行传 17：22—31 的讲话。

[51] *PresHer* 7（Greenslade，*Early Latin Theology*，36）。

[52] 参见例如，Waszink，"Tertullian's Principles and Methods of Exegesis"；Helleman，"Tertullian on Athens and Jerusalem"；Guerra，"Polemical Christianity"，113—114。

[53] 见 *PresHer* 13，20—21，32。

[54] *PresHer* 20，31，35（Greenslade，Early Latin Theology，43—44，52，56）.

[55] Ibid.，34（Greenslade，*Early Latin Theology*，55—56）。

[56] 比如，优西比乌 *Ecclesiatical History* 的构思。

[57] 一个主要问题是把原始启示置于何处：置于基督的死与复活（保罗），置于耶稣的受洗（《马可福音》），置于道成肉身（伊里奈乌），置于前在的逻各斯（《约翰福音》），置于创世（*Gos Thom*）；置于宣道，置于福音叙事，置于预言或复活后的表现，置于使徒的教诲，置于信的规则，置于信条，置于信经，等等。

[58] 这一论题尽管持久不变，仍然可以策略地表述为多种形式，比如宣称神性是万物创始之源，或万物形成的模型，或权力与不朽的核心。

[59] Geertz，"The World in Pieces"，109.

[60] 见 Asad，*Genealogies of Religion*。

[61] 比如，你可以想想基督徒身份运动的好斗，或美国法律和社会所反映出的新教遗产的那些方面。

[62] 如果我们想理解任何具体的团体或自我认同是怎么产生的，我们就得询问各种社会构建（比如政治角色、经济条件、社会地位、种族、活动范围、时空的分割、仪式行为）是否和怎样在宗教自我的形成、定义和界划中交叉重叠（Barth, *Cosmologies in the Making*; "The Analysis of Culture in Complex Societies"; "Enduring and Emerging Issues in the Analysis of Ethnicity"; "Problems in Comceptualizing Cultural Pluralism"）。

[63] 见 Buell, *Making Christians*; "Race and Universalism in Early Christianity"; "Rethinking the Relevance of Race"。

[64] 见 Harnack "third race"，载 *Mission and Expansion of Christianity*，240—278。用我的话说，Harnack 该章论述的是规范性基督徒身份话语的发展；参见 Buell, "Rethinking the Relevance of Race"。

[65] 不过，无论性别还是阶级，在思想体系上都需基督教化。比如，通过性别隐喻来刻画苦修行为（女性变成了男性）或把信徒称作"基督的奴隶"。但与他们周围那些人比起来，基督教对性别和阶级的理解相当稳定而且不易觉察。

[66] 对犹太教身份构建的更多论述，见 J. Z. Smith, "Fences and Neighbors"; 以及 Cohen, *The Beginnings of Jewishness*。古代的犹太教史学家总是强调当时犹太教的多变特征，但通常这也没什么用。对诸本质化进行批评的新近讨论，并提供替代方案，见 Horsley, *Archaeology, History and Society in Galilee*，特别是 63—64，139—140，182。

[67] 见 Boyarin, *Dying for God*, 1—21(11)。Boyarin 敏锐地指出："基督教正统派面对所谓异端来构建自身，这样一个社会和文化过程，与犹太教正统（拉比犹太教）面对早期基督教来构建自身及

其权威,在结构上非常相似。"例如,他指出:"犹太人能说出的犹太教的基本特征,恰恰是它与'混合的'的基督教的区别,这个基督教在定义上被看作犹太教与希腊主义的结合。"(11)

[68]　见 Rom 9—11；Galatians；Hodge, "If Sons, Then Heirs"。

[69]　见 Matt 5：17—20。

[70]　对"犹太—基督教"这个成问题名称的更多论述,见 Taylor, "The Phenomenon of Jewish-Christianity",特别是 319—320,他指出在 3 世纪的埃及,亚历山大的奥利金提到过一些人,既参加星期六的犹太教聚会,也参加星期日的基督教聚会(*Homily on Leviticus* 5.8)；在叙利亚,Ephrem 注意到有和犹太人分享逾越节晚餐的基督徒(*Hymn* 19)；而在 4 世纪,John Chrysostom 写了 8 篇布道文劝阻基督徒参加犹太礼拜。

[71]　我要感谢 Daniel Boyarin,他对这部手稿一个早期版本的评注助益尤大。我们的交谈强调了对于身份构建来说,迷人的是宣称"约既是我们的也是他们的"。

[72]　*EpBarn* 6.6—8(译文见 Lake, *The Apostolic Fathers* I, 351,重点是我加的), 14.1(同前,391)。

[73]　*Didache* 8.1(译文见 Lake, *The Apostolic Fathers* I, 321)。

[74]　与 *EpBarn* 的作者相反,查士丁并不认为遵循律法本身是不对的。他承认,那些遵循犹太习俗(比如割礼和安息日)者仍然可以被拯救,但有条件,他们需接受基督,并且不再教导外邦人这些习俗对于拯救是必须的(见 *DialTrypho* 47；以及 Buell 在"Rethinking the Relevance of Race"中细致入微的讨论)。

[75]　见 *DialTrypho* 137。

[76]　其他护教士,比如 Athenagoras(雅典那哥拉),会强调生命的基督徒之路的优越。显然,这类主张对像著名医生盖伦这样的人有影响,因为这些人赞赏基督徒的道德约束和勇气(见 Benko, *Pagan*

Rome and the Early Christians，140—142）。

[77] 见 Feldman，*Jew and Gentile in the Ancient World*。

[78] Taylor，"The Phenomenon of Early Jewish-Christianity"，318，319.

[79] 在其 *EpPhil* 3 和 8.2 中（引自 Taylor，"The Phenomenon of Early Jewish-Christianity"，318）。

[80] *EpBarn* 3.3；*EpBarn* 10.9（译文见 Lake，*The Apostolic Fathers* I，377）.

[81] *EpBarn* 5.1（译文见 Lake，*The Apostolic Fathers* I，355）.

[82] 有关赛特派灵知派的进一步讨论，见本书第六章中"对分类的反思"。

[83] 引自伊皮法纽 *Against Heresies* 33.3.1—33.7.10。

[84] 或者来看 *EpBarn* 中他们的解读。*EpBarn* 漫画化了犹太教的《圣经》解释、信仰和礼仪。否定犹太教首先意味着把 *EpBarn* 所否定的犹太教构建为隐藏挪用过程这一战略的一部分。而且，并不清楚基督徒是否拥有关于犹太教信仰、习俗和解释的更高知识。这些知识变化很大，从几乎完全无知到相当熟悉。有相当一批有教养的基督徒，对希腊语著作（如 Septuagint、斐洛、约瑟夫）的熟悉超过希伯来语著作。

[85] Gal 2.11—14；*AgHer* III，12，6.伊里奈乌借助他自己对使徒传统和权威的概述，捍卫使徒们对这一指控的反驳。

[86] *Test Truth* 29，9—15（Giverson 与 Pearson 译，见 Robinson，*Nag Hammadi Library*，449—550）。也见 *ApocPeter*，79，22—30。

[87] 见 Fox，*Pagans and Christians*，30—31。Fox 取一种地方性进路来研究"异教"（见 *Pagans and Christians*，33）。当然，存在巨大地区差异的同时，也存在大量的重叠和文化互渗（见，例如 MacMullen，*Paganism*，112—130）。古代宗教的研究者不断使用"混合论"

(syncretism)来描绘这一时期(从亚历山大大帝到罗马帝国)环地中海文化集团间的宗教互动。这一模式就能很好地契合基督教的反混合论话语——只要这些不同传统可以很容易地被看作一个整体,而且也因为对"混合论"一词的贬损使用对基督教的自我界定(就与异教的关系)是没有问题的。不使用基督教反混合论话语的古代地中海地区的宗教互动现象已经被研究了(参见比如Price,*Rituals and Powers*)。

[88] 见 Harnack 的讨论,*Mission and Expansion*,266—278;以及现在Buell 高明的研究,"Rethinking the Relevance of Race"。Aristides则可能提到过四个族群。

[89] Harnack,*Mission and Expansion*,250.

[90] Arthur Darby Nock 就皈依问题清晰地表达过这一点:"在我们的探索中,只有当基督教已足够强大,而它的对手因敌意和对照而被塑造成一个实体,对异教的真正皈依才会出现。"(*Conversion*,15)现在可以参看 Frankfurter,*Religion in Roman Egypt*。

[91] 一个很好的研究是 Weltin 的 *Athens and Jerusalem*。

[92] 或者如 Weltin 所说:"尽管 150 年之后年轻的基督教皈依者主要是'希腊人',这个新宗教对它所遇到的异教价值和态度还是很挑剔的:它最终接受了一部分、容忍了一部分、拒斥了一部分。"(*Athen and Jerusalem*,1)

[93] 见 Helleman 的概述,"Epilogue",469。

[94] "福音准备"(*Preparatio evangelica*)这个主题也可以用政治语言表达出来,注意比如奥利金的说法:"在耶稣时代,公义出现,而和平的完满,就从他的诞生开始。上帝通过让罗马皇帝统治全世界而为他的传教准备了万民。不会再有众多的国,否则万民将相互隔膜,而使徒会发现难以完成耶稣交给他们的任务,因为耶稣让他们'去教给万民'。"(*Contra Celsum* II,30,Chadwick 译)

［95］　参见 Otto，*The Idea of the Holy*。

［96］　拿戈·玛第文本中有个有趣的例子可资参照，见 *Eugnostos* III，70.2—71.1；*SophJesChr* III，92.6—93.8。

［97］　*A Plea* 7（译文见 Richardson，*Early Christian Fathers*，306—307）.

［98］　见 Harnack，*Mission and Expansion*，255—256。

［99］　Helleman，"Epilogue"，417.也见 Origen，*Homily on Leviticus* 7：6；Augustine，*De doctrina Christiana* II，40，60；Frizzell，"Spoils from Egypt"。

［100］　参见比如 Markus 对基督教在 4 世纪到 6 世纪之间所发生转变的讨论，其中不得不在以下两者之间作出区分："一是老宗教的真正残余，这个必须被根除；一是从其宗教源头上切割下来残存的已经世俗化或去神圣化了的习俗，这个可以被容忍。"（*The End of Ancient Christianity*，2）Trombley 的 *Hellenic Relgion and Christianization*，使用更广的材料论述了相似问题，把这一转变称作"基督教化"的过程。正如 Markus 指出的，确定什么是文化（因而可以借用可以容忍）以及什么是宗教（因而必须被驱逐）是个问题，而且对宣教事业特别重要。当代的例子参见 Mosse，"The Politics of Religious Synthesis"。

［101］　参见例如 MacRae，"Why the Church Rejected Gnosticism"。MacRae 提供了三个主要原因：放荡的行为，不承认创世主和拯救史之间的连贯性，幻影论的基督论。

［102］　如 Wilson 非常清楚地认识到有关灵知派定义特别是它与新约的关系这部分问题，在于把灵知派及相关术语与异端的年代误植地联系起来。不过，他把这种年代误植限制在 1 世纪及 2 世纪早期，而接受灵知派作为基督教异端这一标准的史学描述（见"Slippery Words"，299—330）。恰恰是这些曾胜任对这一现象做史学重建的标准范畴需要接受检讨。

第三章　阿道夫·冯·哈纳克与基督教的本质

灵知派作为"基督教的急性希腊化"

展开试图定义灵知派的当代讨论，没有比激进新教教会史家阿道夫·冯·哈纳克的著作更引人入胜的了。哈纳克于20世纪初用德语写作，具有惊人的渊博学识，他在教会史与神学领域的著作，涉猎广泛，经久不衰。

他在多卷本基督教思想史著作《教义史》(1885)中有一个著名说法，把灵知派描述为"基督教的急性希腊化"。他通过这一概括想说的是，灵知派"主要是被希腊精神所统治，是由希腊宗教哲学的兴趣和教义决定的"。[1]哈纳克的立场似乎与德尔图良相同，认为异端是希腊思想对基督教外在影响导致的一种"急性"状态。[2]尽管有基本的和决定性的相似，德国文献史学和新教辨惑学的要求还是从不同方向上引导了哈纳克。他用希腊化所意指的东西与德尔图良大有不同，德尔图良说："是哲学为异端提供了工具……异端与哲学家深思相同的题目，进行相同的讨论。"[3]哈纳克意指的东西在影响上更广泛、在结果上更准确、在与基督教的关系上更复杂。他的概述精悍简约，这掩盖了其豪迈，因为它所承担的重担是提供理解整个基督教发展的钥匙。

对于哈纳克来说，"希腊化"这个词描绘了东方地中海所有思想文化生活不可或缺的背景。亚历山大的征服发动了一个与希腊[Greek（Hellenic）]文化的综合，这综合广泛到在他征服的版图内没有什么是完全未被触及的。结果是，哈纳克不承认在雅典和耶路撒冷之间、希腊思想和福音书之间存在区别，这和德尔图良雄辩术所持的观点（强调它们之间的区别）一样简明。在他看来，基督教兴起于"由希腊主义创造的普遍精神氛围"。离开了这个背景，新约文献是不可理解的：

> 实际上，没有一篇新约文献不透露出它所受的东方希腊化时代思想风格和文化普遍状态的影响；甚至用希腊语来翻译旧约也证明了这一事实。不仅如此，我们还可以进一步说，如果我们把福音书比作一种排外的犹太教，未受任何外来影响，那么福音书在史学上是不可理解的。[4]

然而，为什么哈纳克还写道，"但清楚的是，具体讲来，希腊观念既没有成为福音书本身的前提，也没有成为多数重要新约文献的前提"[5]？或者后来在他关于基督教本质的讲演中："我们不能说，最早的基督教文献，更不用说福音书，在任何较大程度上，显示了希腊因素的存在。"[6]为什么他得出如此明显矛盾的结论？

　　答案在于他对基督教及其历史发展的理解。对哈纳克来
说,基督教的本质是超越历史的;它在历史中的任何形式都不
等于福音书本身,甚至也不能说这些形式对它即使是必要的。
于是,因为哈纳克只把希腊化看作福音书的背景,看作戏剧上
演的舞台布景,所以他也就可以在基础上强调福音书的非希
腊特征而不觉得有任何矛盾。[7]

57　　　那么,什么是"基督教的本质"? 在《基督教的本质》(什么
是基督教)中,哈纳克用很大的精力来回答这个问题。 他说,
作为宗教,基督教存在于一种生命中,而这种生命居住在上帝
的临在中:"基督教宗教是某种简单而崇高的东西;它意味着
一件事且只意味着一件事:时间中的永恒生命,通过上帝的力
量并在上帝的看护下。"[8]按哈纳克,这一生命的特征是灵性
和热心,表达在耶稣的教义中,他把这些教义简称作"福音"。
他把福音书概括为三点:

　　　　第一,上帝的国及其到来。
　　　　第二,作为父的上帝与人类灵魂的无限价值。
　　　　第三,更高的义与爱的戒律。[9]

　　在确定福音书的这些本质因素时,哈纳克坚持,基督徒必
须在"传统的和特有的"、"核和壳"之间作出区分,以便抓住
"(耶稣)说教的深奥知识"。[10]哈纳克方法在实践上一个很好
的例子是他对耶稣关于上帝的国近了这一教义的处理,这一
教义在哈纳克时代被理解作耶稣启示的核心。[11]他写道:

上帝的国和魔鬼的国及其斗争,最后的斗争发生在将来某一时刻,魔鬼在早已被逐出天堂后,仍将在尘世被击败,这种两个王国的观念是耶稣和他的同代人共有的观念。并不是耶稣开启了这种观念,而是他从这种观念中成长并保留了这种观念。但另一个观点,即上帝的国"不是看着到来的",它已经在这儿,本来就在……如果一个人想要了解耶稣启示中上帝的国及其到来的含义,必须研究耶稣那些道德小故事,他才会明白。上帝的国通过临向个人,通过进入他的灵魂并掌握它而到来。上帝国的真实在于上帝的统治;但这是神圣上帝在个人心灵中的统治;**是上帝自己在支配。** 从这个观点看,从外部和历史意义上具有戏剧性的任何事物都消失了,所有对未来的外部希望也同样。无论你取哪个道德小故事,播种者的比喻、重价珍珠的比喻、地里埋藏珍宝的比喻——上帝的话、上帝自己,就是这王国。这不是一个天使与魔鬼、王权与公国的问题,而是上帝与灵魂,灵魂及其上帝的问题。[12]

注意哈纳克热情中的方法:他从区分那些时代观念("传统的")和耶稣特有的启示("特有的")开始,以便区分教义的内在意义("核")和外部形式("壳")。结果是,哈纳克为了把这一王国精神化为灵魂与上帝的内在关系,否认了从"晚期犹太教"启示录末世论角度对这一王国所做的任何解释。[13]

这一方法使哈纳克得以反复坚持,不但基督教的本质既非希腊的也非犹太的,而且也不受历史的束缚。他走得如此

58

之远,甚至认为"(福音书)所采取的任何思想和社会表达形式(甚至最早期的),都不能被认为具有经典和永久特征"。[14]实际上,这恰恰是因为福音书并不局限在任何具体的表达形式上,它要不断地展现意义。[15]

面对这样强大的超历史本质,哈纳克几乎不承认任何历史现象包括希腊主义能对福音书产生决定性影响。因而他可以自相矛盾地一方面宣称离开希腊化新约文献就无法理解,另一方面又说在任何程度上希腊化都不存在于新约预告的福音中。前面的论述是关于壳的,后面的才有关本质。

然而,希腊化的意义并没有如此被抽空。实际上,对哈纳克来说,确定基督教的本质只是任务的一部分,当然,是关键的一部分;还是要把历史揭露为它的"壳"。历史上最有意义的事件就是希腊化。

哈纳克写道,早期基督徒浸淫于旧约《诗篇》《先知书》还有"晚期犹太教"。亚历山大征服以后,这个犹太教吸收了一些希腊精神,允许"犹太教把自己从其局限中解放出来并发展为一种面向世界的宗教"。[16]哈纳克说,尽管犹太教中有对希腊普适主义的浸淫,为了包容更全面的希腊思想以通向普适主义,2世纪的基督教抛弃了犹太教的"排他主义"。哈纳克在这儿反思了他那个时代受局限的观念和偏见,这种偏见把犹太教战略上的共产主义与希腊罗马"古典"的普世化冲动相比照,而这种冲动决定了欧洲的扩张主义。[17]他特别把希腊化的普世要求与对福音书普世启示和差会的认识联系起来。[18]他写道:

这一年轻的宗教，即使没有割断与犹太教的联系，也不可避免地受到希腊罗马世界精神与文明的影响，这是它长期定居的土壤。但它与犹太宗教与犹太民族急剧割断后所受这种精神的影响是何其巨大。它没有身体翱翔在地面之上，像一种空气物；没有身体，寻找身体。无疑，精神为它自己制造它自己的身体，但他通过吸收周围的东西做到这一点。具有希腊精神的希腊主义的注入，以及与之相结合的福音书，构成了 2 世纪教会史上最伟大的事实，一旦这一事实被确立为基础，它就将在后续世纪继续发挥作用。[19]

对哈纳克来说，研究希腊主义对于理解基督教教义史是必要的，但它不是基督教的本质。[20]

然而，哈纳克并不明确地把希腊化与进步联系起来，因为基督教最初 120 年的故事是这样一个故事，他写道，在这个故事中"**原初的热情**，就这个词的主要意思，**蒸发掉了**，同时律法和形式的宗教产生了"。在哈纳克个人信仰的核心有种虔诚，拒斥所有"教义、规章、法令、公共崇拜的形式"被"看作事物本身"的宗教。他反对基督教中的如下变化：

活的信仰似乎被转化成了供信仰的信经；对基督的奉献变成了基督论；对"天国到来"的热切希望变成了关于不朽和神化的教义；先知变成了技术性的解释和神学学习；对灵魂的牧养变成了教牧人员；兄弟变成了监护状态中的俗人；奇迹和神奇的咒语都消失了，否则就是一种

神职工具;炽烈的祈祷变成了庄严的赞美诗和应答祈祷;
"圣灵"变成了律法和强迫。[21]

　　在哈纳克看来,这种转化或者说这种损形只是开始,因为
希腊化把福音转化成了教义(dogma):"教义在其概念和发展
中是一个福音土壤基础上的希腊精神物事。"哈纳克认为,教
义,站在作为鲜活经验的基督教和作为迷信的基督教之间,这
迷信与膜拜、圣事、仪式、忠顺联系在一起。[22]

　　按哈纳克,对"希腊主义对基督教的影响"的思想化有 3
个步骤。第一步,"直达"新宗教的"核心",发生于 2 世纪早
期,挪用了希腊哲学,但没有任何希腊神话或宗教实践的痕
迹。哈纳克热情奔放地欢迎它:

　　　　谁能拒绝这些有亲和性的因素聚合一处呢?感觉如
　　此深奥微妙,如此诚挚尊贵,而首先是,在希腊人的宗教
　　伦理学中展现出一种强烈的**一神教**信仰,仿佛来自希腊
　　人内在经验和形而上学思辨基础上的艰辛,如果不是漠
　　然无睹,基督宗教难于穿越这片珍宝。[23]

　　然而,3 世纪早期,通过挪用希腊密仪和希腊文明的其他
方面,基督教进入第二阶段。仅仅一个世纪之后,在基督教的
第三个阶段中,伴随着"对圣人的崇拜",多神教和神话进入教
会。[24]这样,尽管希腊化最初的影响是积极的,哈纳克认为,其
持续影响导致基督教蜕变为一种形式和多神教圣人崇拜的空
洞宗教。

61

哈纳克关于希腊化的复杂性的观点应该使我们留心他对基督教本质的概括,他把基督教概括为一种"无躯体的精神",能够具体化为任何不同的文化形式。这一形象似乎意味着基督教可以穿各种新式外套而自身却不会受到本质的触动或影响。但这样一种观点与他正在提的错综复杂不一致。威廉·罗(William Rowe)的仔细梳理有助于澄清这一问题:

> 首先显示出来的无非是,基督教精神向另外一个身体转生,其实是与其他精神的联盟。希腊化作看起来比转生危险,因为转生是个过程,在其中我们可以想象(在我们可以想象转生的意义上)一个精神在选择一处新的身体住址时保留它完整的和私人的身份。我们现在所说的转生,看起来更像是对寄生现象的一个危险的安排,在这个安排中一种生命形式把自己附着到另一个上面,而后者担当前者"宿主"的角色。寄生者以如下方式把自己附加到宿主身上:宿主部分地变成寄生者的一种新环境,部分地成为寄生者机体的扩张,部分地成为寄生者生命的基本原则。寄生者的"生活"超出了其宿主的身体;这约略相当于哈纳克的希腊化概念。[25]

因而希腊化不只是门面装饰,基督教的存续恰成问题。哈纳克相信,希腊主义有可能完全压倒福音书。幸运的是,在他看来,这没有发生。但早期的几个世纪是危险的时代。希腊精神是种强势力量,已经击败了东方的古老文化。哈纳克说,现在,这个精神被基督教吸引了。[26]这时,灵知派出场了:

　　灵知派对于教义史的划时代意义，不能仅从具体教义中寻找，而应在此处基督教被表达被转化的整个方式中寻找。决定性的事情是福音被转化为一种教义，被转化成了一种关于宗教的绝对哲学，是福传训导（*disiplina Evangelii*）被转化为一种以二元论概念为基础的苦行主义和一种秘仪实践。[27]

　　哈纳克在辩论家所作描述的基础上，把他认为构成灵知派信仰准则（*regula fidei*）的项目列了 11 条。[28] 概述如下：

　　1. 灵知派思想区分至高上帝与创造者，因而也就是区分救赎与创造。

　　2. 把至高上帝与旧约的上帝割裂开来，旧约上帝至少某些部分不能看作是至高上帝的启示；不过，旧约上帝确实对创世主作了本质上准确的描绘。[29]

　　3. 物质被认为是独立和永恒的。

　　4. 被造的世界，或者被构想为一个邪恶存在的产品或出于敌对至高上帝的居间行为的产品，或者被构想为"人类的堕落"。

　　5. 邪恶被理解为一种自然力量，是物质所固有的。

　　6. 上帝的绝对性分散在神体（Aeons，"真实的众神和天上的人"）里。

　　7. 基督揭示一个此前不知道的上帝。

　　8. 灵知派基督论区分具有人形的耶稣和基督的天堂神体，导致以下信仰，(a)耶稣完全是个人类，因为他和基督毫无关系;或者(b)耶稣的灵魂是在天堂形成的,只是看起来好像通过了玛利亚的子宫;或(c)耶稣的尘世外表只是个幻影。基督的拯救活动就是要把上帝和——由于与物质的反常关系而从上帝断裂下来的——万物重新结合起来。

9. 人类分成两个或三个阶级——依据他们拥有灵(精神)、魂(灵魂)还是只有物质本性。只有属灵(精神)者"由于其构造……拥有灵知或神性生命"(即属灵者因其本性而得救)。

10. 基督教末世论,包括再临、身体复活和最后审判,都被否认。灵知派认为,在等待将来从感官世界向天堂的派遣中,属灵的人即刻享受永生。

11. 作为补充,哈纳克注意到,灵知派伦理学建立在"人性的感官和精神(属灵)因素"之间的对照的基础上,因而灵知派只有两类实践:严苛的苦修或放荡。

尽管哈纳克恰当地把灵知派等同于"巴西利德和瓦伦廷的伟大体系",他还是为灵知派的起源提供了非常复杂的画面。他设想了预备阶段,其中若干"教派、学派、事业"(虽然只是部分地与灵知派相关)和灵知派归为一类。他把所有这些称为"异端"和"灵知派"。尽管哈纳克完全认识到这些类别的异质性,但他认为把如此驳杂的一堆归为一类是正当的——"如果我们这样理解,它们不过是世界把所有多重结构装进基督教,这些多重结构是这个新宗教与它所进入的社会第一次接触的结果。"[30]

哈纳克主张,这个世界是混合论的。尽管灵知派"主要是被希腊精神统治的,由希腊宗教哲学的兴趣和学说所决定",希腊主义已经"具有混合论特征"。[31]这样,尽管表面上看来,灵知派把基督教带进了与东方教派和亚洲神话的接触中,但这些已经是希腊哲学混合论特征的一部分。在这个混合物中也包含亚述和巴比伦宗教哲学和神话、大众希腊宗教、秘密仪式、占星学等,在基督教诞生前,所有这些都通过叙利亚和巴勒斯坦传播。按哈纳克,这种混合甚至影响了犹太教,导致了旧约权威的消减。在福音书的影响下,一些像行邪术的西门这样的人试图建立新宗教;其他被渗透的人则已经建立起了基督教社区。但在哈纳克看来,灵知派基督教兴起的主要推动力是对旧约的诋毁性解释,这种诋毁性解释是通过融合福音书与希腊哲学观念发生的。哈纳克说:

> 在1、2世纪之交,一系列教师在福音书的影响下,试图推进旧约的普适宗教倾向,不是通过寓意解经,而是通过筛查批判……他们把创世者构想为一个区别于至高上帝的低等存在,这总是一个具有二元论倾向的混合论标志;引入关于神体和天使众神的思辨,他们在其中安置基督;并建议严苛的苦修。[32]

对于灵知派神话的创作来说,这一推动力是**解经学的**,这是在后来学术中被反复提及的一点。[33]

按哈纳克,面对"伟大的灵知派体系",基督教神学家取得了重大进展,他们通过寓言手段"哲学地处理"这些神话,并迫使它们满足毕达哥拉斯、柏拉图以及斯多亚派哲学（最后这个比较难得）。[34]结果就是基督教第一次体系化了。于是，对哈纳克来说，灵知派"简言之，是 1 世纪最早的神学家"。考虑到哈纳克认为，神学上的教义只在真正的宗教热情消退后才出现，那么这一成就不值得炫耀。他解释说：

> 他们是最初把基督教转化为教义（dogmas）体系的人。他们是最初从体系上去掌握传统的人。他们试图把基督教表现为一种绝对宗教，因而将其置于与其他宗教甚至犹太教的明确对立中。但对他们来说，绝对宗教，就其内容来看，等同于宗教哲学的结果，其启示的支撑尚待寻找。因而，他们是那些行动迅速的基督徒，试图为希腊文化占领基督教，为基督教占领希腊文化；他们是那些放弃旧约以便促进在两神之间缔结盟约的人，并使对基督教绝对性的主张成为可能。[35]

出于反对这一企图，大公基督教（天主教）出现了：

> 如果我们用"大公的"（Catholic）来意指教义和律法的教会，那么大公教会在与灵知派的斗争中有其渊源……**与灵知派的斗争，迫使教会将其学说、崇拜、戒律转变为固定的形式和法规，驱逐任何拒不服从的人**……教会不得不为这一胜利（迫使那些倾向不能得逞）付出沉重代价；我们几乎可以说，被击败者把他们的术语塞给了胜利者：被征服者已经把他们的法律塞给了征服者。教会迫使二

元论和希腊主义的急性阶段不能得逞；但是，教会已经变成一个拥有完全成形的教义体系和大众崇拜的明确形式的社团，势必被迫采取类似于它曾与之斗争的灵知派中的形式……教会牺牲的原始自由何其多哉！[36]

尤其是，哈纳克并没有把灵知派描绘为巨大的祸害甚或全然一个异端。相反，他既注意其积极贡献，也注意其消极方面：

她（大公基督教，天主教）把那些试图用完全系统的知识为基督教实践提供基础的人宣布为假基督徒、名义上的基督徒。史学探索不能接受这一宣判。相反，在灵知派中有一系列项目，从教义、道德、崇拜上看，与基督教的天主教化身相似。这儿，巨大的区别本质上存在于如下事实中：灵知派体系代表了基督教的急性世俗化和希腊化，拒斥旧约；而天主教体系则代表了基督教的一个渐进过程，保留了旧约……因而，说灵知派（恰恰就是希腊主义）在天主教教义里获得了一半的胜利，并不为过。[37]

这样，哈纳克就把灵知派和天主教区分为与希腊精神相互作用的两种类型，这个相互作用的不同不是种类上的，而是程度上的。

这一相似不全是相互捧场。当哈纳克赞赏天主教放缓了希腊化进程，首先是保留了旧约，他感到天主教最后不得不放弃多多，并最终在希腊主义的影响下长期衰退。而当他清晰地认识到灵知派必受打击,他仍然对其学说的某些方面保持非常积极的态度。特别是,他对马西昂评价甚高。他走得如此之远以至于认为马西昂也许可以被称作"第一个新教徒"——评价真高! 哈纳克喜欢马西昂解释旧约和保罗的方式,喜欢他严格地试图把福音启示、教会组织和仪式减少到核心条目以便"知道并没有什么拯救被钉的基督"。哈纳克甚至赞同马西昂的建议:新教不再需要旧约。他认为,旧约在希腊化的放缓中已经完成其使命,现在可以摒弃了。[38]

　　这些言论告诉我们教会史的功能是为新教辩护。作为他新教遗产的一部分,哈纳克反对把真正基督教的本质置于使徒统续和一个信仰教条中(如德尔图良所做的),这无疑是因为这些观点在他那个时代与罗马天主教密切相关。相反,他把基督教的本质定位于原始教会对福音的"原初热情"中。[39]原始教会转化为规范与律法的宗教对于基督教的存续可能是必要的,但哈纳克有虔诚派背景,忍不住就损失、死板以及对精神之火的限制攻击后者。

　　对哈纳克来说,不论是天主教还是灵知派,都没有保持原初的福音热情,他把这种原初的福音热情看作他自己的新教遗产。两者都误入歧途,尽管程度不同。对哈纳克来说,新教的成功在于,在他那个时代条件下,在基督教成为一种律法和披着混合论外衣的迷信宗教之前,福音信仰的原初生命力的最大可能的回归。[40]

　　威廉·罗敏锐地指出,尽管哈纳克对新教改革的描述多溢美之词,但他对新教传统的批评并不比天主教少。他努力暴露古代希腊化的消极影响,矛头所指,在于他认为在他那个时代,他所钟爱的新教同样僵化成了一种专制的防守型的正统。[41]因此,他求助于纯正的福音源头,与其说意在叱责天主教,不如说意在把他的新教徒伙伴转向他所认为的宗教改革的核心。[42]

德尔图良会对所有这些作何感想,这不得而知。哈纳克的学术是由他的新教观点勾画轮廓,用他那个时代批判史学方法高度精致的术语来措辞的。但他采用的模式与德尔图良并无二致,这表现在哈纳克认为,灵知派(异端)问题,在于它经受了希腊哲学一个急剧的过量用药。[43]而且,在基督教关于什么构成纯正的基督教身份以及谁掌握真理钥匙的内部争论中,这种立场对哈纳克辩论性地发挥作用,正如对德尔图良一样。尽管哈纳克假定的希腊化的影响比德尔图良设想的更早更弥散,但他仍然想象、概述了一个几乎没有被希腊主义沾染的原初基督教。哈纳克对这些特征的整理相当严格,解释近乎铺张,然而,最终他还是保留了辩论家立场的结构核心。

哈纳克文献史学中的身份问题

哈纳克从古代基督教对身份塑造的讨论挪用了许多因素,但他也对这些论题做了很大改变。他沿用辩论家的模式,允许用一个独一的术语——现在是"灵知派"(替代了"异端")——轻松自如地包含大量各式各样的东西。他很清楚所谓的灵知派缺少内部统一性,但他认为这些现象拥有共同的文化和共同的特征:"基督教的急性希腊化。"就像异端一样,灵知派不是一个活的实体,而是一个雄辩论的工具,为的是制

68

造基督教的规范版本。

　　而且，对哈纳克来说，"希腊化"清楚地意味着异教的污染，而他在处理这种污染时采取彻底的反混合论态度。他与辩论家的不同在于他对这个污染的评价。哈纳克深受启蒙运动的影响，把普适主义看作大善，赞许基督教挪用古代哲学的理性普适主义。他热情欢迎希腊宗教气质中表现出的一神教信仰。哈纳克与启蒙运动的价值观保持一致，贬低人类思想和实践中被认为是非理性和迷信的方面，特别是多神教的神话和膜拜实践。他痛惜真正的基督教通过天主教中的圣人崇拜吸收了这些东西，他把真正的新教中作为鲜活体验的基督教与作为垂死迷信的基督教相对照，后者和膜拜、圣事、仪式以及天主教中的顺从联系在一起。用这样一种方式，哈纳克倾向于把天主教和异教联系在一起，甚至 17 世纪创制"灵知派"（Gnosticism）一词的莫尔，也与新教反天主教的辩论紧密相关。

　　对于异教，哈纳克似乎已经做了辩论家们在基督教构建犹太教过程中做过的事：为真正的基督教挪用异教思想的所有积极特征（比如普适主义、理性哲学、一神教信仰、伦理学），而把所有消极特征（迷信、神话、多神教、膜拜实践）归于对手——天主教。

　　在把宗教在教义和律法上的僵化与当下感觉和内在体验的鲜活热情作对比时，哈纳克也对浪漫派表示感恩。与文明的腐化相对照，浪漫派提出了原始或"未开化"状态的纯粹性和自然性。[44]哈纳克并未走得太远，不过他确实赞颂感觉的深奥、尊严以及原始基督教的简约。

69　　　决定这一面貌的是基督教的精神内核及其历史外壳之间的哲学差别。尽管哈纳克激进的历史主义并不能容忍真正的超越、脱壳的基督教，但这一差别还是使他能够在无常的历史变迁中为真正的基督教勾画出一块安全场地。[45]而且，通过对基督教的内核与原始教会生命的等同，哈纳克激活了德尔图良从辩论上对真正基督教与它在年代学上原初形式的等同。把原始教会作为基督教纯正源头的地点，这一诉求具有与德尔图良类似的政治目的——把一套特定的观点权威化。[46]但这一诉求的展开指示了一个新方向，在这种情况下，我们就面临对自由主义德国新教虔诚派一个特定形式的权威化。

通过合并天主教与异教，哈纳克得以利用辩论家们有关异端的策略来推进这一目标。正如伊里奈乌或德尔图良对异端的处理，哈纳克把天主教看作异教对真正基督教的污染，而新教占据了古代辩论家们原始正统的立场。尽管在年代上不符（最明显的是新教明显晚于天主教），哈纳克还是从雄辩术上把新教的目标描绘为与基督教原始形式的理想近似。

哈纳克对犹太教的处理也与他的异教研究前辈相似，但再次给予歪曲。查士丁及其后继者已经从对《圣经》的字面误读与对基督教真正的精神性解读（寓意的与象征主义的解读）相对照来梳理犹太教。按查士丁，这种字面主义把犹太人导向那些特定实践，比如割礼和饮食上的规定，并使他们无法看到基督对于理解他们自己《圣经》真正精神性意义（属灵意义）的关键作用。哈纳克使用相似的策略，但其论题与启蒙运动的价值观一致。他把犹太教与排他主义等同，以与基督教的普适主义相对照。而且，他认为基督教的启示录因素来自蜕化的"晚期犹太教"的神话污染，并坚持这些启示录神话在耶稣的原始福音中是没有位置的。[47]哈纳克把查士丁挪用的犹太教的积极方面归于希腊思想，特别是一神教和爱与义的伦理学。

哈纳克的基督教史学与基督教起源主叙事的正统形式之间区别多多。哈纳克专业的史学分析所使用的早期基督教材料幅度极其宽广，获得了许多新颖重要的洞见。但我们需要清楚他怎样使用古代基督教身份塑造的雄辩术策略，在自由主义新教中来安置他自己对规范性基督教的观点。我们也需要注意哈纳克文献史学中——关于异教的古代讨论与欧洲启蒙主义和浪漫派运动新的价值与传统之间——的交叉。灵知派作为"基督教的急性希腊化"是所有这些历史洞见以及"雄辩术交叉"的结果。

注　释

[1]　引自据 1893 年德文第 3 版译出的英译本（*The History of Dogma*）。Harnack，*History of Dogma* I，226，230。

[2]　注意 Harnack 使用了"急性"这样一个医学隐喻，使人们接受了把异端诊断作一种疾病。后来，学者们把灵知派描绘为一种寄生虫。

[3]　*PresHer* 7（译文见，Greenslade，*Early Latin Theology*，35）。

[4]　Harnack，*History of Dogma* I，48，n.1。

[5]　Ibid。

[6]　Harnack，*What Is Christianity*，200。

[7]　这儿，认识到"背景"与"位于"之间的重大不同至关重要。背景允许一种历史现象**本质上**并未被其历史条件改变，它只是主要对

象借以突显轮廓的舞台布景。"位于"则意味着一种理论位置,拒绝把某现象从其历史条件中分离出来。

[8]　Harnack, *What Is Christianity*, 8.

[9]　Ibid., 51.对于此国的进一步讨论,见 Ibid.62。他发现第二条很关键,声称耶稣的全部福音可以归为这条(见 Ibid.63, 68)。在 Ibid.71—73 中,哈纳克把他说的"更高的义"详尽阐述为 4 点。

[10]　Harnack, *What Is Christianity*, 55—56.

[11]　见 Weiss, *Jesus' Proclamation of the Kingdom of God*;及 Schweitzer, *The Mystery of the Kingdom of God*。

[12]　Harnack, *What Is Christianity*, 54, 56.

[13]　布尔特曼对哈纳克的尖锐批评之一,是他轻松地把末世论排除在耶稣核心教义之外(见他为 *What Is Christianity* 所写的导论, x—xii)。现在在有关耶稣的研讨会上,有些学者重提哈纳克的观点,他们认为,史学分析表明,启示录末世论在公认的福音书中只是史学耶稣传统的次要的一层,就是说,耶稣自己并未倡导世界末日的来临和天国的来临。因而这依然是个热烈讨论的话题。见 Borg, "A Temperate Case for a Non-Eschatological Jesus"; Miller, Robert J., *The Apocalyptic Jesus*。

[14]　Harnack, *What Is Christianity*, 191.对哈纳克作品的恰当评估应该能够包容他对犹太教进行史学理解上的极大不足以及他在反犹用语中所表达出的极大厌恶。对哈纳克作品的历史化还将进一步包括世纪之交德国对犹太人和犹太教态度的分析以及他与时代背景的关系。人们可以在他的前辈如 Ernst Renan 那儿看到这种态度,Ernst Renan 写道:"耶稣的思想源于一种崇高的神性概念,与犹太教无关,完全是他伟大灵魂的创造……从根本上讲,耶稣身上完全没有犹太教色彩。"(来自 Renan 的笔记本,引自 Olender, *The Language of Paradise*, 69)

还应注意,即使在哈纳克的时代,他对基督教本质与犹太教的彻底切割也不是没有批评的。正是伟大的天主教现代主义者 Alfred Loisy 在其 *L'Evangile et l'eglise*(1904)中对哈纳克激烈指责。比如,他指出:"宗教间的本质区别存在于它们之间的差异之中,但这些宗教的构成并不仅仅源于这些差异。因而,说基督教从本质上讲一定是福音书对犹太教一无借鉴,这和说福音书从犹太教保留下来的都是些二等价值一样,是极其武断的。"(*The Gospel and the Church*,10)他进而批评"基督教本质"可以从传统切割的论点:"无论我们怎样从神学上思索传统,也不管我们是相信它还是怀疑它,我们只是通过原始基督教传统,经由这个传统,在这个传统中才知道基督。这等于说基督和他的工作是不可分割的,试图仅仅依靠福音书的耶稣而不顾传统地来定义基督教的本质,不会成功。"(*The Gospel and the Church*,13)他并不反对基督教有个本质,但坚持这个本质只能从传统自身中发现:"原始基督教的主要特征在其展开中才是可认识的。"(18)又说:"基督教的本质是由这个人物的一般特征、生平要素以及这些特征要素的特有属性构成的;而这一本质不会改变,就像一个生物,就其生长来说在其生长中还是这个生物。历史学家会发现基督教的本质已经或多或少地保留在不同的基督教教派中:他不会期望这一本质在过去年代的任何节点已被绝对、清晰地认识到;他相信这一本质从一开始已经或多或少被很好地认识到了,而且只要基督教继续下去,这一本质将会如此这般地越来越被认识到。"(18—19)这儿的基本问题是基督教的本质坐落在什么地方:是耶稣的教义(哈纳克)还是教会的传统(Loisy)。

尽管 Loisy 捍卫了犹太教耶稣以及耶稣及其教义与犹太教的不可分割,但不能说他关于犹太教的观点就比哈纳克的更充分或更被接受。和哈纳克一样,他也把犹太教讽刺为"民族主义的"和

"排他主义的",而他在基督教中看到了犹太教的实现(10—11)。对犹太教更充分的讨论,以及犹太教与基督教的关系,在这些著作中是看不到的。对基督教与历史之间关系的讨论,见 *What Is Christianity*, xiii, 13—14, 54, 124, 129—130, 149, 187, 191。

[15]　哈纳克取这个题目来回应批评者。批评者说:"福音书……是伟大崇高的东西,当然是历史中的拯救力量,但与关于世界和历史的陈旧观点牢不可破地联系在一起;因此,尽管这么说很痛苦,但我们最好还是让它名副其实,它已失效,对我们也不再具有意义。"对此哈纳克反驳说:"我已经力图展示福音书中的本质因素是'无时间的'。不但这些要素如此,而且福音书向之言说自身的那个人也是'无时间的',这是说,此人,不管有多少进步和发展,在他最内在的结构和他与外部世界的基本关系上,是不会改变的。正因如此,福音书也就仍然对我们保持活力。"(*What Is Christianity*, 149)这儿,"人性"的稳定性使一种连续性成为可能,也使基督教能够从古代穿越两千年到21世纪成为可能。

　　然而,必须以一种怀疑的解释学来看这个"无时间的人"。哈纳克无疑想包罗万象地使用这一术语,但当代女权主义者、女性主义者以及后殖民地学术已经表明,无论就性别来说,还是就性、种族和阶级来说,"普遍的人"的构造都远未完备。

[16]　有关"晚期犹太教",见 Harnack, *History of Dogma* I, 48, n.1;上引出自 Harnack, *What Is Christianity*, 200。

[17]　基督教和启蒙运动的普适主义理念如何被用来诋毁犹太教的"排他主义"? 对这个问题的深入思考见 Buell, "Race and Universalism"。

[18]　见 Henaut, "Alexandria or Athens", 101。对哈纳克的观点有个分析。Henaut 进一步指出,把犹太教视作排他主义在"史学上是没道理的"。也见 Rowe, "Harnack and the Concept of Hellenization"; Buell, "Race and Universalism in Early Christianity"。

[19]　Harnack, *What Is Christianity*, 199—200.

[20]　Wilken 有个富有启发的概述,对哈纳克的立场作如下描述:"基督教**变成**什么无助于搞清基督教**是**什么。基督教**是**什么是由它开始时是什么来界定的。"(*The Myth of Christian Beginnings*, 146)

[21]　Harnack, *What Is Christianity*, 199, 193.

[22]　引自 Harnack, *History of Dogma* I, 17;也见 14—15。

[23]　Harnack, *What Is Christianity*, 202.

[24]　Ibid., 200—201.

[25]　Rowe, "Harnack and the Concept of Hellenization", 76—77.

[26]　见 Harnack, *What Is Christianity*, 206。

[27]　Harnack, *History of Dogma* I, 253.

[28]　Ibid., 257—264.

[29]　这方面哈纳克的马西昂的讨论引人入胜。因为他注意到,当马西昂把旧约排除出他的正典时,旧约却成为他关于异在上帝神学的一个本质来源。简言之,首要问题不是对旧约的接受还是拒斥,而是怎样解释它。旧约对马西昂两个上帝的神学的发展是必要的,因为他认为旧约**准确地**描述了创始者的性格。

[30]　Harnack, *History of Dogma* I, 238, 240—241.

[31]　Ibid., I, 230.

[32]　Ibid., I, 247.

[33]　参见例如, Pearson, *Gnosticism, Judaism, Egyptian Christianity*, 51; Williams, *Rethinking Gnosticism*, 54—79; Origen, *On First Principles* IV.2.1。

[34]　Harnack, *History of Dogma* I, 250.

[35]　Ibid., I, 228—229.

[36]　Harnack, *What Is Christianity*, 207—208.

[37]　Harnack, *History of Dogma* I, 227—228. 积极贡献列在 254—257。

[38]　见 Harnack, *Marcion：The Gospel of the Alien God*, 123—124, 134。

[39]　Harnack, *What Is Christianity*, 199.

[40]　这样一个目标部分源于需要发现一种适合他那个时代的基督教,这个基督教是满足某个标准的,而这标准既是神学的也是政治的。这一目标不得不处理对 19 世纪《圣经》学术的合理批评,因为《圣经》甚至新约中存在大量神话,而这些神话无法被启蒙运动的理性所接受。这一目标还不得不满足新教在体制上从天主教分离出来这一政治现实。在把基督教本质安置在体制化宗教建立之前作为福音书核心的一种热情的宗教中,哈纳克对满足以上需求大有帮助。

[41]　见 Rowe, "Harnack and the Concept of Hellenization", 85—88。因为这种批评,Rowe 在哈纳克那儿看到了一种关于"真正"基督教的先知的声音(见 87—88)。

[42]　Harnack 在他 *Mission and Expansion* 中讨论基督教作为一种混合宗教的末了,对自己的立场做了概括:"基督教在那个年代胜利的原因无法保证基督教在整个人类历史中的永久胜利。这样一种胜利实际上更依赖于此宗教的简单要素,依赖于作为人类父亲的活的上帝的布道,依赖于耶稣基督的代表。也正因为这个原因,这一胜利也依赖于基督教这样一种能力:它反复剥夺那样一种集体的混合论(collective syncretism),并把自身统一到新鲜的协同因素上来。宗教改革就是这一方向的开端。"(318)

[43]　当然,哈纳克最终把基督教的本质置于任何具体的历史现象之外。参见例如, *What Is Christianity*, 149, 190—191。

[44]　参见比如 Rousseau, *A Discourse on Inequality*；或 James Fenimore Cooper, *The Last of the Mohicans*。

[45]　布尔特曼也提到这一点(见他为 *What Is Christianity* 写的导论,xii—xiii)。

[46] 对这个问题诸方面的探讨见 Hughes，*The Primitive Church*；特别参见 Yoder，"Primitivism in the Radical Reformation"（75）。Yoder 写道："16 世纪几乎没有谁不以某种方式宣称第一个世纪的有效性"（75），但他也指出，人们对 1 世纪的诉求可能非常之广（比如，使徒行传的教会，保罗的福音，彼得的统绪）。也见 Wilken，*The Myth of Christian Beginnings*。

[47] 学者们现在普遍把犹太教史上的"晚期犹太教"这个阶段拿来指"早期犹太教"，见 Cohen 的讨论，*From the Maccabees to Mishnah*，18—20。

第四章　宗 教 史 学 派

　　大约在哈纳克写作的时代，另一群学者开始重新考虑一个被长期确认的共识，认为把灵知派的起源定位在某个基督教派中是不对的。这些学者和哈纳克一样，也认为新约和早期基督教只有在它们所出的希腊化世界的文化和宗教背景中才能得到理解。但与哈纳克不同的是，他们转向东方而不是希腊世界为这一理解提供钥匙。[1]

　　哈纳克把早期基督教教义发展的动力确定在希腊精神中，宗教历史学派的学者们则逐渐转向伊朗、巴比伦甚至印度的民间宗教，认为这可以为前基督教灵知派的起源提供解答，从而揭开福音书和保罗的意义。[2]而且，他们感兴趣的恰恰是被哈纳克当作"外壳"抛弃的基督教的那些方面。他们着迷于奇异的神话，非常严肃地把仪式实践（无论这些仪式实践在他们看来多么简朴）当作宗教团体的重要产生地。

　　宗教史学者们得出了惊人结论，认为灵知派是一种独立宗教，其源头并不在离经叛道的基督教异端中，而在前基督教的东方神话和膜拜信仰中。这一观点极大改变了灵知派与基督教间关系的概念思考方式。学者们现在可以探索在基督教的源头上灵知派可能对其施加的构成性影响。他们关注了三个特定主题：把"人子"这个称呼的源头追溯到伊朗民间宗教，灵知派对保罗的影响，《约翰福音》中基督论的灵知派背景。

宗教史学派的主要方法是主题史学，包括对一个特定主题（比如人子）从其最初表现到最发达形式的源头追溯和谱系发展。这一过程通常被认为包含一个从东方起源到西方发展的地理文化转移。这儿，我们可以看到19世纪和20世纪早期的进化性进步理论与比较宗教学、历史学、语文学的交织，以及相伴随的东方学的殖民地身份策略。[3]

这些学者在对主题史学的使用中，非常推崇德国宗教、民俗和人种学研究的方法与假设。尽管如此，如果没有来自非洲、亚洲丰富的新发现抄本——特别是科普特文、摩尼教和曼达派文本——的注入，就没有提出前基督教灵知派起源问题的理由。如果不是语文学上的进步和世纪之交大量新的考古和文本发现，宗教历史学派在灵知派与东方宗教领域的工作是不可想象的。新材料和话题的转换把宗教史学者（他们的研究就是在这些话题中得以规划的）指向不同于哈纳克的方向，它们给灵知派和基督教起源的描述带来了革命性改变。

思 想 背 景

宗教史进路鲜明的思想特征在于新旧话题的结合：异端、反混合论与启蒙运动的历史主义、文化进步的发展模型、东方学结合在一起。和哈纳克一样，宗教史学者们沉浸在启蒙运动历史主义和殖民主义的当代话题中，但在他们的工作中，东方学和文化发展的进化论模型更加引人注目。

他们明确地把他们的学术提升为一种科学——宗教学，宗教学通过使基督教研究成为科学—史学的研究对象，将把基督教研究从教义局限中解放出来。[4]宗教研究从神学场域以及与之相关的教会，转到了科学场域以及与之相关的世俗大学。[5]关于正统异端的公开讨论被淹没了，尽管通过对起源的着迷与反混合论的普遍态度，其影响继续发挥作用。

语言、种族、宗教的起源是 19 世纪至 20 世纪欧洲学术主要关注的东西。然而，如增沢知子*指出的，"起源"这个词可以从几个方向上来构想："真义、本质存在、实事或始创者天才。"[6]无论怎么使用，这个词意指每个现象的表象后面的单一源头。宗教史学者使用两种主要方法来确定源头：类型—结构的和编年—历史的。[7]结构的方法把源头看作曾在的起因；而史学的方法把源头看作一个现象最初的开端。结构的方法推崇相似性，试图把各种各样的跨文化宗教现象，处理作具有相同本质的超历史超文化现象（即宗教）的不同形式。在这种进路中，宗教被构想为一种普适的、天生的人类经验。不同宗教通常被组织在一个等级谱系中，在这个谱系中，排他主义的、蒙昧的、迷信的自然宗教在底部，普适的、伦理的、理性的一神论在顶端。基督教作为宗教的最高表达居于这个金字塔的顶端。如史密斯指出的："这些理论，经常被错误地称作是进化论的，不承认那些被分级的东西有历史维度，而是把每个族裔单元固定在人类宗教思想行为整体的某个特定'发展

＊　增沢知子（Tomoko Mazusawa），密歇根大学日裔女学者。——译者注

阶段'上。"[8]

史学的进路,是就发展进程来解释差异。这种方法预设如下历史观念,即现象是由它们所处时间地点以及它们在一定发展进程中所担角色历史地决定的。[9]对编年叙事的引导,依据的是下述两个情节中的一个:从纯正的源头衰退,或者是,从原始源头到综合发展更高形式的进程阶段。历史通常被构想为以某种目的论模式向着其终点运行。事件间的联系是就线性编年中的偶然环节来描绘的。在这个问题中,历史的方法标示现象的偶然表象;类型的方法标示其本质特征。

在宗教史学者的工作中,这两个进路通常是同时使用,或至少是协同使用。结果是,如史密斯指出的,"模糊了真理问题和起源问题之间的不同"。[10]我们在下一章讨论约纳斯时将看到,这两种进路之间存在很大的张力。

宗教史方法论由于应用东方学的地理政治学而更加复杂。东方学的地理政治学倾向于把自然宗教与伦理学一神论的这一两分套用到东方和西方这一地理版图上,而把地图、版图与语言、人种、族裔的类型学分类与历史学建构联系起来。尽管无法在有限的篇幅内就这一讨论全面解析和批判这些思想,但仍有必要为极大影响了宗教史构建灵知派的那些方面提供至少是一个简要的概览。

最明显的是与语文学新兴及热点领域之间的联系。实际上,比较宗教学(宗教史学)的奠基者通常被认为是一个语文学家:马克斯·缪勒。[11]语文学为确定宗教的源头提供方法,为宗教源头的确定与族裔和人种的联系提供前提。语言学与比较语文学在18、19世纪获得了长足发展。像琼斯

74

（W. Jones，1786）、波普（F. Bopp，1810）、弗纳（K. Verner，
1876）这些学者的一系列卓越研究,已经成功证明了印欧语系
的内部联系并把这些语言划分为不同语族。语文学和语言学
上的这些新突破,极大地推动了 19、20 世纪丰富的考古和文
本发现,这构成了语文学—历史学研究的基础。

例如,戴斯曼（Adolf Deismann）,他几乎完全依赖新发现
的纸草文献开展研究。他在开拓性的语文学著作《光从东方
来》（1908）中,使用新发现的希腊—罗马纸草文献证明,新约
作品的语言不是唯一的、受神启示的希腊语,而是科伊内
语 *,市井和家用语言。戴斯曼证明,原始基督教开始用的是
日用口语（“福音,但没有福音书”）,只是后来才发展出一种文
学,试图“从地方水平跃升为更高级的文化地带”。他和哈纳
克一样,以虔诚的热情来确定真正的基督教,并认为基督教文
献史学错误地关注了上层文学和教会政治。然而,他比哈纳
克更加强调,在其源头上,当基督教“仍然由灵感支撑”,它是
一个与当时世界保持鲜活联系的大众运动。戴斯曼的著作鼓
舞了在语言学和文学上从希腊化世界的古希腊通用语中去寻
找解答基督教起源的钥匙。宗教的源头存在于大众信仰及其
日常语言的原始根苗中,而不在其发展了的文化形式中。因
而当 R.莱岑斯坦转到伊朗去寻找原人神话的起源,他从伊朗
的“民族宗教”下手也就不奇怪了。[12]

语文学家也把宗教与种族联系起来。他们使用类型—结
构方法,把语言分成两系:雅利安语系（印欧语系）和闪语系。

---

　　*　Koine,古希腊共通语。——译者注

史学进路把这些语系谱系按地理和编年进行安排,把这些语系与文化和宗教的两个基本类型联系起来,每个类型与一个特定的地区和人民("民族")相关。奥兰德(M.Olender)概述说:

> 对于使用"语系"的作者们来说,这个概念意味着不同语族之间亲和性的存在。这种语言亲和性是这样得以确证的:或者是民族间地理或历史上的联系(意味着存在系统性的借入),或者是用一个共同祖先的观念来解释共同的词根和语法结构的存在。有的作者把这两点结合起来,而直到今天,以类型学模型与史学论证之间的紧张为形式,模棱两可一直存在。[13]

奥兰德在他《天堂的语言:种族、宗教与 19 世纪语文学》这一卓越著作中,证明了语文学中的这些发展是如何与欧洲民族主义的觉醒和殖民政治纠缠在一起的。对语言的起源和发展的探索直接与关于"民族"的民族主义话题相关。他说:"这个概念('民族')包含宗教、国籍、文化、社会和政治,由一个通用语绑在一块儿。"这意味着一种概念,在这种概念中"语言是某种网格,为思想提供结构并塑造民族性格。同样普通的是,语言上的变化就像镜子,反映的是塑造民族灵魂的意象"。[14]

"种族"这个术语,普遍存在又定义模糊,已经逐渐变成了上述概念的中心,就像宗教。奥兰德在讨论皮克泰(A.Pictet,1799—1875)的著作时,提供了一个例子,来说明这两者是如何联系在一起的。对皮克泰来说,历史语文学的目标是展示——在把雅利安和闪米特传统带进它们最终和最崇高的综合时——上帝的设计:"基督教中人类的光辉未来。"双方都把拥有的东西带向这个综合:

> 希伯来人拥有保留的权威;雅利安人拥有容许发展的自由……一方面是单一致密的民族主义,另一方面是一个广泛的种族,分成一大群不同的民族。我们在双方恰好发现了完成上帝设计所需的东西。[15]

在皮克泰看来,它们神助的相遇注定了基督教要统治全球。[16]

我们在哈纳克的著作中已经遇到了这个题目的一个变体。哈纳克把希腊主义描述为基督教突破犹太人孤立的民族主义所需的普适主义的种子。[17]在宗教史学派的东方学中,我们又遇到了它,不过是以不同的外表,宗教史学派的东方学在语言、地域与种族、宗教、文化之间保持了紧密的联系。

77　　到了 20 世纪初,欧洲人的殖民地事业已经进行了很长时间,他们已经构建了一系列高度发达的思想合理物来支持他们的殖民地政治。其中主要的就是关于种族和宗教的话题,后殖民时代的研究通常称之为"东方学"。据萨义德,东方学是:

> 根据东方在欧洲西方经验中的特定位置来协调与东方关系的方式。东方不止与欧洲毗邻,它也是欧洲最大最富最老的殖民地,是欧洲的文明和语言的源头,是欧洲文化上的竞争者,是欧洲最深奥和最常出现的他者(the Other)形象之一。[18]

东方学首先是从英法殖民主义背景中发展起来的,形式多样,出现在各种体裁和环境中。然而,其本质,是由"西方优势与东方劣势之间根深蒂固的差别"决定的。[19]这个优势并不排斥以下策略,即承认东方文明此前的伟大或对西方的重要贡献,而实际上把东方置于一个以西方文化为高峰的发展结构中。这样,这种策略对于"西方"对"东方"的挪用可能就是至关重要的。[20]

通过两个基本语系(雅利安与闪米特)与文化和"民族"的联合,东方学与语文学形成最显著的交叉。每个文化或民族据说都有特定的"灵魂",由其特定的语言表述。闪族(东方)文化被描述为消极、停滞、稳定,而雅利安(印欧、西方)文化则据说是理性、动态、有创造力。注意,在这个类型学图式中,东西方实际的地理(划分因作者而异),与赋予它们的类型学特征比,实际上是不重要的。

宗教史学者最明显的目的是,研究东方宗教传统以便展示它们对于塑造西方文化(首先是基督教)的价值和贡献。[21]不过,即使这些感激东方宗教的努力,也被加上了一个文化相互作用(混合论)的不充分的社会学模型,加上了他们作品中被嵌入的东方学框架。在处理灵知派的学术中,这些局限特别明显。

从东方神话、仪式到其最发达的表述(据说在灵知派的所谓救主神话中),在其中追索灵知派的源头,宗教史学者们把辩论家们关于源头的神学转变成了"起源的历史"。[22]史学的任务就是追溯一个现象的起源和发展,他们在保留这样一个确信的同时,通过把故事设计为进步而非衰落,修正了源头拥有本体论和认识论优势的旧观点。他们沉迷于新的比较类型学宗教研究,这种研究把真实而原始的宗教直觉与实际存在的人的最早境况联系起来。他们的结论是,这种直觉唤醒了表达在魔法、膜拜实践或奇异神话中的原始情感(恐惧或敬畏)。

许多这些讨论,通过类型学而非历史学地确定神话的源头,把神话与其他类型的叙事区别开来。根据这种模型,神话发源于原始心灵中,而且据说属于进化等级中最初的(底部的)社会。[23]因而科学的逻辑和基督教伦理学这些后起的较高级的发展中没有神话。由于神话通常怪异又令人反感,因而作为对自然现象的混乱表述和不当解释或作为不健全的语言而被抛弃。[24]科学思维寻求对世界作出解释,与科学思维相比,神话是对宇宙的某种社会整理,用以解释无法解释的东西,在脆弱的人类面对未知事物的恐惧时保护他们,使社会制度合法化。[25]

这些讨论把神话思维降级为未开化的他者或被抛弃的过去,尽管敏锐的探索者仍然在当代西方社会中考察神话的残余。从如此卑微的源头,学者们可以追溯原始宗教冲动的发展,通过这些冲动渐趋复杂的表述形式直到它们在基督教精致的道德、思想和美感中的最后高峰。一旦这一发展得到展示,就无需多说了。除了注意它们本质的原始特征之外,原始教派和神话几乎不要求解释。简言之,源头和谱系要解释一切。不幸的是,它们几乎什么也没解释成,真理问题和起源问题模糊并混到了一起。

尽管宗教史学者在思想层面的联想能力是卓越的,但在社会学和史学上却是一场灾难。[26]他们主要地是以混合论

来理解文化间的相互作用,他们通过混合论表述的是,一个
不相关联的因素("主题")从一个文化到另一个文化的借
入。主题史的目标是在一些原始的自然宗教中确定主题的
位置,然后通过混合借入的不同阶段追索其轨迹。在操作
中,分析从较晚的作品开始,确定它的哪些因素属于较早的
单纯传统(伊朗、希腊、犹太甚至灵知派的),之后向前追溯
以假定原始起源的地点。然而,结果却是就谱系来表述的,
这个谱系以起源为开端,然后向后连续加入每个不相关联的
因素直到一个充分发展的现象的高峰。学者们这样解释原
初主题及其后续发展之间的差异:原始因素在其发展过程中
被伪装、变形或某种程度上被改变。宗教史学者的任务就是
去揭露主题的原始形式,揭示被掩盖的发展,重现主题的真实
历史。

　　早期研究灵知派的宗教史学者几乎只关注确定灵知派初
始主题的位置,追索其2、3世纪体系发展形式的谱系。他们
强调灵知派的混合论特征,认为灵知派来自种种古代文化的
主题构成,这些古代文化的范围从地中海东部一直延伸到底
格里斯河、幼发拉底河流域甚至到印度。从结构上说,他们的
著作适合老模子——原初纯正性(起源)被外来影响(混合的
污染)转化;但是他们——通过类型学地组织这些转化并用进
步(而非衰落)来规划线路——改变了这一框架。

　　学者们现在认为追索主题的史学方法存在不可弥补的缺
陷,因为分析没有给意义的转移以足够注意,而主题的使用在
其历史、思想、社会背景中自始至终都在变化。事后看,早期
宗教史学者给出的大多数谱系或多或少都是武断的。一个背

80

景中的主题与另一个背景中相似主题的联合并没有展示历史变迁的动力,相反,通过把材料改写进19、20世纪的一个固定框架而掩盖了它,这一固定框架就是:划分一个与发达、理性的西方文明相对照的原始、非理性的他者。

新 发 现

对宗教史学者的事业最大的独一无二的推动,是这样一些文本的发现,它们来自灵知派自身,没被它们诋毁者的可疑转述染指过。[27]这些文本与其他一些来自东方(特别是伊朗和印度)的渐为人知的非灵知派材料一起,被发掘出来以确定灵知派的起源和发展。如果没有这些发现,无法想象宗教史学者如何构建一个作为前基督教东方宗教的灵知派。在发现的这些文本中,对我们的题目最重要的是来自埃及、中亚和波斯(伊朗、伊拉克)的发现。

20世纪前在埃及发现的三个抄本,所含作品被认为是灵知派的。最早的是5世纪的布鲁斯抄本(Codex Brucianus),发现于上埃及的哈布城附近,约1769年由苏格兰旅行家布鲁斯购得。布鲁斯抄本包含两部被认为具有灵知派来源的著作,《伊欧书》(包含耶稣向其门徒所传教义)和一部没有题目的书(论述神谱和宇宙起源论,现在统称作《无标题文本》)。另一个抄本1772年由阿斯库购得,他是伦敦的一位医生,之后即命名为阿斯库抄本(Codex Askewianus)。这个抄本的发现和来源不详。这是一个4世纪羊皮抄本,包含耶稣及其门徒一个数量很大的启示对话,称作《智慧信仰书》

（*Pistis Sophia*）。[28]第三个抄本 1896 年购自埃及并被带到柏林，由此被称作柏林抄本（Codex Berolinensis）。这个 5 世纪的纸草书包括四个作品：《玛利亚福音》《约翰秘传》《耶稣基督的智慧》《彼得行传》。

　　由于环境的恶劣，包括水管破裂、两次世界大战以及第一个编辑者施密特（Carl Schmidt）的早亡，柏林抄本的第一个德译印刷版直到 1955 年才出现。[29]这个抄本因而对前半个世纪的灵知派研究没有产生任何实际影响。布鲁斯抄本和阿斯库抄本的材料人们是知道的，但这些材料代表的是灵知派的后期和衰变形式，对于解释灵知派或基督教的起源意义不大。所以这三个抄本都没有得到主要对基督教起源问题感兴趣的学者的真正重视。而另一组发现则显得更重要。

　　在 1902 年至 1914 年间，有 4 个德国考古探险队考察了从波斯到中国的古丝绸之路，从吐鲁番（位于塔克拉玛干沙漠北沿）带回大量文本。其中包括现代欧洲人知道的最早的一手摩尼教文献。作为 3 世纪一种宗教的创建者，摩尼早就闻名，这种宗教曾经深入罗马帝国，并影响了像伟大的拉丁神学家奥古斯丁这样的基督教核心人物。这些新发现的摩尼教文本，一方面看来迷人多趣，另一方面也向语文学家提出了极大挑战，包含从古叙利亚语到汉语的 17 种语言，其中两种（粟特语和吐火罗语）此前完全没有见过。研究摩尼教的学者克林凯特（H-J.Klimkeit）说，即使到今天，这些文本中出版的也不过四分之一。此外，最新的发现和 1988 年出版的《科隆摩尼古卷》包含摩尼早期生活的信息，把摩尼宗教背景的起源置于厄勒克塞派（犹太人基督教洗礼派），厄勒克塞派的创建人于公元 100 年前后在叙利亚传教。[30]这个抄本清楚地表明摩尼教对于基督教起源的最早阶段不具有特别重要的意义。然而,对于 20 世纪上半叶的宗教史学者来说这个事实却是不清楚的。对他们来说,摩尼教材料是理解灵知派起源的重要资源,并被广泛地用于构建灵知派的救主神话。

然而,对塑造灵知派研究早期宗教史学术方向影响最大的资源,不是来自吐鲁番,而是从伊朗和伊拉克地区仍然存在的曼达派社团获得的文献。曼达派在幼发拉底河和底格里斯河下游沼泽地区已经生活了几个世纪。他们在那儿生活。[31]

欧洲人从 13 世纪开始才知道曼达派的存在。1250 年前后,意大利旅行家里亚尔德斯(Rialdus)借旅行之便到该地,希望对曼达派的生活和习俗给出一个详细描述。16 世纪晚期,一个来自葡萄牙的耶稣会差会与生活在巴士拉及邻近的伊朗胡齐斯坦地区一个很大的社区发生接触,这个社区的成员自称为约翰的拿松里人("Nasoraiê d'Yahya")或曼达人[Mandayi,这个词可以译成"灵知派""曼达的人民"或"信仰生命的曼达(知识)的人"]。学者们因而创制了"曼达派"这个名字。[32]

尽管曼达派研究并未吸引太多学者的注意,但对其重要性的评价在 20 世纪上半叶和今天却有很大不同。曼达派的文献尽管宽泛,经过大约三个世纪,也断断续续到达西方。早在 17 世纪,马龙派*东方学专家亚伯拉罕·艾克伦塞斯(Abraham Ekchelensis)的收藏中就有曼达派手卷。19 世纪初,巴黎、伦敦、牛津、莱顿、慕尼黑、柏林的图书馆里已经可以见到

---

* 流行于黎巴嫩的天主教教派。——译者注

曼达派抄本。有了这些文本资源,曼达派的研究热起来。[33]

19世纪见证了第一部曼达派语法、文本和译文的出版。[34] 20世纪的曼达派研究是由马克·利兹巴斯基(Mark Lidzbarski)的著作主导的,他是哥廷根的一位东方语文学家,他对曼达派文本精确可靠的德语翻译为宗教史研究提供了一个稳固基础。1905年,他出版了《约翰书》;1920年,出版曼达派礼拜仪式;1925年,出版《津扎》(*Ginza*)* 的新译本。此后30年,只有几个不太重要的魔法文本出版,但从1949年开始,业余人类学家德劳尔女士的著作开始出现。德劳尔是第一位获得曼达派团体信任的西方人,因而得以知晓大量未出版的文献。她还罕见地获得机会,观察了曼达派的仪式和膜拜实践。[35] 她的工作依然在曼达派宗教的研究中扮演着核心角色。所有这些材料,为宗教史学者一代人的辛苦努力提供了资源,这些努力中包括发明出灵知派的救主神话。

前基督教灵知派的东方起源

一旦这些新资源被欧洲学术圈了解,它们对基督教研究产生的影响几乎马上就被感觉到了。1750年,米凯利斯的(J.D.Michaelis)出版了一本《新约圣卷导论》。这本书首先讨论了与新约有关的历史问题,包括文本和资源问题,但他对《约翰福音》的讨论导致他认为"约翰已经把'这个词'当作'出自灵知派'的神性人物的表达,并写信'反对施洗约翰的门人

---

* 曼达派的圣书。——译者注

萨比教徒（曼达派）'"。[36]因而他是注意到《约翰福音》和灵知派之间亲和关系的第一人，并提出曼达派（被称为施洗约翰的门徒）已经与早期基督徒逐渐发生矛盾。

　　对曼达派与基督教间关系的进一步研究有待曼达派文本的出版。勃兰特（W.Brandt）的《曼达派宗教》（1889）是已出版的第一部批判史学研究，大量使用曼达派材料，特别是《右津扎》。他认为，曼达派传统最老的一层是前基督教的。曼达派文献中强烈的反基督教和反犹太教论辩，让他感到这种传统在源头上一定是异教，是"闪米特自然宗教"的一个多神类型，包含各种水祭（包括洗礼），并最终与"迦勒底哲学"融合。[37]他为这个教派设想了一个巴比伦而非犹太教或基督教的起源，认为在其长期发展中加入了希腊、犹太、灵知派以及波斯概念。犹太教的贡献包括一神教倾向，这在文本的各个部分都有表现。最后的结果就是曼达派。勃兰特在后来的一部著作中提出，曼达派的老家应该在约旦和阿勒颇之间。[38]

84　　　　由于勃兰特以及其他一些人的著作，学者们在曼达派中看到了灵知派的早期形式（如果不是其唯一或最古的源头）。除了勃兰特，20世纪的语文学家，比如利兹巴斯基（M. Lidzbarski）和马楚赫，提出曼达派起源于巴勒斯坦一个前基督教的犹太教异教洗礼派。时间上早于基督教、与异教犹太教有关、位于巴勒斯坦，所有这些向他们显示，曼达派可能影响了基督教的起源。[39]

　　宗教史学者在一系列试图确定基督教人子、保罗神学、约翰神学的背景和历史的重要著作中，大力使用曼达派材料，形成了一个关于灵知派的东方起源并影响了基督教的论题。[40]

无论是对曼达派材料的较古定位还是在学术上接受作为基本方法论工具的主题史,对于创造一个东方的、前基督教的灵知派救主神话,都是基本的。通过考察德国宗教历史学派的三位杰出学者莱岑斯坦、波赛特和布尔特曼,我们可以说明这条学术路线的进一步发展。

莱岑斯坦

三位学者中最激进的是古典语文学家莱岑斯坦。他对讨论他的著作对基督教神学的意义也没多大兴趣,这也许是因为他受的是古典训练而非宗教训练以及他结论比较激进。他在论述伊朗原人(*Urmensch*)的著作中为灵知派救主神话的构建奠定了基础,这件事要记到他的名下。

以分析埃及赫尔墨斯文献《人的牧者》(*Poimandres*,1904)为开始,莱岑斯坦在一系列富有想象力的研究中,逐渐构建了这一救主神话的全貌。在这一研究中,他宣布发现了一个非埃及的原人(希腊语:*anthropos*)神话的基本要点,这个神话可以回溯到东方的灵知并与新约的人子(Son of Man)相关。

特别是,莱岑斯坦指出了东方神话对早期基督教的影响。这一论题出现在他的第二本书《希腊化神秘宗教》(1910)中。他在这本书里提出,*pneuma*[灵(spirit)]、*psyche*[魂(soul)]、*gnosis*[知(knowledge)]这些基本的希腊语和概念,来自秘密仪式术语:它们在起源上是前基督教的和东方的。[41]他认为希腊哲学和犹太教采取了这些概念,通过希腊哲学和犹太教,这些概念传给了保罗和早期基督论。[42]

按莱岑斯坦,对基督教和其他宗教影响最大的概念,是伊朗关于灵魂及其与原人的联系这样一种观点:"既然原人及其同僚滞留在物质中,既然原人自己滞留在光明王国中,因而他是灵魂同时又是灵魂的救主,并且是整个的神性,因为他把自己与灵魂结合在一起。"[43]在他的后一本书《曼达派的圣主书与福音传统》(1910)中,他用来自曼达派文本的证据来支持这一论点。他把曼达派的救主 Manda d'Haiya(生命的知识)与原人等同起来,原人(作为灵魂)存在于所有人之中,这些人必被救赎:原人是"被救赎的救主"。[44]通过把灵魂与原人等同、把原人与救主等同,莱岑斯坦构建了一个神话,在这个神话中,原人堕入物质等同于灵魂在世界中的情形。[45]但由于原人与救主是同一个角色,这也意味着救主自身需要被救赎!他认为,神性的灵魂,在一个相似的情形中发现自身:它在本性上已经是神性的,但它需要一个救主唤醒它,把它唤向关于它自身的知识。在这个被救赎的救主的概念中,莱岑斯坦展示了被称作灵知派救主神话的核心。

莱岑斯坦进一步把这些观念阐发为"伊朗的拯救信仰"(1921),他特别考虑了新的摩尼教和曼达派材料。[46]他论点的谱系学方向在这儿变得完全清楚了。莱岑斯坦提出,摩尼教和曼达派宗教的基础,都存在于伊朗民间宗教(*Volksreligion*)中。[47]它们关于灵魂与拯救的教义在所有本质方面都是伊朗的,包括被救赎的救主这一神话:

> 对于曼达派和摩尼教徒,拯救基本上只是信使及其宣言的到来,信使就是光明。他降入黑暗(尘世和地狱在

概念上混合了)是件决定性的事。他自己堕入它们的苦难,只有通过祈求上帝才能再离开。按摩尼教信徒,原人(或原始灵魂)既被救赎也是救主。这也表现在许多曼达派文本中:他给自己保留派遣一位帮助者的机会,这个帮助者在他昏睡时唤醒他,在他受伤时疗愈他,在他被拘时解放他。当他完成了他的使命,他就获得了一个贵族身份的回报,这身份他此前没有拥有过。[48]

在如此这般建立了伊朗拯救教义对曼达派的决定性影响之后,至少是为了使自己满意,莱岑斯坦转向曼达派的起源及其与早期基督教的关系问题。尽管他依赖利兹巴斯基的语文学工作,为曼达派寻找一个西方的、闪族的、前基督教的源头,他坚持伊朗影响依然是最关键的因素。[49]

莱岑斯坦此处与哈纳克尖锐对立,哈纳克假定,灵知派中的统治力量是希腊精神。[50]莱岑斯坦认为,哲学从宗教获取观念,而非相反:

> 实际上清楚的是,哲学并不创造这些观念,而是从宗教中接收它们,一开始只是把这些观念当作单纯的符号,为的是提供保证,保证哲学也能惠赐宗教所能惠赐的东西,后来当然就把这些观念当作它自己的观念了,但对这些观念的本质通常并无重大影响。[51]

莱岑斯坦甚至倾向于认为柏拉图"受了伊朗情调的影响"。[52]

莱岑斯坦得出结论,无论这些概念如何被改变,也无论它们在被吸收进犹太教和希腊思想中时它们的起源如何被遮蔽,它们依然从它们的东方源头获取养分并深刻影响了它们所渗透的文化。[53]按莱岑斯坦,宗教史学者面临一项巨大的任务:"一方面要论证东方起源,另一方面要论证这一思想世界被犹太教、希腊以及最后普遍的西方情调西方化的阶段。这一思想世界从出身上并非基督教的,但通过强有力的宗教人格变成基督教的了。"[54]这一宣言囊括了莱岑斯坦对整个宗教史领域的看法。他强调了东方对西方的基本贡献,但同时又通过提出宗教史的首要任务应该是勾画西方对东方的思想殖民而复述了殖民主义话题。

　　为了论证东方影响到底多早渗透进巴勒斯坦,莱岑斯坦一直关注曼达派文献中显著的反犹太教和反基督教论辩,其中讲到耶路撒冷被曼达派救主西比尔(Hibil)摧毁以及耶稣被逐出曼达派社团。对莱岑斯坦来说,这一反犹太教论辩证明,东方影响是前基督教的:"只有在时间地点上都不远的憎恶才会以这种方式讲话。"[55]此外,与勃兰特和利兹巴斯基相反,莱岑斯坦认为,曼达派文献中的反基督教材料不是一个较晚的4或5世纪的插入,而是来自基督教发源时代。他认为曼达派文本证明了,耶稣,和施洗约翰一样,曾是犹太教洗礼异端派别的成员!他说,利兹巴斯基已经证明了这一点,利兹巴斯基利用语文学证据证明,耶稣的古代称号 ho Nazôraios 不可能来自拿撒勒。莱岑斯坦说,这个词指的应该是拿松里派成员,即早期的曼达派信徒。[56]

　　据莱岑斯坦,曼达派神话中的反基督教论辩来自这样一种观点:耶稣是受神体德牧革雅威(Yahweh)统治驱使的假信使。当耶稣执意要做一个伪魔法师，曼达派就背弃了他。这一决裂是约翰门人与福音书所说早期基督徒之间龃龉的根源。但关键是，尽管早期基督徒脱离了拿松里派（曼达派），但他们带去了影响犹太教的许多伊朗概念。[57]

现在是莱岑斯坦回答这一问题的时候了：基督教人子（bar nascha，或纯朴的人）这一称呼的来历以及这一称呼是如何被理解的。不奇怪，他认为这一称呼的起源应在伊朗寻找，因为"人子"是希腊化犹太人使用的基督论称呼，保罗就是从希腊化犹太人那儿了解了基督教，而伊朗信仰已经有力地影响了希腊化犹太教。[58]他以同样的方式认为，《约翰福音》所宣称的有神性信使从上帝降下，是以伊朗救主神话为基础的。人子称呼的真实含义应从这一起源来理解：

　　如果我们理解了伊朗的人（Anthropos）的形式，就像它在曼达派中表现的，并给予敏锐的观察，它提供的并非超越的弥赛亚，下界以施审判，而是光明世界无家可归的公民，他们与父一直保持联系，却在压迫和迫害下在尘世完成了一项使命，他们试图回家，他们知道故土的辉煌。我们的福音书特别是 Q 典也是这样，指明了自称为 bar nascha（人子）的地方，其中描述了耶稣的尘世命运或对敌人将用武力抓捕他的预感；威尔豪森（Welhausen）说，对自我称呼的争论具有宗教（超—人）的意义。他在其他地方拥有威能就几乎是无可置疑的。但我通过这一点得出的结论是，只有当他的门徒们在生活中已经熟悉他是超人的，那么门徒对他复活的坚定信仰才是可以想象的，于

88

是他身上的 *bar nascha*（人子）就变成了 *ho Christos*（基
督）。如果他们记得古代的套话并将其当作一个归于耶
稣的自称，那么最简单的解释就是耶稣确实曾经这么称
呼自己……尽管约翰在他的传道中已经用来意指伊挪士
（Enosh），但耶稣称呼自己为 *bar nascha*（人子）。[59]

这儿有两点特别重要。首先是对莱岑斯坦来说源头的确定方
法与意义问题密切相关。上引段落很好地说明了宗教史学派
如何论证追溯像人子这样主题的谱系将提供了解其真实历史
和神学意义的洞见。莱岑斯坦常常坚持，即使形式发生了剧
烈变化，这个本质意义也未丢失。

89　　　第二点是，尽管莱岑斯坦常常以一种很普遍的方式提到
影响，但是除了依靠已写成的文本，他也无法构思这种影响的
存在。他的人子称呼来自曼达派这样一种主张提供了一个很
好的例子。他把这一惊人论点首先建立在从《津扎》的一些部
分重构的一个启示论上，而这个启示论是在把《津扎》与《马太
福音》23:34—39 及 11:5（比较《路加福音》7:22）对比的基础
上构建起来的。他说这个启示论是对观福音来源 Q 典的文献
先驱（*Vorlage*）。[60]我们在下一章将看到，这一来源分析存在
极大缺陷。

　　　莱岑斯坦的工作使他处于人子的意义和使用的神学争论
之中。他在结语中表达了明显的企图，要从神学问题（他已经
把这个问题带入了激烈争论）中撤回来，表明他意识到了他论
据的薄弱：

显然，这些结论处理的是史学解释，而非宗教评价。在约翰的伊挪士和新的宗教人格之间出现了某种完全不同的东西，这种宗教人格不再是世界的法官，可以宽恕个人，而是一个救主，通过他的榜样和关于活的父的教义把人类领回上帝那儿。我们只是解释了套话以及套话与其形式明显更宽的倾向之间的联系。实际上这就够了。[61]

无疑，对某些人来说这远远不够。毕竟，莱岑斯坦已经得出结论，耶稣从来源上是一个曼达派灵知派，至少在曼达派把他当作一个伪魔法师拒斥之前。Q 典、保罗和《约翰福音》中基督教概念的基本要素据说来自东方的奥秘信仰和伊朗民间宗教。据莱岑斯坦，灵知派异端处于基督教传统的根基上。

莱岑斯坦的否认不应该使我们觉得他对基督教起源没兴趣，他对灵知派的兴趣恰恰在于灵知派如何能够说明这些起源。通过调转灵知派与基督教在年代学上的先后次序，他增加了非犹太教材料在理解早期基督教中的分量。他也清楚地表明，他的"史学解析"并非"宗教评价"。他认为这两者是可以分开的，这恰恰表明他有意把自己和异端话题脱离开来，在异端话题中，这两者通常是密切相关的。

波赛特

波赛特是莱岑斯坦的同代人，他们的学术作品在很多点上有交叉。不过，波赛特既非古典语文学家也非东方学家，而是一位新约学者。[62]他对曼达派和摩尼教新材料的兴趣来自这些材料有可能为早期基督教中的难解之处提供解释。在这些难解之处中首当其冲的还是人子称呼这个问题。

波赛特的起点是他《犹太教》(1903)中的观点：新约对人子的使用仅就犹太教的弥赛亚概念是无法得到充分解释的。甚至斐洛对天堂亚当的描述也没法仅仅建立在《创世记》的叙事上。波赛特因而转向灵知派、曼达派、摩尼教和卡巴拉资源来确定这个称呼的起源和意义。他的结论是在人子称呼背后存在一个更一般的原人概念，而这个原人概念属于"希腊化宗教混合论"。[63]

在他的第二本书《灵知的主要问题》(1907)中，他概览了包括曼达派资源在内的全部可用材料，把他们连在一起来构建原人形象的起源和发展史。结果是一个从古代印度到新约福音的线性谱系。[64]

波赛特的谱系学是从一首膜拜圣歌开始的，来自《梨俱吠陀》的神我(Purusha)之歌，他认为这首歌可能与一个魔法丰产教派有关。他说这首歌包含一个古代神话的原始形式，讲述了世界如何通过向原人的献祭出现和从原人的身体形成。波赛特从这样一个出发点，通过一系列神话发展，把原人神话一路指向新约的人子称呼。波斯宗教把这首歌的原人形象与善神的第一个创造物 Gayô-Maretan 联系起来。如这首古代梵语圣歌所说，世界据说是从原人身体产生的，但是按波斯神话，创造只在经受了来自恶神阿里曼的死亡之后才出现。这样，这个故事就引入了善恶神权之间的一个矛盾因素。

按波赛特，与希腊世界的接触给这个原始神话带来了进一步的改变，导致这一神话发生了新的转向。原人分裂成两个形象:原人(*proto-anthropos*)和次神(*deuteros theos*)。前者变成了人类的创造者和原型,后者通过降入原初物质(给了原初物质形式和生命)而形成了世界。波赛特说,这个分裂在柏拉图《蒂迈欧篇》中有典型表现,这就是德牧革和世界灵魂这两个神性创造力量,还可以在赫尔墨斯文献《人的牧者》、普罗提诺的灵知派、索西莫斯(Zosimos)的野性思辨、挪阿新派(Naassenes,蛇派)以及阿提斯(Attis)秘密仪式中寻绎到这个分裂。他认为,这些概念也深刻影响了各种基督教灵知体系的宇宙论和救世神学——例如,在瓦伦廷派神话中,索菲亚的堕落导致光明被囚入物质。

这则神话中另一个决定性的转变是,原人形象从宇宙的普遍原型转变成了带给人类精神实体的这么一个形象。波塞特指出,比如,在瓦伦廷派神话中,新造的世界并不是神性的,只有包裹在人类中的光明实体是神性的。尽管有这些变化,他坚持这个神话迄今的发展显示出了基本的连续性:

> 从根本上说,这是同一个神话,进入第一个被造人身体的高级存在的观念,与通过降入物质带来世界存在的原人观念从起源上讲几乎并无二致,只是在人类学变化了。[65]

波赛特宣称,原人思辨受到的另一个主要扭曲,来自与犹太教的接触。但这次把这个神话扭曲得"几乎认不出来了"。在犹太教中"原人变成了一个末世论形象"。他的首要活动不是在开端而是在世界末日完成的,于是他逐渐与犹太教的弥赛亚形象合流了。这一扭曲完全把我们带回斐洛。波赛特说,现在可以理解,次神(*deuteros theos*)这个斐洛原人思辨中的主要形象,应该是在希腊化犹太教神学中出现的。而且,这一末世论形象可能已经受到印度 Yama(阎魔)传奇和伊朗 Yiman(阎魔)传奇的进一步影响了,在这些传奇中,"原人"是阴间的君王或死人的判官。波赛特说,这一发展因而可能进一步影响了把人子描绘为世界的法官。[66]经过这一最后的提炼,我们就达到了新约的人子:一个神性的宇宙形象,将在世界末日到来,带来拯救并审判世界。

这样,波赛特就追溯了从东方丰产仪式中的"隐秘源头"到新约人子的原人谱系:

> 这样链条就完全连起来了,我们实际上可以概览对相关种类进行思辨的巨大的相互连接域。只有当我们首先洞察并搜查整个链接,我们才能给这些个别的令人迷惑的幻影和绮靡幻想以统一的意义和融贯。

这些幻影和绮靡幻想都是"同一棵树上的枝杈",树根深入"古代已枯萎宗教的混合土壤"。[67]

波赛特只是部分地把像人子这样主题的意义和它的起源联系了起来,因为其完整意义必然包含其历史发展的总和。换句话说,他并不希望谱系把新约的人子**还原**为仅仅是古代的一个魔法丰产仪式,而是通过为这一主题提供一个含义和参照的复合体(远远超出它在具体的新约文本语境中的用法),希望谱系**丰富**这一主题的意义域。人子称呼的贫乏难解将被"一个对相关种类进行思辨的巨大的相互连接域"替代。

对于定义灵知派及其与基督教的关系，这一东方化聚焦有什么意义呢？波赛特在他的一部综合性著作《为王的基督》（1913）中有明确回答。这是一部名著，追索"从基督教开始到伊里奈乌的基督信仰史"。[68] 在第五版序言中，布尔特曼称此书为新约研究"不可或缺"的著作。[69] 此书现在读来依然引人入胜，这不但是因为其洞见，也缘于它对晚期新约研究及早期基督教史研究（包括与灵知派的关系问题）所产生的影响。

首先，波赛特的结论看起来与哈纳克并无重大区别。尽管此书的目标是构建基督徒如何理解耶稣的历史，而非构建一个历史人物的肖像，波赛特还是为耶稣及其启示塑造了一个相当清晰的侧影。他的耶稣是个大胆认信上帝的英雄形象，而上帝引导他与他那个时代虚假的信仰——以对世务相对随意的态度朴素地相信上帝——不相妥协。耶稣宣扬上帝的国，一种宽恕的伦理宗教，提倡正义、爱、仁慈及和解的人类关系。[70]

那么，福音书里的耶稣形象，作为行神迹的弥赛亚、天堂人子、世界的主和审判者、预言和历史的应验者，是从哪里来的呢？波赛特认为，这种神话夸张是耶稣最早的门徒发明出来的，因为他们的时代接受不了这样一个简单而又引人注目的形象及其教义。单靠耶稣"纯粹的历史事实"无法产生影响。人们需要一个有些疯癫的光辉的耶稣形象，因为那个时代统治人们想象的是末世论幻影、行神迹者、先知、魔鬼和恶魔。不过波赛特容忍了这些铺张，宣称尽管有这些虚构和发挥，在这个令人瞩目的奇异耶稣身上，还是可以看到"永久性

93

和普遍有效性"。人们仅仅"接受了世俗衣着绚丽包裹中的永恒者(上帝)"。[71]

因而波赛特,和哈纳克一样,认为"永久性和普遍有效性"仍然存在于"世俗衣着的绚丽包裹"中。不过波赛特并不要求从史学分析中去除这一"永久"因素,而他已近于做如下暗示:

> 宗教是其基础上某种原始的东西:人类灵魂与上帝的关系——**你造我们是为了你,我们的心如不安息在你怀中,便不会安宁***——而且,所有关于上帝与人性的宗教表述都从这一点出发,而(辩护家)没有认识到这一点,对他们来说宗教是一堆可以被人类知识通达的真理,是一个可感的世界观。

此外,辩论家们也紧紧扎根在"社区教条和社区膜拜"中,因而尽管他们著作中"福音的简单伦理内容重新闪耀","把宗教或基督教阐释为人类灵魂一种永恒的、普遍有效的需求的时代却没有成熟,也许永远不会完全成熟"。[72]波赛特在这儿强调,即使他可以在前基督教的东方显示基督教观念的历史背景,这也并不意味着基督教缺少独创性,而独创性是人类在历史中需要完全掌握的。

在《为王的基督》中,把基督教的永恒因素从其教义形式中区别出来,波赛特对这件事的兴趣,小于确定巴勒斯坦原始社团称呼耶稣为弥赛亚时意指什么。他写道,这种观点首要

---

* 奥古斯丁《忏悔录》卷一。——译者注

的表述就是人子。[73]耶稣从未就末世论的弥赛亚期待来理解自己,这是真的。那种确信是原始社团的信仰,是从犹太教末世论和弥赛亚期待的土壤上长起来的。但是,波赛特在这儿发现了人子(弥赛亚的基督教概念)这个词确定的历史意义,不是由任何思想过程而是由被钉十字架这一历史事件而决定性地被塑造的。波赛特坚信:"对人子犹太教式超越的弥赛亚描述以及对耶稣受难并赴死的历史体验,完全能够满足早期基督教社团初创时(并由他们自己)对弥赛亚信念的解释。"[74]在波赛特看来,恰恰是对作为弥赛亚-人子的被钉耶稣的确信,确定了对巴勒斯坦教会的承认,并标志着它与犹太教最深的亲密和最决定性的脱离。

但就在这儿,波赛特犹豫了。他在《灵知的主要问题》中的人子谱系已经把这个称呼在犹太教中的使用与关于原人的东方思辨联系了起来。在《为王的基督》中,波赛特选择让如下问题保持开放:犹太教末世论的灵知化扩张以及关于原人半神性形象东方起源的各种思辨,是否已经影响了犹太教以及巴勒斯坦基督教社团;或者,这些因素是否随着基督教的决定性移动而进入了希腊化世界。[75]然而,在这本书的其他一些地方,波赛特显然是把犹太教(至少就旧约来说)看作以某种方式排除了"希腊主义信仰"的"真正基督教环境"的一部分。[76]于是最后他的立场与哈纳克十分接近,尽管原因不同基础也不同。他们最终都使耶稣的福音和原始社团免于希腊化或东方化的影响,并试图使它们与犹太教保持一个模糊的距离。[77]

波赛特比哈纳克更明确地拉开了耶稣与犹太教的距离;

95

他甚至对原始教会在判定犹太人耶稣是否是犹太人的弥赛亚这个问题上正确与否不作表态。[78]与哈纳克和一般的基督教文化一样,波赛特把犹太教描绘为无知和粗野的,讽刺犹太教是消极的陈规老套。波赛特在一本名为《耶稣在反对犹太教中布道:宗教史的比较》(1892)的早期著作中,几乎只把"晚期犹太教"与有限的政治国家主义、律法主义、"病态的"启示录神话联系起来,结果他宣称"犹太教和耶稣是相互之间完全对立的两极"。[79]

然而,真正的分歧来自对耶稣之后基督教发展的重构。波赛特打趣哈纳克说:"如果我们希望模仿一个著名例子来选取我们的措辞",那么我们在灵知派中看到的不是基督教的急性希腊化,而是其"急性东方化"。[80]从这一"急性东方化"的观点出发,对基督教和灵知派起源的重构看起来如何呢?

20世纪早期的欧洲思想界倾向于把东西方在地理上两分为东方部分和希腊文化部分。这无论是从地理上还是从文化边界上都不是很准确,但总的来说,波赛特持东方学的论调,希腊、西方的一边被认为是理性的、历史的、普适的;而东方一边,是非理性的、神话的、膜拜的。这样,波赛特所谓基督教的"东方化"而非"希腊化",乃是有意主张塑造基督教起源的不是理性化力量而是神话和膜拜教派。波赛特坚持,只要哈纳克把东方混合论的力量置于一个微不足道的地位,他就是十分错误的:

> 罗马和希腊,不管有多少混合论思潮,不是东方的。
> 2世纪后半叶这儿爆开的种种其实有一个很长的前史,

尤其是在叙利亚(小亚细亚)和埃及的散播。但基督教出自东方,外邦人基督教会思想家园的根据地,首先是叙利亚(安提阿)和南小亚细亚(塔尔苏斯),其次是最早时代往前的埃及。而且,在其开始,特别是保罗、约翰和灵知派所属的那些基督教会,与受教育圈子里真正的哲学文献及其历史发展一点关系也没有。在 2 世纪从这儿开始向上攀爬的东西在社会底层已经活跃了很长时间。[81]

波赛特认识到,当对基督教起源的研究超出犹太教研究而进入希腊化世界,他会遇到阻力;而当这个研究超出罗马帝国而进入希腊化东方,阻力更大。[82]但他坚持,不如此,基督教就是不可理解的。

关键的一点,实际上也是波赛特进路的突出特色,是**他坚持膜拜社团作为宗教思想发生母体的首要地位**。不要忘了波赛特是从一首膜拜圣歌开始他的人子谱系分析的。因而,他也把基督教社团当作基督教神学首要的发生母体。[83]这一视角导致他拒绝哈纳克的观点,哈纳克认为:思想思辨和形而上学是基督教发展的第二特征,当基督教的"原始热情"僵化为教条,这一特征就出现了。而波赛特坚持"思辨"和神话从开始就伴随着基督教。与耶稣及其教义的背离不是通过理性的体系化而是在膜拜中发生的:"如果有人坚持希望指出耶稣福音的发展在哪儿开始受到背离,那么在最初、在基督膜拜中就能找到。"这一背离,伴随着转向"希腊化地区",发生得非常早:"基督教发展中重大而决定性转折的标志是从一开始它就转向外邦人基督教地区。没有其他事件的重要性可以与此相提并论。"[84]

在保罗和约翰的福音书中已经可以看到这一向希腊化地区的决定性转向，并随着他们的注意转向了整个希腊罗马世界更广阔的宗教史背景。因为尽管保罗是个犹太人，但他是个海外犹太人，而他关于为王的基督（*Kyrios Christos*）的福音弥漫着来自东方信仰的观念和影响。约翰的福音也是这样：它的概念"扎根在希腊化的、东方信仰的土壤中"。[85]

在这儿灵知派成为一个重要问题。波赛特在《为王的基督》中用了 10 页来描述灵知派思想的基本特征和内容，也许可以概述如下：[86]

清晰二元论："由来自希腊哲学（具有柏拉图主义或新柏拉图主义倾向）的主题与特别是东方的、神话学上的二元论相结合"而形成。灵知派在这儿表明自己是"非希腊的"并与希腊主义信仰不相协调。希腊主义信仰把恒星理解作神灵的可见的表现，而灵知派则认为它们是恶魔的表现。

极端悲观主义：这是对低级世界的态度。

疏离（异化）："灵知派感到无家可归，是陌生世界里的陌生人。疏离这个关键词通过灵知派最深和最个人的承认而回响。"

关于陌生上帝的神学。

精英主义人类学：即"独属上帝贴身扈从的愚蠢梦想"。[87]

关于救赎的激进宗教："不是从低到高的上升，而是从绝对敌意和绝对差异中的全面解放。"[88]波赛特认为这一"对救赎不可遏制的渴望"是对"趋于彻底失败的时代"的一种表述。

本性拯救，通过启示、入会、圣事：一方面，波赛特说："如 98
果神性的高级本性对于被拣选者来说从一开始就是天赋的，
那么在一定意义上，救赎（在某一确定时刻发生）的绝对必要
性就消失了。至少不再是某种绝对新的东西，通过救赎引入人
类种族中。"另一方面，波赛特也深刻地意识到这种救赎完全不
会仅仅因为神性是"被拣选者的天赋"而自动发生："灵知派并不
认为这个半熄灭的火花，以它自己的本性和力量能够重新被煽
动并燃起。光明因素、堕落的精子、溢流物（απορροιαι）在这儿
被绝望地囚于下界。需要一个从上到下从外到内的救赎。灵
知派并非智能的反映或其自身更优精神的反映；灵知是通过
入会和圣事而被带入幻觉和出窍的神秘启示与救赎。灵知派
的导师不是哲学家而是传授秘义者，拯救灵魂的不是哲学研
究而是参与神秘社团以及入会指引。"

秘传的："灵知是存在于秘密启示中的神秘智慧……灵知
派是幻觉的世界、出窍的世界、秘密启示和启示中保的世界，
启示文献和秘密传统的世界。"

神话的："在灵知派的救赎神学中，历史在任何地方都被
神话取代。"

幻影说的基督论："从（灵知派）的基本观点看，耶稣是一
个实在的人，具有真实的人的存在，这种观念是不能容忍的。
上界天堂世界以及来自这个世界的一个神体与低级物质的污
物世界的接触，他们肯定想到过，但无法接受。对于这个问题
灵知派给出的最古老回答斩钉截铁。他们坚定地宣布，尘世
的耶稣只是个幻影。这种幻影论观点是现实基督教异端的最
早表现之一。"

99　　　这些特征中的多数或多或少直接来自古代辩论家的观点。不过,其中两个属于现代:宗教与感觉(疏离)的联系,以及神话与历史比较的具体方法。

波赛特认为灵知派是一种前基督教宗教,与基督教并存。[89]它是个东方产物,反犹太、非希腊,进入希腊化地区后才开始与基督教接触。[90]他说,灵知派本质上是神话的,因而与扎根于历史的基督教神学大相径庭:"在灵知派的救赎神学中,历史在任何地方都被神话取代。"[91]因而它不可能吸收基督教的基本因素,特别是尘世的耶稣:

> 灵知派艰难地逐渐地把拿撒勒耶稣的形象转化进自己的神话观点中,人们可以清楚地感觉到这一观点自始至终的调和特征。因为这个原因,对于许多灵知派教派的实践信仰来说,耶稣只具有令人吃惊的有限重要性。这在伊里奈乌和《摘要》(*Excerpta*)引证的古代瓦伦廷派资源中有很好的例证。[92]

因而基督教真正吸引灵知派的,不是耶稣形象;而是包含了"他们自身信仰基本观点"的保罗神学。[93]波赛特列举了灵知派与保罗的主要亲和处:"他的极端人类学二元论和悲观主义……他关于第一个人的低等本性的神学,他对几乎全部世界神灵的恶魔化,他的二元论苦行主义伦理倾向,他关于复活的灵修教义,他的人类学术语。"[94]不过,波赛特评论道,如果灵知派被终结,保罗可能很少认识到他自己的神学[95],这主要是因为当救赎变成纯粹的神话,保罗"在历史中的某点将发生

唯一的救赎这一观点"就没有了。[96]并非灵知派把保罗歪曲成
了某种他不是的东西,而是灵知派把保罗神学扭转到了"急性
东方化"的方向上。[97]

波赛特十分清楚,基督教面临的来自灵知派的最大危险
是灵知派与保罗思想的合法联系。为了击败灵知派,不得不
沿着教会路线重新阐释保罗。[98]波赛特认为,这一功业,是伊
里奈乌完成的,尽管代价高昂,"代价就是他以一种夸大的方
式歪曲了真正的保罗观念,使这些观念脱掉了它们的本
性"。[99]然而,这一错综复杂的过程的结果却是,对保罗的歪曲
阐释行使了界划正统基督教边界和界限的功能。通过从灵知
派区别出保罗,伊里奈乌就给对基督教构成极大威胁的灵知
派因素以"致命一击"。[100]

为什么灵知派如此危险?波赛特认为,因为它的无拘无
束、乌托邦和灵修热忱,威胁要"戳穿并毁灭旧世界",尽管它
缺少教会基督教"建立一个信奉团契的新世界"的能力。[101]灵
知派灵修归根到底在于它社会问题上的失败。

宗教史研究在方法上的目标,最初是展现基督教在教条
和教会界限之外的意义,最终沦落成显示基督教原创性和优
越性的工作。[102]无论这一倾向在波赛特著作中如何隐晦,他
发出的最后声音依然教会了基督教战胜灵知派异端的危险。

布尔特曼

说布尔特曼是20世纪德国最伟大的新约神学家并不夸
张。尽管也许他将新约非神话化的规划和他在对观福音传统

100

史方面的开拓性工作更有名,但关于《约翰福音》他也写了广泛的著作,重视它与灵知派的关系。在这儿他与宗教史学派的联系最明显。

早在 1750 年,米凯利斯(J.Michaelis)已经认识到《约翰福音》与灵知派思想世界的关系;莱岑斯坦对灵知派救主神话的研究,以及波赛特把《约翰福音》与"希腊化的、东方的信仰"联系起来,只是使这一问题获得了更大关注和更广泛接受。[103]布尔特曼以这些前辈学者的成果为出发点,着手更仔细地分辨这一关系,以阐明约翰基督论的意义。

101　　　　1923 年,他出版了一个对《约翰福音》序言(《约翰福音》1:1—18)的研究,认为"在序言第 9—13 节和 1—5 节使用了一个模型(Vorlage),这个模型从属于一个前存在的神性存在"。他说,问题在于,一个基督徒作者使用这样一种语言来指谓耶稣:

> 无论如何无法理解在什么意义上一个基督徒作者谈到了一位前存在的耶稣,因为他来到这个世界(这个世界是他的财产),而藉着他而造的世界却不认识他。另一方面,对这类角色的前基督教和非基督教的思辨我们是知道的。[104]

比如,布尔特曼通过对犹太教智慧文学的研究发现,序言中的**逻各斯**形象,深受对前存在的**智慧**(Wisdom)这一宇宙角色的思辨的影响。《约翰福音》传统使用**逻各斯**代替**索菲亚**,似乎显示了模型(Vorlage)的根源存在于"亚历山大犹太教思辨"，因为我们在那儿看到，比如在斐洛那儿，**逻各斯**和**索菲亚**表现为"类似角色"。布尔特曼对此深信不疑，主张有必要确定"这一**智慧**思辨的来源和类型"，以便"把《约翰福音》的序言置于其适当的宗教史背景中"。波赛特和莱岑斯坦的工作使他确信，有一个更古老的非犹太教神话思辨矗立在背景中。然而，其确切来源却不清楚。他在巴比伦和波斯文献中发现了富于启发性的相似物，在这些文献中也存在"智慧"这个词，但他的结论却是"启示女神的智慧之名与女性性别都不是本质的"。由于关注这一词汇本身并不特别有效，他转而考察莱岑斯坦提到的伊朗原人传统并研究摩尼教和曼达派中的信使形象这一角色。他尽管在这些形象和**智慧—逻各斯**思辨之间发现了许多相似点，不过最后他写道，所有这些之间的联系"对我仍然是不清楚的"。[105]

　　布尔特曼并不气馁，他在莱岑斯坦的书里找到了一个答案："然而，还有一个更值得注意的证据：整个《约翰福音》的基督论多么明显地处于"与莱岑斯坦所描述的一个伊朗思辨的关系中，这就是被救赎的救主，这是他描述的神性存在，作为上帝信使降到尘世的天上的"人"——启示者。这个启示者采取人类的立场，在完成他的启示使命后，返回天界，他将被提升，被尊崇，成为万物的审判者。布尔特曼写道："我不认为莱岑斯坦在这一点上对对观福音人子的理解是正确的，但《约翰福音》中的话 *uios tou anthropou*（人子）是以这一（神话）观点为基础的。"[106] 在《约翰福音》中，耶稣表现为（1）前存在，（2）被尊崇被提升，以及（3）审判者。就像天界的"人"，他与那些他要拯救的人具有相同的性质，因而通过他的被提升他们能确

102

保被拯救。

布尔特曼的结论是，《约翰福音》序言必定来自"施洗礼的派别，这个圈子包括施洗约翰"。他说这一观点的证据是约翰是耶稣的见证者。布尔特曼的最终结论完全来自推理，依赖的不是他自己的研究，而是莱岑斯坦的研究："如果我的假定是正确的，那么在一个新的意义上《约翰福音》是东方灵知派思辨在早期基督教中非凡的早期渗透的证据。"[107]

两年后，布尔特曼发表了论《约翰福音》的第二篇论文，题目叫《新发现的曼达派和摩尼教资源对理解〈约翰福音〉的意义》。在这篇文章中，他认为《约翰福音》以灵知派拯救神话为前提，而且只有在这一背景上才可以被理解。布尔特曼主要利用曼达派和摩尼教文本来描述这一神话，不过他也参考来自犹太教智慧文学、《所罗门颂歌》*以及所谓的灵知派文本，特别是诸使徒的次经行传等材料。[108]他以莱岑斯坦的原人神话为基础，提供了一个全面的灵知派救主神话概览：

被囚于尘世的灵魂，得到了一位来自天界的信使的启示：有关这位信使的天界来历、他的家园和他的返回。信使着尘世的人类服饰；在荣耀中上升。与这个救世神话并行的是一个宇宙论神话：信使表现为天界原人，原人在原始时代从天界降入物质，被物质制伏并拘囚。现在信使被原人同化了，信使的尘世形式表现为被囚的和痛苦的，他的升天也是他自身的获救：他是被救赎的救主。

103

---

* 旧约次经或伪经。——译者注

而且,原人的命运就是个体灵魂的命运;灵魂的获救就是原人的解放和尘世的终结,尘世的起源和状态正是由于原人的光明颗粒被拘囚于混乱的物质而可能的。因而,信使的命运最终和灵魂的命运是相同的;信使实际上不过是在自身中认识到自己的灵魂的形象。所以,并不是总能确定文本所指是原人、信使还是灵魂。因而在某些情况下,用意指原人或灵魂的那些来描画信使的形象是可能的,而信使形象对理解《约翰福音》中的耶稣是必须的。[109]

布尔特曼说,无疑,这个灵知派救主神话本质上比《约翰福音》要早:"没人……能够想象如此多分枝多形式的神话……是从《约翰福音》发展出来的。"在他看来,《约翰福音》缺少这个神话的太多因素,这表明《约翰福音》的作者必定知道这个神话,而且实际上对这个神话非常熟悉以至于不需要完全复述它。还有其他的改变,因为约翰自己关心的不是灵魂的命运,而是宇宙论和人类学。只要有其中一个,与膜拜实践的重大联系就丧失了。[110]

布尔特曼于是问了一个问题,"有没有那么一个特别的宗教团体,与《约翰福音》基督教保持着决定性的文学上的联系并受其影响?"他的回答是肯定的并认为"也许"这个团体就是曼达派。他认为,这是可能的,因为"曼达派起源所处的时期比属于我们的文献要早"。[111]他引证 Lidzbarski 和莱岑斯坦来支持这一看法。[112]

布尔特曼在他颇具影响的对《约翰福音》的评注中(1941),

再一次用灵知派的救主神话来描述灵知派信仰的基本内

104 容。[113]从这点出发,他得出结论说"《约翰福音》与这一灵知派世界观的关系是双重的"。一方面,灵知派对《约翰福音》形成了重要影响;另一方面,《约翰福音》是反灵知派的(特别是其道成肉身的教义),并且可能在写作上把一部分灵知派观点转化成了自己的。[114]

在《古代宗教中的早期基督教》(1949,译名为《当时背景中的原始基督教》)一书中,布尔特曼对基督教和灵知派做了最全面的比较。在对灵知派做了描述后,他把灵知派与基督教做了比较,以说明这两个宗教有什么共同点以及在什么地方分道扬镳。布尔特曼认为,分歧点标示了两者的界限,显示了基督教的优势。注意他证明这一强势的首要方法是比较,不是谱系学,因为他把灵知派看作基督教的一个东方竞争者。[115]

他无法在年代学先后上确立基督教的优势,因为他认为灵知派在起源上是前基督教的。他也不相信基督教对灵知派的优势可以建立在以下观点上,即灵知派是混合的,而基督教不是。[116]布尔特曼完全确信基督教是"混合论的一个杰出成果",他用这个说法意指基督教"不是一个单一现象"而是"充满了各种趋势和矛盾"。鲍尔(Bauer)认为,这些"趋势和矛盾"中有很多后来"被正统基督教"谴责为异端,他赞同鲍尔这一观点。[117]

不过布尔特曼改变了策略。在断言基督教是一种混合论宗教后,他问道:"那么基督教真是一种混合论宗教吗? 还是在所有这些多样性后面有个基本的单一性? ⋯⋯原始基督教包含关于人类生存的一个单一、新的、唯一的教义吗?"[118]这一说法中最有意思的词是这个"还是";通过把混合性与唯一性并列并同时证明基督教提供了某种全新的东西,布尔特曼得以否认其本质上的混合特征。然而他对灵知派的构建并不能通过测验。使这类逻辑貌似合理的假定与 19 世纪社会进化的时间经济学(temporal economics)有关,在这种经济学中"新"意味着唯一和原创,不是年代学上的在前。真理不一定在谬误之前,如德尔图良所说;毋宁说,在追求宗教最高阶段的各种分散的以及半成功的努力中,基督教是高峰:

> 显然,在基督教和非基督宗教之间存在没被打断的联系,如果我们把基督教信仰完全看作一种宗教现象,而且如果假定我们是从基督教出发做评判,则我们把基督教看作最高的宗教现象。对宗教史的考察似乎确证了这一判断。因为很明显我们会把异教宗教看作走向基督宗教的最初阶段,或是看作与基督宗教平行的现象。情况可能是,我们可以确定,这些宗教中存在的东西只是在最初阶段达到过它在基督教中的充分发展,或者是在这些宗教中以不完整或歪曲形式成长的东西通过错误的发展在其中达到了实现。[119]

因而对布尔特曼来说,把基督教称作一种混合论宗教也没什么,因为通过显示基督教独具优势同时就可以取消这一断言。混合论不再排除纯粹性。

布尔特曼使用比较的方法来证明其独一性和优越性。例如,他认为基督教和灵知派对人类在世界中的境况有相同的理解,都提出了对自身以外某事件中神性拯救的需求。[120]然而,双方对问题根本原因的构想不同。对灵知派来说,是命运;对基督教来说,是罪恶。[121]结果是,对拯救的设想也不相同,而且正是在这儿灵知派没能通过考试,落入了宇宙论二元论和一种本质上取消了本真历史生存的拯救观。[122]布尔特曼说,基督徒对十字架的认信导致(仍将导致)一种基于信仰的积极的爱的生活,而灵知派只能导致对所有历史生存价值的拒斥:"从这样一种观点出发所有可能的人类行为和经验都将被拒斥。"灵知派由于宇宙论上的二元论、知识拯救的教义以及否定世界的伦理学,因而是不充分的。通过比较也就确证了基督教不是"真正的混合论宗教",因为它包含"关于人类生存的单一、新的和唯一的教义",是一个包含"对自我新的生存理解"的宗教,一个"不过是对未来彻底敞开"的完全自由的宗教。[123]

　　布尔特曼对灵知派和基督教的比较还关乎界定真正的基督教。他者被称作灵知派还是异端,其作用照旧,游戏者照旧,而斗争的术语更是照旧。诚然,布尔特曼把基督教的谱系与灵知派更紧密地联系起来,超出了伊里奈乌的容忍,而且他否定了德尔图良真理总是先于谬误的论点,然而他的结论其实对两者都无伤害。伊里奈乌和德尔图良都发现灵知派是讨厌的,而且原因相同:灵知派宇宙论上的二元论否认了作为创世者的真正上帝;灵知派关于本性拯救的教义似乎使十字架失去了意义;且与一种爱与和解的积极伦理学相去甚远,它对世界和创世者只持一种否定态度。通过明确地表达这一可以抓住当代想象力并唤醒本真生存欲望的观点,布尔特曼证明了他是何等彻底地理解了辩论家。他的学说是一种适合新时代的新策略，但结果对灵知派全无变化。布尔特曼的结论完全合乎规范——因为在这一思想系统中，灵知派只能扮演原始、不完整或错误发展的低级角色，不管它是先于基督教还是与基督教平行。

基督教史的规划从原始纯正性及其后续偏离的叙事转变成对整个宗教史的综合描述，这个描述有志于勾画这样一种人类进步：从不完整或被扭曲的宗教到它在基督教中最全最高的表达。方法也转变了，从谱系变成了比较。只是结果依然如故。

而且，向比较的转变给确定灵知派相对价值的方法带来了明显的神学特征。以前，历史学家已经确定了基督教起源的纯正性以及在年代学上先于异端，现在神学家通过比较确定基督教的宗教适当性。过去，公开展示神学规范在史学中被看作是可疑的，因为史学事业被认为是"客观的"或至少公正的。[124] 布尔特曼以其自身实践例证了这一确信：评价灵知派是个神学事业。我需在此表示赞同；对价值和意义的讨论导致批判性地从事学术，不管是神学、哲学、伦理学还是文化批评。

对宗教史学派的反思

宗教史学派得学者们论述了 20 世纪的灵知派（Gnosticism）概念，总的说来，他们的影响不容小觑。他们最大的成就是，通过更宽地探索基督教与其构成性母体周边文化之间可能的

交叉，使基督教研究超出了教会史的狭隘边界。他们呼吁历
史学家把灵知派神话的意义看作一种值得独立研究的现象。
灵知派不再被看作基督教中异端倾向的结果，而是被重构为
一个前基督教的东方宗教，在其最初的形成阶段影响了基督
教。通过就阶级发展的类型学或年代学模型来建构他们的史
学模型，这些学者们使灵知派思想是一种次级思想和衍生思
想的观点成了问题，挑战了基督教在年代学上早于灵知派的
观点和基督教的纯正性；公然依据灵知派和基督教的文化环
境而重构了它们的关系；把视野扩大到广泛的文献范围，特别
是伊朗原人和曼达派材料。

　　他们的工作对一个历史悠久的理解构成了巨大挑战，这
个理解就是，灵知派是作为一个基督教异端发源的。当然基
督教的定义很奇怪未受这一看似激进的攻击的影响。宗教史
学术并未削弱对基督教终极优势的根本信奉，也并未挑战基
督教灵知派作为一种第二位的派生的异端这样一种观点。如
布尔特曼准确地认识到的，贬损灵知派，宗教史方法需要不同
于辩论家所提供的基础。不再是一个确定基督教的某些形式
从哪儿、为什么误入歧途的问题。为了在规范化基督教的优
势中表述广泛的信仰，不得不建立的是一个替代基础。在这
一事业中，在殖民主义和进化论框架中展开的灵知派，依然是
表述正统的可靠工具。鲁道夫概括说：

　　　　德国新教神学所谓"宗教历史学派"所做的开拓工
　　作，成绩不可否认。最重要的成果之一是证明了灵知派
　　运动从起源上是一种非基督教现象，逐渐被基督教概念

所丰富,直到获得独立的基督教灵知的外观。这一过程,
我们知道得不详细,相当于灵知从近古一种相对独立的
希腊化宗教发展为一个基督教"异端"。它与基督教观念
的联系很早就开始,一方面产生了成果丰富的共生,极大
促进了其扩张;另一方面也包含致命的病菌,在与官方基
督教会的竞争中迟早被压垮。[125]

如这段所说,宗教史学派并未质疑规范性基督教("官方基督
教会")的身份或灵知派的异端特征。

　　波赛特把灵知派看作一种前基督教的东方宗教,在根子
上就是反犹太教和非希腊化的。这是迄今我们遇到的最完全
的"他者"。但这一"他者"不外是19、20世纪欧洲东方学的产
物。灵知派只是变成了一个异端他者而非一个历史的或文化
的他者。现在可以不把灵知派看作早期基督教神学家进行的
体系化思想事业(哈纳克持此观点),而把它看作一种东方的
秘传和神话宗教,它不具有历史意识,因而也就没有更高的宗
教感。[126]波赛特说,灵知派最终的失败,不是因为任何系统化
上的僵化,而是因为过度的热情,这摧毁了团体的稳定性。这
就为把灵知派构建为前基督教和非基督教打开了一条道路,
不把灵知派看作基督教受到外来影响的某种产物,而是就其
自身把它看作一种外来的寄生物,这种寄生物的侵扰产生了
基督教灵知派这种异端。

　　宗教史学者留下了一个深具影响的遗产,这就是对灵知
派新颖的误解或误导描述。其中出现的最大问题可能就是发
明出一个灵知派的救主神话,这在概述灵知派中是主要项目,

109

需要两页纸。[127]这一振奋人心的叙事是以混合论来看主题史学的产物,是通过从各种史学和文献语境的一些特定主题出发拼凑材料并把它们结合成单一融贯的叙事而构建出来的。这一人造叙事之所以给人造成了实际存在的印象,是因为许多文献制造物可以被阐发到至少适合这个神话的某些部分。这些文献制造物于是表现为整个故事的证据——即使在现实中**并无单一存在的古代文献资源给出学者们所"重构"(即发明)的"灵知派救主神话"**。我们可能也注意到当代学者的嘲讽,他们明确把这一神话描述为"人造的",不过他们不把这一虚假性看作 20 世纪史学重构方法的产物,而是把它看作古代"灵知派""半开化"心灵的产物。既然如此,我会说历史学家恰恰对他们指控灵知派创制艺术神话(*Kunstmythen*)负有责任。当前学术已经彻底摧毁了这一人工构建的任何基础,但并未阻止这一人工构建持续发挥重大影响。

注 释

[1]　哈纳克几次三番反对这一思路。在 *History of Dogma* 中,他就否认希腊主义混合论中的东方因素曾对基督教施加过什么影响(见 I, 229—230)。哈纳克的后期观点是,早期基督教并不需要一个关于死并升天的神的神话来理解复活,因为耶稣实际上确实死了,他的门徒也并不因为他们的后复活异象而质疑这一事实。同样,他认为保罗是一位犹太思想家,对出自神秘宗教任何语言的应用都只是第二位的、肤浅的,并携带着不同的意义。保罗神学的真正核心,和《约翰福音》的作者一样,是他自身的经验。哈纳克以这种方式把历史的耶稣和第一批基督徒的**经验**,而不是东方神秘主义或希腊主义的神秘信仰,看作早期基督教神学的源头

[见 *Die Entstehung der christlichen Theologie und des kirchlichen Dogmas*(1927);转自 *The Rise of Christian Theology*]。哈纳克对东方思路的反对,可能是因为他分享了他那个时代殖民主义意识形态中关于东方与西方关系的许多假设,这个殖民主义意识形态从雄辩术上把东方等同于神话和"粗陋的迷信"(*History of Dogma* I, 229—233)。因而,他不会承认基督教曾受到过东方任何有意义的影响,直到希腊化的最晚阶段。即使在他对混合论的论述中,也坚持东方因素完全受到希腊精神的支配。

[2] Hermann Usener 和 Albrecht Dieterich 这些人拣起了民俗研究的方法,并把它们应用到古代晚期的宗教(特别是基督教)的研究中(见 Kümmel,*History*, 245—247)。到了 1907 年,经典的比较语文学家 Paul Wendland 可以下结论说:"基督教……在许多方面受到那个时代流行思潮和短命文学的影响"(*Die hellenistische-römische Kultur*, 50;转引自 Kümmel,*History*, 247)。

[3] 见 Said 的经典研究 *Orientalism*。

[4] 参见例如 Gunkel 的不朽著作 *Zum religionsgeschichtlichen Verständnis*。

[5] 这儿我在布迪厄(Bourdieu)意义上使用"field"(领域,场域)一词:"一个区域,一个游戏场,一个为了共同利益而相互竞争的个人或机构之间客观关系的场所。"(*Sociology in Question*, 133;也见72—77,132—148;及 *The Logic of Practice*, 56—58,66—68)

[6] Masuzawa, *In Search of Dreamtime*, 21.

[7] 有关对宗教的类型学分类,见 J.Z. Smith,"Religion, Religions, Religious"。

[8] J.Z. Smith,"Religion, Religions, Religious", 277.

[9] 见 Chakrabarty, *Provincializing Europe*, 22—23; Hamilton, *Historicism*。

[10] J.Z. Smith,"Religion, Religions, Religious", 272.

[11] 见 Masuzawa 的讨论,*In Search of Dreamtime:The Quest for the*

Origin of Religion，58—60，67。缪勒关注个别单词的研究，把语言史与宗教史直接联系起来（见 Olender 的讨论，*The Language of Paradise*，83—84）。

[12] 见 Deismann，*Light*，250，251，392，396，407，408；Reitzenstein，"Iranischer Erlösungsglaube"，1—2。

[13] Olender，*The Language of Paradise*，17.

[14] Ibid.，37，4—5.

[15] Pictet，转引自上书，102。

[16] 见 Ibid.，103。

[17] 比较一下比如 Ernest Renan 的观点（见 Olender，*The Language of Paradise*，79）。

[18] Said，*Orientalism*，I；有关新近对 Said 的批评，有个很好的概述，见 Young，*Colonial Desire*，158—166。

[19] Said，*Orientalism*，42.在某些著作中，人们看到了与欧洲殖民主义在以下观念上的明确联系：雅利安人注定要征服世界（见 Olender，*The Language of Paradise*，95—96）。在其他一些学者那儿，雅利安优越的观念提供了类似的判断：欧洲文明和宗教将传播以"改善其他种族"。当然，这些观念也引起各种争论。

[20] 一个特别深刻的例子是马克斯·缪勒。对东方语言与宗教的同情理解，很少学者超过他。但即使是他也承认基督教在本质上的优越："宗教学将首次赋予基督教在世界宗教中的适当位置；它将首次展示时机成熟时意味的是什么；它将向整个世界史（在其向基督教的无意识的前进中）恢复基督教真实而神圣的面目。"（引自 Olender，*The Language of Paradise*，91—92）

[21] 见 Cumont，*Oriental Religions*；Rudolph，*Gnosis*，30—52。

[22] 见 Olender，*The Language of Paradise*，19。

[23] 参见比如，Fontenelle，他写道："在世界最初的几个世纪里，以及

在那些没有听说过或没有保留赛特家族传统的民族中,无知与野蛮的程度必然超出我们的想象。想想卡菲尔人、拉普兰人,或易洛魁人,但即使这样也要慎重,因为这也是些古老民族,必定已拥有最早的人类不曾拥有的知识和习俗。一个人越无知越没经验,所看到的不可思议之事就越多。最初的人满眼都是不可思议之事。因而,父亲们告诉孩子们的他们的所见所为,不过是那些时代传说中的奇闻异事。"("The Origins of Fables",载 Feldman 与 Richardson, *The Rise of Modern Mythology*, II)

[24] Tyler 在 *Primitive Culture*(1873)中写道:"道德因素作为宗教的一大因素,构成高等民族宗教最重要的部分,但在低级种族宗教中实际上很少存在。不是说这些种族没有道德感或道德标准,在他们中间这两者也都是高标特立的——如果不在正式的戒律中,至少也在我们现在所谓公共意见的传统的社会共识中(根据这种社会共识确定某行为的好坏对错)。在高级文化中,伦理学与万物有灵论哲学的结合亲密而有力,在低级文化中这似乎才刚刚开始。"(载 Lessa 与 Vogt, *Reader*, II) Fontenelle 写道:"人们如果不以习俗方式看事物,就不会不震惊于所看到的整个人类古代文献不过是一堆怪物、梦和荒诞之事。"("The Origins of Fables",载 Feldman 与 Richardson, *The Rise of Modern Mythology*, 10) Fontenelle 还说:"尽管与那些真心发明出神话的粗陋智力相比我们已经极其开化了,我们还是很容易寻回那种观点,这观点使这些神话非常适合他们。他们饱享这些神话,因为他们相信它们,我们沉浸其中获得愉悦却并不相信它们。也没法证明想象力与理性就没有半点交往,没法证明理性完全被去除了幻想,对想象力一无所依。"("The Origins of Fables",载 Feldman 与 Richardson, *The Rise of Modern Mythology*, 17)借马克斯·缪勒一个常被引用的说法,神话乃"语言的疾病",Lessa 和 Vogt 写道:

"对宗教思想和语言的驱动首先来自感官经验——来自外部自然对人的影响。自然包括惊奇、恐惧、惊异、奇迹。未知与无限（而非已知与有限）的巨大领域提供了宗教由之发源的感觉。比如，火对人类心灵就制造了这种印象。太阳、河流、风也同样，也用来命名了一些现象。但是，只有当人把自然力量从抽象力量转变成人格代理即神灵时，宗教才出现。这是通过'语言的疾病'才出现的。语言影响人类划分辨识事物的方式。自然现象被拿来与人类行为比对，最初用于人类行为的表述就被用到自然对象上了。雷电被称作某种撕裂土地或喷火的东西，风是某种叹息或呼啸的东西，河流是某种流淌的东西，诸如此类。之后，必须发明出众神灵来解释那些归属于它们名称的行为，于是众神就出现了。因而宗教实在是谬误的组合。超自然的世界是由无中生有的存在构成的。"（*Reader*，8—9）但现在可以看 Masuzawa，"Accidental Mythology：Max Müller in and out of His Workshop"（*In Search of Dreamtime*，第 3 章）。

[25] 例如，Johann Gottfried Herder(1744—1803)写道："希腊神话来自不同地区的传说，这些传说或者构成大众信仰（历代所保存下来的他们祖先的传统解释），或者构成了试图解释尘世困惑并给社会以稳定性的最初反思。"("Reflections on the Philosophy of the History of Mankind"，载 Feldman 与 Richardson，*The Rise of Modern Mythology*，233—234)当然，Herder 认为他们的努力尽管值得赞许，但显然终归是错的。Malinwoski 也说：神话"是对那些事件的历史叙述，这些事件曾全权承担真理和法术……而且，神话可以把自身附加到社会权力的任何形式上……（而）神话的功能不是去解释，而是去担保，不是去满足新奇，而是在权力中给予信心，不是信口开河，而是要从当代事件中确立那些事件，这些事件具有反复出现的、相似的神话合法性……神话的实用功能

是强化信仰"(*Magic*，*Science and Religion*，84)。

[26] 见 Ignaz Goldziher 对 Renan 的 批 判，Olender 的 讨 论，*The Language of Paradise*，115—135。

[27] 这些材料中的一部分，比如曼达派文本和某些摩尼教材料，当然从未"丢失"。说它们"被发现"，那是从以前不了解它们的欧洲学者的立场出发的。相反，埃及文本只是最近才从墓葬遗址中恢复出来的，倒是真从人们的注意中消失了。

[28] *The Bruce Codex* 的文本和英译可以见 Schmidt 和 MacDermot，*The Books of Jue and Untitled Text in the Bruce Codex*；*Pistis Sophia* 的文本和英译见 Schmidt 和 MacDermot，*Pistis Sophia*。

[29] 见 Till and Schenke，*Die gnostischen Schriften*，1—3。其中包含科普特文本的誊抄本和德译文。

[30] Klimkeit，*Gnosis on the Silk Road*，xvii—xx；对摩尼教的概括讨论，见 Rudolph，Gnosis：The Nature and History of Gnosticism，326—342；有关摩尼抄本，见 Ludwig Koenen 与 Cornelia Römer，*Der Kölner Mani-Kodex*(Opladen，1988)，以及 Ron Cameron 和 Arthur Dewey，*The Cologne Mani Codex*。

[31] 对摩尼教进一步的一般讨论，见 Rudolph，*Gnosis*，343—366；Lupieri，*The Mandaeans*。

[32] Lupieri，*The Mandaeans*，61—125.在古代社团中唯一真正把自己称作"灵知派"的可能就是曼达派，但正如 Lupieri 所说，尽管 *mandaiia* 这一曼达派自称可能与"knowledge"(知识)直接相关，并因而与来自 *gnosis*(知识)的希腊语"灵知派"一致，他认为，但可能实际上指的是"那些使用 *mandai/a*(曼达派举行仪式的神圣区域)的人"；或者，指的可能是那些信仰 Manda-d-Hiia(曼达派的至高神性)的人(见 Lupieri，*The Mandaeans*，7—8)。另见 Kraeling，"曼达派的起源与古代信徒"，195—196；Lupieri，*The Mandaeans*，61—

125。也见 Rudolph, *Gnosis*, 343。

[33] 见 Colpe, *Die religionsgeschichtliche Schule*, 32。更多有关曼达派研究的早期史,见 Pallis, *A Mandaean Bibliography*, *1560—1930*。

[34] 如 Nöldeke, *Mandäische Grammatik* (1875); Petermann, *Thesauru*, *s. Liber Magnus* (1867)。Lupieri 给出了一个曼达派已出版原始材料的书目,见 *The Mandaeans*, 54—60。

[35] Lidzbarski, *Das Johannesbuch der Mandäer* (1924 年, G. Mead 出版了该书部分章节的英译文: *The Gnostic John the Baptizer*); Lidzbarski, *Mandäische Liturgien* (Drower 女士后来为这些文本出版了一个更全的集子,见她的 *The Canonical Prayerbook of Mandaeans*)。也见 *Ginza*: *Der Schatz*。在仪式习俗方面特别有趣的一本书是 Drower, *The Canonical Prayerbook of Mandaeans* 以及她的个人报道 *The Mandaeans of Iraq and Iran*。有关她出版物的书目,见 Yamauchi, *Gnostic Ethics*, 95—96。

[36] Kümmel, *The New Testament*, 69.

[37] 在他后来的著作 *Die Mandäer* 中,他依然持此立场,尽管更多地强调曼达派的灵知派特征:"曼达派灵知观念中或许包含多神论残余,它对基督教精神并无意识,它既非基督教的也非反基督教的,它也不是犹太教的,毋宁说它是反犹太教的。"(20)。Rudolph 写道,即使今天已有更多的材料可用,依据 Right Ginza 进行研究依然是正确的路子,因为"这一曼达派文献最综合的著作中还包括有关曼达派教义和神学的最重要论文,包括古老的圣诗"("Problems", 211)。在 1893 年的 *Mandäische Schriften* 中, Brandt 又出版了 Right Ginza 的选集。

[38] 见 *Die Mandäer*, 23。

[39] 见 Brandt, *Die Mandäische Religion*; Lidzbarski, "Alter und Heimat der mandäischen"和"Mandäische Fragen"; Maçuch, "Anfänger der

Mandäer"和"Gnostische Ethik"。

[40] 见 Bousset，*Die Religion des Judentums*（1903），*Hauptprobleme der Gnosis*（1907），以及 *Kyrios Christos*（1913）；Reitzenstein，*Poimandres*（1904），*Die Hellenistischen Mysteryreligionen*（1910），*Die Göttin Psyche*（1917），*Das mandäische Buch des Herrn der Grösse und die Evangelienüberlieferung*（1919），以及与 Hans Schaeder 合著的 *Studien zum Antiken Synkretismus aus Iran und Griechenland*（1926）；还有下面要引到的 Bultmann 的著作。

[41] Reitzenstein，*The Hellenistic Mystery Religions*，380.

[42] 比如，莱岑斯坦认为，保罗从"居于主导地位的希腊主义语言"中借入了 *pneuma*（灵，炁）和 *gnôsis*（灵知）二词（*The Hellenistic Mystery Religions*，73），而且经常在严格的、东方的意义上使用它们（同上书，381）。莱岑斯坦说，*gnôsis* 这个概念，"可能从曼达派宗教渗透进晚期犹太教"，又从犹太教渗入保罗的思想（同上书，421）。莱岑斯坦说，在早期教会对基督到底有没有灵魂的讨论中，争点显然在于 *pneuma*（灵）与 *hsychê*（魂）的对抗，这一对抗来自保罗之前的希腊主义用法，其中 *pneuma*（灵）与 *psychê*（魂）直接对立："魂在，灵就不在；灵在，魂就不再存在"（同上书，72）。变得神圣就是被灵充满代替了被魂充满。这个神化通过 *gnôsis*（灵知）获得。尽管莱岑斯坦承认基督教的讨论围绕希腊概念 *psyche* 展开以及希腊关于上帝必无 *pathê*（情感）的观点，他还是说"不可忽视 *pneuma*（灵）的观念及其来源。只是在灵知派把这一术语导入后，整个争论才彻底明晰起来：如果基督是神，他有的是灵而不是魂；而如果他是人，他就有个魂，因为 *pneumatikos*（属灵之物）不再是人的，而是神的！"（见同上书，414—415）。他得出结论说："这些观点确实来自希腊哲学，但它们对神秘主义宗教基本视角的回忆只是变弱了。灵知派后来确实被制伏了，但来自东方的遗

产, *pneumatikos*(属灵之物)这一观念,依然发挥影响,正如直到现
代它还对希腊教会发生影响。"(同上书,415)

[43] 引自 Colpe, *Die religionsgeschichtliche Schule*, 38。关于灵魂,他写
道:"不管两个宗教(摩尼教和曼达派)是否与'救赎宗教'有进一
步的关系,关于灵魂的学说都是两者(或伊朗信仰)的核心或至少
一部分,极大地影响了其他宗教。"("Iranischer Erlösungsglaube",
2—3)

[44] 见 *Das mandäische Buch*, 53。

[45] 比较 Buckley 论 Ruha,她认为 Ruha 在曼达派思想中是个女性形
象(*The Mandaeans*, 40—48)。

[46] 莱岑斯坦对书写这些作品的古代语言并不谙熟,完全依赖
Müller、Andreas、Lidzbarski 已 出 版 和 未 出 版 的 译 文(见
"Iranischer Erlösungsglaube", 7、3,注 1)。

[47] "摩尼教的基础是伊朗民间宗教,用我给的几条标准看,曼达派宗
教也是这样的。"(见"Iranischer Erlösungsglaube", 2)他通过比较
摩尼教吐鲁番残卷和曼达派 *Left Ginza* 的 *Book of the Dead* 得出
这一结论:他说,后者与前者若合符节。而且,"由于两者也与琐
罗亚斯德残卷的图文一致,也就表明,它们都基于更古老的伊朗
文本"("Iranischer Erlösungsglaube", 7)。

[48] Ibid., 7—9.

[49] 他说,这一论点可以得到 Lidzbarski 的支持。Lidzbarski 以曼达
派 *Book of John* 前言中约旦的敬拜和洗礼证据为基础论证了一
种西方闪米特源头。

[50] 在宗教的本质这个问题上,可能哈纳克和莱岑斯坦并不尖锐对
立,因为对两人来说,真正的宗教都起于情感(热情),系统思维
(无论是哲学还是神学)是第二位的。但他们对这一观念的展开
是不同的。对莱岑斯坦来说,这一观念意味着伊朗情感(首要的

宗教力量)可以影响哲学(衍生的思想产物),而对哈纳克来说,产生了第一批基督教神学家(灵知派)的哲学,只能从属于真正的宗教热情。

[51] Reitzenstein, *Hellenistic Mystery Religions*, 368. 例如,他认为 *Poimandres* XII.13 中的 *logos*(或逻各斯与努斯)只是在哲学这借入概念之后才会出现。借入的是词,而不是观念。而有关 *noema* 及其用法的概念是东方的(419)。类似地,他也写道:"*pneuma*(灵)被哲学语库自动接受后,在斯多亚派赋予灵魂以物质性的意义上,再一次遭受部分贬值,而在《密义集成》X.13 中……当 *pneuma*(灵)变成了壳,*enduma tês psychês*,而后者变成了 *enduma tou vou*。这是对柏拉图学说的回忆,但不像是首先出现在这个学派中;整个观点只是灵知派学说的倒转,按这一学说,*psychês* 即 *enduma tou pneumatos*"(*Hellenistic Mystery Religions*, 419—420;也见 387)。

[52] Reitzenstein, *Hellenistic Mystery Religions*, 390.

[53] 例如,犹太教中关于光的神学:"我认为,'το της γνωσεωε φωζ'的这一用法再次表现为非犹太教的。光的神学本身,至少其后期表述充分的形式,首先表明已从伊朗进入了犹太教。"(Reitzenstein, *Hellenistic Mystery Religions*, 373)。而哲学中关于灵魂的学说:"哲学并未(对关于灵魂的学说)施加任何影响,毋宁(展示了)一种东方用法。"(Ibid., 396)

[54] Reitzenstein, *Hellenistic Mystery Religions*, 421.

[55] Reitzenstein, "Iranischer Erlösungsglaube", 3.

[56] Ibid..

[57] Ibid., 17.

[58] Ibid., 18, 19—20.

[59] Ibid., 20—21.

[60] Lidzbarski, *Ginza* 27: 19—30; 26 及 45: 20—54: 20;见

Reitzenstein, *Das mandäische Buch*，41—58；以及"伊朗的救赎信仰"，3—4。Hogo Gressman 仅指出以下事实，就瞬间埋葬这一观点：即使可以找到 Q 典与 *Ginza* 之间的从属关系，但这些文本的年代展示的却是两者间相反的从属关系（见 Gressman，"Das religionsgeschichtliche Problem"，157 以下，167—70）。莱岑斯坦还提供了另一条证据，说"*Left Ginza* 卷二度亡礼拜在仪式上是对瓦伦廷派的复制"(4)，问题又来了，即使可以证明曼达派和瓦伦廷派文献上存在对应，却没法证明前基督教灵知派的存在。

[61]　Reitzenstein, "Iranischer Erlösungsglaube"，21.

[62]　波赛特在展开他的分析中非常依赖莱岑斯坦和其他语文学家著作，他在研究中使用的多数材料都是译文，因为他并不熟悉许多文本由以写成的东方语言（见波赛特在"Die Religion der Mandäer"中对 Brandt 和 Lidzbarski 语文学著作表达的感激之情，185—187）。他也依赖他们关于曼达派起源的理论，尽管他试图对这些理论进行提炼（比如可以参看他的论文"Die Religion der Mandäer"）；依赖莱岑斯坦——关于希腊和犹太教神秘主义、关于灵魂拯救的希腊化学说、关于被救的救主的灵知派神话——的前基督教东方（伊朗）起源的论述。

[63]　参见 Bousset, *Die Religion des Judentums*，267。波赛特著作出版时，莱岑斯坦的 *Poimandres*. *Studien zur griechisch-ägyptischen und frühchristlichen Literatur* 正在印刷。莱岑斯坦也正在论述同一个问题，尽管他从希腊化材料出发，并认为立足点应是"关于人神（the God *Anthropos*）的希腊化神话"(*Poimandres*，81)。他从那儿转向了伊朗宗教。

[64]　除了辩论家的作品，他也研究了 Brandt 翻译的曼达派作品、*Pistis Sophia* 与 *Books of Jeû*（Carl Schmidt 于 1905 年译自科普特文本）以及摩尼教作品，包括 F.W.K.Müller1904 年新出版的吐鲁番

残卷。

[65]　Bousset, *Hauptprobleme*, 219.

[66]　见 Ibid., 219。也见 Colpe, *Die religionsgeschichtliche Schule*, 24。

[67]　Bousset, *Hauptprobleme*, 220, 350.

[68]　引号内是该书的副标题。

[69]　见 Bousset, *Kyrios Christos*, 7。

[70]　见第一章"The Picture of Jesus of Nazaretch"波赛特的结论,这一章论述新约福音书中的耶稣(*Kyrios Christos*, 116—117)。

[71]　Ibid., 117—118.

[72]　Ibid., 415, 418, 419.

[73]　Ibid., 35 以下。

[74]　Ibid., 56, 48—52.

[75]　Ibid., 54, 57.

[76]　当他认为"希腊主义信仰""外在于旧约和真正的基督教环境",这其实是在向"正统"致敬(*Kyrios Christos*, 223)。参见 198,他在那儿区分出了一种"不是出自旧约世界和福音书世界"的"外在"因素。

[77]　"总之,我们完全不需要假定基督教的'希腊化'或东方化才能回到巴勒斯坦的原始基督教或耶稣的福音。"(*Kyrios Christos*, 18)

[78]　这儿波赛特非常清楚原始教会相信耶稣就是弥赛亚(见 *Kyrios Christos*, 31)。

[79]　Bousset, *Jesu Predigt*, 69(引自 Kümmel, *History*, 232). 他还写道:"在晚期犹太教中没有真正的活力,没有创造精神。犹太教只是提升到了一种纯粹超越的与世无争状态,生命已无意义,紧密相连的是依照神圣的墨守成规的奋斗……从这儿我们也就更清楚了,对耶稣来说(他知道与上帝的靠近是他整个生命的基础),特别是我们在晚期犹太教启示录中遇到的那种对来世的令人窒

息的渴念,那种病态的思乡病,完全是某种外来的东西。"(引自
Kümmel, *The New Testament : The History of the Investigation of Its
Problems*, 230—231)

[80]　见 Bousset, *Kyrios Christos*, 21。

[81]　Ibid., 15.还要注意这些说法的阶级含义,这些讲法追随德国民俗
研究,试图在"百姓"(也就是未被外来的文明和系统思想触碰过
的那些人)中确立自然的(真正的)情感(比如虔敬)。

[82]　Bousset, *Kyrios Christos*, 13—14.

[83]　参见他在同上书 351—353 中对早期基督徒公共生活令人惊奇
的描述。我们在这儿可能会问人们为什么会加入这种"怪异的
异教"。

[84]　Bousset, *Kyrios Christos*, 12, 21, 402, 403.

[85]　波赛特对宗教史研究已经确立了有关 Gospel of John 的这一论点
是如此确信,以至于他宣称:"这无需更详细的证据",只需引用莱岑
斯坦 *Hellenistic Mysterienreligionen* 就够了(见 *Kyrios Christos*, 231)。

[86]　见 Bousset, *Kyrios Christos*, 245—254。Bultmann 在 *Primitive Christianity*
中也只用 10 页来做此事(*Primitive Christianity*, 162—171)。

[87]　普罗提诺, *Enneads* II, 9, 9(Bousset, *Kyrios Christos*, 249)。

[88]　*Kyrios Christos*, 249.

[89]　Ibid., 15—16.

[90]　"在灵知派中,一种决定性的二元论悲观主义,因而特别是一种非
希腊的思想倾向,并与旧约和犹太教严格对立,被附加到基督教
身上。"(Bousset, *Kyrios Christos*, 280)

[91]　Ibid., 267.

[92]　Ibid., 281.也见 275—279。

[93]　波赛特自己并不认为耶稣自己受到了希腊化或东方化的影响。
他批评 Drews 和 B.W.Smith 通过"把希腊化和东方化的过程推

回到巴勒斯坦原始社团"来解决"耶稣的角色和福音"问题（*Kyrios Christos*, 20）。

[94]　Ibid., 280；进一步的讨论见 254—271。

[95]　Pagels 在研究对保罗做灵知派解释中多半赞同这一论点，他写道："保罗书信中一些被描述为'灵知派术语'的部分可能被解释成**灵知派**作品中的保罗书信（或第二保罗书信）术语更合理。"（*The Gnostic Paul*, 164）而对保罗的当代解释已经"在某种程度上"被 2 世纪的保罗解读歪曲了，无论 2 世纪的论辩是超正统的还是超灵知派的。Pagels 认为，理解并超出这些论辩可能为对保罗自己文本的解读提供更新鲜的东西（见 *The Gnostic Paul*, 164）。

[96]　见 Bousset, *Kyrios Christos*, 280。按波赛特，灵知派的一个显著特征是为了神话而抛弃历史（见同上书，267）。然而，波赛特并未完全放弃神话的宗教影响；如果我理解不错的话，他的意思是这儿的"历史"因素是信徒在仪式中被激活的经验，而不是叙事"神话"中的"参考"内容。

[97]　Bousset, *Kyrios Christos*, 267.

[98]　见 Ibid., 451。波赛特写道："基督教事实上在 2 世纪上半叶并未直接指向保罗，实际上悄悄越过了他。当人们在辩惑学家及其乐观主义理性视野中看到基督教的'希腊化'乃是某种与其东方混合论神秘主义全然不同的东西，乃是某种与在保罗（约翰）和灵知派中发现的二元论和悲观主义完全不同的东西，这就可以理解了。因而 2 世纪末发展的高潮既不是这个也不是那个。我们可以称之为教会牌性的保罗主义，已经摆脱了所有灵知派危险和倾向的保罗主义。如果我们希望像那个著名例子（哈纳克）一样选择我们的术语（*termini*），这就是基督教的渐进东方化和改正为混合论——为了反抗保罗和灵知派的急性东方化。也只有这样，才能理解 2 世纪上半叶保罗至深的沉默（*altissimum silentium*）"（Ibid., 21）。

[99] Ibid., 446.见 Pagels 对保罗神学的评价, *The Gnostic Paul*。

[100] Bousset, *Kyrios Christos*, 451.

[101] Ibid..

[102] 一方面,他确实没有实际使用诸如"异端"这样规范的评价性的术语来描绘灵知派。实际上,他说"与保罗主义的联系并未完全断绝。宗教的基础形式依然相似……而且甚至在保罗那儿历史救赎已经开始发展为一种神话"(*Kyrios Christos*, 281)。另一方面,他确实把灵知派描绘为消极的,告诉我们"灵知派显示了保罗信仰威胁基督教信仰进一步发展的危险的一面"(Ibid., 281)。概言之,对波赛特来说,灵知派是对基督教信仰的一种威胁。其他例证,见 *Kyrios Christos*, 67, 194, 236。

[103] Bousset, *Kyrios Christos*, 231.举个例子,见 233。

[104] Bultmann, "Die religionsgeschichtliche Hintergrund", 13.

[105] Ibid., 19 以下, 21—22, 30, 32。布尔特曼对他所处理材料的复杂性有充分认识。尽管他很清楚地希望追随波赛特和莱岑斯坦,通过对古代世界更宽广文献的研究,确立新约章句的宗教史背景,甚至声称"在这种情况下,由于无法确定文献先后次序,这一思辨中的起源问题是无法确定的"("Die religionsgeschichtliche Hintergrund", 27),从而导致了年代学上的一系列困难——他似乎依然意识到这项工作的巨大困难。他的结论,因而也就不会超出他的材料所能许可的范围,而且他希望接受其思辨属性:"可以明确地说 1—13 节使用了一个模型(*Vorlage*)。这一模型的内容和思路与犹太教**智慧**思辨中的类似。也许可以说《约翰福音》序言中阐发的观点属于关于启示之神(体现为人间信使)的西亚思辨的更宽广背景"。但布尔特曼并未止步于他的朴素结论,而是进一步思索"西亚思辨广阔背景"的起源和内容,依赖的主要是莱岑斯坦的著作。

［106］　Bultmann，"Die religionsgeschichtliche Hintergrund"，34.

［107］　Ibid.，33，35.

［108］　在较晚的一篇文章中，他也依赖斐洛和保罗（特别是《哥林多前书》2：6 以下以及《腓立比书》2：2 以下）；见 Bultmann，"Die Bedeutung"，141。

［109］　Bultmann，"Die Bedeutung"，104.

［110］　Ibid.，139，140—141.

［111］　Ibid.，142.

［112］　Bultmann，"Die Bedeutung"，144.对约翰与灵知派的这一比较在他 1940 年的研究"约翰的著作与灵知"中做得更加细致。布尔特曼还认为，《约翰福音》的基督教代表了一种比对观福音早的巴勒斯坦基督教类型，耶稣的行为和福音与灵知派洗礼运动的紧密联系超出了对观福音传统所能容忍的程度（见 Bultmann，"Die Bedeutung"，144）。

［113］　进一步讨论，见 Koester，"The History-of-Religions School，Gnosis，and the Gospel of John"。

［114］　见 Bultmann 的概括，*The Gospel of John*，8—9。

［115］　见 Bultmann，*Primitive Christianity*，162—171。

［116］　Ibid.，162.也见 Bultmann，"Christianity as a Religion of East and West"。

［117］　Bultmann，*Primitive Christianity*，177—178.布尔特曼说，他混合论的术语与概念取自 Hermann Gunkel，*Zum religionsgeschichtlichen Verständnis des Neuen Testaments*，第 2 版，1910。

［118］　Bultmann，*Primitive Christianity*，179.

［119］　Bultmann，"Point of Contact and Conflict"，133.

［120］　基督教与灵知派都把"人在世界中的处境"构思为"被敌对宇宙诸神的奴役状态，一种因为原人（archetypal man）的堕落而降临到他

头上的命运……两个体系都赞同经验的人不是他当是的。他被剥夺真实的生活、真正的存在"(Bultmann, *Primitive Christianity*, 191)。灵知派与基督教进一步还认为人类无法自我解放；救赎必定来自神性世界。保罗以及约翰的福音都就灵知派的救主神话"重申"了耶稣的拯救行为(同上书, 196—199)。如此这般, 基督教与灵知派都赞同"把末世论事件置于当前"(Ibid., 200)。

[121]　见 Bultmann, *Primitive Christianity*, 191—192。布尔特曼实际上宣称命运在基督教里依然有效, 但他试图以这样一种方式来界定命运, 即把两者归结为罪："人的罪责变成了他的命运"(*Primitive Christianity*, 192)。对命运的理解现可参看 Nicola Denzey 富有洞见的批评,"在无情的天空下"。

[122]　"因而(在基督教中)并无那种如我们在灵知派中发现的终极的二元论。这是这样被证明的, 对那些被基督拯救的人来说, 世界恢复了其被造特征, 尽管即使现在也并非他们家园。"(Bultmann, *Primitive Christianity*, 193)或者他又写道, 基督教中上帝的超越观念"在本体论上不似在灵知派中那样构想。上帝和人之间的鸿沟不是形而上学的"(Ibid., 194; 也见 201—202)。

[123]　Ibid., 179, 184, 202, 208.

[124]　布尔特曼是公开这么做的, 我强调这一点, 是因为可以这样认为, 涉及预设的神学规范,"灵知派"的价值已经被决定了。但是, 把这看作适当的步骤, 这就为神学讨论与神学批评在讨论中赢得有效地位提供了可能。

[125]　Rudolph, *Gnosis*, 276—277.注意"异端"是放在引号中的(大概要表现其规范性), 但"致命的病菌"与"官方基督教会"却不需要引号。

[126]　这一观点在把灵知派视为秘传或神秘宗教的常见分类中继续重演。

[127]　特别著名的例子, 参见 Bultmann, *Primitive Christianity*, 163—164。

第五章　灵知派再检讨

对于灵知派与基督教学术来说，1934 年引人注目，标志是
20 世纪论述这一主题最重要的两部著作出版：鲍尔（Walter
Bauer）的《早期基督教中的正统与异端》和约纳斯的《灵知与晚
期古代精神》第一卷。[1]这两部著作都是独立写作的，而且实际
上他们对这一题目采取了十分不同的处理方式。

鲍尔的书站在教会史内并挑战一个由来已久的假定：异
端是基督教史中的次要产物。令鲍尔苦恼的是规范性神学范
畴对公正的史学研究的过分影响和歪曲影响。约纳斯注意
到，在灵知派与基督教关系的整个问题中"隐藏着一些问题的
老鼠迷宫，这些问题出自对基督教原创性和独特性的关心"，
因而他至少在原则上同意鲍尔。[2]但约纳斯不想纠缠在那些
争论中，困扰他的不是神学的影响，而是宗教史学派解释灵知
派起源和意义所使用的主题史学研究的不足。

鲍尔

鲍尔开拓性的著作英文译本叫作《早期基督教中的正统

与异端》。在这本书里,鲍尔认为,以下论述构成前提:"被教
会作家谴责为'异端'的基督教信仰的某些表现根本不是那么
111　回事,在很多地方,它们是新宗教的唯一形式,就是说,对那些
地方来说,它们就是'基督教'。"[3]鲍尔对证据的重构指向基
督教起源的主导叙事,他把这一主导叙事称为"教会立场"。
他把这一立场概况为四点:

(1) 耶稣向他的门徒启示纯粹教义,一部分是在他
死之前,一部分是在他升天前 40 天。

(2) 耶稣死后,门徒们对世界做了分配,每人都把纯
粹未掺假的福音带到了分配给他们的土地。

(3) 甚至在门徒们死后,福音已经开始扩充分化。
但障碍现在出现在基督教自身内部。魔鬼忍不住要在神
性的麦地里播种——实际上它也成功地做到了。真正的
基督徒被它蒙蔽而抛弃了纯正的教义。这一发展演化成
如下结果:无信仰、正确信仰、错误信仰。完全不是那么
回事,似乎无信仰可能直接转化成教会所谓假信仰。不
是的,只要有异端,正统必然已经存在……

(4) 当然,正确的信仰是不可战胜的。尽管撒旦及
其帮凶多方努力,正确信仰击退了无信仰和虚假信仰,把
胜利的优势扩展得更远。[4]

按鲍尔,"学术没有发现,很难对这些坚定的信仰提出批
评"。[5]后代并没有以固定为信经的形式确定来自耶稣的纯正
教义。相反,教会的教义和 4、5 世纪正统信仰的体制结构发

展很慢且处于巨大的矛盾中。耶稣教义的意思、耶稣自身的意义,特别是他的死和复活、与犹太教和旧约的关系、组织和权威的合法性基础、女性与奴隶的地位,这些问题以及其他一些重大问题全都处于激烈争论中,各种基督徒团体以不同的方式提出自己的解答方案。

所有早期基督教文本无一例外地表现出它们是在这些冲突的熔炉中被塑造的。在最初几个世纪,诉诸使徒谱系、《圣经》、启示和出窍或者信仰规范,都不解决问题。马西昂是制定正典的第一人,而赫拉克利翁是(给《约翰福音》)撰写评注的第一人,他们在伊里奈乌和德尔图良眼里都是"异端"。圣灵向各种不同的基督徒说话,向所谓的孟他努派异端还有保罗派异端说话,而形形色色的基督徒作为真理的殉教者而死。

鲍尔坚持学者们既不要漠视也不要回避这些事实,也不要依靠预定的判断。但他对他当时的时代感到失望:

> 对于早期基督教史来说孰先孰后、孰本孰末、孰重孰轻,在我看来,所有(批评)都太容易屈从教会的立场。如果我的印象不错,即使在今天,主导性的观点依然是关于基督教的起源阶段,教会观点(当然,只有当这些观点符合教会发展的某个阶段)已经表述了什么是首要的,而另一方面,异端总是从本真的背离。我不是说这种观点一定就错,但我既不能把它看作自明的,甚至也不能把它看作被证明了的和被清晰地建立起来的。相反,我们在这儿面临一个值得我们注意的问题。[6]

尽管他说"我不是说这种观点一定就错",但他在此书的其余部分努力证明这种观点实际上是错的。

鲍尔的进路包含三个重要革新。首先,他关注地方史。鲍尔不把基督教的兴起看作一个从耶稣到后君士坦丁时代正统教会的统一发展,他强调基督教在各地各不相同或经历了不同的发展阶段;不同时代不同地区在神学和实践上采取了不同方向。他的模型将导致无法在单一匀质的基督教史中,而只能在一系列不同的地方史中,才能解释早期基督教的多样性。

113　　其次,鲍尔在方法论上拒绝把新约作为写作基督教史的开端。因为新约恰是为了加强教会教义而出现的,把新约作为起点等于承认大量的事后诸葛亮。

第三,他认为新约和使徒后期教父在一些特定地理区域(值得注意的是伊得撒*和埃及)的沉默具有重要意义。鲍尔问道,在它们的沉默背后隐藏着什么呢:这是否表明基督教的最早形式在这些地区不是正统? 鲍尔不断受到批评,说他太依赖对这一沉默的论述。然而如果说后来拿戈·玛第各种各样作品的发现告诉我们些什么,那就是基督教在最初几个世纪中的情况比传统资料以前承认的要多得多。当然在多大程度上依赖这个沉默是另一个问题。但我们不可以再把这种沉默当作无意义的。

鲍尔以渊博的学识和想象认为,伊得撒、埃及、小亚细亚

---

* Edessa,早期叙利亚基督教教会在美索不达米亚北部的中心,今土耳其乌尔法。——译者注

基督教的最早形式只是后来才被逐渐看作异端。鲍尔注意到,《伊得撒志》(*Edessene Chronicle*)的较古部分提到基督教早期阶段在那儿至少三个名字:马西昂、巴德萨理、摩尼——都是异端基督教的代表。他的结论是:

> 在伊得撒的**史志**中出现这些名字,主要不是因为这些人和这个城市的关系,而是因为他们所奉教义与这个城市的关系。如果这三位,而且**只有**这三位(并无"教会""主教"与他们在一起)在一份伊得撒的基督教**史志**中被点名,这就表明**这种**宗教形式和**他**们所奉基督教的**这种**形式所代表的正是伊得撒地区最早的。具有崇拜仪式系统、墓地和主教的教会基督教是 4 世纪初最先出现的(优西比乌和君士坦丁大帝的时代),而且从那时开始就一直决定着史志作家的工作。[7]

埃及的情况似乎表明那儿基督教的最初形式也是形形色色的,尽管并没有按正统异端这个线索清晰划分:

> 2 世纪初(此前有多久我们不知道),外邦人基督徒和犹太人基督徒都有,双方活动都依赖混合论的灵知派基础……至少有各种理由可以提出以下问题,即 2 世纪末埃及在异端基督教世界和教会基督教世界之间是否已经出现了完全清晰的界限。[8]

114

小亚细亚的情况更加复杂,几股基督教势力在复杂的交织中相互竞争。在鲍尔之前人们通常认为保罗在希腊的对手就是灵知派,而鲍尔得以部分地在这一基础上建立他的论点。[9]

鲍尔的书依然重要,倒不在于他在重建早期基督教中得出的具体结论(除了赞扬,学术界后来也从中找到了许多应予批评的地方),毋宁说,他的主要观点依然非常结实并为早期基督教文献史学提供了真实洞见。[10]鲍尔坚持,通过后来教会立场的透镜来书写基督教史歪曲了实情。

鲍尔最持久的贡献是他的著作指出了基督教文献史学的一个替代模型。鲍尔直接挑战了德尔图良的论点:正统在编年上早于异端。当然,宗教史学派已经宣布灵知派早于基督教,但鲍尔对基督教的规范定义提出了更深刻的挑战,因为他不认为灵知派是种非基督教宗教。在鲍尔看来,早期异端,包括那些被称作灵知派的,都是基督徒。结果是,他对早期基督教史的构建以不同于宗教史学派的方式直接挑战了正统基督教身份的规范性。鲍尔的著作以自己的方式带来持久的影响,超过约纳斯的著作。尽管对他的书有很多批评,但对于思考所有基督教历史批评学者现在例称的所谓"早期基督教的多样性",鲍尔提供了概念工具。主要是基于这一原因,他的书依然是 20 世纪基督教史研究中最重要的著作之一,并可能为 21 世纪早期基督教文献史学指明方向。

115　　　尽管鲍尔试图摧毁史学重建中神学兴趣的逐渐得势,但他不断使用"正统"与"异端"这对术语来指谓早期基督教的具体形式,则容易使标准化观点重新抬头,进而使任何被称作异端的东西边缘化。鲍尔自己认为这些术语是不充分的,因为只用这两个范畴无法把握基督教的多样性。他没明说,但在他著作中暗含的是,灵知派与基督教之间的关系没有单一答案,不只是因为这一关系因时因地而变,而是因为恰恰是我们对灵知派和基督教的理解需要再思索。

约纳斯

1934 年,德国犹太哲学家汉斯·约纳斯出版了《灵知与晚期古代精神》第 1 卷,这是对灵知派起源与意义的一个系统性反思。不久,具有世界意义的事态导致约纳斯离开欧洲并最后在纽约的社会研究新学院(New School for Social Research in New York)从事学术研究。他以后的岁月用英语写作。

约纳斯的著作渗透着一个简单而深刻的洞见,这就是主导(实际上继续主导着)灵知派研究的起源法和谱系法不足以解释灵知派的意义和起源。[11]约纳斯转而提出一种方法论上的转变,用对灵知派本质特征的类型学(现象学)界划这样一种方法来定义灵知派并解释其生存论意义。这一转变通过把类型学—结构化的模型与年代学—谱系学的文献史学分开而解决了两者之间的多数严重紧张。他继续使用类型学和史学进路,但两者实际上都被改变了。类型学开始从属于现象学方法。主题史学及其年代学谱系被取消了。史学对他的思索依然重要,但主要被看作是共时的而非历时的。在约纳斯看来,历史研究主要是对一个现象在其社会和政治背景中作出解释,而非编绘这个现象在时间中的演化线索。

约纳斯提出的这种方法论转变的一个例子是他对波赛特的批评。[12]波赛特认为灵知派二元论来自柏拉图观念和波斯

116

二元论;约纳斯认为灵知派二元论是柏拉图与波斯概念根据自我与世界的灵知派体验综合而成的。[13]两种立场的区别很清楚:波赛特相信无论起源还是意义都可以通过追索一个主题或观念的谱系而确立。约纳斯正确地指出,即使可以精确地描画出这样一个谱系,仍然不足以解释灵知派的起源,当然也就无法解释其语言和神话的意义。[14]

约纳斯并不否认识别主题间关系的可能性,但他警告说一个隐喻(比如一粒珍贵的珍珠)可以用来表示多种意义。[15]像珍珠这样一个意象是不是具体的解释转化的产物,需要比较其所从出的诸文本才能确定。主题史学遮蔽了产生新传统的过程;按约纳斯,"起作用的是处于完整性中的意义的上下文,而不是一个个象征(或形象、名字)间的交流"。[16]

约纳斯批评对谱系学的依赖,因为谱系学可能遮蔽这种可能性:灵知派(或任何其他传统)可能曾是一种活跃力量,而不只是一块海绵,吸收手边的任何传统:"一旦我们承认它是一股活跃力量,说来恐怖,我们甚至可能把虚构的一些象征加给它(灵知派)。"[17]他自己的方法分析了"反复出现的表达要素",这些表达要素揭示了"具有灵知派心灵鲜明特征的某些基本体验、感觉状态和现实意象"。异在、外在、陌生人在下界的旅居、光明与黑暗、沦落与被拘、被遗弃、怕、昏睡、醉、呼唤与唤醒——这些和其他一些意象及象征性语言显示了"一个层次的言辞,这些言辞比那教义差别要根本,在这些差别中灵知派思想扩展为完整体系(马西昂、瓦伦廷和摩尼)"。[18]对这些象征表达的分析就其自身抓住了灵知派神话的概念要素,使探索者可以把握构成灵知派各种体系的基础的体验、感觉和世界观的整体。

在他的著作中，约纳斯认为，灵知派神话不能仅仅被看作不同要素的复合体，而应被看作统一的整体。实际上，他的目标就是描述这个整体，而不仅仅是描述其表达形式。他发现了关于自我与世界的灵知派体验中的那个统一和发源原则："因而这表明一个真正的关于起源的灵知派原则，对于'核心灵知派教义'的形成是必不可少的。这一原则已经处理了任何一个它要处理的多形式传统的材料。"[19]他坚持说，灵知并不是仅通过把散落在古代中的不同要素徒劳地绑在一起而出现的。相反，**灵知派的起源需从灵知派关于自我与世界的特有体验出发，这些体验位于对这些要素的安排后面**。主题史学的谱系论对于确定这些体验是没用的。约纳斯尽管同意灵知依赖各种要素，而这些要素的最初起源可能在东方（伊朗）、埃及、巴勒斯坦、希腊或其他什么地方，但他强调这一事实无法解释灵知的起源或解释其生存。他对谱系学的主要异议在于"编年原则（*arche*）被等同于阐明一个解释的诠释学"。[20]谱系学分析把年代学和诠释学混在一起，这才得以解释意义——但这恰恰是谬误所在，约纳斯对此表示了激烈的异议。

实际上，约纳斯认为，并没有哪个混合论的产物可以被简化为其表面成分。他承认，人们通常可以通过认识波斯、巴比伦、犹太、埃及或希腊的影响来确定单个成分的起源，但当前文化历史环境所传达的意义和其前事前情所传达者不是一回事，在这个意义上，当前文化历史环境所传达的意义无法从这些成分发源。因为在对前事成分的确定中，人们对决定整体意义的生存论核心（"sinnbestimmendes Daseinszentrum"）并没有说出什么。相反，人们必须解释给这些不同内容提供秩

序和体系化的新的生存态度("Daseinshaltung")。为了理解
这一新现象的本质的、无中介的特征,学者们需要解释这种新
态度而不是追索一个个前事主题的编年史并确定这些主题间
的内在关系。[21]对约纳斯来说,灵知派依然是个单一现象,其
单一性并不在一个共有源头或谱系中,而存在于对生存的共
有态度中。界定灵知派的钥匙不是历史而是生存本质。[22]

不过,约纳斯自己的思索依然紧紧确定在宗教史传统中,
他在很大程度上依赖并假定这个学术传统的正确。[23]因为他
和宗教史学者使用相同的资料库,并高度重视曼达派的意向
语言和象征语言。[24]赫尔墨斯·特利斯墨吉斯忒斯《人的牧
者》、摩尼得以与"珍珠圣歌"、马西昂、瓦伦廷并列。哈纳克把
灵知派描述为"基督教的急性希腊化",约纳斯对这一说法的
批评以宗教史学者的工作为基础。他承认灵知派中的东方因
素是根本的。[25]他赞同灵知派本质上既非灵知派的也不是急
性希腊化的,而是完全独立于基督教的一种原创现象。

这样,约纳斯主张灵知派具有自己的本质统一性,这导致
他反对把灵知派的起源归于希腊化和东方。[26]他形成了一个
新方案,其中有某种新东西,使用希腊语言,披着希腊概念的
术语外衣,表达的却是一种新态度:

> 在围绕千年之交的几个世纪里,一种面对世界的新
> 态度出现了,从地中海东部区域扩展到亚洲腹地。就我
> 们所见,它在自发兴起的同时穿越大片区域,它携带巨力
> 和一项事业开端时的所有混乱闯入这些地区,很自然地
> 力求自己的表达方式。[27]

因为这种新态度兴起的时间和地点，它必然为它的主要部分保留了希腊语言，以至于希腊主义在采用一个生长在东方土壤中的传统时掩盖了它的起源。但灵知派的源头也不完全是东方的。尽管东方（指除埃及之外的亚历山大大帝的疆域）准确地标示了灵知派的地理起源，但使用"东方的"这个术语就和使用"希腊主义的"这个范畴一样，遮蔽了这一事实：一种激进的新态度已经出现了。[28]

约纳斯设想了一种情况，其中所有前代的精神要素都从它们的精神支柱上松脱，以一种新的生存表达来安排。他说，这种事只在一种情况下能发生：生存意义的文化解体导致一个需待填充的真空。[29]当这些"松开的要素"在新的生存态度推动下被改造，它们并未携带它们以前的意义。因而，说新意义来自以前传统并不完全准确。共时地看，描绘主题的历时历史不一定有助于理解该主题在新的历史环境中的意义。

那么，如何描绘这一新事物？约纳斯也和他的前辈一样，继续就起源定义灵知派，但起源不再具有像莱岑斯坦或波赛特这样的宗教史学者所赋予它的意义。对约纳斯来说，起源并不指向一个主题从中出现的最早的历史时刻，也不指向这个主题的最原始形式。而是指向使诸主题的特定排列有意义的生存体验。为了获得这个体验，约纳斯转向哲学、心理学和社会史。[30]

约纳斯使用哲学方法发展出一种类型学，目标是就灵知派自身（现象学地），而不是就它所吸收的要素以前的意义（主题史学地）来描绘其本质特征。史学要素在他的作品中依然存在，但只用于描述灵知派作为一种新的生存态度在其中兴

119

起和被体验的一般状况。[31]

　　约纳斯类型学范畴的实质并非特别新颖。[32]他的多数要点可以在对灵知派主要教义的早期概述中找到。这不奇怪,因为他也必然依赖前辈学者所依赖的资源。但他就生存哲学和心理学来解释这些资源,赋予了灵知派神话新的、丰富的含义。

类 型 学

　　约纳斯写过一篇《界划灵知现象——类型学与历史学》,
120 最明确地表述了他对灵知派的类型学理解。[33]在这篇文章中,他提出了囊括灵知派本质的七个特征:**灵知**、动力特征(病变危机)、神话特征、二元论、不敬神、人为、特定的历史环境。以下依次讨论这些特征。

灵 知

　　灵知,约纳斯说,指"知识的一种独特状态",既表现为"秘密的、启示的、拯救的知识",也表现为"理论内容"。这一知识的内容包括神学、宇宙论、人类学和末世论。神学叙述神性上界的超越创始,包括导致下界起源的剧情,下界是按纵向构建的,强调上下界之间的对立与距离。人类的境况是由这一结构决定的,因为人类在前宇宙的神性国度有其根源,但已沦落下界。不过最终,人类将重返神性世界,因为灵知派的拯救原则认为终结将如开始,沦落将被逆转,万物复归上帝。[34]

约纳斯不认为这一**灵知**的内容是灵知派的独有特征或只适用于灵知派。实际上,在《灵知派宗教》中,他明确地说**灵知**(作为"一种关于拯救的二元论超越宗教")的内容并非灵知派自身的特征,毋宁说是"(一般说来)希腊化文化第二阶段的主要特征"。[35]

动力特征:病变危机

约纳斯写道,从灵知派的观点看,历史乃是就心灵运动以神话方式构建起来的:"无论是其肯定状态还是其否定状态,自始至终,整个历史都可以被看作是'知识'的一个壮丽**运动**。"对约纳斯来说,这一特性描述是关键性的,因为它决定了灵知派中**灵知**的独特状态,使它从总体上和希腊化文化区别开来:

> 换句话说,时间,是由精神生活向前的推动发动起来的:这一彻底的**动力**特征使每一幕对于下一幕都是推动性的,使每个阶段对于整体演化都是推动性的,我们需把这一**动力**特征看作灵知派的另一区别性特征。

121

不过约纳斯注意到"晚期古代的所有'垂直'模式"(特别是亚历山大派和普罗提诺)都具有这一创生的动力观。他认为,把灵知派和这些模式区别开来的是其"灾变特征":"其行进方式是**危机**,这儿有失败和受挫。上界的一场骚乱引发向下的运动并演化成一出沦落和异化剧。尘世是这一衰落史诗的最后结果。"这样,最后辨别灵知神话的并非如此这般的动力特征而是**危机**。约纳斯把这一危机驱动的力本论称为"灵知派流溢说的病变形式"。[36]

神 话 特 征

直接与这一"病变形式"相关的本质是灵知派思想的神话特征。与普罗提诺的流溢理论不同,灵知派讲述了一个戏剧性的故事,这个故事需要"具体的人格的动因,个体化的神力"。就形式和内容说,它本质上是非哲学的。不过灵知派的神话特征,无论多么本质,也不足以把它和可被认作神话的其他类型的古代宗教表述区别开来。约纳斯因而为"典型灵知神话"提供了一个综合描述,在很多方面这是灵知派救主神话的一个变体:

典型的灵知神话……由一个处于其原始纯粹性中的神性超越存在这样一个学说开始。这个学说把世界的创始追溯到这一神圣状态中的某些原始破裂。神性整体性的这一丧失导致低等众神的出现,他们成为这个世界的制作者和统治者。之后是这一剧本中的关键一幕,这个神话详细叙述了人的创造和早期命运,在人身上,进一步的冲突成为核心。最终的主题,实际上也是贯穿始终必然包含的主题,是人的拯救。这不只是人的拯救,因为这包含宇宙体系的克服和最终消解,因而是受损的神性自身重新统一的工具,是上帝的自我拯救。[37]

122

8787.7

约纳斯又补充了四点，对进一步理解灵知派思想变得关键。它们澄清了灵知派神话的哲学和心理学含义：

> 一、人最内在的自我与至高超凡上帝的同一或同质同体，这个内在自我通常被称作"人"：在人的脱宇宙本质中，彻底的形而上学提升与彻底的宇宙异化是一致的。二、被造世界作为权力体系指示出这一超凡自我的奴役状态：从这一宏伟的宇宙设计到人的心理结构，凡此种种，都服务于这一可怕目的。这就是独特的灵知世界观。三、这一奴役状态是"无知"积极施加并保持的，即自我对自我的异化来说是"自然"状态，是占优势的。四、于是，摆脱的主要手段，对世界权力的反动，乃是对知识的领受。[38]

这儿的异化主题特别重要——从上帝异化、从宇宙异化以及从自身异化。知识是摆脱世界中人类痛苦的手段。

在这个背景中，约纳斯也表述了灵知派对作为一个拯救故事的人类史的特有理解。历史是启示的场所，是有意义的运动的载体，是最终拯救的方向。但这一历史是与一个病变危机叙事连在一起的。异化的无知的人类渴望拯救，但神性的信使却陷入与那些阻挠他们并奴役人类者的斗争中。灵知派提供给历史理解的所有东西就是关于危机的这一神话叙事。但这似乎已足以让约纳斯把这一叙事称作"一种纯粹运动和事件的形而上学，黑格尔之前关于普遍存在的最坚定的'历史'概念"。[39]

123

二　元　论

思想的二元论模式在古代广泛传播。约纳斯认为，使灵知派与众不同的，是它在**宇宙论**上明确的二元论："世界与**上帝**的对立，发源于**人与世界**的内在分裂。"它的"宇宙悲观主义"和"激进色彩"反映出一种异化的人类境况，把他们和一些不那么激进的二元论立场区别开来。约纳斯声称，在灵知派中，二元论是"一种不变的，**生存上的**'第一原理'"，必须把它和"在其表象中应用的可变的**思辨上的**第一原理"区别开来。[40]简言之，它不是一个哲学思辨的结果，而是生存异化的反映。

后来的灵知派研究学者依据对被造世界的评价把二元论区分为各种类型：灵知派是反宇宙的，因为他们认为世界是恶的；琐罗亚斯德教二元论认为世界是适宜的；希腊哲学把世界结构表述为两条原则的辩证法，这两条原则是不可归约而又互补的。[41]灵知派二元论的原则于是可以还原为认为物质世界是恶的。约纳斯看来是赞同这一点的，因为他说"如果一种教义完全没有那么一个象征（比如德牧革）作为这个世界（或其特有秩序或其物质）的低级或被贬黜的起因，那么很难把这个教义称作是灵知的"。[42]

辩论家把灵知派伦理学描述为或者是苦修的或者是放纵的，约纳斯不加批判地接受这一描绘，但他从反宇宙二元论角度解释。他认为，由于灵知派贬低这个世界，这使它信众的行为方式只有这两种选择：

　　一般来说，属灵德行是由对世界的抑制和对尘世羁
绊的蔑视决定的。然而从这一原则可以得出两个相反的
结论，两者都可以找到它们的激进代表：苦修和放纵。前
者来自对这样一种灵知的追求：避免被世界进一步玷污
因而把与世界的接触降到最低；后者同样来自对绝对自
由这样一种特权的追求。[43]

他的观点是灵知派无法建设一种积极的伦理学，因为二元论
的世界观只能否认这个世界中的任何一种道德生活。甚至在
其他地方与伦理学密切相关的苦行实践，在灵知派中"严格说
来不是个伦理学问题，而属形而上学之列"。[44]唯一可能的结
果是某种堕落的道德反叛，无论表现为苦行还是放荡。

　　约纳斯也接受辩论家这一观点：灵知派相信他们靠本性
得救。在约纳斯看来，这一立场进一步损害了灵知派发展出
一种积极伦理学的可能。[45]约纳斯认为，灵知派对自我与神性
同质同体的信仰导致他们得出道德努力对他们的拯救不是必
要的这样的结论，这一结论事实上是不对的。

　　尽管放纵与苦修看起来似乎处在伦理频谱的两端，但决
定两者的是同一个观点：道德生活只是邪恶的世界统治者把
灵知人拘于身体并进一步把他们陷入物质世界的另一个陷
阱。[46]约纳斯说，伴着欢乐、责任和失望，灵知派对加入世界生
活的任何引诱的回答都是响亮的拒绝。放纵和苦行都能表达
这一拒绝。因而，他说，这两种完全不同类型的行为实际上来
自同一个原则：反宇宙的二元论。

不 敬 神

约纳斯感到,前述这些类型学要素仍不足以把握这一现象的思想倾向或调子。他于是又加上了三个附加特征:不敬神、虚假、融合。这比其他任何东西都显示了约纳斯对灵知派的消极评价:

> 灵知派的思想倾向,除了对拯救教义的迫切需求,还有一个叛乱要素以及对这个要素的申明。与其他无世界(nonworldly)信仰的平静、顺从不同,它对世界的拒斥是一种特别的(有时是詈骂的)暴力,而我们通常能注意到它幻想和感觉中的过激和过度。我们推测灵知神话所述错位的形而上学境况在错位的真实境况中有其对应物:其象征体系的危机形式反映了人类自身的历史危机。这样一种危机确实也出现在这一时期的其他现象中:犹太人、基督徒、异教徒,他们中很多都显露出心灵中深深的焦虑、灵魂中巨大的紧张、极端主义的性情、夸张的期待、彻底的解决。但灵知性情是最少受传统力量束缚的,毋宁说它以**不敬神**的态度对这些传统力量作简慢地使用:这一虔诚性的缺乏与对古代信仰的急切兴趣神奇地混合在一起,应该被看作灵知派的外貌特征。[47]

什么是这一突出的"简慢使用",而这又如何表现出了"缺乏虔诚"? 约纳斯举了两个颇有启发的例子。在对创造人类的描述中,灵知派既使用《创世记》的创造叙述,也使用德牧革依据神性范型塑造人类的柏拉图学说。两种都叙述了人类是依据一个神性模式或形象而被创造的;而且,约纳斯认为,在两种情况中,对创造的理解都提供给人类"一份完美并确证人类存在的正当"。他说,但灵知派,通过把人类的创造描述为一个邪恶创造者的倒错(误用)行为,把尊敬变成了轻蔑:"《圣经》和柏拉图的传统学说都被误用了。"再如,约纳斯写道,灵知派对亚当堕落的描述使他们"无法吸收有关道成肉身和十字架的任何重要意义"。灵知派在这儿被不言明地与规范的基督教神学作比较,而在规范的基督教神学中,道成肉身与十字架在救赎学说中占有核心地位。最后,灵知派的不敬神是通过不适宜地与对柏拉图主义、犹太教、基督教的规范解释作对比而被描述的。[48]不敬神既非一个现象学的,也非一个史学的特征描述,而是一个神学判断。

　　不过,约纳斯认为灵知派对犹太教的态度特别地不敬。灵知派神话清晰地使用犹太教资源,但是,他问道:

　　　　这种使用的精神是什么? 为什么是诋毁、通过模仿而嘲弄以及通过漫画而使显得滑稽、有意的意义误用、批量式的价值符号误用、凶恶地贬损神圣者——欢快地对上帝作骇人听闻地亵渎……这是否只是新奇与怪诞中纵情的放肆与消遣? 否,这是一个确定的,就其自身来说完全一贯的倾向的执行。[49]

约纳斯的结论是"灵知派与犹太教关系的本质(这在其自身中

126

是个不可否认的事实)是由灵知派渗透其中的反犹太教情感来定义的"。[50]在他看来,灵知派的不敬神如此一贯地诋毁和滥用神圣观念,不管是对准柏拉图主义、犹太教还是基督教材料,因而这一倾向可以看做是灵知派的一个本质特征。

人　为

约纳斯认为,灵知派的另一个本质特征是它的人为性,就是说,在形式上缺少原创性。灵知派神话是有意识地创建出来的,是二手的、派生的。他认为,对照说来,"一手"神话是"朴素的""没深思熟虑的",是"不加选择地""想象"出来的,"先于推理和抽象"。[51]约纳斯坚持说,"灵知派的主题"是"真正原创的",但"其表现手法"却明白无误是"设计出来的"和"二手的"。[52]

如本书最后一章注释所说,在19、20世纪的欧洲,如果不是从年代学上而至少是从类型学上讲,神话被理解为前逻辑、前哲学和前科学的。最重要的,把神话起源定位在原始心灵中,已经排除了进一步解释的需要。德蒂安(Detienne)评论道,"未开化状态带来解释的沉默"。然而,约纳斯的工作,属于复兴神话并将其恢复到可理解也就是可解释范围的晚近讨论。比如涂尔干,把神话理解作基本社会实在的表达。在他看来,正是通过神话,社会实现对自身的构建和重构。不过同时,他认为,神话掩盖这一真相,将其对自然、人和社会的指向掩盖在神秘性的外衣下。[53]

弗洛伊德的倾向类似,他认为神话是基本实在的关键:神话属于心理发展的最早阶段，也就是孩童期。[54] 神话是人类潜意识的表达，不管是被压抑欲望的掩饰表达还是婴儿期愿望的满足。对涂尔干和弗洛伊德来说，神话都是对某种基本实在（社会或人类意识）的表达，因而需要解释。对他们来说，解释被理解为去神秘化，被理解为对错觉的还原。

列维-斯特劳斯在他对神话的结构主义分析中改变了谈话的用语。结构主义可以在神话中看到和科学思维一样的逻辑的、二元的思维形式，但与科学思维不同的是，结构主义在神话中处理的是另一套问题，比如对冲突和模糊性的解决。在从无意识到意识的沟通中，荣格同样赋予神话以积极功能，但对他来说，神话不是对某些其他实在的神秘化，而是保持健康心理平衡必不可少的集体无意识的原型。对卡西尔来说，神话思维是意识的特有形式，不但与客观世界甚或社会相关，而且与人类心灵的组织原则相关，就是说，神话是人类对自身意识的自我体验的早期形式，其底层是情感。维克多·特纳（Victor Turner）把神话理解作属于社会变革的事件，无论对个人还是对群体来说。如他所说，"神话讨论源头，却起源于变革"。于是对列维-斯特劳斯、荣格、卡西尔和特纳来说，神话本身具有重要的、不能归约的功能，因而揭示了（而不仅是掩饰或掩盖）人类精神生活的重要方面。[55]

这样，通过各种策略，神话得以从丑恶的表演会或欺骗的、混乱的思维中恢复，被提升为科学思想和最高的社会活动，最精妙的那种。神话可以被看作某种具体实在（比如人类无意识或人类社会）的表达。这些理解不但允许对神话进行解释，而且强调这一点。

　　在这一讨论中我们将置约纳斯于何处？显然，他把灵知派神话描述为"人为的"，反映了这一讨论的要素。他还是通过诉诸出身（起源）来区分神话与哲学。[56]对他来说，灵知派神话有一个哲学的、思辨的成分，把它与真正的神话思维（先于推理和抽象）区别开来。真正的神话是自然的和朴素的，这个特征属于对神话原始源头的讨论。这儿自然与文化之间的区别发挥了作用。在这个讨论中，神话和其他原始社群一样，与自然的简单性更近——单纯、坦诚、轻信。约纳斯说，灵知派神话在其"老于世故"中，泄露出它与教育和文明的复杂性连在一起。因而，它"不是朴素的"，是有文化修养的人的作品，尽管是些"半知识分子"。[57]这儿又是以出身（在自然而非在文化中）作为定义真正神话的方法。而且，灵知派神话不是原创的（尽管其"主题"是"真正原创的"），因为它明显地从他者做了"借人"（"混合论"）。

　　约纳斯不是把这些观念装进人类社会和心理发展的进化论模式中。他把神话的起源定位在"想象力"中。他的观点至少部分地符合后来对神话的心理学和哲学讨论。最重要的，神话需要解释。他有兴趣探索灵知派神话的意义并着手探查神话的符号结构以求理解其生存驱动。然而，他对神话的现象学进路几乎没有为神话的社会学方面留出余地，因为灵知派神话只有**形式**是历史的，其本质和独创扎根在对异化的体验中。[58]从这一视角看，灵知派的本质在于其生存上的独创，而不在历史的流动中（历史的流动只证明了灵知派的"二手"特征）。约纳斯显然属于"解神话"（demythologizing）的时代，在这一"解神话"中，据信人们可以从神话的（原始的或人为

的)形式解放其生存意义。然而,这个形式,具有特定的历史
位置。

特定的历史环境

约纳斯在对灵知派最后一个本质特征的确定中,从类型
学转向了共时的史学描述。他认为,排除历史参照的类型学
界划(首先处理的是教义、倾向和风格)是不对的。以上列举
的所有类型学特征"这样或那样包含了灵知派思想从中出生
和成长的实际境况"。"(灵知派)特有的历史环境"以这种方
式"把自己引入类型学自身中"。为了理解作为一种不同现象
的灵知派的特性,我们需把其现象学置于它在其中存在的历
史环境中。[59]

历史分析提供了具体背景,在这个背景中灵知派才能被
理解。没有对这个背景的理解,就无法把握灵知派区别于其
他时代地区类似现象的独有之处。历史因素不可或缺恰是因
为历史自身是独特而不可重复的。约纳斯说,只有在"基督教
最初几个世纪的希腊主义东方世界中"灵知派才能出现。只
有在那儿才存在某些条件:

> 所有这些只有在一个历史上"较晚的"、明显是有文
> 化教养的、完全融合的环境中才可能,因而这些东西除了
> 属于灵知派的哲学言论,还属于灵知派的现象学。这个
> 环境包含一些能否利用尚不确定的传统(这是一些不再
> 需要必须固守的传统,包含丰富的可重新理解的意义)和

129

一些知道自己在干什么的"知识分子"(也许是半熟练的),他们以灵知方式使用这些传统。[60]

这儿,社会学、心理学因素尤其是混合论进入了现象学描述。对约纳斯来说,混合论显示的不只是一种特别的文化环境,而是被体验为异化的一种生存意义的堕落。他说,反过来,灵知派二元论中表达的这种异化,必定在某种历史危机中有其基础。他认为,这种危机也反映在这一时期其他的非灵知派现象中。在约纳斯看来,灵知派的反应,对世界的彻底拒斥,包含一种反叛倾向,并申明那些需要"算入灵知派外貌特征"中的东西。[61]形而上学二元论崭露了生存异化,而异化指向社会历史危机和反叛。通过这样一种循环逻辑,约纳斯就把对灵知派历史环境(危机)的社会学描述以及他们对这一环境的回应(反叛)固定了下来。

130   然而,他继续问道,这样一种历史环境究竟是怎样出现的?这些传统是如何从它们的精神支柱上松脱下来并自由流传?什么危机、什么反叛可以诱发意义的这些不敬和倒错?

在《灵知派宗教》的导论中,约纳斯把灵知派放置到他称为"希腊主义中的东西方"的这一历史框架中,而在这儿我们发现了一个经典例证,表明东方学话语在起作用。[62]他的起点似乎是德罗伊森(J.G. Droysen)经典研究《希腊化时代史》(1836)的一个版本,把地中海东部地区的希腊主义看作一个混合论的"文化融合":马其顿人统治下的西方希腊帝国和波斯人的东方帝国。亚历山大的征服从政治上把这两个地区统一了起来并开始了一个文化融合的过程。在约纳斯看来这一过程大致包括两个主要阶段：希腊对东方的明显统治，以及为西方提供了精神复兴的东方的反动重现。[63]正是在第二个阶段灵知派出现了。

首先，约纳斯认为，与亚历山大建立的政治统一并行的是一个新的文化统一——征服者的文化。希腊文化的统治不只是军事征服的结果（约纳斯提醒读者许多被征服民族在文化上超过他们的征服者），毋宁说归因于西方理性的和普适主义意识形态的发展，而东方则是"明显的或真实的消极、驯服、容易被吸收"，他把这种情况与亚历山大之前的那些征服联系起来。[64]这些征服"破坏了当地人民的政治基础，使他们习惯于被动接受帝国变换中新的统治者"。不过，约纳斯坚持，亚历山大征服时期东方文明"文化上的呆滞"和"僵化"不应该被解释作对其从前的伟大的一种评判，而是，"优秀传统的惰性"可以"被认为是一个标志，标志着一个生命系统曾经达到过的完美"。[65]

帝国政治统一事实上掩盖了文化的多重性。东方明显地"缄默"，部分原因是它对希腊主义的吸收。在亚历山大统治下，本地人的希腊化首先通过教育来开展，因而"即使出身于野蛮人也可以变成真正的希腊人"。[66]由于东方思想披上了希腊外衣，因而东方对于双方文化融合最早的贡献不易确定。约纳斯写道，

131

　　但东方的缄默还不能被解释为其个体理智活力的缺乏，原因毋宁在于他们不为自己说话、不使用自己的名称说话。任何人要说点什么，除了使用希腊语没别的选择，

不只是语言，而且是概念、观念和文学样式，也就是说，要说的东西得作为希腊传统名义上的一部分。[67]

约纳斯尽管承认希腊主义的霸权"是通过巨变突然降临到原有的诸地区文化单元的"，他还是认为最后的结果对"东方"是积极的，不只是因为同化为"本地"人民提供了"平等权利"，还因为"希腊概念形式为东方精神传达自己遗产的意义提供了全新的可能性"。[68]约纳斯写道，"东方思想"从根本上讲是"神秘的"，即"不是概念的，而是通过意象和象征来传达，不如说是在神话和仪式中伪装其终极对象，而不是逻辑地解释它们"。希腊**逻各斯**的解放力量把东方思想从这种"禁锢"和"僵化"中解放出来，而希腊**逻各斯**乃是"抽象概念、理论阐释的方法、推理体系——人类精神史上最伟大的发现之一"：

> 这样，希腊精神就把东方思想从它们自己象征主义的束缚中解放出来，并使它在对**逻各斯**的反思中发现自身。正是从希腊武库中获得的装备使东方——在它的时代来临时——发起了反攻。[69]

进攻并非来自被同化的希腊化野蛮人，而是来自"被排斥且处于地下"的"根本不同且不可同化"的"他者"："这样，希腊精神的垄断导致了一个秘密东方的兴起，它的秘密生命在公开的希腊主义文明的表面下形成了一股对抗性暗流。"[70]

约纳斯说，当东方确能重新发声，这声音是宗教性的，他的意思是首先关注的不是社会政治经济领域而是超越的精神关怀。这些东方回应,他列举了希腊化犹太教、占星学和魔法、神秘膜拜、基督教、灵知派运动,以及新毕达哥拉斯主义和新柏拉图主义的超越哲学。约纳斯认为,这些运动尽管五花八门,但它们都有"特有的精神态度",这种精神态度表达在一种精神原则中,这一原则在灵知派文献中有其"最激进和最不妥协的代表"。[71]这样,对约纳斯来说,灵知派宗教是在彻底融合的希腊主义背景中复兴的东方思想的一个代表表达,尽管是激进表达。

　　尽管如此,在约纳斯看来,灵知派的起源却无法在其东方根源(即使披着希腊化外衣)中找到。从一开始,他的观点就是,不可能把灵知派的起源和意义归约为其前身。混合论只是让这一观点变得更窘迫了:

　　　　这个领域提出的理论严重冲突,今天也还是这样。早期教父以及独立于他们的普罗提诺,总体上来说强调柏拉图和被误解的古希腊哲学对尚未强固的基督教思想的影响。现代学者陆续提出了希腊、巴比伦、埃及、伊朗起源论以及它们相互之间和它们与犹太教基督教因素之间各种可能的结合。由于从表面材料看,灵知派实际是个混合论产物,因而这些理论每个都能找到资料支持,但单独使用哪个也不合适。把所有这些理论结合起来也不行,这让灵知派显得只像一幅拼接画,失去了独立的本质。[72]

混合论意味着灵知派图像的各因素是从各种传统中抽出

来的,因而把灵知派起源确定在这些传统的任何一种中或确
定在所有这些传统中,都能找到证据。但这儿我们重复约纳
133　斯的论点:仅仅把散处于古代的不同因素结合在一起并不能
产生灵知派;灵知派的起源应从灵知派对自我与世界的独特
体验中寻找,而这些体验位于对这些因素的安排背后。不能
通过这些体验的自身表述来定义这些体验,因为这些表述只
是"外在方面而非这一现象的本质"。[73]不过,他也坚持:"我们
还认为人类实际的生活状态在他们的思想中是个决定性成
分,而且那些外部事件和模式也可以扮演重要角色。"[74]灵知
派的内容和倾向把世界揭示为实际被体验的样子,并如此这
般表现了特定时代地区独有的历史状况。[75]

　　约纳斯注意到,在这类思想中有个不可避免的循环,如果
一个时代的超越**精神**已经是包含在实际境况自身中的构成因
素。同时,他也不希望陷入社会学还原思想的陷阱。他风趣
地说,糟糕的那么几天不足以产生这个世界新意义的基本
原则。[76]

与基督教的关系

　　尽管约纳斯并不关注灵知派与基督教的关系问题,但在
某种程度上这个问题是避不开的。不过,约纳斯提供了唯一
一种不以这个关系为出发点或目标的全面的灵知派研究。在
他看来,在前基督教时代灵知派是否存在这个问题是无法确
定的或差不多是无意义的,重要的只是两者大致是同时代的
因而有些共同点。由于它们是对相同的一般环境的回应,因

而"两者之间存在积极的相互渗透，在教会中激起了那些著名反响"。[77]

然而，如上所述，有关他的方法对灵知派与基督教关系问题的意义，约纳斯并不含糊其辞。尽管他承认原创性独特性对基督教利害攸关，但他注意到学术界已经确认在新约中有外来的、希腊的影响存在。他引证了《约翰福音》中的**逻各斯**学说和保罗关于灵（spirit）的概念。[78]因而在他看来问题不在于新约文献中是否存在"外来影响"，而在于这些影响是否触及了基督教自身的内核。就前引希腊影响的例子来说，约纳斯的回答是没有；这是一些基督教单方面依赖希腊思想成熟因素的例子。

然而，灵知派的情况十分不同，约纳斯认为，这是因为它和基督教是在相同时期并作为共同时代精神的表达而兴起的。它们"保持着同样的冲动并在相同的（尽管是竞争的）领域展开，以相同方式使用时代生存（此在）基本的、深刻动荡的环境的符号，这一生存环境首先在这些不同形式中寻找其代表"。[79]这一亲近的亲属关系把基督教和灵知派置于相互竞争中，它们是精神的革命运动的要求者，而这个精神是由它们共同环境的诸势力培养的。

它们的近亲关系也意味着它们应该被看作是真正同时代的。约纳斯认为，灵知派研究可以为了解基督教的内在存在带来真正光明，恰是因为两者之间的这种亲密关系。甚至有可能认为，基督教不仅可能从异教灵知派世界"接收"一些东西，而且这些遗产可能就是它本来合法拥有的。在这个意义上，再说"外来影响"就不合适了。约纳斯认为，基督教不是消

134

极接受已完全形成并现成可用的希腊主义混合论因素,而是在与其环境进行协调中的积极游戏者,并把这些因素带向成熟。他写道,基督教挪用的这些因素不应该被看作二手的剩余物,而应被看作它们乃是首先在基督教里获得了成熟表现。[80] 灵知派的情况也是这样。

　　基督教并非来自灵知派或受灵知派的影响,甚至也不能说灵知派对基督教的影响可以被认为只是对某个基督教的次要影响,却没有被时代精神所触动。约纳斯认为,不只是其异端形式比如马西昂派中的基督教,而且"在新约某些奠基者的思想形式(对观福音之外的部分)"中的基督教,应该被看作属于灵知派的范围。[81] 基督教和灵知派因而是相同的属下面的两个种。

约纳斯对灵知派研究的贡献

135　　　约纳斯的明晰思想和哲学洞见为灵知派研究带来一股新风,这使他的著作依然是探索这个题目的经典起点。他迎合了对主题史学专断方面越来越多的不满,并提供了一个颇具吸引力的替代。他的进路沿袭了宗教史学术的精神,但引入了令人振奋的新的思想基础。尽管灵知派就其自身资格仍然是一种宗教,但现在学者们可以认为它最深的宗教推动和情感扎根于生存上的异化与反抗。

　　当然约纳斯坚持把灵知派看作一个统一的整体。他看到了灵知派的各种不相关联的表现,但他认为灵知派的本质构成了一个压倒性的独特内核。实际上,他痛感"以前原子化、分裂的研究方法,缺乏统一的整体感,而这个问题完全没有被考虑"。[82]通过把研究指向揭示这一整体的统一意义,他突出地着力于把灵知派具体化为一种独立宗教和一种单一的大一统现象。他遗产的这一方面依然萦绕在灵知派研究领域。

而且,尽管约纳斯热情地把灵知派推升为一种具有自身创造动力和宗教整体性的现象,他依然坚持在思想、道德和宗教上对灵知派消极的传统评价。从他列举的最能把灵知派和其他类型"东方思潮"区别开来的特征可以清楚地看到这一点:病理危机、悲观主义宇宙论、不敬神、人为性、无道德或不道德。他写道,灵知派的神话编撰是"专断跋扈的",是"对旧约上帝的贬损……刻薄恶毒、倾向明显",是"无情的毁损";它是不"宽容"的,并显示了"展开的无情""解释的放肆与中伤";它持守在"多神崇拜异教传统的厚颜无耻中";它"歪曲"了《圣经》和柏拉图主义的核心,等等。[83]

他对灵知派的评价,再现了辩论家们论述异端的许多因素,并把这些因素构建为真正宗教的有缺陷的"他者"。灵知派苦行或放纵的伦理学表明了它在积极伦理学上的无能。它缺乏对上帝和传统(不管是犹太教的还是希腊的)的敬畏,表现了对神的不敬。与更高的"历史"宗教相比,它神话的特征在思想上是有缺陷的。它神话的人为性和混合特征例证了其二手本性并表明它缺乏原创性、纯粹性或本真性。它反宇宙的二元论站在高尚的一元论的对立面。它是病变的,表明的是对生活的一种否定态度,以异化和反叛为特征。而且,灵知派傲慢自负,缺乏应有的谦恭,特别是他们宣称拥有保证他们最终拯救的神性本质。

　　这不是对这一现象的公正描述,而是一种评判,这种评判是以构成真正宗教和信仰的一些多半不曾言明的假定为基础的。约纳斯自己对哲学理性主义和伦理学—神论的信奉,与关于异端和东方学的讨论是有交集的。这些假定可能依然多半不曾明言只是因为它们广泛地被宗教研究学者接受罢了。

　　这儿还应提到约纳斯工作的另一方面。据约纳斯,灵知派对他们时代"根深蒂固的道德和精神态度"提出了直接和有目的的挑战,因为灵知派神话的革命特征产生了一个高度批判性的世界表象:

　　　　它所揭示的是愚昧的因而是邪恶的力量,这种邪恶力量来自独断专行的精神,来自统治和强制的意志。这一意志的愚笨是世界的精神,与理解和爱无关。宇宙的律法是这一统治的律法,不是神性智慧的律法。**权力**于是成了宇宙的主要方面,而这个权力的内在本质就是无知。[84]

　　因为律法的要求来自这一去统治、去强制的意志,所以这些要求可以被看作是"人类自由伟大规划的一部分"。约纳斯把灵知派对这种无情统治的抵抗描述为放荡:"恬不知耻地表述一个反叛,这对文化传统的反抗正如对德牧革的反抗。"[85]

　　这种新态度来自何处? 约纳斯认为,是独立城邦灭亡的结果。随着城邦被亚历山大的希腊后继者(最后是罗马帝国)吞并,城邦的意识形态(在社会政治整体中界定个人并使有意义的生活可能,也就是使善的生活可能)失去了"具体正当性的环境"。约纳斯认为，这一古典意识形态"甚至在它不再反映人的实践处境时也得到有力的保持"。思想和实践的这一瓦解导致面对生存时的被遗弃感，约纳斯认为这与20世纪生存上的虚无主义有诸多共同点。[86]

初读《灵知派宗教》时我被这一热情的解释深深打动。但是随着我越来越了解像《约翰密传》这样的文本，我发现约纳斯太过强调灵知派神话的心理学方面，几乎只关注异化，而忽视了一些被归为灵知派的著作中的可能更深刻的社会批判因素。在就某种政治制度的灭亡来描述灵知派神话的特点时，他已经提示过灵知派神话中的社会政治成分。如果《约翰密传》的神话，与其说是思想和道德真空的表达，来自意识形态与社会现实的脱离，不如说是对政治规则的评价，那当如何？如果决定疏离状态的"体验"不是就心理学来分析，而是就帝国暴力的社会政治环境来分析，那当如何？我们该怎样来阅读一个把统治世界的众神描绘为邪恶力量（这些邪恶力量是由支配和强制的意志推动的）的神话？我们该怎样理解这些神灵邪恶而无知的表现？神性知识和拯救的灵知派启示该给它的受众提供什么样的希望？

灵知派拯救神话的破灭

布尔特曼、约纳斯以及其他在宗教史学派框架内工作的学者，可以把前基督教的灵知派救主神话当作一个前提接受下来。然而，后续的工作就让这一立场难以为继了。这个神话的破灭有三个理由：（1）对原始资料，特别是曼达派资料的

138　断代,无法支持灵知派的前基督教起源;(2)莱岑斯坦、波赛特以及他们的许多追随者本身并非东方学家,对写成他们所用原始资料的语言并不熟悉。他们依赖的是利兹巴斯基和马楚赫这些语文学家的工作,但后来证明,对他们以语文学为基础的主题史学来说,他们在这个过程中所犯的错误是毁灭性的;(3)从其文献和历史文本中抽取特定主题,这种方法带来严重误解,导致了一个人为构造的神话,而这样一个神话在古代并不存在。前基督教的灵知派救主神话是现代学术杜撰出来的,对于释读古代文献来说,即使不是完全误导,也是不适当的。

对曼达派起源的最新评估

对灵知派救主神话的整个构建,以及也不只是布尔特曼关于《约翰福音》灵知派背景的论题,是以对曼达派材料的较早断代为基础的。因此,对于宗教史为灵知派构建一个前基督教的东方起源来说,对这一断代的批评就构成了第一个重要打击。

1930 年利茨曼(Hans Lietzmann)发表了一篇短文,题目叫《对曼达派问题的一份贡献》(Ein Beitrag zur Mandäerfrage)。在这篇文章中,他简单而有说服力地驳斥了这一流行论点:曼达派起源于前基督教时代的西方。他把批评主要建立在一个没有争议的观察上,即现存曼达派文本写于新约作品 1600 年之后,他认为曼达派中的基督教因素属于后来 7 世纪时基督教对曼达派的影响,而不是相反。他总结说:

曼达派与早期基督教中的约翰门徒毫无关系。曼达派文献中所有有关《约翰福音》的故事都是从新约和基督教传说中创作的，它们最先被引入这个教派诸意象是在阿拉伯时代，7世纪早期。（曼达派的）星期天庆典说明他们宗教的当前形式可能是从基督教获得了决定性的推动。他们主要的圣事仪式——洗礼，是东方叙利亚基督教礼拜仪式的一个复制品……一个更老一些的东方灵知派宗教在较近时代（也许首先是在阿拉伯时代）因受到聂斯脱利派基督教的驱迫而发展，失去了自己的内容，被重铸成一种基督教的混合论灵知。这告诫（学者们）对文本要做仔细分析，防止像现在通行的这样无条件、无批评地使用曼达派各级文献来解释新约。通过参考曼达派，我们可以研究一种东方灵知的基督教化，而不是早期基督教的灵知派基础。[87]

尽管利茨曼的论点存在明显困难，但他清楚地把这些文本的年代次序做了排列，并证明以前莱岑斯坦、布尔特曼和其他一些学者明目张胆不加批判地使用比新约文本晚几个世纪的文本来解释基督教的起源。[88]

这一批判重新打开了有关曼达派起源断代的争论。学者们在各种考古和语言学证据的基础上，为曼达派提出了一个1世纪的巴勒斯坦起源说。[89]尽管曼达派文献最老的手稿断代在16世纪，但认为曼达派在波斯的阿拉伯人入侵之前拥有写成的文献似乎是正确的，因为他们作为"经书的民族"在伊拉克和伊朗西南部获得了地位，是个被容忍的团体。此外，8世纪叙利亚基督教神学家巴库奈（Theodore bar Konai）在他的《边注》（*Scholia*）中列举过一个"Dostaiê"教派［也被称作曼达派（Mandaiê）或拿松里派（Nazoriê）］，而他从《津扎》（*Ginza*）中引证了几处。考古发现也为这个讨论增添了证据。在尼普尔城（Nippur）发现了一个曼达派的碗，断代在约公元 600 年；闪语专家 Mark Lidzbarski 公布了一块锡版，他根据上面的铭文把这块锡版断代在 5 世纪初。[90]

　　一些曼达派研究专家，主要是马楚赫（Maçuch）、德劳尔女士（Lady Drower）、库尔特·鲁道夫（Kurt Rudolph）以及卢皮耶里（Lupieri），依然主张曼达派有一个西方起源，但他们一般拒绝对这个源头做前基督教的断代，并主张在使用曼达派文本解释新约文献的起源时需要极其慎重。[91]马楚赫认为，在 Elymaean 发现的 2、3 世纪巴比伦钱币铭文，文稿近似曼达派，推测应有曼达派文件存在。他主张这一证据有力支持了以下论点：曼达派 2 世纪前从西方迁出，定居在巴比伦。然而鲁道夫指出，从原始曼达派手迹的存在可能完全无法推测曼达派社区的存在。当然，他以对曼达派文本的历史分析为基础，特别是通过与 2、3 世纪作品中的其他神话主题作比较，主张早期断代。[92]

　　对确立曼达派年代和起源的另一个推动是德劳尔出版的另外的曼达派抄本。[93]对起源具有特别意义的是哈伦·加韦塔（Haran Gawaita，"*Inner Haran*"），德劳尔于 1953 年从两个未佚的抄本辑出出版。这两个抄本断代在 18 世纪早期，但抄本的书尾题署表明这个抄本具有早期伊斯兰时代的来历。这个文件包含属于曼达派传统自身的证据，被用来证明这个假

定：这个教派起源于巴勒斯坦，之后迁入美索不达米亚。以下
是开头：

> Haran Gawaita 得到了他和拿松里人的城市，因为犹
> 太统治者找不到这儿。管理他们的是阿尔达班（Ardban）
> 国王。6 万拿松里人抛弃了七的标志并进入迈迪安山，
> 这是一个所有其他种族都统治不到我们的地方。[94]

这个文本似乎表明，由于犹太人的迫害，曼达派从耶路撒
冷迁入美索不达米亚西北部。依据认出"阿尔达班国王"的方
法推测，这可能发生在 1 世纪早期。[95]但由于这则具有传说性
质的资料明显杂乱无章，其史学价值存在争论。如果没有其
他类型的确凿证据，只用它来确定曼达派的时代和起源是成
问题的。但也很难完全放弃这则资料，因为它填补了曼达派
历史中的一个重要空白。

　　新近的研究表明，某些曼达派传统可能回溯到远至 2 世
纪或 3 世纪。篇后的题署把一些著作至少追索到早期伊斯兰
时代，并为曼达派社区史提供了一个重要资料。[96]篇后题署包
括一连串的手卷抄写人名单，通常对抄写员所在地区曼达派
当时的情况有简短介绍。因而不只对于起源问题，而且对于
这一非凡传统两千年的历史，这些篇后题署都很重要。巴克
利（Jorunn Buckley）已经把一些选文远溯至 2、3 世纪，这些选
文包括《右津扎》（3 世纪）第 1 卷第 1 章以及《左津扎》一个副
本的篇后题署，这篇题署是 2 世纪一位女祭司乌里玛写的，她
是基德拉（Qidra）的女儿。这则东西为考证曼达派早期发展

141

史提供了确凿证据。卢皮耶里（Lupieri）也试图以可用的篇后题署以及断代在 2 世纪或 3 世纪早期的其他曼达派资料为基础，构建可靠的曼达派史。[97]

一旦曼达派材料不再被看作解决基督教起源问题的关键，西方学者就把他们对曼达派材料的注意移开了。就好像曼达派从地球上消失了一样，他们对曼达派学术文献的关注完全消失了。[98]

考尔普

对前基督教灵知派救主神话的致命一击主要来自德国宗教史学者考尔普（Carsten Colpe）。在《宗教历史学派：灵知派救主神话及批判》（1961）中，考尔普用新近伊朗研究中的学术成果来考订莱岑斯坦、波赛特和其他一些人的工作。结果是毁灭性的。

考尔普从语文学上指出了宗教史学术在构建灵知派救主神话时所犯的几个决定性错误。例如，莱岑斯坦声称从一首早期曼达派圣歌中确定了一则琐罗亚斯德教文件"残篇"，并使用这则"残篇"建立了摩尼教和曼达派的伊朗基础。考尔普确定这则所谓的残篇实际上是后基督教时代"一首纯摩尼教歌曲"。[99]它并非基于一首单独的圣歌，而是属于帕提亚赞美组歌 angad rosan 的最后部分。莱岑斯坦认为这则圣歌的主题是灵魂，并认为其灵魂概念源于伊朗的"民间宗教"，极大影响了犹太教、基督教甚至柏拉图。然而，考尔普表明，当阅读这首圣歌整个组歌的上下文时就会发现，其主题是人类，不是灵魂。这样,无论是从年代还是从内容上讲,这一"残篇"无论如何不会对犹太教、基督教或柏拉图主义的灵魂观念发生影响。

莱岑斯坦还利用这首圣歌来论证,在灵知派神话中,救主和灵魂是同质同体的。考尔普考察了整个赞美组歌,以便确定人类是如何被构想的以及救主和人类实际上是不是一回事。他用语文学的透镜来检查三个术语:

1. *Gyan* 是具有肉身的人类的名字。这一称呼不能用来建立与救主的同质同体或同一,因为它不但是灵魂(如莱岑斯坦相信的),而且是被拯救的作为肉身存在的人。既然救主从来不把自己称作 *gyan*,*gyan* 就不是被救赎的救主,而只是被唤向拯救的人。[100]

2. *Griw* 是人的内在本质,人死时与身体分离。正是 *griw* 陷入昏睡而被拘囚,因而悔恨不已呼天抢地。与 *gyan* 不同,这一本质与光明—**努斯**是一回事,同质同体。因而,它是人类拯救潜在的精神力量。然而,这一能力恶人也有,因而拥有 *griw* 并不能保证个人的拯救。

3. *Manuhmed* 代表基本的救世论潜力,既指被救的人也指救主,这是很清楚的。[101]莱岑斯坦使用这一概念(Andreas 译之作灵魂)构建关于灵魂的伊朗学说。但很清楚 *manuhmed* 不是救主,如 Lentz 所说,"救主因而是 *griw* 和 *manuhmed*,但不是 *gyan*。相反,他和 *gyan* 说,*gyan* 本身拥有 *griw* 和 *manuhmed*……这泄露了灵魂的本质形式,把 *manuhmed* 的双重功能表现为……待受神性感召的昏睡的机体,以及向它趋近的救主"。[102]

143

考尔普总结说,这些无身体的本质(*griw* 或 *manuhmed*)的总和构成灵魂。在组歌中并未发现有单个术语与希腊灵魂概念对应。考尔普指出,不过显然,帕提亚组歌确实在一定程度上把一个人无身体的本质看作与救主同质同体,尽管很少(而且也只是间接)把两者等同。[103]

以这些和其他一些观察为基础,考尔普把目标对准莱岑斯坦被救赎的救主这一观念。莱岑斯坦认为灵知派救主神话的关键特征是拯救者和被救者拥有共同身份。按考尔普的分析,莱岑斯坦在以下不同情况下把原人等同于救主:(1)两者同源;(2)构成物类似;(3)升降的道路相同(一方面是原人的堕落与救主的差遣,一方面是光明颗粒的收集和救主的升天);以及(4)他们都有人形(原人是前存在的人,救主有尘世人类身体的外表)。[104]由于这个同一性,拯救者显得需要被拯救;简言之,他是"被救赎的救主"。

考尔普对这一论点的评估很复杂。一方面,他认为在以下4个方面直接表述一个被救赎的救主是可能的:(1)原人、救主可以通过收集光明颗粒来拯救自己;或者(2)通过向上铺设通往光明世界的道路来拯救自己;(3)因为原人是自我拯救的所有他才能拯救他人;(4)而且,救主是可以被拯救,但他无法自己升天并向上铺设通道,而必须由上界的上帝提升。因而,就**实质**而言,是可以看到可以在救主和被救者之间确定统一性的文本。然而另一方面,"被救赎的救主"这个说法从未出现在任何一手文本中,并且其内容只是由对灵知派拯救神话的引证确定的,这个拯救神话是由莱岑斯坦、波赛特和约纳

斯构建的——而这个神话本身从未以这些作者给出的理想形 144
式存在过。在这些神话中没有出现过一个形象,可以囊括上
述"被救赎的救主"的四重意义;而是,不同的形象在不同的点
上承担与这些意义中某个相交叉的角色[105]。不论是其程式
还是这个概念本身,从根本上说是个现代的解释构造;它倾向
于把各种不同神话形象在神话上的精微差别瓦解为一个形
象——"被救赎的救主",结果是拯救显得不是必需的:

> 这个程式是同义反复的;它排除了所有具体化,灵知
> 不得不反复去查看;它跳过了世界悲剧性和戏剧性的结
> 局,而只作为拯救行为的背景存在,并允许灵知派的祈祷
> 变成自说自话的独白……(因为)人和上帝之间的所有区别
> 已经被取消了。于是这一程式把拯救问题(灵知是如此彻底
> 地被铭刻在这一问题上)变成了某种陈腐乏味的东西。[106]

考尔普的解决办法是术语学。他建议学者们在 redeemed
redeemer(被救赎的救赎者)和 *salvator salvandus*(被拯救的拯
救者)这两个概念之间作出区分。前者把灵知派救主神话所有
的戏剧性特征瓦解在一个单一原则中,而后者则只显示拯救者
形象和被救的光明颗粒之间实质的同一。后者因而可以作为
"适当的灵知派范畴"加到已被约纳斯确立的那些范畴中。[107]
莱岑斯坦有个灵知派原人(Urmensch)与人子的关系理
论,考尔普通过对这一理论的革命,阐明了把一些成分从其文
学和社会背景中抽象出来导致大错的另一个例子。[108]莱岑斯
坦构建了一个人子形象的谱系。这个谱系开始于伊朗的迦约

马特（Gayomart）*，发展为灵知派的原人，在人子形象中达到顶峰。考尔普通过论证可以清楚地把琐罗亚斯德教二元论与灵知派二元论区别开来，开始他对莱岑斯坦这一构建的拆解。琐罗亚斯德教通过把阿胡拉·马兹达与阿里曼这两个对立的本原描述为一个共同父亲（无限者）的双生子，实际上把它的二元论改变成了一种一元论。因而灵知派原人的情况（属于严格的宇宙二元论）与迦约马特的情况极为不同。这一批评也适用于《班达希经》（*Great Bundahisa*）中的迦约马特与《人的牧者》（*Poimandres*）中的人之间所谓的联系。[109]

　　从谱系上把摩尼教和曼达派传统中的灵知派原人与"晚期犹太教"中的人子联系起来，也存在问题。[110] 这个犹太教形象缺少重要的灵知派因素，特别是信使降入低级世界以及人类灵魂与原人的天生关系。确实，在犹太教文献中有所谓"人"的回归的相似物。但即使在这儿，这些例子指的是否就是"同一形象的回归或一个救世论'先知继承人'的表象"？它们之间还是存在区别的。考尔普写道："把晚期犹太教中的人子构想为回归的原人"看起来存在"颇多疑问。"[111]

　　考尔普认为，还应该问问"回归"完成了哪类拯救行为。在伊朗思想中，拯救者实现一种神话上原始世界状态的重生；在犹太教中，拯救者带来末日，或按其他文本中的说法，世界

---

　　*　迦约马特（Gayomart），后期琐罗亚斯德教中人类的始祖，是至高无上的神阿胡拉·马兹达所创造的第一个人。迦约马特的灵魂存在 3 000 年后，才被阿胡拉·马兹达赋予形体。刚开始是，迦约马特企图侵扰创世，但经过 39 年的攻击后阿里曼毁灭了迦约马特。迦约马特的躯体变成了地下矿物，黄金是他的种子，人类由之产生。——译者注

和人类瓦解到其原始的前存在状态。

考尔普的结论是，我们确实可以说的是，犹太教的人子和东方救世神话属于一个共同的思想圈子——但它们不能被融进一个目的论或线性谱系。例如，尽管我们在伊朗 Yima-Yaga 传奇中发现了一个形象，他在开始时代被统治，并将被带入终结时代的拯救状态中，但考尔普坚持认为：

> 这只是东方共有的"开始时代—终结时代"图式的一个典型例子(《圣经》图式也是这个图式中的一个特例)，但不应该认为它在历史上依赖这个图式。即使有人成功地既指出人子的相似物，也分别指出迦约马特和 Yima/Yaga 的相似物(我们已经表明这将是最困难的)，也不能因而就确立第一个对最后一个的历史依赖。人子(还有灵知派的"人")不能被把捉为印度—伊朗神话流出史的最终结果；因为缺乏居间的圣歌。[112]

这类反思导致考尔普对确定灵知派拯救神话起源和发展 146
的主题史学模型的有效性发起了全面攻击：

> 关于这个模型，对我说来的直接错误就是，它事实上承担了所有的古代重量，就好像灵知派拯救神话从性质不明的古代阶段的某个时间、在辽阔东方的某地出现(这个地点似乎没有比伊朗更精确的了)。于是它在时间和空间中游荡，时而出现在这个传统的圈子里，时而又出现在那个传统的圈子里，就如智慧诗歌，出现在斐洛作品

中,出现在亚当的思辨中,出现在启示论中。它们留下了一堆散布的拼块儿,摩尼教曾把它们拢成一个宏伟的整体,但最终它们在曼达派那儿又分崩离析了。[113]

最终,模糊的源头和散漫的轨迹对灵知派从何处开始又如何发展几乎没说出什么。考尔普认为,只有放弃这一"为了谱系",我们才能获得"以不同方式来看这些概念、传统和表达类型的可能性",即它们是作为基本的、决定性的世界观中结构变化的部分而出现的。[114]

在考尔普作品中可以清楚听到约纳斯乐曲的旋律,只不过是以新调演奏的。他尽管赞同约纳斯关于灵知派起源于面对世界的一种特别态度这种观点,但对其内容的理解却很不相同。灵知派起源的基础是"在超越世界和偶然世界之间存在某种确定关系"这样一种观念。这一观念是通过以下概念表达的:世界灵魂存在于个人中也存在于宇宙中;或者是,宇宙诸神和人类之间存在某种同质同体的同一性;特别是,在天堂救主和人类之间存在某种关系。在所有这些情况中,灵知的基本对象都建立在这样一个超越概念上:人的真实存在与精神本质是同一的。[115]

这样,考尔普最后并不重视确定灵知派神话是否通过重释老神话(像西门系统中的海伦)或借寓言来转化老传统而发源,甚至也不重视去确定这些神话是否借入了老材料或它们自己又发现了新神话。而是,他的灵知概念导致他像约纳斯一样主张:确定各种要素可能对表述灵知很重要,但不一定能解释其来源。他认为,我们在这儿处理的不是影响(influence),而是汇流(confluence):灵知是东西方时代精神的产物。他写道:"在宗教史中,我们应该处理尽可能多的关于起源的事件,就像我们曾经拥有的关于起源的种类,这看来是可能的。"[116]学者的任务因而不是去构建什么都解释不了的谱系,而是分析具体的文本和概念,以便阐明它们"现象学的本质规定",对考尔普来说,这首先就是通过**被拯救的拯救者这一**概念的存在来显示其自身是灵知派的。

考尔普指出对确定灵知派源头的关注通常导致学者们接受灵知派在时间上早于基督教这种观点;而当试图通过"灵知派拯救神话"的存在来确定灵知派的年代,自然就导致相反的看法。他认为,这一矛盾很容易解决,如果学者们能够认识到:

> 灵知(作为一种普通的人类宗教现象)的构造,与从历史上确定其起源,是两件不同的事。可以有"面向生存的灵知态度",也可以有带或不带拯救神话的"拯救的灵知"。因而可以为两个研究领域找到共同的讨论基础。[117]

在 1966 年 4 月关于灵知派起源的墨西拿会议上,考尔普提出的正是这一分辨,并被与会者采用到了"关于会议主题在术语和概念上保持一致的建议"中。[118]不幸的是,他关于灵知派的去历史化范畴和本质化范畴被广泛接受,而他对谱系论决定性毁灭性的批判却应者寥寥。

反　　思

许多学者以不同的方式批评对灵知派的现代构建,他们

148　在这么做时也对基督教起源的规范说法提出了严重挑战。本章提到的这些学者阐明了其中一些关键论点：鲍尔的书尽管存在问题，但他已经确定，年代上在前面的不一定就是神学上的正统；规范性需在其他基础上确定。约纳斯试图结束谱系论史学和主题史学，这是当时确定灵知派起源和本质的方法。研究曼达派的学者证明，并无确切的证据可以证明存在前基督教的灵知派。最后，考尔普证明，灵知派救主神话是一个人为合成的综合体，误解了它要描述的实际文本的意义。

　　然而，参与讨论的这些学者同时也把理解灵知派这个问题变得更复杂了。由于鲍尔继续使用"正统"与"异端"这对术语，他倾向于把后来关于基督教正统的观点强加到基督教初创时的早期阶段。在把灵知派固化为一种客观存在的实体和具有自身资格的宗教上，也许没有人比约纳斯做得更多，这是通过在类型学上把灵知派界划为一种单一现象来实施的，尽管也许考尔普有所帮助，他坚持把灵知（作为一种人类现象）与灵知派（作为其历史地域化）区分开来，因而继续游荡在声名扫地的解神话的世界里。[119]

　　尽管有这些批评，教会史家和宗教史学者持续的努力已经唤起了人们对早期基督教现象多样性的注意，并无可辩驳地证明，基督教和犹太教在一个广阔的历史文化母体中是不可分割地缠绕在一起的。他们也开始表现出不断增强的自觉，意识到关于正统与异端的古代话题已经与现代文献史学纠缠在一起了。这使下一代学者可以更充分地理解这些洞见。他们不仅可以站在伟大先驱的肩膀上，还拥有丰富的新发现的埃及手稿资源。

注　释

[1]　第二卷计划两部分。由于纳粹在德国掌权,约纳斯移居国外,第
　　　　二卷上半部分迟至 1954 年才出版。第二卷后半部分没有完成。

[2]　Jonas, *Gnosis* I, 18.

[3]　Bauer, *Orthodoxy and Heresy*, xxii.

[4]　Ibid., xxiii—xxiv.

[5]　Ibid., xxiv.

[6]　Ibid..

[7]　Bauer, *Orthodoxy and Heresy*, 16—17.

[8]　Ibid., 53, 58.

[9]　见 Ibid., 61—94, 100—101。

[10]　有关批评,见 H.E.W. Turner, *The Pattern of Christian Truth*, 39—
　　　　94; Heron, "The Interpretation of I Clement in Walter Bauer";
　　　　McCue, "Orthodoxy and Heresy"; Strecker, "The Reception of the
　　　　Book"; Harrington, "The Receptiong of W. Bauer"; Davids, "Irrtum
　　　　und Häresie"; Moffatt, "Walter Bauer"; Norris, "Ignatius, Polycarp,
　　　　and I Clement"; Gero, "With Walter Bauer on the Tigris"; T. A.
　　　　Robinson, *The Bauer Thesis Examined*; 以及 Hultgren, *The Rise of
　　　　Normative Christianity*, 9—13。注意到他的影响的,如 Robinson 与
　　　　Koester, *Trajectories*; 以 及 J. M. Robinson, "Jesus from Easter to
　　　　Valentinus", 6—7。

[11]　见 Haardt, "Zur Methodologie der Gnosisforschung"; Green,
　　　　"Gnosis and Gnosticism"。

[12]　见 Jonas, *Gnosis*, 42—49。

[13]　见 Bousset, "Gnosis, Gnostiker", 1510 (52—53); 以 及 Jonas,
　　　　Gnosis I, 47。在下一页(48),约纳斯对波赛特和那些似乎无法为
　　　　灵知派提供任何自身原创性的人略作尖刻嘲讽:"他们(灵知派)

从理想条件的功利和谐出发,构建了他们自身建设的符号系统。他们并未歪曲那些通过他们的炼金术引入他们世界观的观念,不过他们确实歪曲了那些观念——通过从这些观念抽象出了一种并非他们原有的意思。在这一过程中,他们可能粉碎了希腊主义和伊朗宗教,如波赛特所展示的;实际上这些东西甚至可能是自愿被粉碎的。相反则是不可想象的:灵知派的兴起以及人们变成灵知派信徒是因为这些东西或其他东西已经在他们头脑中混合了。在这儿,没有哪个原创推动不是随暴力出现的。"

[14]　见 *Gnosis* I,9—11。约纳斯认为,如果仅仅展现最初出自各种因素产生、挪用、联合的外部诸层,灵知派的本质统一性,即其基础生存的深度,就还没有成为问题。他认为,首先需要的是在解释学上从典型主题和世界上明显的联合体中重建这一统一性。

[15]　见 Jonas 回应 G. Quispel 的文章 "Gnosticism and the New Teatament",载 "Response to G. Quispel",特别是 279,286。

[16]　Jonas, "Response to G. Quispel", 286.

[17]　Ibid..

[18]　Jonas, *The Gnostic Religion*, 48;也见 48—49。

[19]　Jonas, *Gnosis* I, 49.

[20]　Ibid., 10.

[21]　见 Ibid., 77, 78。

[22]　有关斯宾格勒与海德格尔对约纳斯的影响,见 Waldstein, "Hans Jonas' Construct 'Gnosticism'"。

[23]　见同上书 50—58,Jonas 对 Schaeder 的讨论。

[24]　见比如 Jonas, *The Gnostic Religion*, 48—49。

[25]　Jonas, *Gnosis* I, 50.

[26]　见 Ibid., 51。一方面,他把"东方化"与哈纳克"希腊化"在概念上的对照描述为"希腊哲学",另一方面,又把这个"希腊哲学"与"东

方神话与神秘信仰"截然对立起来。

[27]　Ibid., 74.

[28]　Ibid., 75—76.

[29]　Ibid., 79.

[30]　Ibid., 58—73.

[31]　就我所读,约纳斯当然会反对精确定位灵知派的历史源头,因为他考虑到了灵知派同时兴起的地域之宽广和由以引出的材料之宽泛。就是说,限定一个时间、一个地点、一个原因(比如圣殿被毁),对于解释灵知派的起源及其广泛诉求,都是不充分的。

[32]　参见例如, Harnack, *History of Dogma*, I, 257—264; Bousset, *Kyrios Christos*, 45—54。

[33]　也见 Jonas, *Gnosis I*, 94—140;以及 *The Gnostic Religion*, 48—97; Colpe, *Die religionsgeschichtliche Schule*, 186—187。

[34]　见 Jonas, "Delimitation", 91, 92, 99。Jonas 在 *The Gnostic Religion*, 42—47 中概述了灵知的要素,加上了"德行"。

[35]　Jonas, *The Gnostic Religion*, 31, 32.

[36]　本部分所有材料都来自 Jonas, "Delimitation", 92, 93(重点是我加的)。

[37]　Ibid., 94—95;也见 93。

[38]　Ibid., 97—98. 这些要点来自对神圣超越、低级众神、人和拯救的考虑(见同上书,95—99)。

[39]　Ibid., 92;也见 98。

[40]　Ibid., 94, 93.

[41]　"Proposal",见 Bianchi 编 *Le Origini dello Gnosticismo*, xxviii—xxix。

[42]　Jonas, "Delimitation", 96. 参见 M. Williams 的意见:"《圣经》德牧革的"应该是用来为这些文本分类的首要的(如果不是唯一的)类型学特征(*Rethinking "Gnosticism"*, 265—266)。

[43] Jonas, *The Gnostic Religion*, 46.

[44] Ibid., 144. 关于性,约纳斯写道:"马西昂在这儿表达了一种真正、典型的**灵知派**观点,我们将在摩尼学说中遇到其最充分阐释;生殖是狡猾的掌权者的诡计,意在那些模模糊糊留在世间的灵魂。这样,马西昂的苦行主义,与爱色尼派和后来的基督教修道主义不同,不是对人类生存之圣化的推进;从本质上看,它在思想上是消极的,是灵知派反叛宇宙的一部分。"(145)

[45] Ibid., 270—271.

[46] Ibid., 144.

[47] Jonas, "Delimitation", 100.

[48] Ibid., 97, 99, 100.约纳斯认为,通过与经典思想对比,才能最好地理解灵知派的革命程度。对其宇宙论和伦理学的更多研究,参见 Jonas, *The Gnostic Religion*, 239—289。

[49] Jonas, "Response to G. Quispel", 287.

[50] Ibid., 288.

[51] Jonas, "Delimitation", 100—102. *The Gnostic Religion*, 100.

[52] Jonas, *The Gnostic Religion*, 100, 101.

[53] Détienne, *The Creation of Mythology*, 6—7; Durkheim, *The Elementary Forms of Religious Life*, 470, 477; Masuzawa, "Society versus Difference: Durkheim's Shadowboxing" (*In Search of Dreamtime* 的第 2 章)。

[54] 如,见 Freud, *The Future of an Illusion*, 70—77; Masuzawa 的文章 "History on a Mystic Writing Pad: Freud Refounds Time" (*In Search of Dreamtime* 的第 4 章)。

[55] Lévi-Strauss, "The Structural Study of Myth", 105, 106.也见 Bidney 对卡西尔的讨论,"Myth, Symbolish, and Truth", 15; V. Turner, "Myth and Symbol", 576; Lévi-Strauss, *Mythologiques*

II，407。

[56]　有关古希腊思想中神话与哲学的区别，见 Détienne，*The Creation of Mythology*，63—102。

[57]　见 Jonas，"Delimitation"，101。

[58]　对约纳斯来说，神话提供了一个真实的（如果不是客体化的）内部状态，是对神秘主义的"有效预测"或"现实化"（见"Myth and Mysticism"，304）。

[59]　Jonas，"Delimitation"，103.

[60]　Jonas，*The Gnostic Religion*，101.

[61]　Jonas，"Delimitation"，100.

[62]　Jonas，*The Gnostic Religion*，3—27. King 在"Translating History"中讨论过这部分译文。

[63]　Jonas，*The Gnostic Religion*，18.

[64]　Ibid.，4—6，11.

[65]　Ibid.，12—14.

[66]　Ibid.，5—6.

[67]　Ibid.，18.

[68]　Ibid.，6，17，21.

[69]　Ibid.，21，22.

[70]　Ibid.，22—23.

[71]　Ibid.，25，26—27.

[72]　Ibid.，33.

[73]　Ibid.，24.

[74]　Jonas，*Gnosis* I，63—64.

[75]　史学分析中对"经验"的批评，见 Joan Scott，"经验"。她的首要观点是，经验自身不是给定的，而是从文化上被构建起来的。她提供了另一种解释："不是个人拥有经验，而是主体经由经验被建构

起来。在这一定义中经验也就不是我们解释的源头,不是决定我们所知的权威(因为是看和感)证据,而是我们试图去解释的东西,知识就是从这些解释产生出来的。这样来思考经验也就是把经验历史化,就像把它产生的身份历史化一样。"(25—26)因而,这儿需要解释的,是对世界的社会经验。

[76]　Jonas, *Gnosis* I, 64, 66.

[77]　Jonas, "Delimitation", 103.

[78]　Jonas, *Gnosis* I, 81.

[79]　Ibid..

[80]　Ibid., 81—82.

[81]　Ibid., 80.

[82]　Ibid., 51: "Unbefriedigung über das atomistisch Vereinzelnde der vorangegangenen Forschung und der gefühlte Mangel einer einigenden Sinnganzheit, den sie hinterließ".

[83]　Jonas, "Delimitation", 96, 97, 101, 102, 103, 105, 106.

[84]　Jonas, *The Gnostic Religion*, 327—328.

[85]　Ibid., 272, 277.

[86]　Ibid., 247—248. 也见他的文章"Gnosticism, Existentialism, Nihilism",见同上书,320—340。

[87]　Lietzmann, "Ein Beitrag zur Mandäerfrage", 139—140.

[88]　例如,Rudolph 认为,"曼达派洗礼仪式在任何意义上都不是对叙利亚基督徒特别是聂斯脱利派洗礼的模仿"(*Die Mandäer*, 10; "Quellenprobleme", 430)。

[89]　参见例如,Lidzbarski, "Die Münzen der Characene"。Edmondo F. Lupieri 在 1652 年就指出,Ignatius d'Jesus 是第一个认为曼达派起源于 1 世纪与巴勒斯坦/朱迪亚的施洗约翰相关的一个洗礼派的欧洲人["On the History of Early Contacts between Mandaeans

and Europeans", 在 "The Mandaeans: A Conferece at Harvard University(1999.6.13—15)"上宣读的论文〕。

[90] 参见 Lietzmann 对曼达派断代偏早的反驳，"Ein Beitrag zur Mandäerfrage"。有关曼达派在伊斯兰教中的地位，见 Rudolph, *Die Mandäer*, 5。有关巴库奈(Theodore bar Konai)，见 Kraeling, "The Origin and Antiquity", 202, 203；以及 Rudolph, *Die Mandäer*, 3。也见 Lidzbarski, "Mandäische Fragen", 74—75。

[91] 比如，Rudolph 认为"对这些早期曼达派信仰中风格和主题的分析以及这些信仰与各种约翰文本的比较表明，这些信仰与早期巴勒斯坦和叙利亚的基督教信仰是相关的"，但他并不使用这一立场来论证曼达派影响了《约翰福音》(*Die Mandäer*, 4)。这些专家中的一个例外是 Yamauchi，见他的 *Pre-Christian Gnosticism*。

[92] 见 Maçuch, "The Origins of the Mandaeans and Their Script"；也见 Rudolph(*Die Mandäer* I. 30, 以及 "Quellenprobleme", 特别是 428—430)。有关这个问题的进一步研究，Yamauchi 有个述评，"Mandean Incantation Texts"，是在"The Mandaeans: A Conferece at Harvard University(1999.6.13—15)"上宣读的论文。

[93] Rudolph, "Die mandäische Litertur".

[94] Drower, *Haran Gawaita*, 3—4.(中译按，Haran Gawaita 是曼达派经书名字，Hibil-Ziwa 是曼达派圣使名字。)

[95] 注意到以下几点即可澄清这一论题：

1. Harran(哈兰)位于美索不达米亚西北；而 Median Hills 位于伊朗西北。

2. 名叫阿尔达班(Ardban)的帕提亚王有 5 位：I.前 216—前 191；II.约前 128—前 124；III.前 12—约 38；IV.80—81；V.约 213—227。Maçuch 为阿尔达班三世做了论证，因为这最清楚地支持他的整个论点：曼达派在圣殿被毁前离开巴勒斯坦，3 世纪前到达美索不达米亚。

3. 在 *Haran Gawaita* 和 *Ginza* 中都描述耶路撒冷处于**七**（即行星恶神）的统治之下。

4. "Nasorean"一词是一个被证明使用于前基督教时期的叙利亚—巴勒斯坦名称。

5. *Haran Gawaita* 和 *Right Ginza* 讲述这一迁移源于犹太人在耶路撒冷受到的迫害。

[96] 见以下讨论：Rudolph, *Gnosis*, 343—366; Lupieri, *The Mandaeans*, 127—165; Maçuch, *Handbook of Classical and Modern Mandaic* (Berlin, 1965); p.LVI,以及 Yamauchi, *Gnostic Ethics*, 4—8。Yamauchi 认为："如果人们接受这些篇后题署给出的日期，人们就可以得出至少部分 *Canonical Prayerbook* 写于 3 世纪后半叶。"(*Ethics*, 5)他引 Drower 和 Maçuch 来支持论点。

[97] 更多有关曼达派的女祭司,参见 Buckley, "Evidence for Women Priests in Mandaeism"。又见"The Use of Colophons and Scribal Postscripts in Envisioning Mandaean History",这是向"The Mandaeans: A Conferece at Harvard University(1999.6.13—15)"提交的一篇论文;以及 Lupieri, *The Mandaeans*, 127—165。

[98] 在当代政治压力与西方的漠然下它们可能消失,实际上这是正常的。Buckley 为我们提供了另一种解释:这提供了就其自身来认识和了解曼达派宗教和文化的机会。只是到最近才有一个关于"曼达派"的会议于 1999.6.13—15 在哈佛大学召开,汇集了一批曼达派研究学者,还有一大群来自欧洲、北美、澳大利亚移民社团的曼达派平信徒和神职人员。北美大陆举行了第一次曼达派洗礼。同时再明显不过的是,曼达派语言和宗教的继续存在是不确定的。若要全面保存这一传统的遗产,需要巨大和及时的努力。

［99］　Colpe, *Die religionsgeschichtliche Schule*, 69.

［100］　Ibid., 92.

［101］　用 Colpe 的话说, *manuhmed* 才是曼达派"被救的救主"（见同上书, 95）。

［102］　*Zeitschrift der Deutschen Morganländischen Gesellschaft*（1956）, 11—12; 引自 Colpe, *Die religionsgeschichtliche Schule*, 95。

［103］　Colpe, *Die religionsgeschichtliche Schule*, 97.

［104］　见 Colpe, "Die gnostische Gestalt des Erlöst Erlösers"; 以及 *Die religionsgeschichtliche Schule*, 171—174。

［105］　Colpe, *Die religionsgeschichtliche Schule*, 174—176, 186.

［106］　Ibid., 188.

［107］　Ibid., 189—191.

［108］　Ibid., 140—170.

［109］　Colpe, *Die religionsgeschichtliche Schule*, 144—145. 考尔普认为, 即使认为迦约马特传统实质上出自扎尔万教（Zurvanism, 中译按, 我国古代译作"察苑"）, 也无法改变这一结论。扎尔万教为流行的琐罗亚斯德教二元论提供了一个一元方案, 这一方案在萨桑王朝期间被看作异端。它通过把奥尔穆兹德和阿里曼的起源归于一个更高的神性父亲（无限者）而解决了两者的二元论（见 Ibid., 144）。据证明摩尼强烈依赖扎尔万传统。不过, 考尔普说, 显然, 他无法把扎尔万教的迦约马特认作他的 Urmensch（原人）: "原人只被用来称谓人类始祖, 而真正的原人则称作阿胡拉·马兹达。"（见 Ibid., 147）

［110］　见 Ibid., 149。作为人子在"晚期犹太教"中的例子, 莱岑斯坦指出了《但以理书》7:4、《以斯拉记》13（中译按, 以斯拉记无 13）, 以及《以诺一书》。我们还可以加上智慧形象。见 Bultmann, "Die religiongeschishtliche Hintergrund", 23 以下。

［111］ Colpe，*Die religionsgeschichtliche Schule*，150.

［112］ Ibid.，152.

［113］ Ibid.，191.

［114］ Ibid.，203.

［115］ Ibid.，203—204.

［116］ Ibid.，8.

［117］ Ibid.，200.

［118］ 见 Eltester，*Christentum and Gnosis*。

［119］ 为灵知书写谱系（用一两个一般特征界定）而后就异端特征予以
谴责，似乎依然流行；参见例如，Brumlik，*Die Gnostiker*。

第六章　拿戈·玛第之后(一)：
范畴与起源

1945 年，两个埃及农民平静地出发，他们不长的一段路程将改变此前的灵知派研究。贾贝·塔里夫(Jabel al-Tariff)是中埃及拿戈·玛第村附近的一处断崖，在山脚下，他们有了惊人发现。[1]他们在挖肥料时挖到一个密封陶罐，里面秘藏纸莎草手稿。这些 4 世纪纸莎草抄本被称作拿戈·玛第抄本，包含大量古代宗教文献，总共 46 种不同著作，几乎全部都是此前不知道的。这些手稿也许曾归附近的帕乔米恩隐修院(Pachomian)所有，直到有人因为我们不知道的原因把它们藏匿起来。[2]

1945 年重新发现的这些著作被二战结束后的一些事件掩盖，因而它们远远没有死海古卷有名。然而，这些手稿经几位专家操作，突然蹿红。灵知派自己写的这些书现在似乎第一次可以用于研究，而他们辩论家诋毁者的作品将不再主导这个领域。灵知派将可以为他们自己说话，而灵知派的定义问题将最终得到解决。基督教史的撰写将翻开新的一章。

然而情况并非如此，新的财富并未带来便捷答案。实际上,令人惊奇的是几十年来这种情况并没有多少改变。灵知派定义问题棘手如故。[3]为什么?

150 　　我们无法再抱怨材料缺乏。既然学者可用的材料已经出现戏剧性增长,期待至少某些解决是合情合理的。然而,迄今为止的新材料只是突出了问题而不是解决了它们。因而我们必须暂停下来。我认为,依然困惑的原因,不在于材料证据的缺乏,而在于对灵知派的学术研究依然纠缠在异教研究这个话题上。注释家发现,越来越难把这些文本契合进旧的类型学和谱系学框架。紧张愈演愈烈。

　　在本章中,我将勾画其中一些张力,并指出学术运动的方向。拿戈·玛第抄本的一个重大影响是迫使学者们反思我们目前的框架和方法。更多的材料并不导致更多的确定性;毋宁说,它们暴露了解释框架的不可靠,这些解释框架可能很优雅,但处理古代社会多元宗教生活的历史复杂性则太过简单。[4]拿戈·玛第抄本只是增加了这一复杂性。但这是可接受的,因为我们自身生活的复杂性需要资源去思索与凌乱的困惑相配的东西。阐明这一复杂性,远不是要取消基督教或诋毁神学事业,而是要把神学反思置于对古代材料更准确的史学和神学阅读上。这也将为从更宽广的范围内反思文化研究中深切感受的问题(特别是宗教多元论背景下的身份塑造过程)提供资源。

当前的研究状态

　　拿戈·玛第村附近的发现在此后几十年间引起了学术活

动的骚动。处理这些材质超薄的卷帙及其思想的复杂性都需要巨大努力。对具体作品的语文学问题和阐释问题的艰苦研究从一开始就构成研究的主体。对科普特语和手稿学的研究以及对写作、材料使用、体裁等问题的研究都取得了重大进展。集中研究这些问题的主要是三个学者群。第一个也是真正协作的，是科普特灵知派文献柏林工作组，领导者是申科（Hans-Martin Schenke）。这个群体出版了大量拿戈·玛第文本的现代语言翻译，以及校勘版、注释和研究。[5] 最全面的规划来自 J.M.罗宾逊（James M. Robinson）领导的一个国际小组，与联合国教科文组织合作，到 1996 年已经出版了全部拿戈·玛第文库的摹本、英译和校勘版。[6] 第三个群体的工作是个法语规划，中心在魁北克的拉瓦尔大学，现在的领导者是 L.潘洽德（Louis Painchaud）。这个群体正在编辑一套令人激动的校勘本、法译、注释和语词索引，以及对拿戈·玛第及相关科普特文本的专题研究。[7] 也出现了独立学者编辑出版的大量版本和研究。D.斯科勒（David Scholer）辛勤汇编了全面可靠的拿戈·玛第文献研究书目。[8]

尽管对拿戈·玛第文本的解析还处在初级阶段，但这些细致的研究已经为反思与灵知派研究相关的所有问题提供了激动人心的新视野和稳固基础。从一开始，对新发现的讨论就集中在一系列相关主题上。例如，对灵知派及其与基督教关系的前拿戈·玛第描绘是否适当？大量讨论指向对这个问题的评价。特别是学者们已经在处理拿戈·玛第文本与新约的可能关系，主要是因为他们相信拿戈·玛第文本中的一篇《多马福音》包含以前不知道的真正的耶稣教义。[9] 其他文本，

151

如《与救主的对话》、《雅各密传》，以及柏林抄本的《玛利亚福音》，也包含耶稣传统早期阶段的证据。[10] 这些作品的灵知派特征引起激烈争论。答案当然主要依赖如何定义灵知派，而这依然是个伤脑筋的问题。

某些拿戈·玛第作品似乎与基督教早期辩论家所述的异端关系紧密。但是，辩论家的描述和拿戈·玛第作品内容之间也存在重大差异。这些差异显示了辩论家的雄辩策略、神学兴趣、教会政治，在哪儿以及如何，塑造了他们对异端团体的描绘并影响了他们"报告"的可靠性。[11] 这些研究除了推动了对作为史家的早期辩论家的重新评价，同时也收到意外却令人满意的效果，这就是刺激了对以下研究兴趣的复兴——辩论家自身对基督教神学的特有贡献。[12]

拿戈·玛第作品也激励学者们重构正统与异端的边界，甚至去反思对于重建早期阶段的历史这一区分是不是有用。我们可能会期待这些著作强化了古代在正统和异端之间所作的区分，恰恰相反，它们支持了鲍尔的论点：在不同地理区域发展的基督教所具有的明显的多样性，在那么一个时期中，正统与异端的界限根本就没有固定下来。如罗宾逊所说，那些在 2、3 世纪的争论中成了"正统"或成了"异端"的派别，来自"共同的传统躯干"。他说：

> 看来并没有与右倾或左倾异端教义相区别的正统教义的核心主体，而是从不同方面被理解、翻译和传播的信仰的共同躯体……在这个意义上"**异端**"和"**正统**"这对术语属于年代误植。[13]

　　早期基督教文献并不干净利索地分成正统和异端两个阵营，有意想不到的重合和令人惊奇的相似，也有与我们的期望并不相符的关键的不同。结果是，学者们逐渐认识到，早期基督教的各种形式更多地是纠缠在一起的，超出以前的想象。

　　H.科斯特（Helmut Koester）认识到这一立场对灵知派研究的含义，他主张"不能通过简单地把**灵知派**这个词用于以这种方式习惯性地称呼的某种发展来划定异端与正统的界线"。因此，某些已经被定为灵知派（即异端）的作品，比如《多马福音》，需要被认为在"历史上"和正典文献具有同等价值。[14]科斯特认为，这并不意味着正统和异端这对范畴在神学上是没用的，而是说必须以标准而非以起源为基础来确定"真正的信仰"："不能说史学寻求的标准是自由探索，而神学寻求的标准是神学安全，不能这么分。"对科斯特来说，这两者是连着的：

　　　　从神学上寻找区分真实信仰和虚假信仰的决定性标准，与从史学上对早期基督教本质特征的寻求，是一致的。我们在这儿不得不处理一个这样的宗教运动，这个运动表面上是混合论的，并从一开始就明显地以多样化为标志。什么是其个性，不能认为已经被提前确定了。[15]

　　通过把分析集中到来自拿戈·玛第的耶稣传统的最早铺设者（尤其是《多马福音》、《与救主的对话》、《雅各密传》）上，科斯特就来到了问题的核心。他以非凡的坦诚认识到，灵知派的定义问题是与基督教的身份确立紧密联系在一起的。

　　其他研究也关注了某些文本与柏拉图传统的关系。新柏拉图主义者普罗提诺于 3 世纪撰文反对灵知派,现在普遍接受拿戈·玛第文库中也许包含一些他见过的论文,其中主要的是《阿罗基耐》(*Allogenes*)。[16]其他一些拿戈·玛第文本显示出与希腊哲学传统的复杂关系。已经有大量研究、一次会议,现在还有一个研讨班对这些关系作了探索。[17]

可以肯定地说,关于以前有关灵知派起源和类型学特征的理论的充分性,关于灵知派的社会角色和地位,拿戈·玛第手稿已经激起了相当多的讨论。它们已经为检测以前所持论点、为老问题形成新答案提供了新基础。一方面,过去的方法论遗产、框架和话题依然塑造着学者们对新材料的阐释;另一方面,学者们也正在打造新的通道。现在我们就来看一看。

多样性带来的麻烦

拿戈·玛第文本所含材料极大的多样性首先向学术界提出了一个问题,分类问题变得特别紧迫。有关宇宙论、神学、道德取向、人类学、灵修训练、仪式实践等五花八门的观点,要求作出某些区分,以免讨论也杂乱无章。

对分类的反思

瓦伦廷派

许多学者通过把性质各异的材料组织进子范畴来处理多样化这个问题。最早的尝试是把个人著述放入从辩论家所辑书目中抽取出来的范畴中。由于存在瓦伦廷及其学派这个显著的例外，这些尝试总的说来是不成功的。不过，瓦伦廷的情况主要是学者们通过与辩论家的记述相比较，把相当数目来自拿戈·玛第的文献拢在了一起。尽管对瓦伦廷文献的精确边界仍然存在热烈讨论，但通常认为以下来自拿戈·玛第文献的 7 篇作品属于瓦伦廷圈子：《真理的福音》、《使徒保罗的祈祷》、《论复活》、《三部训言》、《腓力福音》、《知识的解释》、《瓦伦廷注解》。学者们不同程度地主张还包括其他几篇作品：《雅各启示录（一）和（二）》、《彼得致腓力书信》、《真理的见证》和《雅各密传》。[18]

　　根据各种流传的说法，瓦伦廷是个诗人，是个很有才能和说服力的神学家。他生在埃及，是 2 世纪罗马著名的基督教教师。辩论家说，瓦伦廷的神学被他的信徒发扬，其中有几位著名教师，包括佛罗里努斯（Florinus）、赫拉克连（Heracleon）、马库斯（Marcus）、托勒密（Ptolemy）和狄奥多图斯（Theodotus）。他们自身通常都是具有革新精神的思想家，而不只是机械地传承瓦伦廷的学说。如果瓦伦廷自己的作品与归为瓦伦廷著作的其他作品（特别是伊里奈乌所述的托勒密系统和拿戈·玛第文献中《三部训言》）之间存在差异，这就提出了一个如何界定瓦伦廷思想的问题。

　　例如，瓦伦廷自己的作品《真理的福音》，讲述上帝的超越性导致人对他一无所知，这种情况通过把他的儿子耶稣派来才得以纠正。[19]耶稣展示了认识父的方法，但因其教义而被迫害并被钉十字架。瓦伦廷就《创世记》和《约翰福音》对这一事件做出寓意解释：耶稣就是真正的智慧树（直译知识树）的果子，能给吃了它（也许是指一种圣餐）的人带来生命；他是神性

155

的拯救之道（圣言），像木杆上的公告一样张榜公布，像生命书
（Book of Life）一样被阅读。子通过其教义和复活揭示了父
并恢复了灵魂与父的宁静统一，就好像他们通过灵而恢复了
活力，并被父吸引，就像被芬芳吸引，"以接吻的方式"参与进
父的本性。《真理的福音》告诫说，把父想作严厉和愤怒是不
对的，毋宁说，他不带邪恶、泰然自若、和蔼可亲。

　　伊里奈乌所记的瓦伦廷思想则大不相同。开始于神圣的
父产生的 14 对雌—雄神体，它们一同构成天堂世界。其中最
年轻的是雌性神体索菲亚（智慧）。她希望和父一样，于是不
经她雄性伴侣的同意和参与创造了一个存在。但这是个畸形
儿，虽然活着却没有神性的灵。与他母亲索菲亚一起，这个不
完美的东西和一个流产儿一样被扔出神性世界，并在黑暗和
混沌中发现了自己。这个无知和虚弱的存在就是《创世记》中
的创世上帝。他进而创造低级世界，但错误地夸耀他是至高
无上的"唯一的神"。他和他的天使根据上帝的形象——实际
上就是根据他们自己的肖像创造了人类。在母亲即索菲亚的
唆使下，人类被赋予了灵，并变得比创世神还要高等。由于上
帝的无知，他试图把人类阻止在善恶知识之外，但夏娃得到蛇
的指导，吃了那个果子，她和亚当因而成为最早的灵知人（灵
知派）。然而人类受到诅咒并被重新投入无知中。现在救主
基督被派下来告诉这些被遗失的灵魂，他们具有的天堂起源
和神性本质，可以逃脱世界统治者的羁绊，返回他们的天堂家
园，得享真正的父的蒙福统治。《三部训言》所讲的故事尽管
在细节上有很大不同也更精致，但与伊里奈乌所述故事的一
致性超过《真理的福音》。

　　这些叙述之间明显的不同引起了讨论：《真理的福音》是否写于成熟的灵知派系统（天堂神体以及索菲亚"堕落"的故事）之前？或者，《真理的福音》是否预设了这个神话，一个人只有了解整个这一神话才能理解文本中晦涩的暗指？[20] E.托马森（Einar Thomassen）提出了另一种处理方法，他认为，鉴于《三部训言》符合辩论家的描述，因而把《三部训言》作为瓦伦廷派著作最清晰的例子。但从这一观点出发，像《真理的福音》这样的作品只部分地符合他确立的标准。更大的麻烦在于，托马森认为瓦伦廷派可能采用了一些非瓦伦廷派作品，并按自己的目的对它们做了改编。他认为，《使徒保罗祷文》、《蒙福的尤格诺斯托》可能就是这种情况。[21]

　　最近，这些不一致已经让克里斯多弗·马克席斯质疑瓦伦廷到底是不是个灵知派。他认为，如果我们拿瓦伦廷自己著作未佚的残篇与墨西拿会议对灵知派的定义作比较，则不能认为瓦伦廷是个灵知派信徒。然而，对像托勒密这样的瓦伦廷信徒情况却不是这样。[22]

　　还有一种处理方法，把瓦伦廷自己的著作看作瓦伦廷派作品的基础，但这种方法排除了多数符合辩论家描述的文献。还有人试图类型学地定义瓦伦廷派思想和仪式实践的本质因素，在这一定义的基础上界划其思想范围。还有人尝试谱系模型，把后来的人物和思想派别与创始者瓦伦廷关联起来，无论他们自己的神话思辨多么独特和原创。学者们最稳定的共识是，瓦伦廷主义是这样一个范畴，无论其内核多么稳固，其边界相对来说弥散而不稳定。这个范畴应包括瓦伦廷自己和明显是他后继者的那些人的著作。

赛特派

　　拿戈·玛第材料另一个深具影响也有用的子范畴是申科提出来的,他很有说服力地把一系列拿戈·玛第作品归拢到"赛特派"这个名目下。尽管"赛特派"这个名字来自辩论家文献,申科把这个名目下作品建立在一套共同神话因素的基础上:[23]

157　　　　　　赛特派认为他们是"赛特的后裔"。

　　　　赛特是灵知派救主,或者说,亚当是他儿子赛特的救主。他们都有天堂和(或)尘世的面貌。

　　　　亚当、赛特以及赛特后裔的天堂憩所是自生体(Autogenes)的四个神体和照明者:哈莫齐尔(Harmozel)、奥内尔(Oroiael)、戴维特(Daveithe)、以利利(Eleleth)。

　　　　自生体是神圣的三[父(通常被称作无形的灵)、母(名叫巴贝洛)、子]的一个成员。这个三是赛特派固有的。

　　　　"人"(亚当)在其原始形式中与这个天堂的三是连系在一起的。

　　　　在这四个光明体之下是德牧革亚大巴奥的国度。

　　　　神性的人的出现,是亚大巴奥的傲慢以及他的狂妄遭受惩罚的结果。

　　　　最后,赛特派神话包含对历史不同阶段的划分:亚当时代、塞特时代、原始赛特派时代、当前时代。

　　对于这些神话内容,申科研究了它们在各作品中的互文联系，首先是两种膜拜密仪——洗礼派和一种升天仪式——
在实践上的证据。[24]用这种方法可以把赛特派作品排列如下：
《约翰密传》《掌权者的实体》《埃及人福音》《亚当启示录》、
《赛特三柱》《琐斯特里阿努》《诺利亚的思想》《玛萨娜斯》
和《阿罗基耐》，以及来自布鲁斯抄本的《无标题论文》。[25]在申
科所列文本和特征的基础上，其他学者认为还应包括《三形的
普洛特诺尼亚》《论世界的起源》《麦基洗德》和《伊斯弗》。
申科自己则把伊里奈乌《驳异端》I，29 和伊皮法纽所谓灵知
派、赛特派、掌权者派有关教义（《药库》I，26、39、40）中与
《约翰密传》第一部分对应的部分也列进来。[26]

　　和瓦伦廷派文献一样，赛特派作品也显示出显著的内部
多样性。然而，这次多样性激起的争论是：这些文献背后是否
真有某个具体的社会团体存在。特纳试图通过一个"赛特派
灵知主义文学史"来解决这一问题，通过设想在一个超过 3 世
纪的时段内赛特派与基督教相互作用的变化来解释这一内部
多样性。[27]他的主要观点——这些文本显示了与基督教的多
样关系——引人入胜，尽管他在一个线性历史的范围内处理
赛特派说服力不强。[28]

　　尽管申科把赛特派的特征建立在对拿戈·玛第文集中材
料的分析而不是建立在早期基督教辩论家的描绘上，[29]但他
确实把辩论家的描绘作为补充证据列进来了。A.罗根
（Alistair Logan）进一步认为，在申科所列文献与辩论家所述
材料之间存在不可忽略的连续性。而且，罗根还主张，赛特派
的仪式方面[这是由让-马里安·塞尔万（Jean-Marie Sevrin）
在对洗礼派的出色研究中确立的]对于把赛特派看作一个独

158

特现象具有基础作用。他把基本的赛特派神话归于"迄今为止未知的空想家和空想家们",他们可与在后世闻名的宗教天才比如瓦伦廷和摩尼媲美。[30] 通过主张赛特派灵知神话产生于宗教体验特别是仪式中,罗根就为把赛特派确立为一个不同的子范畴提供了进一步的基础。

雷顿还提出了另一种处理方法,认为我们应该关注他们共同的内部自我称呼,把这看作他们社会特性的一个指示。如上所述,他从对 γνωστικόι["Gnostics"(灵知派)]这个术语的使用开始,并由此制作了一个文本材料目录,这些材料可以通过古代这一自我称呼联系起来。不应忽视的是雷顿最终的数据库与申科对赛特派文集的界划非常一致,他的目录包括所有被申科称为"赛特派"的材料,但加上了《琐罗亚斯德书》《三形的普洛特诺尼亚》《霹雳:完美的心灵》和《麦基洗德》。申科、罗根和雷顿使用的方法不同,却获得了大致相同的材料集,我认为这极大增加了这个范畴的说服力,无论这个范畴是作为一个社会学上的分类还是作为一系列融贯的思想材料。当然,问题依然是,这一归类在多大程度上属于一个历史"实在"(就是说,它在多大程度上界定了一个实际存在的历史团体)以及它在多大程度上属于分类方法。

赛特派与瓦伦廷派的比较

瓦伦廷派神话与赛特派神话之间很大的相似性表明它们之间存在某些联系,但这一联系的具体情况还不清楚。我来提供一个两者的简要比较,不是要解决它们的关系问题。现在比较清楚的是,赛特派神话与瓦伦廷派基督教既非完全一样,也不是各自铁板一块。它们都显示出在思想和神话造作上的多样性。因而下面对它们不同点的比较只反映了它们在思想和神话表达上的方向和倾向,真实的情况当然更复杂。

与赛特派比起来,瓦伦廷派神话和思想确定无疑是基督教的。这从很多方面可以看出来。在瓦伦廷派神话中,首要的救主角色由基督承担,而赛特派神话提供了大量救主,其中包括许多女性形象。在基督教赛特派文本中也能看到把基督确定为救主的倾向,但仍然不像在瓦伦廷派中基督是核心人物。

瓦伦廷派神话倾向于以多少有些积极的笔触来描写创世者,而赛特派则描绘了一个更严苛的创世者形象。在赛特派中,创世者的形象是傲慢、无知而邪恶的;而在瓦伦廷派中他被同情地描绘为这样一个形象:他并不真正邪恶而只是缺乏完整的理解力——他不善,而只义。瓦伦廷派神话因而并不强调创世神在精神上的低等,而赛特派彻底强调这一点。这一倾向在某种意义上使瓦伦廷派思想符合那些把《创世记》中的创世者看作真正上帝的基督教派别。

对创世者的这些不同描绘,对于理解在这个世界中人类的状况以及拯救的性质也有重要影响。赛特派神话在对邪恶之现行恶毒的强调上超过瓦伦廷派,例如,在世界统治者对人类的暴政中,在赛特派夏娃被强奸的故事中,在把《创世记》第六章解释为对人类一个总的欺骗和奴役中。因而对赛特派来说,世界中人类的境况被看作一场战斗,反对试图奴役神性/人性精神(灵)的内(尘世的欲望与激情)外(统治世界建立命运和死亡的诸神)力量。救度强调的是一种自我约束的苦行道德,这种道德可以提供免受恶魔力量的保护,直到下界的光

160　明被救主重新整合进上界。瓦伦廷派神话更倾向于就无知和错误来描绘人类境况,苦难和死亡是可以通过拯救的知识(灵知)而被克服的幻觉。子可以通过克服创世的缺陷实施拯救,而这个创世对父是无知的。这样,即使在基督教赛特派神话中,十字架上的救主也被描绘为灵反抗愚蠢的世界统治者的斗争,而在瓦伦廷派神话中被钉十字架是子关于父的知识的一个启示(一个"公布")。

对世界本性的看法也发生影响。《真理的福音》特别地显示出激进一元论(只有一种生存的终极原理)倾向。这种一元论中为以下观点所固有:苦难(死亡)是幻觉,而邪恶(无知)只是需被"填充"的不足。最终,赛特派思想就其世界、恶和拯救概念来说,与瓦伦廷派相比,是更加确定无疑的二元论。然而需要一个限定,因为有两个赛特派文本,《玛萨娜斯》和《阿罗基耐》,展现了少许激进的哲学一元论。

对于世界中的人类,赛特派和瓦伦廷派观点的不同对伦理学也产生重大影响。尽管我们对赛特派和瓦伦廷派的实际行为所知甚少,但赛特派文献看来比瓦伦廷派更指向坚定的苦行风格。瓦伦廷派在这方面可能相当多样化,但看来至少某些瓦伦廷派信徒接受婚姻的合法性。瓦伦廷派也明确地谈论原罪,看法大致类似保罗,不只看作是行为的对错,而且也看作是自身面对神性完满的缺憾。

两者道德侧重的不同还可以从两者对理想生活的表述中得到说明,瓦伦廷派的表述见《真理的福音》,赛特派的表述见《约翰密传》。两个文本都指明,世间每个人的生命中都展现着拯救,都强调洁身自好远离邪恶的重要。瓦伦廷派文本强

调了改宗和在痛苦中向他人求助的需要，赛特派文本则强调
获得一种可以至死持守的理想的精神和道德状态。道德观上
的这些理想特征反映了前述倾向：瓦伦廷派强调克服无知和
痛苦（死），而赛特派强调世间生活是一场反对现行恶毒敌人
的斗争。在这个背景下，那些经常重复的关于灵知派的陈词
滥调一文不值，比如说灵知派靠"本性得救"，结果灵知派的神
学无法为道德行为提供逻辑基础，这都是基于辩论家对强调
上帝天赐的文本的误读而形成的谬见。即使这些文本强调人
类的属灵（精神）本性和上帝对人类的天赐关怀，也清楚地看
到人们需努力以求道德完美。

　　另一个不同在于他们对"历史"的处理。赛特派神话有时
容许一个救赎史方案（从亚当、夏娃经由赛特和诺利亚的后代
直到当代的赛特派）；瓦伦廷派神话倾向于把故事在时间上的
划分消解在对世间灵魂境况的超时间描绘中。在《真理的福
音》中这一倾向特别明显。

　　赛特派和多数基督徒一样，实际上也和多数社会团体一
样，只把人类划分为两个范畴（可以得救的和不会得救的，即
自己人和外人）；而瓦伦廷派分成三个范畴［属灵的人和属魂
的人（这都是可以得救的）以及物质的人（不能得救）］。可能
是为了在排斥他们的基督教中取得合理存在，瓦伦廷派提出
对人类的这种三分法来作为一种照顾措施，为的是在这个拯
救方案中为他们那些在属灵上不太先进的基督徒伙伴留出位
置，他们认为这些伙伴是属魂者。

　　在这两家神话的性别符号中也表现出侧重的不同。尽管
大致讲来两者都是古代地中海社会父权制性别结构，但赛特

161

派倾向于把女性描绘为更活跃积极的角色,有几处甚至批评男性对女性统治的合法性(例如,把《创世记》3:16 女人对男人的隶属描绘为邪恶上帝对灵的奴役企图的一部分)。瓦伦廷派神话更多使用雌雄同体作为原始统一体的象征(例如,《腓力福音》中把男女的分开描述为死亡的原因,耶稣的使命就是使两者复合并恢复他们的生命)。

最后,从两系文本似乎还可推断出两者在仪式实践上存在重大不同。这也只是推测,因为赛特派和瓦伦廷派的仪式实践到底什么样不清楚。他们都践行洗礼,但对这些仪式的理解可能很不相同。此外,赛特派可能实践一种升天仪式,而瓦伦廷派实践一种洞房仪式。这些区别,以及申克为赛特派所列举的显著的不同特征,证明把瓦伦廷派和赛特派文本区分为不同范畴是有道理的。

赫尔墨斯派

早先,在与已知赫尔墨斯文献比较的基础上,把第三组也是较小的一组作品视为赫尔墨斯派,迄今对这个范畴本质上依然没有异议。包括《阿斯庇乌》、《对第八与第九的讨论》以及《感恩祷告》。

多马基督教

部分学者开始把第四组作品看作另一个不同范畴:多马基督教。这一类包括拿戈·玛第文献中的两部著作《多马福音》和《多马书》(《征战者多马书》),以及以前就知道的《多马行传》。但这个范畴,已经开始受到强烈质疑,而且我认为,也许经受不住学术考察的考验。[31]

在这个领域中,这四个子范畴(瓦伦廷派、赛特派、赫尔墨斯派、多马基督教)已经很好地被确立起来了。[32]然而,对于灵知派来说,它们的身份却变得越来越不清楚了。应该把它们看作灵知派或基督教的子范畴,还是看作不同的宗教现象,类似于曼达派和摩尼教?

如果我们选择前者,问题就来了:这些范畴相互之间是怎样联系的? 有几位学者已经对赛特派和瓦伦廷派做了谱系学连接。雷顿至少部分地依赖伊里奈乌对瓦伦廷的评论(说瓦伦廷"改编了取自所谓灵知派异端的原则以适应他独特的教义体系"),认为瓦伦廷是经典灵知派体系的一个基督教改革者。然而,Markschies认为基督教只是在后期瓦伦廷派中才以灵知化的方向发展。[33]法国学者西蒙娜·佩特雷蒙特(Simone Pétrement)与雷顿不同,认为瓦伦廷派影响了赛特派。[34]毕竟,德尔图良认为(与伊里奈乌不同)"从瓦伦廷派中长出的教义已经蔓延进灵知派的林地了"。[35]所有这些谱系学图式都没有得到广泛接受,这至少部分地是因为,任何这种线性阐述对于解释这种现象的复杂性都太过简单,特别是考虑到这些子范畴本身的多样性。

而且,我们如何来给那些无法填充进上述四个范畴的文本归类,比如那些与早期耶稣传统相关的文本(如《多马福音》、《玛利亚福音》、《雅各密传》、《与救主的对话》以及《救主的福音》)? 需要确定更多的灵知派流派吗? 需要把那些"剩余"作品看作"一般灵知派"吗? 还是根本不是灵知派? 属于拿戈·玛第秘藏或柏林的抄本,这一部作品是灵知派的要素吗? 例如,如何处置抄本Ⅵ中对柏拉图《理想国》中某部分一塌糊涂的翻译或抄本Ⅻ中的犹太教智慧语录集《塞克吐司语录》？只根据它们于其中被发现的陶罐或抄本中的其他内容，想必是不可以把它们归为灵知派的，还是可以？这些作品显然被拿来为灵知派诠释学服务。它们因而也是——在很大程度上和希伯来《圣经》变成基督教《圣经》一样——通过诠释学上的挪用变成了灵知派的吗？《拿戈·玛第文集》曾归据说是正统的帕乔米恩修院修士所有，这是什么意思？这一背景表明这些著作应被看作正统？还是这些修士应被看作异端？

　　在1993年的拉瓦尔（Laval）会议上，分类问题受到特别关注。[36]论文主题涉及作为整体的文集（语言学分组、手稿学分组、教义分组），往哪儿安置那些被修订过的文件（如《蒙福的尤格诺斯托》和《耶稣的智慧》），怎么理解单个抄本中明显不同的材料可能的融贯（把这些材料列到一处的古代的逻辑理由），在界划某些范畴（瓦伦廷派、赛特派）时使用的是什么标准，怎么安置单独文本？[37]古代抄写者放进一个抄本中的作品，现代学者却把它们列入不同的子范畴下，这尤其令人窘迫。比如，抄本Ⅱ包含的作品被分为赛特派、瓦伦廷派、多马基督教和两篇杂烩作品——这说明古代的结集（因而也就是古代的分类标准）和后来20世纪学术对范畴的界划没什么关联。

164　　　在这一讨论的基础上，会议论文集的编辑者潘洽德与安娜·帕斯奎尔（Anne Pasquier）得出结论："考虑到我们掌握的实际情况，如果不冒险把这些论文塞进确立得并不充分的分类范畴，而是为它们的分类保持一个令人满意的原则，几乎是不可能的。"[38]分类的这一过程倾向于固化其自身范畴，代价是无法理解单独作品如何穿越和模糊这些清晰的范畴。对这些文本分类方法的多样性反映了分类者兴趣和视角的多样性。例如,对语言学感兴趣的读者会有一种分类;而对 2 世纪基督教多样性历史感兴趣的读者会给出一个非常不同的目录,从开始就完全排除大量作品。关键在于尽管范畴和分类是为特定目的服务的,但任何分类都是暂时和有立场的。

这一点可以通过观察拿戈·玛第作品另一个甚至是更具说服力的分类方法得到说明,这些作品包含与基督教、犹太教和异教的关系。这些作品中的多数已被归为以下类别中的一种:基督教灵知派(如《真理的福音》)、犹太教灵知派(《亚当启示录》)、哲学—异教的灵知派(《阿罗基耐》)。实际上学者们经常争论一部作品怎么才"真正"算是"犹太教的"或"基督教的"或"哲学的",或者它可能是哪一类犹太教或基督教或异教。[39]不妨我们如同把瓦伦廷派、多马基督教或赛特派的某些作品看作灵知派的子范畴一样也把它们看作基督教的子范畴? 这些讨论的要点是不是对于文本的多样性并无多少意义,而只是(重新)建立了规范性基督教、犹太教和异教之间的边界?[40]如果是这样,拿戈·玛第文集处处都使这些宗教分类的基本范畴不知所措。

相关的问题是,分类能否把一个作品置入固定而永久的思想和历史位置,从而主导其解释并决定其历史意义。想必作品可以并确实在移动,而当作品移动时,它们的意思和历史意义也跟着发生变化。因而范畴本身并不代表固定的、本质的或彼此排斥的实体。宗教总在变化,在 1 世纪地中海东部地区获得的古代多元主义条件下尤其如此。分类尽管是重要的诠释学工具,但有必要讲清这样分类的目的,首先要注意到所有分类的临时性。

　　清理把灵知派看作一个铁板一块的范畴而引起的混乱状态的另一种方法，可能会取消这一术语，或至少限制被称作灵知派的材料的范围。[41]这件事早在1935年（拿戈·玛第文献发现前10年）已经做过，凯西（R.P.Casey）已经质疑灵知派作为一个范畴的适当性。他在概览了当时可用的古代文献（希腊、拉丁、叙利亚、亚美尼亚、科普特和曼达派）后得出结论：

　　　　"灵知派"作为一个宽泛的史学范畴在早期基督教中并无踪迹，而现代使用"Gnostic"（灵知派）和"Gnosticism"（灵知派）去描绘一个庞大而又定义不当的宗教运动（具有特定的范围和特征），这在早期基督教时代完全是不知道的。[42]

　　凯西认为，灵知[γνῶσις, gnosis, "knowledge"（知识）]这个术语在古代广泛使用，而灵知派（γνωστικός, "Gnostic"）这个术语却很少出现，只被亚历山大的克莱门、伊里奈乌、德尔图良和普罗提诺使用。克莱门用这个术语指灵修上成熟的基督徒，已经获得了对基督教先进的哲学理解。伊里奈乌和德尔图良追随他，用这个术语指"诸如俄斐特派（Ophites）或挪阿新派（Naassenes）这样一些派别"。按凯西，很难知道普罗提诺心里用这个术语指的是谁，除非只是诋毁地指"万事通"。[43]
　　如此，凯西询问"其现代概念是否正当"。他的回答有些模棱两可。一方面，他注意到对灵知派定义的现代努力不是特别明朗，他写道："应该明白，定义灵知派的所有努力都因为强调特定系统（比如希腊哲学、东方宗教或失败的末世希望）

的某个方面而掩盖了其目的，代价是材料中发现的多种兴趣、思辨和想象。"另一方面，凯西并不主张完全取消这一范畴：

> 在处理他们（灵知派）时，抛弃"Gnostic"（灵知人，灵 166
> 知派）和"Gnosticism"（灵知主义，灵知派）这两术语无疑
> 也是不明智的，它们在历史文献中已经流传了这么长时
> 间，但这些词语的含义应予清晰理解。应该认识到
> "Gnosticism"是个现代范畴而不是古代范畴，它的使用不
> 断遮蔽而不是照亮早期基督教的情况，但在它的后面存
> 在一个清晰的历史现实：一个具有如下特点的神学家和
> 教派的团体：（a）受惠于基督教；（b）他们体系独立自主的
> 品质使他们成为正统基督教的对手而不是其细节上的改
> 造者；（c）他们不断地诉诸远古，寻求虽已模糊但未泯灭
> 的神学上的新奇。

凯西能够提供的最好的方案是呼吁"扫除宽泛多样神学思辨的一个虚假范畴下的不幸分组试图创造的神秘气氛"。[44]不用说，他的呼吁多半被忽略。

1978 年在关于"灵知派的重新发现"的耶鲁会议上，莫顿·史密斯（Morton Smith）在他题为"灵知派这个术语的历史"的讨论中提出了与凯西非常相近的观点，尽管具有更尖锐的论辩色彩。他给出的结论较少模棱两可：他认为，这个术语在使用上应该完全遵从其古代用法。尽管史密斯考察了比凯西更多的希腊文献，但大致上得出了相同的结论——γνωστικός（"Gnostic"）这个词在古代的使用，指谓范围非常有

限,主要用于论辩,而且"首先是晚期柏拉图主义的一个现象"。鉴于我们对这个术语的古代用法和可能指谓的人都所知甚少,Smith 提议最好的办法是保持缄默。[45]

雷顿现在接受史密斯的挑战[应确定 γνωστικός("Gnostic")的确切用法,没证据就不多说话]。他明确宣布,使用这一名称最好的史学办法就是一个社会团体用来自指的那种用法;他于是加上更强烈的警告:"而且,现代史家必须避免在其他意义上使用这一词语,因为两可的用法将使史学讨论杂乱无章。"[46]这种方法可以把"Gnosticism"这个术语限制为一种规范称呼。

雷顿试图发展出"一种确定材料的方法,这些材料可以用来撰写 Gnostics 的历史,以便定义 Gnosticism 这个术语"。他的出发点是:γνωστικός("Gnostic")这个术语用来指人,而不是指特定的某类教义。于是目标是确定一个使用 γνωστικός 来自称的古代社会团体。但从一开始他就遇到一个巨大障碍:γνωστικός 或 γνωστικόι(Gnostics)的直接证据只存在于灵知派敌人所写的文献中。在这儿,雷顿做了一个关键改变。他注意到辩论家把灵知派和一个特定的宇宙论神话联系起来。在他看来,这一神话可以看作是这一团体显著特征的一个相对可靠的指示物。这样,无论在哪儿发现这一神话,也就是遇到了灵知派,即使这一神话并没明确连到 γνωστικόι(Gnostics)这一自称上。他分五步来把另外的材料列入他的数据库:

1. 收集、分析直接证据。
2. 把这些记载与其他古代基督教文献作比较,找出相符材料,加入数据库。

3. 分析第 2 步中所加入材料的显著特征。以它们为基础寻找更多的相符材料,再加入数据库。

4. 把扩大了的库存与其他基督教文献作比较。如果称呼不同的材料(如巴贝洛派或俄斐特派)在特征上符合第 1、3 步中确定的显著特征,把这些团体或人物加入数据库。

5. 把有关第 4 步中登记团体的所有信息加入数据库,不论它们是否符合第 3、4 步确定的显著特征。第 5 步的意思是"以不同于灵知派的名义列入的信息可能意味着调研结果是个包含几个亚种的种。当然,这也意味着调研包含某些不相关联的材料"。

按雷顿,这一调研结果将产生灵知派的社会史和思想史据以建立的唯一材料。[47]

这种处理尽管提供了某种明晰,但把灵知派范畴局限为从前用这个名字所称呼材料一个相对较小的部分。其余的作品怎么办? 如果这些作品不再称为"灵知派",它们是什么? 答案不清楚。

迈克尔·威廉姆斯(Michael Williams)最近主张完全取消"Gnosticism"这个术语。虽然他指出把如此广泛多样的现象归到一起是不合适的,但困扰他的与其说是这一现象的多样性,不如说是对灵知派通常类型学描述的不充分。这一宗旨导致威廉姆斯建议抛弃"Gnosticism"这一术语而代以"《圣经》德牧革(造物主)派",不过,这个称呼"为了研究和比较"还

是"把多数相同的神话归到了一起"。很难讲这一建议是怎样
帮助我们处理分类问题的,它不过是换了一个新(而累赘的)术
语,而基本完整地保留了列入原来那个范畴的材料的范围。[48]

　　最后,无论专家们试图建立子范畴,还是主张完全取消
"Gnosticism"这个术语,还是用它指称比讨论预告范围有限得
多的现象,他们都认识到用这个术语来囊括指派给它的现象
的多样性是不够的。对拿戈·玛第文献的现代学术研究至少
还是可以说这个话的。

　　多样性问题本身并不多样。这个问题力图把各种各样不
规则的对象塞进方方正正的本质主义定义孔洞。如第一、二
章阐明的,犹太教、基督教、异端这些范畴是基督纪元第 1 个
世纪期间形成的、身份问题的产物。现代中的灵知派也是这
样。通过定义,这些范畴被蓄意本质化,力图辩论术地把宗教
建立为边界清晰、相互排斥的实体。但文献史学需要因地因
时制宜的范畴作为分析工具来分析某种被界划的思想工作。
这一立场认识到,对具体作品的分类有多种合法手段,依赖于
调研者希望显明的是什么。鉴于古代地中海世界宗教文献的
"融合"与移动特征,坚持这些文本属于一个(而且是唯一一
个)传统是无益的。相反,我们应该探索晚期古代文化的杂种
性,以便说明它们重叠的主题、策略和讨论,还有它们不同的
实践。

对灵知派起源的反思

　　人们不会奇怪,灵知派的起源这一顽固问题得到了研究

拿戈·玛第文本的学者们的持续关注。[49] 1966 年，在墨西拿正式召开了一次国际会议，专门解决这一问题。尽管拿戈·玛第文献发现已经过去了 20 年，会议论文[由乌戈·比安奇（Ugo Bianchi）编为《灵知派的起源》出版]清楚地表明共识是何其少也。为了解决学者们的意见分歧，会议"为了研讨会主题在术语和概念上的一致"提出了一个联合意见。事后看，这与其说是解决了问题，不如说是给出了一个大家都能接受的协议。会议与其说试图解决各方面的分歧，不如说把各种方案组织在了不同的术语范畴下面。与会者建议在以下四个术语之间作出区分：

> Gnosis（灵知）："为精英保留的关于神性奥秘的知识。"
>
> Gnosticism（灵知派，灵知主义）："2 世纪的一组体系……2 世纪诸派的灵知主义包含一系列融贯的特征，可以概括为以下观念：人中存在神性火花，火花来自神性国度，堕入此命运、生、死的世界，需要被自身的神性对应物唤醒，以便最终重新统一。与神性'退化'的其他观念相比，这一观念在本体论上的基础是神性向下运动的观念；这个神性，它的外围（通常称作索菲亚或伊挪伊娅）不得不屈从与这样一个命运，就是陷入一个危机并（即使不是直接）产生这个世界；它无法抛弃这个世界，因为它必须寻回 pneuma（灵）——一个一元论背景上的二元论概念，表达在退化和重新统一的双向运动中。"
>
> Pre-Gnosticism（前灵知派）："先已存在的不同论题、

170

主题构成那么一个'先',但不包括灵知派……一般说来,谈'前灵知派'的学者通常强调:犹太教启示论、库姆兰,或法利赛主义,以及公元 70 年后犹太教中的危机;基督教思想的某些思潮,以及在这么一个'前'背景中,埃及和美索不达米亚的重要性。"

Proto-Gnosticism(原始灵知派):"2 世纪之前以及 2世纪基督教灵知派之外的灵知派要素……谈'原始灵知派'的学者尤其指伊朗,或印度—伊朗世界,或《奥义书》时的印度,或柏拉图主义和奥尔弗斯教(以及毕达哥拉斯派)的希腊。"[50]

在操作上,这一建议只是对贯穿 20 世纪的灵知派起源问题的各类解答进行了分类。"灵知派"这个首要称呼留给了那些与基督教辩论家的攻击直接相关的系统,而且主要是就灵知派救主神话来定义的。采用的其他三个术语,用于作非常宽泛的概念使用(灵知)、用于与其他传统建立谱系联系(前灵知派)、用于与其他宗教史进路作比较(原始灵知派)。[51]

尽管这一方法真心希望为讨论带来某些秩序,但事实证明是无效的,因为最终什么也没解决。关于灵知派起源的每个论点都能找到一个地点,而分析所用的基本范畴和方法依然未受触动未受检验,这表明问题出在术语上的混乱而非实际的冲突。什么都收进来,于是什么也没确定。最终,会议"术语和概念上的一致"并未解决起源问题,不如说是暴露了这个问题。

然而,最后一条建议在有一个问题上采取了清晰有力的立场:灵知派与基督教的关系。与会者同意把一个不具资格的术语"灵知派"留给被辩论家描述为异端的系统,这已经泄露了他们的立场。而且,他们进一步还加上了这一点,即他们的定义使"把灵知派归于和新约及大教会(*Grosskirche*)*时代的犹太教或基督教一样的历史、宗教类型变得不可能了"。[52] 简言之,他们对这个问题的处理是,不但把灵知派与新约而且与规范的犹太教和教会基督教区别开来:他们宣称灵知派的犹太教形式或基督教形式不是真正的犹太教和基督教,它们是不同的"历史和宗教类型"。结果只是**从定义**上解决灵知派与基督教的关系问题,而不是从社会学、历史学或神学上解决这一问题。

　　人们逐渐认识到,墨西拿定义,无论在理论还是实践上都无建树。关于灵知派起源的争论依然起劲,讨论所用的基本术语依然如故。

　　其至在拿戈·玛第文本发现之前,由于曼达派和摩尼教材料年代较晚,关于前基督教灵知派的整个问题已经被搁置。新文本对于谱系问题的解决几无助益,因为它们并没带来任何无争议的前基督教资源。由于缺乏任何能确定为前基督教的灵知派的确定性证据,因而与新约文献的年代关系问题一如既往地模棱两可。

　　尽管约纳斯搞了一个反对谱系方法的上佳案例,热情主张确定特定论题和主题的最早事件对解决灵知派的起源问题是

---

*　大教会,联合教会,那种跨越整个罗马帝国的教会团体联盟就是"大教会"。——译者注

不够的,但他的主张没产生什么成果。学者们实际上大多回避莱岑斯坦等人所搞谱系的粗鲁和不精确形式,但并不回避其基本假定。认为特定灵知派文本的文献资源和思想先例将揭示灵知派的起源这一假定,尽管受到不断批评,却继续发挥作用。[53]

172　　学者们确实接受了约纳斯关于灵知派起源于某种危机形势的观念。某种激进的原发事件必能解释其激进神学的出现。但学者们并未像约纳斯那样把危机看作古代的普遍形势,他们试图确定有可能解释灵知派(作为不同于古代其他宗教传统)形成的具体事件和条件。

同样,基督教的规范定义依然是灵知派起源争论中的关键问题。[54]这一点很容易从以下事实得到解释:关于灵知派起源的不同建议很容易按照它们对灵知派与基督教关系的理解来分类。为简洁计,可以把这些建议分为四类,每一类都可以得到部分证据的支持:

　　1.灵知派是基督教的一种异端,无论从逻辑还是编年上,都出现在从属阶段,它通过把外来因素引入原始基督教而偏离了确定规范。证据主要集中在异教研究(辩论家)资源和瓦伦廷派文本。

　　2.灵知派是一种基督教,与古代其他种类的基督教一样。证据集中在保罗及其假定的对手、《约翰福音》以及像《多马福音》或《玛利亚福音》这样与早期耶稣传统密切相关的文本。

　　3.灵知派是种前基督教宗教或原始基督教宗教,在其形成发展中影响了基督教或与基督教竞争。证据集中在"非基督教"传统、文本或材料，如《亚当启示论》、《约翰密传》中的犹太教材料或曼达派。

4.灵知派是种独立传统，本质上不同于基督教，两者应被看作截然不同完全分开的两种宗教，可能还发生过一些相互影响。证据主要集中在赛特派文献。

这些建议中的每一种都把灵知派与基督教的关系作为定义灵知派起源中的核心因素。前两者意见预设灵知派起源于基督教内部，但对起源的评价不同。范畴1符合德尔图良真理先于谬误的观点，完整保留了灵知派是异端的观点。就我所知，那些从编年上把灵知派置于基督教之后的人也从来不会建议对于基督教信仰和实践来说灵知派也是个神学上的合法选项；而是在精确确定灵知派从何处偏离既有基督教规范中采取了种种路线，比如确定外来因素从何处被引入基督教，或者灵知派从何处变成了"激进的"和"反叛的"(即不敬的)。

那些认为灵知派是在基督教内和其他基督教同时兴起(范畴2)的学者打开了这种可能性：灵知派可以被看作基督教思想与实践在神学上的一种合法选项。W.鲍尔奠定的史学基础使这种观点成为可思议的了，尽管他没有用神学术语清晰地表述这一观点。然而，佩特雷蒙特把灵知派(基督教)对**"世界宗教**(不过是对强权的无限崇拜)"的攻击认作**原始基督教**一个核心而本质特征。尽管这一观点也激进地认为灵知派在神学上是合法的，但还是重复了德尔图良的观点：合法性必然与本源相关。我想说，鲍尔的工作应该动摇了以下观点的基础：把年代先后看作合法性的一个决定因素。例如，科斯特

认为,与历史上耶稣的关系应该是首要标准,当然还可以提出
其他神学和伦理学标准。[55]

范畴 3 和范畴 4 把灵知派的起源置于基督教之外,虽然在
灵知派对理解基督教的意义上两者评价不同。例如,如果灵知
派是种前基督教宗教,那么它可能影响了基督教的早期发展。
在这一情况中,灵知派可以被描绘为对基督教的一种外来影响。
这意味的可能是基督教身份的动摇,特别是其神学唯一性问题。
虽然多数学者的研究局限于询问:前基督教的灵知派如何能够
解释像人子、《约翰福音》序言、保罗人类学的要素、保罗"对手"
的身份等这样费解的新约主题或段落。新近的一个例外是玛
格尼(Jean Magne),他认为:耶稣首先出现在这一灵知派思辨
中:(神话上)神性的上帝之子就是《创世记》中的作为教员的蛇;
后来,在犹太教的影响下,耶稣才被塑造为一个人类并被认定为
弥赛亚。[56] 基督教合并了这两个传统,发明出作为神人的耶
稣,尽管受到了灵知派的反对。从这一观点看,灵知派是耶稣
形象的原创源头,不是作为历史人物,而是作为神话形象。

正如当代文献表明的,学者们受到以下情况的折磨:一方
面,灵知派对于新约解释具有解释价值;另一方面,想到异端
影响了基督教文献规范性正典基本发展的所有重要方面,有
时又不免让人强烈反感。当然,把保罗的对手确定为灵知派
或其他令人憎恶的类型是件较少争议的事(尽管也不是那么
容易解决)。然而,无论取什么样的立场,主要的棘手问题依
然是为原始材料确定时代。无论对灵知派如何界定,未佚的
材料完全无法支持对灵知派的前基督教断代。

相反,如果灵知派是种独立宗教,与基督教存在本质区

别，两者之间的任何相似都只是表面和次要的（这也许是因为
地中海文化共有某些普遍特征，也许是因为灵知派试图借助
基督教的成功），那么灵知派对基督教的规范性定义就不会形
成任何威胁。于是灵知派对于基督教的身份塑造完全不重
要，除非比较研究可以展示基督教对于灵知派的优势，无论是
从神学、伦理学上，还是从社会学上。

为了确定这些建议中哪个更好，学者们试图确定以下诸
点：灵知派四个可能的源头（基督教、希腊哲学、东方宗教、犹
太教）中哪个对其发源最关键；灵知派对基督教的适当年代关
系（前基督教的、后基督教的、同时的、具有相同边界的源头）；
灵知派对基督教的确当形态学关系（派生形式、原型、前形式、
变形或者在形态学上没有关系）。[57] 我的四重分类试图说明，
在灵知派与基督教关系问题的每个范畴后面都有明确的意
图；而且，这一问题是与基督教的历史身份和神学身份结合在
一起的。对基督教规范性的普遍关心，意味着对灵知派的研
究不可避免地被裹挟在各种辩护事业中。

在拿戈·玛第文本发现之前，所有这四种观点都有提倡
者。拿戈·玛第文本发现之后，最重要的转变不过是，在"急
性希腊化"或"东方混合论"中对灵知派起源的探索大大衰落
了。尽管近来有人强烈主张在基督教内考虑灵知派的起源，
但灵知派起源地点新的热门竞争者是犹太教。

灵知派的犹太教起源

学者们是如何获得灵知派的犹太教起源这一命题的？[58]

早在 1898 年,M.弗里德兰德(Moritz Friedländer)就提出,存
在一种基于亚历山大反律法主义圈子的前基督教的犹太教灵
知派。[59]构成这些圈子的犹太人对《圣经》的解释来自"大流散
中犹太教的希腊化",即来自异教对犹太教的污染。

这一命题的逻辑可以远溯至早期的基督教内部争论,在
这儿应该考察一下这些争论。对犹太教的基督教构建,在早
期基督徒对正统与异端的界定中是个核心因素,甚至对现代
史家也是这样。比如伊纳爵(Ignatius)警告他的读者既要当
心犹太教又要当心幻影论。他在写给马内夏人的信中,告诫
不要"按犹太教教义生活",[60]相反,神圣的先知"按耶稣基督
的教导生活"。[61]而在致士麦那人的信中,他告诫要反对幻影
论者,说他们"既不遵摩西的预言和律法,甚至至今也不遵福
音,也不信我们自身的个人苦难"。[62]他认为这些"犹太化的
人"和"幻影论者"(教会历史学家总是一方面把他们认作犹太
教基督徒,一方面又把他们称作灵知派或"灵知化的人")的问
题在于他们并不理解犹太教的先知和经典。[63]这就是说,伊纳
爵是就对犹太教《圣经》和传统的正确解释来构建正统和异端
问题的。

弗里德兰德同样把异端灵知派的起源定位在犹太教对
《圣经》的不当解释中。[64]然而,与古代辩论家不同的是,他对
这一谬误的解释是,由于误解了他们自己的《圣经》,犹太人已
经背离了他们自身传统的真理,这至少部分地是因为希腊化。
他这么做时,结合了古代异教研究深具影响的两大要素:异端
来自对《圣经》的误读、异端来自异教的污染。不必再设定外
部思潮(来自希腊哲学或东方神话)玷污了基督教对犹太教

《圣经》的正确解读；犹太教谬误本身就是异端的集中地。灵知派于是立刻可以被构想为前基督教（从社会学上，如果不是从年代学上）的和非基督教的——一个符合宗教史学派基本前提的观点。这一观点的主要说服力在于它合并了古代和现代异教研究的诸多要素。

　　然而，弗里德兰德的论点直到拿戈·玛第文本发现之后才引起人们的重视。振奋始于学者们确定了几篇充斥犹太教材料的作品。[65]正如宗教史学者们（如波赛特）通过设定"纯粹希腊化灵知派文献"的存在来论证灵知派的希腊化（即非基督教、非犹太教）源头，现在学者们使用拿戈·玛第文本中的犹太教灵知派作品来论证灵知派的犹太教起源。[66]

　　考尔普批判早期宗教史学派的东方论题，像奎斯佩尔（G. Quispel）则认为灵知派神话中发现的人的形象不是伊朗的而是犹太教的，这些观点支持了灵知派的犹太教源头这一假说。更重要的，麦克雷（G.MacRae）、皮尔森（B.Pearson）以及其他学者的大量细致研究已证实，犹太教文本和传统无疑在许多拿戈·玛第作品的互文和阐释中具有重大意义。[67]在这一点上，这些学者是令人信服的，确实也是正确的。他们确证犹太教资源的著作具有持久的重要性。与广泛的犹太教传统的亲和性表明与犹太教不止存在表面上的了解。这些犹太教传统不只包括《创世记》和其他具有正典地位的文本，也包括斐洛著作、智慧文学、启示录文学、米德拉什传统、所谓的次经文献，以及库姆兰派系文献。仅仅粗浅的了解是没法反映这种思想财富的。当然，这一结论并未终结有关灵知派起源的争论。仍需确定，所有这些犹太教材料，从其社会学起源、历史

177

背景或文学创作上看意味着什么，以及这些材料是否对所有文本都意味着相同的东西。

　　学者们认为，为灵知派设定一个犹太教起源，带来了许多严重问题。[68]不清楚这一假定到底意味着什么，因为对于理解犹太教与基督教的相互作用，这一假定支持多种可能性。例如，犹太教可以被看作基督教和灵知派共同的发源地，两者在其中表现为相互排斥或相互竞争。或者，犹太教在其异端的灵知派形式中可以被看作异己的影响，导致了基督教异端的发展（通过谱系学，从真正的犹太教演化到犹太教灵知派和基督教灵知派）。或者，犹太教灵知派可以被看作不过是"晚期古代精神"的另一形式，这个"晚期古代精神"已经用灵知化异端传染了基督教。[69]这些假定已经先后被提出，但它们全部建立在对以下问题不充分地理解上：诸传统在一个多元环境中是怎样相互作用的，它们在何处被牵进了互惠互利的定义与自我定义之中，以至于没有哪个传统可以声称产生了另一个。

　　是否存在某种纯正的犹太教灵知派文本？这也是不确定的。首选是《亚当启示录》，[70]但其中的"光照者"是否基督形象仍有争论。[71]如果是，学者们认为，那就说明是个基督教背景。纯基督教灵知派作品的另一个候选者是《挪利亚的思想》，它唯一明确的犹太教特征是亚当和诺利亚的名字，不过从特征上看它显然是赛特派的。[72]此外，它只有 52 行，以此为基础构建如此重大的理论略显脆弱。

178　　此外，雷顿质疑了以下假定：无基督教特征意味着就不是基督教的源头。[73]毕竟，基督徒自己挪用了犹太教的《圣经》和传统。这立刻提出这样一个问题：如何界划犹太教和基督教

(或柏拉图主义)。雷顿提出，应该按社会学依据而不是就文献作品区分它们。毕竟，犹太人和基督徒可以使用相同的文献。

认为存在犹太教灵知派，其他的关键作品是《约翰密传》和《征战者多马书》，依赖的论据是：它们都已间接地被基督教化了；它们目前的形式，都是救主与他门徒的对话。[74]在其他情况下，学者们使用源头批判为一个已完成文本确定假定的犹太教起源，假定这些源头指向一个该作品在犹太教中的原始环境。然而，这一方法的问题在于，它要求不顾存在的整体，把一部作品拆解为假定的诸部分，几十年前约纳斯就挖苦过这个方法了。

让我们大致看一个这种方法的例子。皮尔森在给他编辑的《真理的见证》写的导论中，把这部作品归于一个基督徒作者，此人于 2 世纪末 3 世纪初在亚历山大或其附近地区写作。[75]这明显是一份关于耶稣行述的基督教文献，提倡极端苦行，诋毁被"信奉律法的人"导上邪路的对婚姻的信奉。作者既谴责瓦伦廷派也谴责"大公基督徒"。

在后来的一篇文章中，皮尔森孤立出两个"外来部分"(《真理的见证》45，23—49，10 以及 70，4—30)，这两个部分，"崭露了与犹太教《哈加达》*传统明显的联系"，他称它们作"米德拉什"。[76]他从这个作品中把它们抽取出来，已经认定

---

*　Haggadah,《哈加达》，也写作 Haggada 或 Aggada。犹太文献用语，意思是"叙事"，指犹太教拉比文学中的一种形式，包括传说、箴言等。狭义的解释就指犹太人出埃及的故事，在逾越节家筵上讲，称逾越节哈加达。——译者注

"基督教"因素是原始米德拉什的次要附加物。通过把这些米德拉什与规范的犹太教文献（主要是拉比资源，但也有斐洛以及智慧文学和启示录文学），皮尔森断定它们是《圣经》的"歪曲"。最后，他把这些米德拉什从《真理的见证》它们的文学背景中摘录出来，以约纳斯反叛和异化的形态学方法对它们作出解释，在这个过程中显然赋予了它们与其文学背景不相一致的意义。在《真理的见证》中，它们表达的并非源于犹太人被神抛弃的"存在主义绝望之回声"，而是对接受律法命令进行生殖的基督徒的谴责。与辩论家的描述进行的进一步比较，导致他把这一"反犹太教"文本的假定的起源指派给了（前基督教的？）俄斐特派，尽管任何辩论家都认为俄斐特派不过是基督教异端。[77]

皮尔森的方法是基于老谱系学主题（动机）史的一个版本（尽管是其精致形式：源头批判），从其文学背景中抽取材料以便构建一个谱系，为的不是指出那些成问题的文学（互文）作品，而是要指出假定的起源和灵知派的本质。而且，为了安置把灵知派定义为某种倒错的首要因素——危机解释学，这一方法重提了有关正统与异端的基督教资源，在这些资源中，对《圣经》的恰当（或不当）解释，划出了宗教身份的边界，正如基督教辩论家所确定的。[78]在我看来，这种方法是无法支持灵知派的犹太教起源的。

拿戈·玛第文本中的其他非基督教文本也不是犹太教的，因而无助于为灵知派提出一个犹太教起源。[79]但这些文本又需要处理。通常的方法就是构建一个线性谱系，把犹太教材料置于这样一个位置，即在年代学上早于或在逻辑上先于基督教或异教哲学著作。学者们在这条路上提出了一个原始的非基督教的赛特神话,这个神话来自犹太人圈子,位于开端,而后把基督教和柏拉图化作品降到较晚的发展阶段了。[80]

这一立场近来受到了佩特雷蒙特的挑战。在《分离的上帝:灵知派的起源》一书中,她复活了这一观点,即"灵知派从来源和本质上说乃是基督教异端":

> 灵知派发源于犹太教,但不是直接的,而只能是发源于一次巨大的革命,而在那个灵知派已经出现的时期,犹太教中的这么一场大革命只能是基督教的出现这一革命。[81]

在此书的第二部分,佩特雷蒙特提出了一个灵知派起源和发展的线性谱系,具有从原始主干发源的多个分枝。[82]与那些对灵知派犹太教起源假说的重建相反,她认为,赛特派材料(比如《约翰密传》)并非瓦伦廷派基督教的源头,而是反过来:赛特派依赖瓦伦廷派传统。[83]基督教因素是首要的,灵知派作为独立传统的发展比较晚出。

最近,罗根提出了另一种论点。他尽管不赞成佩特雷蒙特有关赛特派和瓦伦廷派之间关系的看法(罗根认为瓦伦廷及其信徒依赖赛特派神话),但他确实赞同灵知派的早期表现(包括与洗礼派的联系)"撇开基督教是无法理解的"。他把原始灵知派神话定位在安提阿"一个基督教团体"中,这个基督教团体"抗拒犹太教(以及"正统"基督教?)对他们及其主张的排斥,具有特有的入会形式,而这些仪式形式乃是基于他们自己的体验或(更可能)是基于负责他们神话的创造天才的经验"。[84]佩特雷蒙特使他信服灵知派本质上具有基督教特征。
他尽管把灵知派"基本上"看作"是种基督教现象",但也认为
灵知派"有资格说是种独立宗教,具有对神、世界、人及其拯
救、公共生活的膜拜和形式的特有理解"。他认为,这个表面
上的矛盾意味的是:

> 寻找观念、神话的内核(这些观念神话基于并具体表
> 现在作为灵知派体验投射的入会仪式中并把这些体验拢
> 在一起),把这一内核处理为解释基督教的有效形式,这
> 都是正当的。[85]

罗根也许没有完全认识到他的真实想法其实是想说,从历史
上看,基督教包含不止一种宗教。[86]无论如何,他研究了他从
《约翰密传》重构出的神话并将其认作塞特派灵知派的基础,
并把赛特派灵知派确定为所有灵知派晚出形式(甚至那些看
181 起来几乎完全是基督教的形式)的基础,并主张一个以赛特派
为开端的线性谱系,不一定能支持灵知派犹太教起源的论点。
不过也同样无法支持灵知派基督教起源的论点。

　　无论是为灵知派假定一个犹太教起源还是一个基督教起
源,方法是相同的:从谱系上把某些材料设定为灵知派的原始
中心,并从这个原始中心引出所有其他形式。

灵知派神话中的反犹太教态度:恶的创世者的来历

　　尽管为灵知派寻找犹太教起源的许多论点是谱系学地建

立起来的,但争执的症结其实在别的地方：如何解释灵知派神话中的反犹太教态度。这个问题对于那些持灵知派犹太教起源说的人特别尖刻。如何灵知派的源头要在犹太教中寻得,这会是一种什么样的犹太教？犹太人为什么要创造这么一种宗教,其中《创世记》的创世神被描绘成一个虚弱、傲慢、恶意、低等的神？这样一种立场显得如此反犹以至于无法归于犹太人虔诚的想象；因而学者们诉诸约纳斯关于危机和异化的观念。

　　比如,格兰特(R.M.Grant)提出,灵知派来自"犹太人启示论期盼的挫败",他的论点主要基于灵知派论题与犹太教启示论(特别是来自库姆兰的新材料)之间的某些相似性。他设想,对启示论期盼的失望带来的痛苦,把一些热情的犹太人导向对他们自身传统的反动重释,而他是就"社会失衡的通常征兆"来描述这种行为的。[87]然而,什么样的历史挫败能够严重到引起如此极端的反应？在格兰特看来,只有巨大危机才能导致这种极端转折,像在罗马人那里的一系列失败(高潮是耶路撒冷圣殿被毁和巴柯巴起义的悲惨失败)触发的危机。格兰特的论点也许有些敏感,似乎有悖常理地包含这样的意思,即犹太教要为反犹太教负责,格兰特因而通过如下主张淡化了他的论点,即当灵知派扩展到包括外邦人时获得了反犹助力,因为"最激进的反犹主义者乃是外邦人"。[88]后来格兰特收回了他的这一观点,即挫败的启示论期望对于灵知派产生独具意义,这时,灵知派产生于危机中的犹太教的观念依然流传广泛。

　　麦克雷赞同格兰特灵知派是具有犹太教根源和强烈混合

论倾向的独立宗教的观点,但除了启示论圈子,他还把灵知派
起源定位在犹太教智慧书中,而且把这两者都置于希腊化背
景中。按麦克雷,有两种异端运动几乎同时产生于犹太教:基
督教和灵知派。由于它们具有共同的谱系源头,"自然的亲和
性"导致两者之间的竞争。它们不只是竞争对手,基督教还吸
收非基督教的灵知派而形成了一种"真正的基督教灵知
派"。[89]除了强调希腊化的犹太智慧和启示论作为灵知派神话
创作的母体,这儿并没有多少新东西,但也恰是这儿麦克雷的
贡献具有持久意义,特别是把灵知派宇宙论与犹太教智慧思
辨联系起来。[90]

皮尔森也认为,应该是犹太教内部的某种危机把犹太人
导向了灵知派反叛。[91]他赞同格兰特和麦克雷,认为灵知派是
种在犹太教异端教派中有其根源的独立宗教;因而是非基督
教的并可能是前基督教的。[92]然而,不同的是,他认为灵知派
本质上不是犹太教的,甚至不是犹太教的异端:

> 简言之,灵知派对犹太教的态度,是疏离与反叛。尽
> 管灵知派解释学通常可以被描述为对既有传统的革命态
> 度,但在我看来,这种态度(与对犹太教传统的大量使用
> 一起,表现在灵知派文本中)只能被历史地解释为犹太人
> 偏离他们自身传统这样一个运动(作为宗教自我重新定
> 义过程的一部分)的表达。至少在灵知派运动史的最早
> 阶段,可以适当地称灵知人"不再是犹太人"了。[93]

183　这论点似乎是说,当一个犹太人通过反叛自身传统而成为灵

知人,就不再是犹太人了。皮尔森实际上清楚地表达了这一
点:"我认为,目前我们拥有的资源倾向于表明,这个反叛确实
发生于犹太教**内部**。显然,一旦灵知派出现,犹太教就被抛弃
了。"因而灵知派解释学中的反犹因素是抛弃犹太教这样一个
批判和革命过程的最基本的部分。皮尔森发现,反叛的关键
因素是解释学,这儿他与弗里德兰德的论点接近,弗里德兰德
认为灵知派是对《圣经》作不当解释的结果。[94]皮尔森在讨论
《真理的见证》时明确表达了这一点:

> 历史危机时代的历史生存(对人来说,他的神毕竟是
> 历史和既有秩序的主),能够并显然已经带来了对旧传统
> 旧规矩的新的和革命的看法——"新的解释学"。出自历
> 史危机和宗教文化综合时代的这一新解释学是灵知派起
> 源中的首要因素。[95]

皮尔森把革命性的解释学与由"历史危机"引起的一般意义上
的"生存挫败"联系起来,在这一结合中,它们被用来解释灵知
派的起源。

有几位学者提出了另一个论点,他们主张把灵知派的犹
太教母体置于撒玛利亚人中。[96]比如,P.帕金斯(Pheme
Perkins)就把"早期灵知派神话"的源头归于被疏远的撒玛利
亚犹太人:

> 撒玛利亚人是被返回圣地的纯种犹太人疏远的一
> 群。按辨惑学家,有两位早期灵知派导师,行邪术的西门

和门安德（Menander），在撒玛利亚活动。像《亚当启示录》这样的作品，倒转了有关赛特纯粹种族的犹太教传统。由于发现自己是被那些要与他们继续相处的人逐出的"不纯的后裔"，灵知派的神话造作者把犹太教传统倒转为反对它自己。[97]

184 这儿，犹太教教义上的排外、律法对洁净的要求，以及其他隔离主义的社会关系，导致了灵知派反犹的撒玛利亚创造。

尽管撒玛利亚人与南部犹太人之间的敌对有明显证据，但却没有证据表明这导致撒玛利亚人**贬斥他们自身的传统**。[98]这一方法的谬误在于它为犹太教规范性假定了一个年代误植的定义，导致了两个不太可能的臆想：第一，撒玛利亚人只是因为其他犹太人排斥他们就必定会感受到与他们自身传统的疏离；第二，犹太人与外邦人之间的界限异常清晰，以至于外邦人对犹太教传统没有足够的了解去造作一个邪恶的反犹太教宇宙论神话。但在某些环境中，比如1世纪特别是2世纪的亚历山大，有关犹太教传统的知识及对待它的基本态度都可以得到清晰的材料佐证。另一个困难是，帕金斯似乎把灵知派对性行为的排斥与犹太人基于律法洁净的异族婚姻（只与异族结婚）联系起来。然而完全不清楚为什么一个群体会把对**所有**性关系和生殖的拒斥作为对排斥内部婚姻的反应。文化环境中普遍的苦修氛围提供了接近的相似物，而不是在犹太教内部做了什么。[99]

A.西格尔（Alan Segal）则认为灵知派德牧革出自犹太教"双神"传统，把第二个神两分为一是灵知派的救主，一是恶的德牧革。他认为对犹太教传统的这一歪曲"可以看作是对两方面情况的回应,一是拉比辩论制造的浓厚氛围,一是早期正统的基督教辩论"。[100]这一论点的优势在于,把灵知派的创世者既不放在犹太教中也不放在基督教中,而是放在两者相互作用的动态中。然而,这一论点的错误在于年代学:无论是拉比辩论还是基督教正统派的发展,年代都晚,无法为2世纪早期恶的德牧革神话提供解释。

G.奎斯佩尔以如下主张引人注目:灵知派反犹太教的基本态度完全不妨碍将其源头定位在犹太人中。[101]他看到没有必要把这一过程看作如皮尔森认为的是个离弃犹太教的过程。[102]

汉斯·约纳斯在回应反犹态度与犹太教一起形成这一论题时,照例提供了几个令人信服的澄清。[103]他认为,关于犹太教与灵知派的关系,有三个假定需要进一步探讨,"每个都比前一个明确": 185

> 1. 作为心灵的一种展开状态,灵知派是无论何时何地面对犹太教时对它的**反应**。
> 2. 灵知派**源于**对犹太教的一种反应(即,**作为**一种反应)。
> 3. 它恰恰是**犹太人创造的**。[104]

他发现第一个假设是没有争议的。第二个假设的问题在于"它对灵知派采取了一种过于狭隘的眼光"而且"对灵知派作为一项精神运动的自主性来说是不充分的眼光"。不过,"在那种辩论的意义上,犹太教可能在灵知派的产生中是个焦点因素"。约纳斯发现第三个假设问题更大,因为他把反犹太教态度看作灵知派与犹太教关系的定义性特征。[105]他略带嘲讽地说,当然,提出反犹太教的犹太人是对这个问题最激进的解决,特别是给其他地方的反犹情绪提供了具体证据![106]约纳斯承认,犹太人反犹太教不是不可能的,不过,他问,证据何在?[107]存在任何希伯来文本支持这一观点吗?我们知道任何具体的犹太人是公认的灵知人吗,不论是导师还是作家?对第一个问题的回答完全是否定的。有一位符合第二个问题:行邪术的西门;而在约纳斯看来,他也不足以担当"开创了汹涌的灵知派潮流"。[108]

那么,我们该如何恰当地构建两者之间的关系?约纳斯认为:

> 所有这些并非要否认犹太教是灵知派的形成(甚至诞生)中的一个重要因素。在一个足够松散含混的"边缘"意义上,可以安全地说(但很少说)灵知派确实是在犹太教的"边缘"产生的。我想说,是在一个毗邻和朝向犹太教的地带,这儿的犹太教成分(除了那些易传播的材料的贡献)本质上是**催化剂**和**刺激物**。[109]

这样,约纳斯提出,我们最好不用"犹太教源头",而说"犹太教前身";不用"犹太教内的起源"("位于其边缘地带"),而说"毗邻地带";不用犹太人中的危机,而是想象(敌对的)外邦人与犹太教的遭遇乃是"催化与刺激"。[110]这一论点从危机和社会失衡或不敬与反叛转而指向作为灵知派发源地的文化杂交与冲突的互文实践。

在 1978 年,麦克雷可以自信地宣称多数学者赞同来自拿戈·玛第的新文本已经有效地排除了"灵知派应被看做基督教的一个异端旁支"这种可能性,看来他是对的。[111]但 1984年,佩特雷蒙特尖锐地挑战了这一共识。诚然,她倾向于把新约的年代误植观念取作规范性基督教的标准,重视教父证据,严厉解释相反证据;不过除了这些不足,她成功地搞乱了灵知派起源于犹太教这一主导性共识。[112]

佩特雷蒙特指出,关于前基督教的灵知派,并无任何种类的确凿证据。非基督教文本的存在并不意味着前基督教灵知派的存在,并没有清晰的前基督教来源。也没有必要假定基督教之外的灵知派起源,以便为某些作品中缺乏清晰的基督教主题做出解释。[113]但对于其他灵知派学者来说,她论点的分量依赖她对基督教反犹太教的描绘。她认为,看到灵知派对《创世记》创世神的否定性描绘(尽管是异端)出自基督教的反犹太教,要比看到这个否定性描绘出自犹太教本身更有意义。她认为,实际上,灵知派只能从基督教观念中发展出来,因为灵知派的基本符号乃是"神和德牧革的区分……即,福音书的神和旧约的神的区分"。[114]这样一种观念并不存在于新约中,但却只能从新约中产生,特别是约翰和保罗的福音。[115]她写道:

> 灵知派对德牧革(即支配这个世界、作为这个世界象征的力量)所诟病的,乃是它希望成为神甚至是唯一的神。因而,严格说来他们攻击的不是这个世界而是这个世界的宗教——对权势的无边崇拜……灵知派说,人类

要从这种世界的宗教中获得解放,除非获得一种启示,这种启示不是来自这个世界的。基督教说的不就是这个吗?《约翰福音》说的和这有什么区别?……我自然不会捍卫灵知派所说。那么谁会这么做?……我不会捍卫灵知派的反宇宙态度,在这个意义上,他们希望克服这个世界的宗教,但看起来却像要克服这个世界本身。我甚至捍卫他们的幻影论……我不会捍卫灵知派的过分行为,但这些行为必定具有某种意义。对我来说,2世纪上半叶的灵知人希望忠于保罗和约翰,而且在一定意义上他们对保罗和约翰的忠诚超过他们同代的正统派(确实,在其他一些方面他们不够忠诚)。[116]

但是基督教内反宇宙态度的逐渐增强导致反犹太教的逐渐增强,因为犹太教的神是世界的起因和"旧约律法"的给定者。对佩特雷蒙特来说,这一双重发展只能发生在基督教中。没有其他被提出来作为灵知派源头的传统(希腊主义、波斯宗教、犹太教以及任何其他东西)向希伯来《圣经》提出了人类自由以及与新约的关系问题。只有基督教提出了这些问题,而这些问题塑造了灵知派的神学。[117]

　　这个讨论说明在当前学术中有个明确倾向,就是把灵知派的起源简化为一个邪恶德牧革的产生,尽管许多拿戈·玛第文本并无似《圣经》语式的德牧革。即使在有德牧革的那些文本中,也不可能选取一个复杂神话的一个特征来确定其历史背景和定位。必须考虑文献和专题资源的整个复合体,以及整体作品的雄辩目标和策略。但我们这么做时,犹太教材料,不论多么完整,都表现为一个混杂复合体的一部分。

假定有充分的证据表明到 2 世纪时某些非犹太教团体(比如亚历山大的某些哲学—宗教圈子、罗马的马西昂、小亚细亚的外邦人基督徒等,所有这些人都参与了反犹太教的辩论)对犹太教文献和解释学传统非常熟悉,那么灵知派的犹太教起源这个题目就不需要解释犹太教材料在灵知派神话造作中核心地位。需要解释的是"一个毗邻和朝向犹太教的地带,这儿的犹太教成分(除了那些易传播的材料的贡献)本质上是催化剂和刺激物"。[118]

简言之,我的观点是不脱开犹太教来确定灵知派的起源。实际上,脱开是不可能的,不只因为灵知派不是一个具有单一来源的大一统现象,也因为古代文化的杂交不允许一种传统整个地在另一个传统之内或之外形成。尽管我反对灵知派的犹太教起源,我也不想把其他本质化宗教看作灵知派起源的替代地点。如约纳斯几十年前强调的,每部作品都是由其所有资源的整体交叉形成的。引导解释的是整体,不是部分。不可能从一部文献作品中抽出一股传统并使之成为灵知派的"起源"或"本质"。

这些文献作品既不全部使用相同的文化资源,也不具有相同的辩论目的。而且,古代作品穿越地理和语言界限,在不同团体和个人之间自如传送。历史学家的任务不是确定本质而是分析实践。当我们把目光投向实践,我们看到的是古代文化杂交的动态。然而,这种混合并不都是相同性质的沮丧的结果,并不总是时代的焦虑、挫败的启示录期盼、异化的生存。而是，如伯勒斯（Virginia Burrus）所说：

> "混合"可以带来惊人的能量、创造力和活力，也带来
> "抵抗"和随处可见的与权力的不平等关系的紧张……约
> 纳斯的（可疑的东方化的）混合论与异化说指向——也许
> 可以总结为——杂交和对帝国/殖民的含混抵抗，这些特
> 点可能浸染了早期罗马（以及更早）的希腊化的所有成
> 果，当然有区别，程度也不同。[119]

当我们仔细研究拿戈·玛第文本，寻找异化和抵抗的标志，我
们发现它们具有多种态度：苦修的逃避、乌托邦的希望、怜悯，
尤其是对世间权力关系辛辣的嘲讽。这种多样性并没有一个
单一起源甚或一个单一的产生逻辑。

对起源的重视倾向于歪曲文献作品实际的社会和历史过
程，因为确定灵知派源头的史学目的少于论辩目的：其目的是
划定基督教的规范边界和定义。[120]

任何以单一源头和线性谱系来解决多样材料的企图在其
前提上就注定失败。这样一种方法无法解决灵知派的起源问
题，因为没有那样一个大一统的东西曾经存在过。现在有些
学者为这些材料提出了多源头；约纳斯曾说，"灵知派运
动——我们需这样称呼它——是大时代时期一种广泛传播的
现象，和基督教一样，以普遍人类处境的推动为滋养，以多种
形式、多种语言，勃兴于许多地区。"[121]这一观点得到了部分
拿戈·玛第研究学者的支持，著名的如申科与考尔普。[122]多
源头观念挑战了灵知派的具体化，但即使这一立场也走不了

多远。因为核心问题乃是一个辩论用的东西（异端）具体化成
了一种独具资格的实际现象（灵知派）。整个源头问题乃是一 190
个不是问题的问题，其貌似的迫切只是因为它在正统与异端
问题中所具有的辩论功能。我们能够而且应该释然地把它放
在一旁，转向对文献作品和社会结构的实践分析。

注　释

[1]　由非考古学家所述的发现详情尚付阙如。有关拿戈·玛第发现
的精确信息归功于 J.M. Robinson（见"From Cliff to Cairo"，*The
Nag Hammadi Codices*，以及 *The Nag Hammadi Library in English*
导论）。

[2]　发现包括 12 个抄本和 1 篇论文。总共 52 篇论文，但有些抄本包
含同一作品的不同版本，比如，有 3 个版本的 *ApJohn*，因而，不同
的作品共有 46 种。有关这些抄本与 Pachomian 隐修院的关系，
见 *Goehring*，*Ascetics*，*Society and the Desert*，214—216。

[3]　参见例如，Aland，"Was ist Gnosis?"；Haardt，"Bemerkungen zu
den Methoden"；Haenchen，"Gab es eine vorchristliche Gnosis?"；
Scholten，"Probleme der Gnosisforschung"；Schenke，"Was ist
Gnosis?"

[4]　这个问题让我深有体会是在一个探讨妇女生活与女神传统之间
关系的会议上。学者们研究古代地中海世界，孜孜矻矻搜集断简
残章，总得用这些东西来讲个故事。学者们研究活的文化（比如
当代印度文化），却被淹没在庞杂的可用材料中。虽然学者们掌
握的证据不多，但在得出结论并给出综合叙事框架上却不犹豫。
当不和谐的声音导致沉静但也许是更深刻的思索时，沉默似乎
提供了诱人的无争议空间，可以任想象飞翔。既然人们不是经常

遭到现实的棒喝,也许恰是社会复杂性的不易觉察,才使一般的理论空谈谬种流传。

[5]　Scholten, "The Work of the *Berliner Arbeitskreis*".

[6]　Robinson, "Nag Hammadi: The First Fifty Years".这些文本的摹本和全本见"Nag Hammadi Studies"丛书,Leiden 的 E. J. Brill 出版。

[7]　这些著作收集在由拉瓦尔大学出版社(魁北克)与彼得斯出版社(鲁汶和巴黎)联合出版的"Bibliothèque Copte de Nag Hammadi"中。

[8]　对拿戈·玛第研究与灵知派感兴趣的所有人都极大受益于 Scholer 的 *Nag Hammadi Bibliography 1948—1969*、*Nag Hammadi Bibliography 1970—1994* 以及 *Novum Testamentum* 杂志每年更新的灵知派书目。

[9]　对这个作品有个很好的考察和评价,见 Perkins, *Gnosticism and the New Testament*。

[10]　我们现在可以把新近出版的 *GosSavior* 加到这个书单中(Hedrick 与 Mirechi, *The Gospel of the Savior*)。

[11]　参见例如,Wisse 的讨论"The Nag Hammadi Library and the Heresiologists"。

[12]　单1948—1994 年间研究辩论家的书目,Scholer 就搜集了 80 多页。

[13]　Robinson, *Trajectories*, 62, 69.

[14]　Koester, *Trajectories*, 115—116.他进一步提出了一个核心标准:"无论以何种方式历史地发生过的东西(即发生在凡人拿撒勒的耶稣身上的东西),在任何情况下都是基督教宣言和神学的标准(但不一定是其内容)。"(117)

[15]　Ibid., 116—117.

[16]　特别参见 *Enneads* II. 9; Porphyry, *Life of Plotinus*, 16。进一步

的讨论，见 King, *Revelation of the Unknowable God*，47—50。

[17]　这次会议称作国际新柏拉图主义研究协会第 6 次国际会议（奥克拉荷马州立大学，1984 年 3 月），会议论文收在 Wallis 与 Bregman 合编的 *Neoplatonism and Gnosticism* 中。此外，"灵知派与后期柏拉图主义"研讨班还在《圣经》文学协会的几次国家会议期间召开会议，会议文章集在 J. Turner 与 Majercik 编的 *Gnosticism and Later Platonism* 中。

[18]　Michel Desjardins 稍嫌犹豫地把 *ApocJames*（一）、（二）和 LetPeterPhil 放入这 7 篇中（*Sin in Valentinianism*，5—7）。Koschorke 也在 *ApocJames*（一）和 *Test Truth* 中看到了一些基本的瓦伦廷派影响（"Patristische Materialen"，122）。Tardieu 也把 *ApJames* 和 *Test Truth* 加进这个名单（"Le Congrès de Yale"，192）。

[19]　一些学者把 *Gos Truth* 归于瓦伦廷，是基于伊里奈乌提供的证据并将此文与无疑问的瓦伦廷残篇相比较的结果（见 van Unnik 的论证，"The 'Gospel of Truth' and the New Testament"；Wilson，"Valentinianism and the Gospel of Truth"，133—141；Markschies，*Valentinus Gnostikus*）。

[20]　例如，van Unnik 取前者立场（见"The 'Gospel of Truth' and the New Testament"）；Jonas 取后者立场（见"Evangelium Veritatis and the Valentinian Speculation"）。Thomassen 持第三立场：即 *Gos Truth* 并非瓦伦廷本人作品，很可能是被他门徒挪用的作品（见"Notes pour l'delimitation"，251—253）。

[21]　Einar Thomassen 认为以下作品具有程度不同瓦伦廷派来历：

1. 确定或至少可能性很高：*TriTrac*、*GosPhil*、*I ApocJames*、*Interknow* 和 *ValExp*。

2. 很可能是：*Gos Truth*、*TreatRes*。

3. 有可能是：*Auth Teach*、*Exsoul*。

4. 瓦伦廷派重写的非瓦伦廷派作品：*PrayPaul*、*Eugnostos*。

[22] （见 Thomassen, "Notes pour l'delimitation d'un Corpus Valentinien", 特别是 258）。

[23] 见他的结论，*Valentinus Gnostikus*，402—407。

[24] 见 Schenke, "Das Sethianische System", 特别是 166—167，以及 "The Phenomenon and Significance of Gnostic Sethianism"。以下 讨论多取自 King, *Revelation of the Unknowable God*，34—40。

[25] Schenke, "The Phenomenon of Gnostic Sethianism"，特别是 593—597 和 602—607。

[26] Ibid., 588—589.

[27] 比如，John Turner，认为应该包括 *Trimorphic Protennoia* 和 *Hypsiphrone*；见 Robinson 与 Smith 编，*The Nag Hammadi Library in English*，501—502, 511—512。有人认为应该包括 *The origin of the world*（因为它 与 *HypArch* 间可能存在文学上的关系）和 *Melchizedek*［因为它引 用了"赛特的孩子们"（*Melchizedek*, 5.20)］。见 Schenke, "The Phenomenon and Significance of Gnostic Sethianism"，588—589。

[28] 见 Wisse, "Staiking Those Elusive Sethians"；以及 Williams 在 *The Immovable Race*，186—209 中 的 讨论。也 见 J. Turner, "Sethian Gnosticism: A Literary History"，56；及 "Typologies of the Sethian Gnostic Treatises"。

[29] 比如，他设想了一个塞特派神话从基督教到柏拉图化版本的转 变；我自己对 *Ap John* 手稿异文的研究表明，与其他基督教作品 （比如 *Ap John*）的一致不是在减少了而是在增加。

[30] 见 Thomassen, "Notes pour la délimitation"，243—244。

[31] 见 Sevrin, *Le dossier baptismal séthien*；Logan, *Gnostic Truth and Christian Heresy: A Study in the History of Gnosticism*，11（也见 xix, 34, 及注 44, p.61）。特别是，Logan 指出伊里奈乌在 *AgHer*

I, 29 中对巴贝洛派的描述具有基本意义, Schenke 也注意到了这个描述, 但未给予同样的重视。

[32]　特别参看 Poirier 的一篇很好的文章, "The Writings ascribed to Thomas"。

[33]　前两个特别重要。Bentley Layton 1978 年 3 月在耶鲁大学召集了有关"灵知派的重新发现"的国际会议, 通过两个关于瓦伦廷派灵知派和赛特派灵知派研讨会, 反思了灵知派文献这两个范畴的重要性(见收在 Layton, *The Rediscovery of Gnosticism* 中的论文)。

[34]　*AgHer* I, 11, 1(译文见, Unger 与 Dillon, *St. Irenaeus of Lyons: Against the Heresies*, 51); Layton, "Prolegomena", 343; Markschies, *Valentinus Gnosticus*, 405。

[35]　在某种意义上她是通过 *Ap John* 得出这一论点的(见 *A Separate God*, 387—419), 但得出的结论却是这论点普遍适用于赛特派(485)。

[36]　*Against the Valentinians*, 39(译文见 Cleveland Coxe, *The Ante-Nicene Fathers* III, 520)。

[37]　这些文章, 收集在 Painchaud 与 Pasquier, *Les Textes du Nag Hammadi*。

[38]　特别参见 Funk, "The Linguistic Aspect of Classifying"; M. Williams, "The Nag Hammadi Library as 'Collections'"。

[39]　Painchaud 与 Pasquier, *Les Textes du Nag Hammadi*, x。

[40]　一个很好到例子是 *Ap John*。一些人认为这只是一篇二手基督教化作品, 因而不是真正基督教的; 其他人则会说其基本内容确实是基督教的; 但都认为其现有形式是基督教的。

[41]　是的, 学者们甚至已经确立并论证了什么是真正的异教哲学(见 Dillon, "'Orthodoxy' and 'Eclecticism'"; 也见他 *The Middle Platonists* 中"柏拉图派地下组织"这一概念)。

[42]　Layton 之前对这个问题的讨论史, 见 Logan, *Gnostic Truth and*

Christian Heresy，1—13。对一手资料的讨论，也见 M. Tardieu 与 J.-D. Dubois，*Introduction à la littérature gnostique* I，21—29。

[43]　Casey，"The Study of Gnosticism"，55.

[44]　见 Casey，"The Study of Gnosticism"，48 和 n.3，及 54—55。

[45]　Ibid.，55，58，59，60.

[46]　M.Smith，"History of the Term Gnostikos"，806；也见 805 讨论伊里耐乌对这个术语的辩论使用。Smith 对他的建议能否被采纳并无多少信心。这个术语在经济实用和心理学上都具吸引力。他语带尖酸不失幽默地说："'灵知派'是畅销的,因而还会被生产。实际上,对真实古代灵知派信息的缺乏,也许为一种现代合成物的虚构提供了便利。他们不必再为古代材料的研读而分心,因为这些材料被认为多半是靠不住的。现在他们可以无拘无束地直指这个概念的哲学定义。作为灵知派信徒本身,他们可以跟随灵知派救主,从历史事实的低等世界逃离,升至永远从原始虚空流出的精美辞藻的普雷若麻(丰满)。"(806—807)

[47]　Layton，"Prolegomena"，335.

[48]　Ibid.，334，340—341，343.按 Layton,由于这些文本本身的伪经和神话性质,属于他们的现存文献中这种自我称呼的缺乏并不是很重要;简言之,这些文本褒扬的是古代的文化英雄或神性启示者,不是灵知学派本身的成员。"在这些作品中,并无哪些内容中曾真正存在过 2 世纪一个比如叫灵知派的学派。"(344)

[49]　M.Williams，*Rethinking Gnosticism*，265.对 Williams 在类型学问题上观点的进一步讨论见本书第七章末尾论 Williams。

[50]　见 Robinson "The Coptic Gnostic Library Today"一文中的概述，372—380。

[51]　*Le origini dello Gnosticismo*，xxvi—xxvii.

[52]　见 Wilson 的评论，"Gnosis and Gnosticism：The Messina Definition"，

以及他早期的文章,"From Gnosis to Gnosticism"。

[53] *Le origini dello Gnosticismo*, xxviii.

[54] 参见例如 Wilson, *Gnosis and the New Testament*。

[55] 如 George MacRae, 以他惯有的坦诚和洞见说,对学者们来说最重要的是"**早期基督教神学和语言的原创性**问题……正是最终对这一问题的面对建立起了学术上的均衡"(*Studies*, 168, 重点是我加的)。对这一问题更全面的论述,见 King, "The Politics of Syncretism"; "Mackinations on Myth and Origins"。

[56] Koester, "Conclusion: The Scope and Intention of Trajectories", 载 Robinson 与 Koester, *Trajectories*, 特别是 277—279。

[57] 见 Magne, *From Christianity to Gnosis*。

[58] 每个范畴当然还有大量的可能性和更具体的决定因素,比如犹太—基督教的(基督教的)、启示论的(犹太教的)、伊朗的(东方的)、柏拉图化(希腊哲学),等等。

[59] 有关灵知派的犹太教起源,研究综述见 Logan, *Gnostic Truth and Christian Heresy*, xvi—xvii, 以及 n.15。早期的观点是 Bousset 提供的,"Die Religion der Mandäer", 190, 201。也见 Maier, "Jüdische Faktoren"; Tröger, "The Attitude of Gnostic Religion"; van Unnik, "Gnosis und Judentum"; Wilson, "Jewish 'Gnosis' and Gnostic Origins"。

[60] Friedländer, *Der vorchristliche jüdische Gnosticismus*. 我的讨论基于 Pearson, "Friedländer Revisited", 载 *Gnosticism*, *Judaism*, *and Egyptian Christianity*。

[61] Cohen 写道:"依纳爵使用的动词(*ioudaïzein*, 奉行犹太教)被用来指一般意义上的犹太教生活,但上下文表明,为了安息日而轻忽主日(周日)是当时一个具体问题。"(*The Beginnings of Jewishness*, 187)他无疑走在正确的轨道上,但我在这儿强调的倒不是"按犹

太教生活"的意思,而是"错误行为"是与对"神圣先知"的误解连在一起的。

[62]　*EpMag* 8.1—2(引自 Lake,*The Apostolic Fathers*,205)。

[63]　*EpSmyr*,5.1—2(引自 Lake,*The Apostolic Fathers*,257)。

[64]　Cohen 仔细检查了基督教对希腊术语 *ioudaïzein* 的使用,他的结论是:"基督教希腊语 *ioudaïzein* 几乎总是具有其文化含义(a)去适应犹太人的习俗。但在这一定义框架中,基督徒赋予了这个词新的意义、新的暗示和此前不具备的新特性。这些特有的基督教含义,按出现的次序,是:(b)是犹太教的或成为犹太教的;(c)从'字面上'解释旧约;(d)否认基督的神性。此外,在一个段落里,*ioudaïzein* 结合了其'文化'意义和政治意义:(e)能够通过接受犹太人的习俗而支持他们。当然,还有几个段落里这个词的确切意义是不清楚的,而另外一些段落里这个词在使用上兼具几个意思,不过总的来说,这五重意思的区别我认为是有用的。"(*The Beginnings of Jewishness*,186) Cohen 所列对于我们更具体地理解基督教构建犹太教的背景是个很好的开端,但只有(c)似乎与我提出的问题相关:《圣经》的解释。这儿我的要点是,基督教辩论家认为"犹太化"的所有这些"谬误"乃是否认耶稣作为神性基督的结果,这些谬误是与对《圣经》真正意义的误解直接联系在一起的。

[65]　有关异端或"灵知派化"问题,古代和现代对基督教和犹太教之间关系的讨论,无论有多相近,是不同的。尽管一些现代学者分享了古代基督教辩论家的某些前提和方法(比如,试图为灵知派建立一种线性谱系和共同源头,或使用彻底的反混合论话语),现代学者面临更加多样的证据(不但包括古代辩论家、犹太教、基督教和希腊的材料,还包括近来新发现的摩尼教、曼达派和科普特文灵知派文献)、更加复杂的东地中海社会—历史地图,以及最现代

的历史文献学方法。他们还为基督教和犹太教假定了一个更为模糊的关系。比如，他们倾向于把初生的基督教看作犹太教的一个变种。现代学者并不认为基督教超越了犹太教，而是本质上把它们理解作两种独立的宗教。史学批评家承认犹太教解释希伯来《圣经》的合法性，尽管与把旧约解读作基督教的《圣经》和预言有紧张。不过，现代学者还是继承了基督教反犹太教的漫长历史。所有这些极大增加了理解灵知派与基督教间关系的复杂性。

［66］见 Layton 的讨论，*The Gnostic Scriptures*，21。

［67］见 Bousset，*Kyrios Christos*，16—17。对犹太教起源地点的概述，见 Perkins，*Gnosticism and the New Testament*，39—42；也见 Pearson，"The Development of Gnostic Self-Definition"（载 *Gnosticism*，*Judaism*，*and Egyptian Christianity*，126—130）；J.M. Robinson，*Trajectories*，66—67，266。

［68］见 Quispel，"Der gnostische Anthropos and die jüdische Tradition"，也见 MacRae，"The Jewish Background of the Gnostic Sophia Myth"；Böhlig，"Der jüdische und jüdenchristliche Hintergrund"；Stroumsa，*Another Seed*；Fallon，*The Enthronement of Sabaoth*；Pearson，特别是"Jewish Sources"，"Use，Authority，and Exegesis of Mikra in Gnostic Literature"，"The Problem of Jewish Gnostic Literature"以及收集在 *Gnosticism* 中的论文。

［69］参见例如 Luttikhuizen 新近的文章"The Thought Pattern"和"Traces of Aristotelian Thought"。

［70］参见例如，Wisse，"The Nag Hammadi Library and the Heresiologists"，222—223。

［71］Böhlig，"Die Adamsapokalypse"；MacRae，"The Coptic Gnostic Apocalypse of Adam"。

［72］参见例如，Kasser，"Textes gnostiques"以及 Schenke 的 *Koptisch-*

gnostische Apocalypsen aus Codex V。这一点 Douglas Parrot 在 Robinson 与 Smith 合编的 *The Nag Hammadi Library in English* 第 278 页做了综述。

[73] 即使 Pearson 也承认"其中可以发现的犹太教影响属于其前史——其中反映的塞特派系统的早期表述"（载 Robinson 与 Smith，*The Nag Hammadi Library*，446）。

[74] 见 Layton 的讨论，*The Gnostic Scriptures*，21。

[75] 见 Schenke，"Nag Hammadi Studien I"；"The Book of Thomas: A Revision of a Pseudepigraphical Epistle of Jacob the Contender"；以及 *Das Thomas-Buch*。King 认为 *ApJohn*（表现为基督对约翰的启示这样一部作品）的结构对于以现名命名的这部作品是本质性的（"探讨 *Apocryphon of John* 的不同版本"）。Pagels 认为，*HypArch* 开头对"伟大使徒"的引用不是肤浅的基督教化，而是这部著作为了自身面貌广泛地依赖了保罗的《创世记》解释（"Genesis Creation Accounts from Nag Hammadi"，特别是 265—285）。John Turner 把 *Book of Thomas* 置于叙利亚基督教的多马传统中（*The Book of Thomas the Conterder*）。也见 Perkins 的概述，*Gnosticism and the New Testament*，26—27；Krause，"The Christianization of Gnostic Texts"。

[76] 见 *Nag Hammadi Codies* IX 和 X，101—120。

[77] Pearson，*Gnosticism，Judaism，and Egyptian Christianity*，39—51.

[78] *Gnosticism，Judaism，and Egyptian Christianity*，50.

[79] Pearson 用一套相似的步骤来处理塞特派文集，将其分为非基督教文献、非犹太教文献和第二位的基督教化了的文献（见"The Development of Gnostic Self-Definition"，载 *Gnosticism，Judaism，and Egyptian Christianity*，124—135）。他从这些文献抽取出了 Schenke 关于不同塞特派特征的类型学列表，并把它们追溯到对

犹太教文献的思辨。这些材料又就犹太人对其自身传统的异化和反叛得到解释。在这种情况下，Pearson 得出结论说"灵知派在其早期历史中的本质特征是它对犹太教和犹太传统的革命态度"（Ibid., 134）。他把基督教因素看作第二位的，把柏拉图化因素的意义归于可以包含出自希腊化黎凡特综合环境的观念和传统的思想，这两者显然位于塞特派历史的晚期阶段。（Ibid., 133）这种方法产生了这样的结论：把所有非犹太教材料转移为犹太教遗留的次生残余。

Pearson 还是用相同的方法，把犹太教传统和崇拜模式定位在赫尔墨斯文献 *Poimandres* 中；然而，在这种情况下，他并不把赫尔墨斯主义的源头归于犹太教，而是将其看来自罗马帝国时代埃及的一种混合产物（见"Jewish Elements in *Corpus Hermeticum* I"，载 *Gnosticism*, *Judaism*, *and Egyptian Christianity*, 147）。

[80]　比如，*Allogines*、*Marsanes*、*Zoster*、*StelesSeth* 构成一种情况，因为赛特的名字来自《创世记》，尽管这些文本也没展示什么犹太教的东西。另一种情况是 *Eugnostos*。尽管这部作品代表了一种古代哲学思辨，但它被间接地转变为耶稣基督和他门徒（12 男 7 女）之间的对话，名 *SophJesChr*。通常认为这些作品"晚出"，因而对确定灵知派的**源头**没什么用处。也见 Wisse, "The Nag Hammadi Library and the Heresiologists", 222—223。

[81]　见 Turner, "A Literary History"。

[82]　英译 *A Separate God*: *The Christian Origin of Gnosticism*（1990），4，12。

[83]　这种方法清晰地出现在她自己对步骤的概括中（Pétrement, *A Separate God*, 26）。

[84]　比如，参见她有关 *ApJohn* 的论述（Pétrement, *A Separate God*, 387—419）。

[85]　Logan, *Gnostic Truth and Christian Heresy*, 34, 37—39, xviii, 42. 对他重建这一神话的概述,Ibid., 42。

[86]　Ibid., xix.

[87]　这个问题在比如他对 *Allogines* 和 *GosEgypt* 的讨论中表现得很明显,他明确认为:"基督教特征的明显缺乏并不能保证这部作品一定是非基督教的:我已论证其基本神话和仪式结构出自基督教,而 Porphyry 的证据表明像 *Allogines*(还有 *The Three Steles of Seth*?)这样一部作品,是基督教灵知派团体的东西。"(Logan, *Gnostic Truth and Christian Heresy*, 53)

[88]　见 Grant, *Gnosticism and Early Christianity*, 27—38,特别是 35 和 37。他通过比较灵知派与 19 世纪美洲大平原印第安人的失败(这个分析可疑而且本身成问题)而得出这一结论:"战败之后,他们的传统文化'变得不健全并瓦解'。在这些情况下,'社会失调的一般症候就出现了:专注于困境,质疑习俗,社会动荡,冲突增加,社会控制崩溃,社会瓦解,人格失衡'。在多数灵知派中也能发现同样的问题。"(*Gnosticism and Early Christianity*, 34—35)

[89]　Grant, *Gnosticism and Early Christianity*, 118.包含外邦人也为非犹因素提供了解释。

[90]　见 MacRae, *Studies*, 172—174。注意这儿对约纳斯立场的部分恢复。

[91]　参见例如,"The Jewish Background of the Gnostic Sophia Myth"。

[92]　也见 Rudolph 的概括,*Gnosis*, 277—282,以及"Randerscheinungen"; Pokorny, "Der soziale Hintergrund"。

[93]　Pearson 重提了由 Nimian Smart 建议的"构成'一种宗教'的六个维度":"教义、神话、伦理、仪式、经验、社会"(*Gnosticism, Judaism, and Egyptian Christianity*, 8, n. 27;也见" Is Gnosticism a Religion?")。他于是把每个维度应用到灵知派上(见 7—9 对这

些"维度"的描绘,每个维度配了一个类型学模型)。然而,所有这些维度的存在,并不表明灵知派是一种独立的宗教传统,只是表明灵知派文本和材料确实属于宗教范围。否则,我们就得宣布,保罗基督教是种独立宗教,因为它也展示了所有这些维度。这些维度尽管对展示一种宗教传统的存在是**必要**的,但用它们来确立一套材料构建一个独立宗教却是不**充分**的。至于犹太教中灵知派的起源,他把这一论题回溯到 1898 年 Friedländer 的著作 *Der vvorchristliche jüdische Gnosticismus*(见 Pearson,"Friedländer Revisted",载 *Gnosticism,Judaism,and Egyptian Christianity*,10—28)。也见同上书 125,论与基督教的关系。

[94] Ibid.,130.

[95] Pearson,*Gnosticism,Judaism,and Egyptian Christianity*,51(重点是我加的)。也见 134:"The essential feature of Gnosticism in its earliest history is its revolutionary attitude toward Judaism and Jewish traditions"。

[96] Ibid.,51。当然,哈纳克已经相当深刻地探讨了解释学对于马西昂的意义。哈纳克的基本见解是,《圣经》解释学加上对犹太教的"憎恶"对马西昂神学的产生具有重要意义(Harnack,*Marcion*,15)。尽管哈纳克的基督教批评只看到了马西昂正典对旧约的排斥,但事实是,哈纳克认为马西昂思想的基本结构是与旧约绑在一起的(Harnack,*Marcion*,23;特别是 25—63)。旧约是他关于创世上帝本性的源头,从而是提出异在上帝存在的基础。旧约中的上帝形象对马西昂是成问题的,恰恰是因为,他把旧约经卷从**字面上读作真实的**,而不是使用寓言、重述或其他米德拉什式技巧来取消这些问题的影响。马西昂表现得极端,只是因为他接受了字面上上帝作为一个有限、妒忌(忌邪)、专制的神这样一个成问题的形象。确如 M. Williams 指出的(*Rethinking Gnosticism*,

54—79)，某些段落是公认成问题的("《圣经》栗子")，但是，Williams 把灵知派那种轻易的多半是否定性的漫画式解释纠正作一种"异议解释"，实际上忽视了这种解释的谴责效果。希伯来《圣经》中的上帝形象确实存在公认的问题，但对这些描述的谴责怎么就没有导致简单的否认，而是导致产生了一种全新的神话呢？

[97]　参见例如，Quispel，"The Origins of the Gnostic Demiurge"；Fossum，"Gen. 1，26 and 2，7"，以及"The Origins of the Gnostic Concept of the Demiurge"。

[98]　Perkins，*Gnosticism and the New Testament*，187—188.

[99]　这对下面讨论的所谓 *mînîm* 同样适用。并无拉比论辩表明这些"异端"把创世者看作《创世记》中的上帝并将其描述为邪恶而无知。从"天上双神"(这是 Daniel Boyarin 提出的观念，针对的可能是斐洛的**逻各斯**这种概念)到 *ApJohn* 中的亚大巴奥，中间还有很长的路要走。见"The Gospel of the Memra"。

[100]　尽管这个阶段犹太教的各种类型对苦修并不陌生[人们只要想想库姆兰社团或斐洛所称赞的贴拉佩特派(库姆兰社团的分支)就可以了]，但**这样**一位上帝面前并无把性和生殖看作与义相对立这种情况。当然，这可能恰恰使犹太人成为被指控的靶子，通过有苦修倾向的灵知派指控他们不纯洁，但这就使这种说法——对犹太教信仰和习俗的批判的源头来自犹太教内部——不太可能了。

[101]　Segal，*Two Powers in Heaven*，255.

[102]　他直截了当地表达这一观点(见 Quispel，"Judaism，Judaic Christianity and Gnosis"，59)，并在"The Origins of the Gnostic Demiurge"中予以重申："这种**自我仇恨**的表达是可能的，因为历史上有类似情况。"(213)

[103]　Quispel，"Judaism，Judaic Christianity and Gnosis"，60.

[104] 他在回应 Quispel 更早的一篇论文（"Gnosticism and the New Testament"）中表述了这些评论，实际上我前面刚刚引用的论文（n.101）有部分内容很好地回应了约纳斯。

[105] 约纳斯发现这些内容嵌在 Quispel 的论文"Gnosticism and the New Testament"中。Jonas, "Response to G. Quispel", 289。

[106] 见 Ibid., 288—289。

[107] 约纳斯语带嘲讽地写道："这种反应可能发生在犹太人之中吗（包括在犹太教中孵化和发生）？谁会说这就不可能呢？我们已经知道在人类心理上几乎没有什么是不可能的，甚至犹太人中的反犹主义。这将是多么令人激动，不，震撼人心的奇迹：现代性之前犹太教中爆发的最大的偶像破除，犹太人自己反对他们的至圣，诋毁他，将其打落尘埃，沉醉于其彻底蒙羞，颂扬对所有传统价值的彻底贬损——尼采、萨特、圣热内（Saint Genet，中译按，萨特写过一本《圣热内：戏子与殉道者》）汇成一股：何其迷人，何其现代。在所有灵知派尝试过的谱系中，这确实可以说是最有趣的。但在我们折服于这种单纯可能性的诱惑之前，我们需要证据"（"Response to G. Quispel", 289—290）。

[108] 他嘲讽道："在大屠杀之后较为宽松的环境里，对我们（犹太人）创造性的赞誉广为传播；而犹太教的傲慢（当然也不缺乏），必定沾沾自喜于那些耻辱也列入其中的记录，在目前的氛围（以及所有无处不在的异化）里享受其似是而非的魅力"（Ibid., 291）。

[109] Quispel 在对约纳斯回应的反驳中，指出了一个犹太教灵知派的例子，Magharians，"他们持一个至高上帝和一个低等创世主的教义"。尽管这一集团的证据断代在 14 世纪，但 Quispel 认为它应被断代在前基督教时代（"The Origins of the Gnostic Demiurge", 215）。也见 Jonas, "Response to G. Quispel", 292。

[110] Jonas, "Response to G. Quispel", 293.

[111] Filoramo 在这儿显然误解了约纳斯。尽管他自己持约纳斯的立场,但他并未将其归于约纳斯(*A History of Gnosticism*,144,146),他把约纳斯对 Quispel 的回应解读为对灵知派犹太教起源的论证(见 *A History of Gnosticism*,234,n.14)。

[112] 见"Nag Hammadi and the New Testament"(首先刊发在 Aland,*Gnosis. Festschrift für Hans Jonas*,144—157;重印在 MacRae,*Studies*,173)。

[113] 见 Pétrement,*A Separate God*,15。例如,在对 *Allogines*(这是非基督教的、哲学式灵知派的主要例证)的研究中,她写道:"是寂静在诉说着上帝(但寂静不过是十字架的意义)。"见 *A Separate God*,433。然而,*Allogines* 并没为这一结论提供任何证据。

[114] 见 Pétrement,*A Separate God:The Christian Origin of Gnosticism*,493—494,n.69。她还认为,非基督教灵知派的晚期形式,比如摩尼教、曼达派或 *Corpus Hermeticum*,可能出自基督教灵知派(25—26)。

[115] 见 Pétrement,*A Separate God*,9,10—11。

[116] Ibid.,9—10.注意她年代误植地使用教规术语来定义基督教。

[117] Ibid.,22,23,24.后期 Pétrement 坚持这样一种观点,即他世异象对于人类道德取向是必需的:"尼采只把基督教态度看作完全消极和当受责备的,这是不对的。他认为,希望'为尘世保留忠诚'这是好的。从另一个角度看,就是不是希望从超拔万物之上的**价值**、**善**的角度来评判事物。这价值和善是外在的,就像灵知派的上帝;这价值和善最后是**绝对**,特别是,最终要评判自其出现以来的所有不公、谎言和恶。"(Ibid.,23)这儿我们看到,她考虑的无疑是基督教的道德内核。

[118] Ibid.,10—11,15.从我对 Pétrement 作品的概括,人们可能会认为她把灵知派看作一种基督教的真正变种。这一结论不太准

确，因为她依然把灵知派看作基督教的一种次等的和"极端的"（异端的）发展，无论它多么依赖于那些对原始基督教来说非常基础的冲动。

[119]　Jonas，"Response to G. Quispel"，293.

[120]　Burrus，私人通信，2002.1.23。

[121]　例如，像 Pearson 和 Pétrement 这样学者间的不同，与其说是对证据分析的不同，不如说是对基督教定义的不同。以相似的方法和前提处理相同的材料，得出的结论却非常不同。我们可以认为出发点至关重要。比如，Pearson 关注的首先是赛特派的材料，而 Pétrement 却从教父和瓦伦廷派资源出发。Logan 从塞特派材料出发，结论却是支持 Pétrement 灵知派起源于基督教的理论，因为他对塞特派材料的解读与 Pearson 非常不同，而且对灵知派的本质特征有不同的理解。但更基本的，问题在于，Pétrement 从灵知派思想中（特别是从借他世启示对此世人类自由的需求中）分辨真正的基督教因素，而 Pearson 在这儿看不到任何真正基督教的东西，因为灵知派否认这个世界是向他隐隐呈现的真正上帝创造的。在他看来，这样一种观点是如此非基督教的以至于必须归于一种完全不同的宗教态度，而他并不喜欢这种态度。具有讽刺意味的是，尽管 Pétrement 比 Pearson 更多直接依赖基督教辩论家，Pearson 对灵知派的神学评价却比 Pétrement 更接近这些基督教辩论家。我的观点是他们的立场基本上是对立的，因为他们对基督教的理解本质上是不同的，即使他们使用共同的方法，对灵知派的理解也类似。

[122]　Jonas，*The Gnostic Religion*，326.

[123]　见 Schenke，"The Problem of Gnosis"，79；Colpe，"Gnosis，I. Religionsgeschichtlich"，1651。

第七章　拿戈·玛第之后(二):类型学

多数对灵知派的概括定义依然把它描述为一个基督教异端。[1]他们通常描述灵知派救主神话的一种版本,并把灵知派称作一种经由知识(灵知)的救赎宗教。他们宣称灵知派激进的反宇宙二元论由这样一种信仰证明:世界是由一个无知而邪恶的德牧革创世者创制出来的。通常认为,灵知派展现了一种异化和反叛态度;以及一种信仰:灵知人由本性得拯救。这两种观点(当它们结合起来)导致对世界或苦行或放纵的拒斥以及对身体的憎恶。有时对灵知派的描述表明它是一种混合宗教或某种历史危机的结果,证据是他们不敬的诠释——他们反转和嘲笑犹太人(希腊人也一样)的传统。[2]

尽管这种描述很流行,但有些专家开始意识到把新材料挤进旧模子的困难,更别说找到一个本质特征一览表,这些本质特征可以充分代表拢在"灵知派"这个术语下各种各样的材料。由于这些原因,学者们在定义灵知派和使用旧的类型学范畴上逐渐谨慎起来。本章阐明类型学带来的问题,检讨三个所谓灵知派的"本质特征":二元论、苦修或放纵的伦理学、幻影论。

二　元　论

灵知派几乎每一个所谓的本质因素都有大量的相反例证。如,极端反宇宙二元论据说是灵知派基本的本质的特征。但这一特征是成问题的,部分原因是"二元论"这个术语的使用多变而含混;部分原因是拿戈·玛第作品表明,它们对于宇宙的看法宽幅多变,下面将作例示。[3]

《真理的福音》是 2 世纪中期的一部作品,很多学者认为是"早期异端"瓦伦廷本人写的,是个拒绝被归为"灵知派"文本的绝好例证。[4]这部非凡的作品没有表现出灵知派的任何类型学特征。即它并未区分真神和造物主,因为拥有真理的父是所有存在者的源头。[5]它只承认一条存在的终极原理,包含万有的真理之父。[6]它的基督论不是幻影论的;耶稣是个历史人物,传道、受难、死。我们也找不到严格意义上的苦行或放纵;相反,关于怜悯和正义,这个文本展现了一种实用主义的道德观:

> 从心里来讲说这个信息——你们是那完全的日子,在你们里面住着不灭的光明。与那些寻求真理的人讲真理,与那些在谬误中犯了罪的人讲知识。当使那些绊跌之人的脚坚定,并伸手帮助有病的人。当给饥饿者食物,给疲乏者安息,帮助那些要站立的人站立,并唤醒沉睡的人,因为你们就是那已经出现(事务)的理解。当力量如此行的时候,它就变得更坚强。顾念你们自己,不要顾念

那些你们已经从自己里面丢弃的事务。不要再回转去吃自己呕吐出来的食物。不要做飞蛾,不要做蛆虫,因你们已经将它丢弃了。不要让自己成为魔鬼的(居所),因你们已将它毁坏了。不要去坚立绊倒你的人,就是那些正在败亡的,好像(你是他们的)支持者。因为不法的人乃是作恶的人,正直人却不是这样。因为前者乃是作不法之事者,而后者乃是在他人中间作为义人。所以你当行父的旨意,因为你们乃是从他而来的。[7]

无论我们怎样思考这些观点,它们也没表现出对这个世界和身体的憎恶(这将只能导向放纵或苦行的伦理学)。它们也没有表现出某种精英观点,认为只有某些人能由本性得到拯救。情况很可能是,拯救的基础从根本上讲乃是人的属灵本性,如果是这样,这种拯救就需要启蒙和道德实践。而且,可以推出,按《真理的福音》,所有人类都将得到拯救。

《马萨娜斯》,一部也许是写于 3 世纪早期的柏拉图化赛特派作品,是另一个明显的例子,说明用"反宇宙的二元论"来描述所有这些作品是不对的。[8] 在认识到超越的神界和由之发源的低等尘世之间的区别后,《马萨娜斯》明白无误地宣称:"无论从哪方面看,感官感知世界都(值得)整个地被拯救。"这个文本把神圣者构想为完全超越的,不过勉强可以看出(现存手稿残破不堪因而难于分辨),所有存在的东西来源于神,因为所有都"属于那个存在的太一"。[9] 这一超越的存在的积极原则包含一个基本的一元论图式,同时接受低等世界中的某种二元论。不过,物质从本性看显然并不是恶的,因为它也能得到拯救。

　　与《马萨娜斯》关系密切的是赛特派论文《阿罗基耐》，也是一部断代在 3 世纪早期的柏拉图化作品。《阿罗基耐》与《马萨娜斯》的一点不同仅在于它对神的完全超越性和不可知性的极端强调，而对物质世界毫无兴趣。[10]这部作品提供了彻底的否定神学最早的例证之一。[11]当然，除了不可知上帝完全超越的特征，存在的万物通过一班神圣存在的中介都发源于他。并无一个无知或邪恶的德牧革负责这个低等、物质世界的创造。这部作品也不提倡苦修或放纵的伦理规范；相反，它关注借助哲学研究和道德修养的内在自我的属灵发展。这一过程的高潮被描绘为一个出体的上升，只能在长期准备之后获得，包括克服恐惧、从迷乱和误解的忠诚中摆脱出来，以及"众人"的意见，塑造一种内在的宁静和德行的稳固，从一种精神导引中学习实在的真正本性。准备可能还包括仪式和法术练习，比如洗礼和对神圣名字的召唤。[12]尽管这部作品认为它的学说属于所有"配享"的人，但警告不要告诉那些"未受教导"者。[13]很难从这种寻常格言中读出任何"灵知人由本性得拯救"这种教义。除了对精神沉思的扰乱，我们发现这儿并没有对低等世界特别的贬低，也没有设置一个低级的创世者与不可知的神对立。

　　《征战者多马书》，3 世纪早期一篇结构为启示论对话的基督徒作品，包含大量激烈的辩论，谴责身体及其幻觉，符合对灵知派拒斥世界憎恶身体的刻画。它表明了一种具有亲苦行（pro-ascetic）伦理学的极端人类学二元论。例如，复活的救主告诉他的学生多马说：

194

　　救主说："有福的多马啊，这可见之光的确是为你们而发光照耀的——这本不是为了让你们居留在这里，而是为了让你能走出来。当所有选民都丢弃了兽性的时候，这光就要退回到它的本质里去。它的本质要欢迎它，因为它是好仆人。"

　　救主接着说："大哉，那真光不可测的大爱！那在人的肉身和他们的骨髓里燃烧的烈火是何等苦烈，它在人里头昼夜燃烧着。它焚烧人的肢体，也（叫）他们头脑昏沉，使他们的灵魂陷入狂乱的境地（……）在男与女之中……（……）黑夜并移动它们（……）……隐秘地、可见地。因为男人（动……在女人身上），女人也在男人身上。因此有这样的话说：'若有人想得到来自智慧的真理，他就要为自己造翅膀，能够飞翔上腾，好逃脱那烧烤人灵的情欲。'他要为自己造翅膀，好逃脱一切可见的灵。"

195　　你们看那些东西，他们虽然有翅膀，却归向那些远离真理、可见的事物。因为引导他们的乃是火，而火只能给他们真理的幻象。它像那会（朽坏）的美好般照耀他们；它将人牢笼在黑暗的甜蜜中，用散发香气的快乐俘虏他们。它用无尽的贪恋蒙住他们的眼睛，焚烧他们的灵魂。他们要变得像插在人心头的日子，是人所不能移去的，像马嘴里的嚼子一样，照着自己所愿意的引领他们。它用链子锁住他们。人贪恋可见之物，这些可见之物乃是会朽坏和改变，也会因冲动而偏离正路的。它用捆缚的苦毒缚住人的手脚。他们一直被引诱走向死地。当他们被杀的时候，他们就成了兽类的一部分，这些兽类乃属乎那可朽坏的领域。[14]

这一段确证了一种节制的"憎恶身体"的态度。问题是这种苦行二元论是否与极端反宇宙二元论联系在一起。似乎不是这样,因为并无一个邪恶或无知德牧革创世者的迹象,这个德牧革把灵魂禁锢在肉身中以便拘囚它们。实际上,这个文本的二元论主要在于以下双方的对立:一方是神圣的光明和真理,另一方是火、身体及其激情(狂情)的幻觉。人要做出选择,是通过苦行实践追求光明,还是通过沉湎于身体所有的虚假快乐去追求火:

> 你们要警醒祷告,不要活在肉体里,反要从此生痛苦的捆绑中出来。你们祷告,就要寻见安息,因为你们已经把患难和羞耻抛在身后。你们若从肉体的狂情和痛苦中出来,就要领受从善者里来的安息,你们也要与大君一同掌权。你们与他联合,他也与你们同在,从今时直到永远。阿门。[15]

追求光明导向从奴役和痛苦中的解脱,获得休息和统治权;追求火则导向身受恶毒暴力的奴役,把人拖向动物。对抗的力量来自对智者和傻瓜的相反描述。[16]智者拒绝诱惑和肉身的堕落,而这些正是傻瓜陷于其中的东西。

《征战者多马书》对世界中被拣选者的描述(被身体羁留拘囚,而实际上属于要把他们引向光明的救主),似乎符合灵知派的几个类型学特征:对身体的憎恶、极端苦修的伦理学、救主神话(救主的教导把灵魂导向光明)、对身体和有害力量统治的摆脱。但这个文本缺少其他关键特征,显著的是真神与创世者的明确区别，以及灵知人通过本性而不是通过道德努力得拯救。这儿，苦行实践对于区分被拣选者和受谴责者是本质的。救主提供了两个明确的选项，要求人类必须做出选择。一个人的得救不是通过本性而是通过追求光明以及践行苦修。这儿也没有任何被救的救主观念以及救主与被拣选者之间的同质同体。

《多马福音》是写于 1 世纪或 2 世纪的耶稣语录，缺少对身体作为邪恶渊薮的强烈谴责（如在《征战者多马书》中可以看到的）。身体低于灵，肉身却并不与灵对立。实际上，灵已经在身体中安了家，灵这么做也就是把财富赠予了贫乏的肉身："耶稣说，'若肉身因灵而存在，那么这是一个奇迹。但如果灵因身体而存在，则这是奇迹中的奇迹。实际上令我惊奇的是这一极大的财富是如何在贫乏中安家的'。"[17]

如果《多马福音》对成为"单个"或"单独"的不断引用被阐释为对独身或童贞的呼唤的话，情况也许是，《多马福音》提倡性上的独身主义。[18]然而，对弃绝此世最清晰的表述，考虑的不是性，而是财富和权利："若有人寻见了世界，成为富足，愿他放弃这个世界。"[19]对其他的苦行实践，比如禁食、祷告、布施、守饮食禁忌，态度则相当含糊。[20]比如，当信徒认为他们应该祷告和禁食，耶稣问他们犯了什么罪。[21]《多马福音》还包含大量更宽泛的智慧材料，比如，论说善人结善果恶人结恶果、一仆难事二主、财富不足恃。[22]这儿几乎没有对极端苦行的建议（更不用说放纵！）。

197　　《多马福音》也没表述过任何种类的宇宙论二元论，语录113 说：

他的门徒问他说:"天国何时会来呢?"(耶稣说:)"它不会因为人等候而来。我们也不能说:'它在这里'或者'它在那里'。实际上,天父的国已经在地上展开,但人却不能见到它。"[23]

这条语录表明,世界自身能够显露上帝的存在,而其他段落也表明《多马福音》把拯救理解作"重获乐园"。[24]创造提供了拯救的模式。这儿没有邪恶的德牧革。

《多马福音》最接近定义灵知派某个常用范畴的是它的这一学说:拯救来自对自己真实身份的认识。耶稣告诉他的学生:

你们若明白自己,自己也必被明白,并且知道自己乃是永生之父的儿女。但倘若你们不知道自己,你们就住在贫穷之中,并且你们自己乃是贫乏的。[25]

耶稣坚持(在创造中)需要向里和向外看以获得启明,而不是向上迎向光明世界。[26]《多马福音》把耶稣的拯救角色理解为一个教师,为他人指明道路:"门徒对他说:'求你将所在的地方指示我们,因为我们必须寻求它。'他对门徒说:'凡有耳听的,就应当听。那光明的人里头有亮光,他照亮了整个世界。他若不发光,那就是黑暗了。'"[27]光明在里头并在世界本身里头闪耀。耶稣的角色近似犹太教中智慧这一形象,下凡把他的孩子们呼唤向他们被造的目的。[28]

不过学者们认为,其他一些语录暗合灵知派神话。常见的例子是语录50:

耶稣说:"如果他们问你们:'你们从哪里来?'你们就回答他们:'我们从光明中来,在那里光明按照自己的意思出来。它们已经建立自己,也借着自己的形象彰显出来。'他们若直接问你们:'你们就是那光吗?'你们要说:'我们是那光明之子,是永生之父的选民!'若他问你说:'你们领受了什么记号,可以称他为你们的父呢?'你们要说:'这记号乃是动与静,行动与安息!'"[29]

通常是从灵魂神话的角度来解释这则语录的:从光明世界下凡,被因于世界,需要来自救主的启明,这个救主派自上界,给灵魂关于其真实状况的知识(灵知),以便灵魂可以通过在从身体到光明世界的上升途中给出正确回答而逃脱众神。[30]然而这是有问题的——不管这则乖巧的语录能否为充分发展的灵知派救主神话提供参照,特别是考虑到在这个语录集的其余部分中缺乏与这个神话的一致性。这则语录处在语录49和51之间,这个位置为理解这则语录在上下文中的意义提供了一个很好的线索:

49. 耶稣说:"那孤单的、蒙了选召的人有福了,因为你们必要寻见天国。你们从那里来,也必回到那里去。"

50. 耶稣说:"如果他们问你们:'你们从哪里来?'你们就回答他们:'我们从光明中来,在那里光明按照自己的意思出来。它们已经建立自己,也借着自己的形象彰显出来。'他们若直接问你们:'你们就是那光吗?'你们要说:'我们是那光明之子,是永生之父的选民!'若他问你

说：'你们领受了什么记号，可以称他为你们的父呢?'你
们要说："这记号乃是动与静，行动与安息!'"

51. 门徒问他说："死人得安息是在什么时候呢? 新
天新地何时才能来临呢?"他回答说："你们盼望的那事已
经来了，只是你们还不认识它。"[31]

在这些语录中，强调的与其说是死时灵魂向上重归光
明世界，不如说是——那些把自己理解作永生之父的孩子
的人的——天国的现在的存在。甚至那句关于将来的语录
"也必回到那里去"，说的乃是"当你认识到你们盼望的事已
经来了"。

对于灵知派救主神话,《多马福音》只给出了模棱两可的
勉强的证据；对于以憎恶身体和世界为基础的极端苦行主题，
给出的证据更少。也不包含区分真正的父和创世者的证据。
甚至它是否在一定程度上提倡苦行实践都是成问题的。而 S.
帕特森(Stephen Patterson)抓住了《多马福音》的基本意思，他
写道：

　　对于《多马福音》来说，耶稣的意义在于，当他讲话
时，对于那些听到并理解了他的话的人来说，神的国就变
成了当前的现实。按《多马福音》，耶稣所说的乃是，人作
为人的价值不在于他在这个世界中的业果。世间之事，
家、家庭、事业、犹太会堂、神殿，所有这些相对来讲都是不
重要的。人作为人的价值是内在的，仅当一个人真正认识
到他是神的孩子，人作为人的价值才会被充分认识。[32]

这儿并未表明需要一个灵知派救主的必要,这位救主被派来从一位恶毒的创世者手里解放属灵的人类,这个创世者把人拘囚在世界和肉身的牢笼中。人类对他们本质本性的无知源于人类对世间事务傲慢的先见,这让他们无法培养他们里面的光明并在创造物中看到它。

如果我们要找一个反宇宙论二元论的例子,没有比《约翰密传》更合适的了。这部作品符合约纳斯对神与世界之间以及人与世界之间极端二元论的诸要求。真神是完全超越的,甚至外在于世界。他既不创造世界也不统治世界。《约翰密传》把黑暗的低等世界与光明的神圣世界之间的关系描绘为一种对照的模仿和冲突。创世的低等诸神不了解他们的起源,寻求在每一个关口阻挠神圣王国把神和真理的知识传授给灵魂的努力。而且,《约翰密传》的情节符合灵知派救主神话的多数版本,而且它很容易被归为一种救赎宗教。对统治世界诸神的反抗是其神话结构的基础,而且它显示了对性上的苦行的明显倾向和对世俗价值的拒斥。在其对广泛神话材料的互文使用中,它的神话想象高度"混合"(我会说,杂交)。而从辩论家的视角看,它是当之无愧的异端。

然而,即使在这一恶意创世和英勇营救的大剧中,我们最好还是对一般性地使用类型学特征定义灵知派保持谨慎。因为尽管《约翰密传》也许比拿戈·玛第抄本中任何其他作品都更像约纳斯的模型,这一清晰的二元论著作也没有塑造一个本身需要被拯救的救主("被拯救的救主")。它也不认为身体和世界本身就是恶的,而只是善恶展开斗争的战场。[33] 实际上,长版《约翰密传》用大量篇幅列举控制身体的恶魔,目的不是证明身体是恶的,而是要通过驱魔提供一个治疗病体的魔法资源。信众尽管是由本性拯救的(因为他们的灵是神性的,并注定要复归超越的神性整体的国),拯救依然需要道德努力、仪式实践和接受救主教导。而且,**所有人类**都会被拯救——所有,即叛教者除外。这儿没有只有被拣选者才能得救的精英观念。甚至把叛教者单挑出来,揭示的主要是对人类背叛的极度失望,而非针对傲慢的精英主义和道德败坏的神学立场,如辩论家所指控的。这部作品作为对抗的二元论,其反叛和抗议,可以被解读作不敬与异化——我们知道事实上从古到今他们一直就是这么被解读的——但是,关于这个文本的写作者和阅读者是如何理解他们的职责的,还有很多要说,因为伴随着对这个低等世界中不公的权力关系的辛辣讽刺,他们的神话对神圣的善表达了一种强烈的乌托邦渴望。

　　这些例子并未穷尽拿戈·玛第文本中的宇宙论观点,但足以说明我的观点:作为一组文本,灵知派文本并不能为极端反宇宙二元论提供一致的证据,他们通常被认为是西方历史中这种二元论最著名的例子。把被归为灵知派的这些著作所代表的各种观点充分地安置到极端反宇宙论二元论这样一个单一主题下面的任何企图都会导致混乱。

　　不过,对灵知派二元论的宽泛普遍化坚持认为:

　　　　正如从神学上讲,斯多亚派的宇宙是严肃认真的爱、崇敬和信心的对象,灵知派的宇宙乃是恨、蔑视和恐惧的对象,也是认真的。[34]

201

对"邪恶"和"物质"的识别是灵知派中的基本概念，这在伊朗和琐罗亚斯德思想中是没有的。[35]

灵知派二元论，及其反宇宙姿态和对宇宙美丽积极方面坚定的拒斥，被置于古代思想谱系的另一端……[36]

这些论断意味着就灵知派来说对世界更多的否定看法，和对灵知派与古代其他二元论思想之间更明晰的区分，而不是由证据来保证这些论断。

然而，这些漫画化描述依然是概括灵知派定义的障碍。结果通常是，任何被归为灵知派的文本中的二元论的任何宇宙论或人类学倾向，立刻会得到极端反宇宙二元论方面的解读（通常是误读）。[37]力图把所有这些著作压进相同的类型学模子，会极大地歪曲对它们的解释。[38]

灵知派伦理学：苦修与放纵

对灵知派伦理学的研究是从一种史学开始的，这个史学表明它深受古代基督教辩论家的影响。而当代对灵知派伦理学最普遍的描述追随约纳斯，指出灵知派的反宇宙论及其由本性得拯救的学说只为其信徒留下了两个行为选项：放纵和苦行。[39]既然被认为无法产生一种积极的道德，那么，反宇宙的二元论就只能否定此世的所有道德生活。

有关灵知派伦理学的这一广泛传播的陈规老套，至少有三点值得讨论：（1）对灵知派信仰（特别是反宇宙论和由本性得拯救的学说）描述的准确性；（2）描述灵知派道德行为的史

202

学基础和这种描述的准确性;以及(3)对灵知派神话无法产生积极伦理学的判断。从新发现的文本材料看,所有这三点都要受到质疑。但首先我们要问,关于灵知派伦理学最先出现的为什么是这种二分的观点。

把灵知派伦理学或者概括为放纵的或者概括为倒错的苦行,依赖的主要是早期基督教的异教研究传统。[40] 辩论家宣称,基督教的异端,特别是瓦伦廷派,认为由于他们具有天界起源,因而他们由本性得拯救。[41] 辩论家反对说,这些信仰意味着救主是不必要的,教导、洁净和善举也同样。[42] 他们或者是就虚假的苦行(基于骄傲和对创世者不敬的憎恶),或者是就放荡的道德败坏(灵知派借以炫耀他们高级的属灵性和"知识")来描述异端道德行为。[43] 简言之,他们认为灵知派信仰无法支持真正的道德。

对灵知派伦理学的这一漫画化描述直接来自古代辩论家,依然影响现代学者的判断。例如,伊里奈乌写道:

> 所谓的禁欲派(Encratites),源于撒特流斯(Saturninus)和马西昂,宣扬戒绝婚姻,这就否认了神最初的创造,间接地指摘让男女产生人类种族的上帝。他们还教导戒绝他们所谓的动物食物,这是对创造万物的上帝不知感恩。[44]

一位当代评注家这样解释这一段:

> 圣保罗在《歌罗西书》2.16 中已经预言过这种异端的

203　　到来。这是对基督教苦行主义的一种滥用。基督和保罗
　　教导一种健康的和具有拯救精神的苦行主义。然而,在 2
　　世纪中期,信经(Cerdo)和马西昂教导,创造恰恰来自不
　　好的上帝,而所有被造物都是不好的。结果,他们把对酒
　　肉彻底的节制和戒绝强加给所有基督徒,并声称基督的
　　忠告具有戒律特征并对拯救是必需的。在那个世纪最后
　　的四分之一,一些基督徒出于骄傲而遵守节制和禁欲。
　　于是他们向灵知派看齐,坚持对所有酒、肉、性的节制并
　　不许结婚⋯⋯由于他们所谓的神圣性,他们甚至误导了
　　好的基督徒(其中有一些主教)。但是从一开始他们就受
　　到伊里奈乌、德尔图良、希波律陀以及特别是亚历山大的
　　克莱门的反对。[45]

　　　在这儿,评注者更为平和地把伊里奈乌对禁戒派(Encratites)
的指责发挥为对灵知派伦理学的特征描述,而把它与整个基
督教正统传统对立起来。
　　　然而,多数拿戈·玛第文本倾向苦行主义,在这个文集中
并无放纵主义观点和实践的证据。实际上,如我们所看到的,
其中至少有一个文本,《真理的见证》,指责“正统派”对婚媾的
不断践行这一不道德的放纵行为! 灵知派的苦行实践总是被
说成是由坏的神学和傲慢推动的,然而这些实践看起来与其
他基督徒的苦行实践(戒绝酒、肉、性,誓言贞洁和童贞)并无
二致。这类断语是对辩论家言论的复活,而非公正的分析。
这些文本自身表明,追求节制的动机乃是对精神发展及纯净
的渴求。尽管相似的苦行实践在古代会从不同的神学视角被

合理化，然而，这一事实是个史学描述问题，而不是个对坏的神学或倒错进行规范谴责的问题。而且，如果对灵知派苦行实践的否定评判是神学评判的结果，那么就需要神学上的论证。混淆史学描述和神学评判既不能带来好的史学也不能带来好的神学。

而且，很清楚的是，新文本显示了各种伦理立场，包括性和饮食上尖锐的苦行主义、修正过的(斯多亚派)漠然伦理、智慧教导、照顾贫困饥饿的社会伦理。要点在于，没有单一的态度可以解释这一多样性。而且，我们将看到，无法把灵知派看作一个清一色、大一统的现象，反宇宙二元论当然无法解释其伦理方向的宽广多样。

显然，古代辩论家们所作的引用没有准确反映拿戈·玛第作者们本身的观点。甚至像《约翰密传》这样的反宇宙论论文，循常规描述了一个救主形象(通常基督)的必要。它从这些角度——需被真正教导启蒙的无知，需被清除的不洁，需通过思想道德和仪式努力而被克服的罪恶——刻画了人类内部"神性火花"的苦境。尽管不同文本立场变化很大，但对身体和世界的态度弥漫着道德观点、道德态度和道德情感。与他们对手的意见相反，这些作品的作者高度关心道德问题。

最令人惊奇的是，越来越多的证据表明，赛特派灵知派关注对身体和灵魂的疗愈。赛特派认为身体是由恶魔力量创造和控制的，这普遍被认为是以下论点的例证，即"灵知派"的苦行伦理学是由自我憎恶推动的，而不是由自我克制和对上帝的爱推动的。不过如前所述，对长版《约翰密传》中与身体各部分相连的诸恶魔的分析表明，这个文本可以加强对恶魔的控制以便治疗身体和灵魂的疾病,因而解放自我、与神交流。
这部作品对恶魔的关注,非但不是自我憎恶的证据,反倒是康
复和关注道德、生理、精神安康的证据。

所谓放纵行为之说也受到了重新审视,尽管并未发现关
于放荡团体的新信息。一些学者认为或者这种浪荡子根本就
不存在(即,他们是基督教辩论家想象出来的东西),或者这种
放纵实践具有仪式目的,这种仪式目的并非摈弃身体(通过蔑
视其使用),而是使用身体的某些部分来表达对生命的维护
(通过采集经血和精液,生命在其中得到特别的呈现)。[46]无论
哪种情况,把灵知派观点浇铸成一种必然反道德的东西(无论
导向放纵还是苦行),其背景都属于基督教的内部辩论,而非
史学描述。

在这种辩论背景中,评判问题显然至关重要。J.奥康纳
(June O'Connor)写道:

> 神智健全的人讲理,而通情达理的人常把他们的选
> 择置于不同(有时是相反)的根据中……两种选择都合
> 理,但能满足其中一个的东西,对另一个却不够或不可
> 信,因为它们出自完全不同的前提。[47]

由于价值是在一个人们由之感知事物的框架内被理解和
分配的,因而世界观的不同很容易造成误解;与自己不同的观
点或实践似乎是"不合理的",因为它们是难于接受和令人怀
疑的。[48]也可能是,如我在这儿所认为的,甚至在共同的文化
世界中,因立场不同而与这个世界中特定生存状态(比如阶级

和性别差异）处于不同关系中的人，对什么是合情理的会有不同的感知，并将对特定实践的意义给予不同的解释。[49]

　　亚历山大的克莱门、伊里奈乌、伊皮法纽都记录了一些从事苦行实践的异端，而这些异端的苦行实践与他们自己提倡的做法实际上并无区别，不过他们宣称异端的这些苦行实践不可能基于任何有效的道德原则，而只是一种欺骗，目的是把人引向邪路。[50]他们无法理解他们对手的世界观（有时基于非常不同的创世神和人类本性概念）可以导致与他们自己道德价值相似的实践。[51]

　　现代学者倾向于在对新原始文本的解释中再造这些误解，这可能反映了对过时学术和辩论家观点的依赖，或者对用于论证基督教独一性优越性的神学范畴的依赖。后者是通过与犹太教、异教或异端的道德作对比做到的。[52]认为灵知派不可能有积极的道德，这种观点受到了以下证据的驳斥，如对曼达派的人种学研究已经充分表明，二元论灵知派宇宙论与跨越时代维持一个社会的道德是可以兼容的。[53]

　　拿戈·玛第以及其他一些地方原始文本的出版，为重新评价这种过时立场提供了机会。一些新近（和不那么近）的研究已经开始从对灵知派伦理学的描述中清除教父辩论。[54]我介绍其中三种。重要的一步是 L.萧特罗芙（Luise Schottroff）在她 1969 年对《亚当启示录》和瓦伦廷派《灵魂的自然保存》的研究中迈出的。[55]辩论家们认为灵知派人类学是彻底决定论的，因而不允许道德选择所必需的自由意志的存在。按伊里奈乌的描述，瓦伦廷思想把人类按本性分成三级：属灵者（pneumatics）、属魂者（psychics）、属身体者（choics）。属灵者拥

206

有神性的灵并注定要回到神那里去；属魂者只拥有魂，但可以通过行善得救；属身体者本质上物质的，注定要毁灭。这一模式出现在对灵知派的许多概述中，把所谓灵知派主张的由本性得拯救与基督主张的由恩典得拯救相对照。[56]

然而，萧特罗芙指出，实际上自我（不只是人）是三元的。对自我的区分意味着属魂的自我从未丢失，甚至对一个属灵的灵知人也是这样。自我通常既是魂又是灵；魂代表了选择拯救的必要（自由意志），灵则代表了拯救的象征（神性的天意和必然性）。除了最后的末日，两者处于相互补充的紧张之中。瓦伦廷派把人类分为三级是与对自我的这种三分观点联系在一起的，没有任何冲突。[57]通过显示神性天意决定论只是瓦伦廷思想中人类学平衡的一个方面，萧特罗芙破坏了辩论家们的决定性谴责。

M.德雅尔丹在他对瓦伦廷派罪的研究中得到了类似的结论。他注意到《三部训言》事实上确实是把人类区分为三级——这是我们所有属于瓦伦廷派著作中明显做如此处理的唯一一部——它并未坚持只有救主可以是无罪的。而且，瓦伦廷派一贯把罪定义为"与至高上帝或父不相和谐的人类行为或思想"；他们认为人类罪的起因是对父的无知，正如暴力是"与神敌对的外在力量"。[58]德雅尔丹的结论是"瓦伦廷派极其关心正确地行为和思想。道德漠然显然不是瓦伦廷派的特征"。[59]

K.鲁道夫给人深刻印象的导论性著作《灵知》，把讨论超出了瓦伦廷派基督教之外，依据辩论家和新的文本发现摆出了种种道德可能性。除了苦行主义和非道德论（放纵主义），

种种温和观点也找到了代表。例如,亚历山大的克莱门说以
西多(Isidore)会一种精妙的道德推演术,从理性上努力抗拒
对灵魂的拖累力量。他把保罗在《哥林多书信》中的建议"与
其欲火攻心倒不如嫁娶为妙"解释为"'那些恼火'于忍受'爱
争吵的妻子'的人希望通过她来摆脱情欲的一个建议"。《彼
得与十二使徒行传》《多马福音》《有权柄的教训》《腓力福音》
中的段落都给出了这一重要道德努力的证据。[60] 在这个书单
里我们还可以加上《论世界的起源》所散布的观点,行为实际
上对确定一个人真实的本性是很关键的:"人从哪里来,也必
须回到那里去。每个人的确是透过自己的行为与知识来表明
他的本性。"[61] 鲁道夫的结论是一个灵知人的属灵本性并不排
除道德努力,毋宁说,"在这些文本中对灵知人对义的生活的
追求给予高度评价……也对同时代的智慧和道德文献有所借
鉴"。[62] 他的简练概括挑战了类型学的刻板模式。[63]

　　我当然不是试图否认拢集在灵知派这个标题下的各种文
本为苦行行为提供了证据——它们当然提供了——甚至也不
认为就没有放纵的灵知人(在很多方面这是个成问题的题目,
部分原因是原始材料太少)。我想挑战的乃是辩论家对灵知
派伦理学或者苦行或者放纵的二分,及其对灵知派神话无法
产生真正伦理学的指控。在我们检查过的所有文本中,价值
至关重要而选择受到鼓励。显然,对魂或灵之神性本性的信
仰并不必然表示就个人来讲不需要道德努力。如对《约翰密
传》来说,照着神的属灵形象创造是拯救希望的基础。道德教
导专注在越来越把灵魂导向与神的神性相似。《约翰密传》自
然倡导一种生活的苦行方式,却也并未表明动机的傲慢和对

208

世界之美的憎恶。毋宁说,这个神话提供的动机和目标与在古代世界广泛传播者并无二致:摆脱情欲和恶魔的影响以及通过学习、祈祷、苦行实践和仪式求获属灵发展。如果说《约翰密传》中有"反叛"因素,那在于它感到了会把人类引向苦难的暴力背后的恶毒企图,正确的伦理努力包含对这些暴力的抵抗。

把灵知派伦理学两分为苦行主义和放纵主义已经成为肤浅刻板的陈词滥调,妨碍了对这些文本伦理含义的任何认真研究。抛开这些陈词滥调是严肃分析的第一步。

幻影说的基督论

对灵知派的许多报道强调其幻影论的基督论,这个观点认为耶稣只是看起来有身体,实际上并未在十字架上蒙羞;或者认为耶稣确实受难并死,但他与救主基督不同,救主基督并没有受难或死。[64] 这一观点的新代表是对微笑救主(Laughing Savior)的描绘,来自 3 世纪的拿戈·玛第文本《彼得启示录》。令人吃惊的是,彼得,公认的正统教会的柱石,竟是这一启示的信使! 救主向他显现,并向他显示了被钉十字架的异象:

> 我仿佛见到他(耶稣)被他们捉去了。我就说:"主啊,我见到的是什么呢? 是你被他们捉去吗? 你要我明白什么吗? 那在木头上高兴喜笑的是谁呢? 他是另一个手脚被钉的人吗?"救主就对我说:"你所见的木头上高兴喜笑的,是那活着的耶稣。而这个手脚被钉的,就

是他的肉身,以他的形象来到,代替他受辱的。但且看
他和我。"[65]

救主继续向彼得解释说:"他们所钉的是那首生的,鬼魔的住
处,他们所住的石屋,埃洛希姆的住处,那在律法以下的十字
架。"永活的耶稣嘲笑了残暴无知的人,他们错误地认为他们
可以伤害到他。同时,救主解释说,他自己是"充满灿烂光辉
的有知识的灵"。[66]如德雅尔丹所说:"被钉十字架释放了他
'无实体的身体'(83:7—8),让这个'永活的基督'(82:27—
30)把自己完全与身体分开。那个身体救主受难并死,而永活
的基督却不受影响。被钉十字架的历史存在并没被否认,但
在这部著作中十字架不再具有救恩神学的功能。"[67]确实,幻
影论基督论不可能再有更清晰的表述了,而使徒保罗被塑造
成了使徒的担保人。

　　《雅各启示录(一)》是部可能也要断代在 3 世纪的作品,
在这部作品中,雅各知道为什么救主甚至容忍这一被钉十字
架的假象。主事先告诉雅各他允许这个被钉十字架,为的是
通过他的复活斥责低等世界的那些统治者。[68]复活后,他回来
并安慰雅各说:"我并不曾受苦,也没有忧伤。这些人并没有
伤害到我。"[69]被钉十字架的要点在于暴露世界统治者的虚弱
和自大。又一位传统上的正统使徒,雅各,是这一幻影论启示
的接受者。

　　雅各和彼得在 2 世纪或 3 世纪的《雅各密传》中重又出
现,不过这一次是作为一个不同传统的担保者。这儿,主坚持
他确实受过难,而他的学生如果希望得到拯救也必须同样受

难和死。主告诫雅各和彼得："记住我的死与十字架,这样你们就必存活!"彼得,通常被看作是个英勇但行为出格的门徒,回答道:"主啊,求你不要向我们提十字架和死亡,因为它们离你甚远。"救主回应,确认他自己的受难和死,并激励门徒追随他的道路:"若不信我的十字架就必不能得救。但那些信我十字架的人,上帝的国是他们的。"后来又说:"我为了你们的缘故将自己置于诅咒之下,好叫你们得救。"[70]这儿,救主试图向门徒表明,如果他们依然害怕受难和死亡,就是还没有理解他的教义。和他一样,他们必须把这些作为战胜撒旦的途径接受下来,因为这是那些与这个世界的邪恶相对抗的人的命运。

210　　　对于像伊里奈乌和德尔图良这些相信身体复活的基督徒来说,死并不可怕,因为身体会复活。然而,在《雅各密传》中,不怕死亡却意味着恰恰证明了相反的观点:身体不是自我;只有灵魂将被拯救。撒旦通过伤害身体无法伤害真正属灵的自我。

　　然而,《约翰密传》并不是说身体必然是恶的。而是,其状态完全依赖灵魂的状态:

> 因为身体若无魂就不会犯罪,正如魂若离开灵就不能得救一样。但假如魂没有了罪就能得救,而灵也同样得救,那么身体就不再受罪管辖了。提升魂的乃是灵,杀害魂的乃是身体,意即杀害它(魂)的乃是它自己。[71]

身体既非恶的源头也非一个人真正的自我。然而,如果一个人错误地认为身体是真正的自我,则身体可以杀害魂。[72]对受难和死的惧怕暴露了无知;暴露了众门徒并不理解他们乃是

魂和灵,而非肉。一旦他们理解了他们真正的属灵本性,他们
就不再惧怕受难或死。

《雅各密传》不是把受难和死本身描绘成好的,而是把它
们描绘成福音教义的必然结果,因为撒旦反对神的教义并试
图毁灭信徒。门徒被要求去受难为的是通过不惧后果地传授
主的真理来证明他们对他人的爱。而且,如果不是带领他人
一起,他们就不会升到神处。主特别关心他们是否理解了这
一点,因为除非他们理解了,否则他也无法升天。在这部作品
乍看显得古怪的结尾中,雅各和彼得希望把他们的灵送上去,
甚至已经开始这一行动,但他们被其他门徒又叫了回来。正
如 J.麦克法兰(Jessica McFarland)认为的,在他们升天之前,必
须继续主开启的使命。[73] 他们的得救取决于对他人的爱和指
导。这儿,有个明确的互惠:一方面,他们是"许多人的生命之
因";另一方面,"我们要因他们的缘故(得救)"。主对这一点
十分明白,如果他们赶紧,甚至可能比他自己先期到达:"我实
实在在地告诉你们,惧怕死亡的人不能得救,因为(上帝的)国
属于那些将自己交给死亡的人。你们当胜于我,你们当像圣
灵的儿子!"[74]

主张一个人的得救取决于其他人的得救,这揭露了所谓
灵知派的拯救观必将导致极端个人主义的说法是不准确的。
主告诉他的门徒当热心这话语:"至于这话语,它的第一部分
是信心,第二是爱心,第三是善行;从这些所发出来的是生
命。"[75] 对他人安康的关心强化了这一点,表现在其他一些文
本中,如前引《真理的福音》。

幻影论这一指控不足以表达这种神学:主确有肉身并真

211

实受难。因而,他的门徒也必须殉教以便获得他们自身的拯救以及他人的拯救。但同时,肉体并非真正的自我,也不注定得救。无惧受难不是因为信众可以期待肉身的复活,而是他们知道身体的毁灭把生命带向魂和灵。这个文本似乎是写来劝诫他们宣讲天国的福音,尽管迫害和殉教显然很危险。

另一部讨论到基督论的著作是 2 世纪晚期或 3 世纪早期的《彼得致腓力书信》。这儿,彼得又是发言人。起初,他对门徒的劝诫沿袭标准的受难叙事,比如我们在《约翰福音》中看到的受难叙事:

> 彼得就开口,对他的门徒说:"当我们的主还在肉身中时,不是已告诉我们为什么他要来到世上吗? 弟兄啊! 要听我的声音。"于是他被一个圣灵充满,说:"我们的光照者耶稣,他来到世上,被钉十字架。他戴了荆棘的冠冕,又穿上紫色的袍。他被挂在木头上,又被埋葬在坟墓里。而他又从死里复活。"[76]

但往下对耶稣为什么被钉十字架彼得则尝试给出新解释:"我的弟兄啊,耶稣本是苦难的局外人,我们才是那些因着母亲的罪业受苦的人。因着这个缘故,他像我们一样做一切的事。因为主耶稣,是父那不能测度荣光的圣子,他也是我们生命的创造者。"[77]"罪业"指的是他们属灵母亲的愚蠢,一个低等神性实体,在没有得到父任何命令的情况下想养育神体(aeons)并擅自行动。结果就是低级世界和凡人身体(受到无知、傲慢的次神统治)的创造。耶稣成肉身、受难、死并复活以向人类显示尘世身体的塑造为的只是拘囚不朽的灵。他证明人类不属于这个尘世星球,他们应该抵抗此世的虚假众神以便得救。他通过教导门徒拯救的启示号召他们与低级世界的统治者战斗。在这儿我们又看到,很容易确证,主真实地具有肉身、真实地受难并死。当然这一学说也还是与否认身体是自我的观点连在一起。

在晚期古代的思想环境中,认为肉身能复活事实上十分怪异,有很多难点需要辩护。论证诸神以肉身访问人类比论证尸身可以(或应该)复活要容易得多。[78]2 世纪或 3 世纪瓦伦廷派的《论复活》极其清楚地证明了这一点。讲到一个名叫雷金诺(Rheginos)的人,作者问:

> 当主还以肉身存在于我们当中,当他显明自己为上帝的儿子时,他自己是如何说的呢?他曾生在你们现在所居住的这个地方,谈论自然之律,然而我称它为"死"。雷金诺啊,上帝之子现今是人子。他自己同时拥有这两个身份,即同时拥有人性与神性;因此,一方面他作为上帝之子可以战胜死亡,另一方面借着人子,丰盛可以得到恢复……不要认为复活是幻象。它不是幻象,而是真实。其实,我们更应该是说世界是幻象,复活则不是,因它是借着我们的救主耶稣基督而有的。[79]

当然这个复活不是肉身的复活,而是出离肉身上升到上帝的丰盛。作者写道:"他吸引我归回天堂,就像太阳收回自己的光芒一样,没有任何事物能阻止。这就是属灵的复活,就像吞 213

噬属肉体的事物一样,它也吞没那属魂的一切。"[80]肉身只是一个暂时的寓所,当死时灵魂升向上帝时就会被抛弃。对于这个教义,瓦伦廷派引证保罗,因为保罗写道:"血肉之体不能承受神的国。"[81]

这儿讨论的这些著作说明,早期基督教关于基督本性的争辩所涵盖的领域,远远超出幻影论与道成肉身之间的简单二分。争论点不只是肯定救主真实地有个身体、受难和死。成问题的不只是基督论,而且还有人类学——根本问题是成为一个人意味着什么。真正的自我在身体中抑或在魂/灵中?德尔图良疾言厉色地认为,灵魂和身体作为一个整体形成,并将在复活中也永远作为一个整体。《雅各密传》和《彼得致腓力书信》认为不然:灵魂在身体中只是暂时的安排;只有属灵的魂能升到与神同在的生命处。这些情况中的基督论符合人类学。这儿,灵知派基督论是幻影论的陈词滥调不得不让路于对早期基督教有关基督论和人类学争论更复杂的处理。早期基督徒之间差异巨大,如果我们想从神学、伦理学、社会学上去理解这些争论中攸关的东西,我们必须抛弃那些陈词滥调,而代以批判的分析。

尽管我只处理了灵知派三个最普遍的已成陈规的特性描述(极端反宇宙二元论、无法建立真正的伦理学、幻影论),但对于所有其他普遍使用的用来定义灵知派的类型学特征也可以提出相似的异议。[82]所谓的灵知派著作提供的证据,包括多种道德取向、神学和人类学观点、灵修磨炼、仪式实践,这使搞一套单一范畴来全面适应学者们标示灵知派的任何企图捉襟

见肘。为了理解早期基督教在其形成期的复杂性,学者们需

要抛弃老旧的类型学。

对这些问题最清晰的认识出现在威廉姆斯的一部优秀著作中,名为《重新思考"灵知派":拆毁一个含混的范畴》。自始至终,他的目标都是要揭露灵知派几个标准类型学特征的不适当。他驳斥了对陈腐主题、标语和漫画的传统依赖,证明用诸如"抗议性诠释"或"寄生虫"之类的范畴来描绘整个被归为灵知派的材料是不适当的,而试图把原始文本强行压入这些范畴必然带来歪曲。[83]最后,他的结论是,"灵知派"这个词不只是不适当的,而且它"作为一个类型学范畴对于真正有启发性的分析来说逐渐被证明是个靠不住的工具,通常是作为一个省力的手段起作用,而这个省力手段通向年代误植、漫画化和穿凿附会"。[84]他认为,没有这个术语,学术研究会更好一些,应该完全摒弃这一术语。

然而,他的建议,要拒斥的不是类型学方法,而是有关灵知派的具体范畴。[85]由于没有适当的替代选项,威廉姆斯的研究只是导致学者们把灵知派放进了引号中,而对它的使用或多或少依然如故。而且,威廉姆斯的研究结构实际上损害了他要达到的结论。尽管他充分认识到了材料的多样性,但他以一些对抗性选项构建他的论证:要么是寄生虫,要么是革新者;要么是对世界的反宇宙拒斥,要么是社会文化的调和;要么是对身体的憎恶,要么是人类的完美;要么是决定论的精英主义,要么是关于皈依的包容性理论。这一论辩框架意味着关于灵知派材料的错误类型学可以被正确类型学替代。不过,他确实表明通过解释这些证据可以达到与通常学术十分不同的结论,此处这一研究提供了某种非常具有迷惑力的洞见。然而,最后,这一现象的复杂性依然由这一非此即彼的二分来满足。威廉姆斯纠正灵知派刻板模式的最终论点反倒成了这一问题的例证。为了代替"灵知派",他提供了一个"《圣经》德牧革神话"范畴:

215

　　《圣经》德牧革神话并非"灵知派"的另一个名字,因为这个新范畴意图卸下旧范畴的包袱。它拢集需要研究、比较的多数相同神话,不会犯我在这个研究中试图论证的"灵知派"这个范畴所带来的一系列错误。"《圣经》德牧革的"这个范畴的定义本身中没有"反宇宙论"的意思,也没假定什么,因而允许在诸作品中实际检测到的有关宇宙及其创造者(们)的各种态度。这个范畴不需要某些特别的诠释方案来支撑所有相关资源,但允许我们遇到的各种处理方法。等等。[86]

　　他的目标值得称赞,但他最后又回到了旧模式中。首先,这个范畴本身赋予一个神话因素(作为决定性特征)超出其他因素的特权。他通过如下主张把这一选择合理化了:"这一具体特征从原则上是不难确定的,它确实包含一些我们了解的重要观念格局,这些观念格局是古代晚期争辩的催化剂。"[87]就是说,他依然从辩论家在解读这些文本中哪些特征最值得关注这一思路中获取线索。我认为这恰恰复活了辩论家的论题论点并特权化了他们的观点(而这些观点导致我们对这些文本的歪曲解释),妨碍了我们完整丰富地理解这些争辩真正涉及的内容。辩论家们只提供了一方的观点,如果我们希望理解他们对手的观点,就需要采取不同的出发点。

第二,威廉姆斯注意到,新范畴或多或少包含与旧范畴相同的一套材料。但是,处理这些多样性材料的类型学方法的不适当只能满足于提出这个问题:这些材料是否应该完全被拢集在一起。这样,在揭露当前灵知派类型学的不足和为解读材料提供某些引人入胜的替代方案上,威廉姆斯的书确实做了优秀的工作,但在帮助我们面向一个替代框架方面,又做得很少。被辩论家确立和被学术研究复活的传统方法依然主导着对这些材料的研究。我们需要的是一个替代框架和适合这些材料的一套方法。

自从拿戈·玛第文本发现,学术研究就在从事一项双重事业:一方面,继续局限在以前论题(特别是正统与异端问题)的框架内,复活其论题,关注起源和类型学;另一方面,对单篇著作的研究逐渐导致学者们质疑能否在单一的共同起源或单一的类型学图式中解决材料的种类繁多问题。以前关于灵知派起源于希腊化混杂和东方混合的观点已被彻底破坏。在犹太教或新约基督教中确立灵知派源头的新近努力同样被证明是成问题的。同时,现存对灵知派做特性描述的每一个特征都受到了质疑。老一代学者传下来的范畴对新材料造成了不准确甚至歪曲的解释,他们把工作建立在辩论家的证据或较晚的摩尼教和曼达派材料的基础上。这些范畴尽管依然被广泛使用,但专家对它们已经逐渐变得慎重。是重新思索研究这些文本的整个框架的时候了。

专家们在这个方向上做了很多努力:创制亚范畴,建议限制或取消"灵知派"一词的使用,批判类型学范畴的不适当。有些人则更直接地质疑支撑其框架的社会学前提。对写作和使用这些文本的人或团体我们真正了解什么?关于新的宗教观念和叙事的产生我们能说什么?"混合借入"这一模型对理解古代多元社会的运作适当吗?

217　尽管已有实质性进步,我们才刚开始理解拿戈·玛第发现的巨大意义及其将对学术产生的影响。但无论结果如何,这一发现显然都是灵知派研究史中的转折点。学者们已经展现了问题所在并向其解决迈出了最初几步。本书的最后一章处理这一问题。从这儿我们要去往何处?

注　释

[1] 我在"The Rationale of Gnostic Ethics"(1992)和"Is There Such a Thing as Gnosticism?"(1993)中提出了这些问题,两篇文章都是在《圣经》文学协会的会议上宣读的(M. Williams 在其 *Rethinking Gnosticism* 的参考文献中征引了它们)。本章的写作主要以这些论文为基础。也见我的"The Body and Society in Philo and Society in Philo and the *Apocryphon of John*"一文。

[2] H.Chadwick的《早期基督教史》广为流传,他是从以下方面来描述灵知派的:灵知派救主神话、苦修或放纵的灵知派道德、幻影论的基督论、对旧约的贬抑,以及"一个严格确定的规范"——其中"救赎来自命定,而不是来自重大行为的后果,救赎被赋予了一个前定的阶层,只有他们才拥有神性的火花"(Chadwick, *The Early Church*, 35—38)。他宣称,"不同派别的神话细节差异很大","但可以看到基本模式是一致的"(Ibid., 36)。

[3] 墨西拿会议决议认识到了二元论存在的问题并试图定义并从不

同类型中区分它："二元论是个具有几个种的属"（Bianchi,
Origini dello Gnosticismo, xxviii）。这个属包含一个二分："即本原
间激烈的分别或对立。这些本原，无论是否同样永久，都以这种
或那种方式决定着世界上的**存在**"（Ibid.）。这些种是由它们赋予
被造世界的**价值**来界定的：灵知派是反宇宙的并认为世界是恶
的；琐罗亚斯德二元论认为世界是适宜的；希腊哲学把世界的构
成看作两个本原的辩证过程，这两个本原是不可归约和互补的
（Ibid., xxviii—xxix）。墨西拿定义试图仅仅以对创造之善的评
估为基础来区分这些种。把一个基督教神学范畴用作首要的区
分要素，表明了诸范畴得以构造的背景和它们的持续兴趣，但这
对实际的描述任务用处不大，因为三个方案在结构上非常相似，
在实践上很难区分。

[4] Schoedel,"Gnostic Monism and the Gospel of Truth".

[5] 见 *Gos Truth* 17.5—9。

[6] 这种观点表述在这句话中："他环绕一切，却没有任何东西环绕
他"（*Gos Truth* 22.25—27，下面 George MacRae 的译文见
Robinson 与 Smith, *The Nag Hammadi Library in English*, 45）
Schoedel 指出，这种观点是"早期教会中关于上帝教义的基本论
点"，在"希腊和拉丁教父的作品"中都能发现。他认为这种观念
可以远溯至前苏格拉底，但最清楚地出现在斐洛那儿（参见
"Gnostic Monism and the Gospel of Truth",380—381）。Layton
认为"*Gos Truth* 的宇宙论模型来自斯多亚泛神论的一元论和天
文学"（*The Gnostic Scriptures*, 250）。

[7] 见 *Gos Truth* 18.10—26。引文见 *Gos Truth* 32.31—33.32（George
MacRae 的译文，见 Robinson 与 Smith, *The Nag Hammadi Library
in English*, 46—47）。

[8] Pearson,"Gnosticism as Platonism",见 *Gnosticism*, *Judaism*, *and*

Egyptian Christianity，148—164。与他灵知派犹太教起源的论点
保持一致，Pearson 把这个文本看作他如下观点的一个例证："从
早期灵知派的极端二元论转向更一元论和亲宇宙地理解现实。
我认为这一倾向直接来自柏拉图哲学的影响，这可以通过一定
程度地讨论一些学派（比如罗马的普罗提诺）中灵知派信徒与柏
拉图主义者之间的关系得到解释"（162）。然而，这个本文中没
有任何来自"极端二元论"的证据。

[9] *Marsanes* 5.24—26；7.5—6（译文见 *Nag Hammadi Codices IX and
X*，265，269）。

[10] King，*Revelation of the Unknowable God*，特别是 16—20。这个作
品中只有一处关于世界存在的暗示：51.30—32 说奥托金纳是
"订正大自然错谬的救主"。很难知道这句话的确切含义，因为
"自然"和物质世界间的关系不清楚。"自然"（φγσιs）至少有一次
指的是"非物质的自然"（*Allogines* 57.17—18），不一定就指物质
存在。

[11] *Allogines* 61.32—66.38；以及 King，*Revelation of the Unknowable
God*，154—176。

[12] 见 King，*Revelation of the Unknowable God*，12—16。

[13] 见 *Allogines* 52.25—28。

[14] *Book Thomas* 139.25—140.5，18—37（J. Turner 译文，见 Layton
编 *Nag Hammadi Codex II*，2—7，185，187，189）。

[15] Ibid.，145.8—16（*Nag Hammadi Codex II*，2—7，205）.

[16] 这个文本很大男子主义，这突出表现在对那些"喜欢与女人亲近，
喜欢与她们不洁性交"（*Book Thomas*，144.9—10）者的谴责中。
但如果假定这段话是讲同性恋的，则谴责对象不包括这个文本
所提到的女人。

[17] *Gos Thom* 29（Lambdin 译文，见 Layton 编 *Nag Hammadi Codex II*，

2—7,67)。也见语录 56,87。

[18]　参见例如,语录 4,11,16,22,49,75,106。

[19]　语录 110(Lambdin 译文,见 Layton 编 *Nag Hammadi Codex II*,
　　　2—7,93)。

[20]　这些饮食禁忌指的不一定就是犹太教的洁净规矩。比如伊里奈
　　　乌就介绍过一些素食团体(*AgHer* I,28,1)。也见 *Gos Thom*,语
　　　录 6,14,27,89 和 104。

[21]　见语录 104。耶稣说:"当新郎离开洞房的时候,让他们去禁食祷
　　　告吧。"尽管这条劝诫通常被解释为来指耶稣之死(比较 Mark2.
　　　19—20 及插话),*Gos Thom* 却没为这一论点提供证据。相反,后
　　　面的语录是"认识父母的人要被称为娼妓之子"。尽管这条语录
　　　意思不明,但显然是对语录 104 的解释而不是受难预言。

[22]　见语录 45,47,63,65,76,95。

[23]　Lambdin 译文,见 Layton 编 *Nag Hammadi Codex II*,2—7,93,有
　　　改动。(中译按,杨克勤中文,《灵知派经典》,华东师范大学出版
　　　社 2008,第 155 页。)

[24]　Crossan, *Four Other Gospels*, 32—33.

[25]　*Gos Thom* 3b(Lambdin 译文,见 Layton 编 *Nag Hammadi Codex II*,
　　　2—7,93,有改动,杨克勤中译文,第 139 页)。

[26]　*GosThom* 3;比较 Deut. 30:11—16。

[27]　*GosThom* 24(Lambdin 译文,见 Layton 编 *Nag Hammadi Codex II*,
　　　2—7,93,有改动)。也见语录 30。

[28]　尤其语录 28,77,82,108。现代学者通常把耶稣与犹太教的智
　　　慧形象作比较(特别参见 Davids, *The Gospel of Thomas and
　　　Christian Wisdom*, 81—99);也见 Borg, "A Temperate Case"。

[29]　*Gos Thom* 50(Lambdin 译文,见 Layton 编 *Nag Hammadi Codex II*,
　　　2—7,73)。

[30]　参见例如,Patterson,见 Kloppenborg 等,*Q-Thomas Reader*,96—97。

[31]　Lambdin 译文,见 Layton 编 *Nag Hammadi Codex II*,2—7,73。

[32]　Patterson,见 *Q-Thomas Reader*,119。

[33]　*HypArch* 是通常用来适应灵知派标准描述的另一个文本,但这个作品表明,创世和身体乃是真正上帝拯救人类属灵因素这一计划的一部分(参见例如 *HypArch* 87.20—23;88.10—11;88.33—89.3)。

[34]　Jonas,*The Gnostic Religion*,253.

[35]　Rudolph,*Gnosis*,60.

[36]　Filoramo,*The History of Gnosticism*,55.

[37]　恰恰是因为这种穿凿附会,使我们费了很长时间才看到,长版 *ApJohn* 中那一串魔鬼,不是对身体进行灵知派恶魔化的证据,而是这一信念的证据:驱鬼对于疗愈身体是有效的。

[38]　把像 *Gos Thom* 或 *GosMary* 这样的作品解读为成熟灵知派拯救神话的影射,情况就尤其是这样。毫无疑问,它们**可以**这样解读——它们(包括 *ApJohn*)在抄本中的形态显示,至少在 4 世纪和 5 世纪,它们也确是这样被解读的。如果我们对这些福音书不做灵知派的解读,关于这些福音书的意义史,我们将丢失一部分重要信息;但如果我们把它们的意义只局限在 4 世纪和 5 世纪的文本,我们也同样会丢失至关重要的意义。而且,对像 *Gos Thom* 这样文本各种解释学方案的挪用,指向的与其说是 *Gos Thom*“唯一、真正的意义”,不如说是古代互文性的多重解释学方案。

[39]　Jonas,*Gnostic Religion*,4,6;Rudolph,*Gnosis*,253;Filoramo,*A History of Gnosticism*,第 11 章,特别是 188,245,n.88。这一观点受到 M. Williams 的批评,见 *Rethinking "Gnosticism"*,139—140,M. Williams 引用了我的早期论文“The Rationale of Gnostic Ethics”(293,n. 6)。

[40]　例如,Jonas 引 Irenaeus,*AgHer* I,6,2—3 支持他的论点(见 *The*

Gnostic Religion，270—271）。

[41]　Irenaeus，*AgHer* I，6.

[42]　参见例如，Irenaeus，*AgHer* I，6，24—25；Clement of Alexandria，*Strom* V，1；V，3，3.

[43]　比如，Clement of Alexandria 写道，马西昂派走向了"不是戒绝某条道德原理，而是戒绝对他们制造者的敌视，不想使用他的创造物"（*Strom* III，4，25）。Jonas 追随克莱门，写道："这样，马西昂的苦行主义，不像埃森派（Essnes）或后来基督教的隐修制度，不被认为推动了人类生存的圣化，而是从本质上说在概念就是消极的，是灵知派拒斥宇宙的一部分"（*The Gnostic Religion*，145）。也见 Irenaeus，*AgHer* I，6.

[44]　*AgHer* I，28，1（译文见 Unger 与 Dillon，*St. Irenaeus of Lyons*，93）。

[45]　Unger，见 Unger 与 Dillon，*St. Irenaeus of Lyons*，254。

[46]　认为放纵是辩论家的编造，这是新近 M. Williams 所持观念，参见他的 "Psyche's Voice" 和 *Rethinking "Gnosticism"*，163—188。见 Benko，"The Libertine Gnostic Sect of the Phibionites"；Goehring，"Libertine or Liberated"；Buckley，"Libertines or Not"。

[47]　O'Connor，"On Doing Religious Ethics"，91.

[48]　O'Connor 写道，"既然伦理学上的理性通常所取的形式是某人为证明某行为正当提供**理由**，那么提出的这些理由就要经受别人的检查。那些不被接受的理由通常就被贴上'不理性'或'不合理'的标签，而实情（因而应该被表述出来）不过是这些理由因为不能服人而不被接受（Ibid.，90）"。

[49]　见 Bourdieu 的讨论，*Outline of a Theory of Practice*，82—83。

[50]　也见 Epiphanius，*Panarion* 40，1，4；Irenaeus，*AgHer* I，24，2。

[51] 然而,比较研究越来越清楚地表明,相似类型的苦修行为可以具有各种不同的动机和根本理由(Wimbush, *Renunciation towards Social Engineering*)。宗教史家的任务是去发现这些动机和理由到底是什么,并去描述如此这般的这些行为本身。

[52] 灵知派通常被划为异教(见 Ménard, *L'Évangile de vérité*, 167)。

[53] 参见例如,Drower, *The Mandaeans*。

[54] Rudolph(*Gnosis*, 382, n. 38),也见 Löhr, "Gnostic Determinism Reconsidered"。

[55] Schottroff 毫不含糊地指出:"明确持通过本性得救的那些瓦伦廷派文本,认为一个人得救并非是因为(拥有)天上本质而获此拯救,他们使用这种被赋予本质,为的是描述拯救的确定性……认为灵知派有一个基于拥有某种本质的拯救神学,这种误解来自教父的偏颇辩论和灵知派的反基督教辩论,比如伊里奈乌 *AgHer* 6, 2—4,使用本质主义描述(作为陪衬)来证明拯救作为恩典的特征。"("*Animae naturaliter salvandae*", 97)

[56] 最近一个很好的例子出现在德国学者 Riemer Roukema 对灵知派的介绍中。他说:"认为灵知是精英专用,这种观点是不对的。灵知派已经准备与他人分享他们特有的灵知,或把这看作他们的任务。他们也不总是认为只有他们才能得救。《约翰密传》提供的是这样一种前景,除了那些叛教者,所有灵魂将获得拯救。灵知派基督徒并不从定义上隔离自己。他们最初并没有一个独立组织,本也是'大公'教会的一部分。'灵知派'与'大公'基督教间的分野最初也并不总是很明显。"(*Gnosis and Faith*, 168)不过他接着说:"有些灵知派信徒可能不想因为突出他们的洞见而冒犯大公基督徒及其领袖。不过,他们的兴起导致了这样的后果。因而对灵知派的反对,一方面与他们对基督教信仰的思辨发展有关,另一方面与他们释放出的态度有关,好像他们知道的更多。

灵知派的知也许并不总意味高人一等，但这确是他们给人的印象。"(Ibid.，169)他进一步把灵知派和大公教会做了比较："立在这些灵知派信徒面前的是大公教会，当时被称作'使徒的'或'大公的'。'大公的'意思是'普适的'，从一开始就用来指谓普适的教会而不是地方教会。然而，这个词还有另一层意思。'大公的'作为基督教会的一个名字，也意味着拯救适用于所有信徒，而不只是适用于一个被赋予了特有灵知的特殊团体……这个教会里既有粗人也有有知识的人，最好没有那种自认为拥有超级洞见的人。"(Ibid.，169—170)这样，当他把灵知派看作基督徒，阐发至少某些灵知派信徒并无特异之处，辩论又回来了，在精英灵知派信徒和宽容的大公基督徒之间划了一条鸿沟。这在一定程度上忽视了使徒或大公教会也有一个内部统治阶层（这个统治集团排斥女性）。在外人看来，大公教会宣称拥有独有的真理拯救，只有那些举行过特殊入会仪式（洗礼）的人才有望获此拯救，其他人将下地狱。可资对照的，如 Riemer Roukema 自己指出的，*ApJohn* 坚持，除了叛教者，所有人将得拯救。

[57]　Schottroff，"*Animae naturaliter salvandae*"，83—86，90—93，94.

[58]　见 Desjardins，*Sin in Valentinianism*，115，118—119，116。

[59]　Ibid.，118。实际上，他说："我们的研究表明，瓦伦廷派对罪的理解从本质上说是基督教基要主义的。而且我们也看到瓦伦廷派伦理学从总体上如何反映了新约中的福音训谕，尤其 Matthew's Sermon 山上宝训中那些内容。"(131)

[60]　Rudolph(*Gnosis*，258—259，261—264).

[61]　*OrigWorld*，127.14—17(重点是我加的)。

[62]　Rudolph，*Gnosis*，261.他还认为"从（新文本）可以看出，灵知人的'灵—性'一方面可以被理解为上帝的恩典，另一方面，拯救不是自动被赋予的，一定伴随着一种与'被拯救者'既有条件相配的生

活方式"(117)。他还说:"每个真正的灵知人都需要灵知原则决定的生活,对他的拯救来说这不是无关痛痒的。"(261)

[63] M. Williams 同样通过检查大量材料(*Rethinking "Gnosticism"*, 140—162),通常也是基于同样的材料,得出了相似的结论。他的结论是:"我们可以看到,'苦行主义'这个词本身几乎无法涵盖这些资源所呈现的广泛的态度和实践。显然,这些团体中有一些不但允许而且鼓励婚配与生殖。而且对性的繁殖的戒绝也不一定就意味着对婚姻和家庭的戒绝。"(160—161)

[64] Slusser, "Docetism".

[65] *ApocPet* 81. 4—24(James Brashler 与 Roger Bullard 译文,见 Robinson 与 Smith, *The Nag Hammadi Library in English*, 377)。

[66] Ibid., 82.21—26, 83.8—10(见 *The Nag Hammadi Library in English*, 377)。

[67] 见Pearson, *Nag Hammadi Codex VII*, 205。

[68] *ApocJames*(一)30. 1—6.

[69] Ibid., 31. 18—22(Douglas Parrott 译文,见 *The Nag Hammadi Library in English*, 265)。

[70] *ApJames* 5. 33—6.1, 6.1—6, 13.23—25(Douglas Parrott 译文,见 *The Nag Hammadi Library in English*, 32)。

[71] Ibid., 11.38—12.9(见 *The Nag Hammadi Library in English*, 35)。

[72] 比较 *GosMary* 3.7—8:"他(救主)说,'这就是为什么你会得病并且死去:因为(你爱)欺骗(你)的东西'",这就是,身体(我的译文)。

[73] 有关这一段的意思,下面几条来自 Jessica McFarland 的研究班论文,"'当我们为了他们而得救':*Apocryphon of James* 中的拯救结构"(2000 年 1 月)。

[74] *ApJames* 6.14—20, 7.10—16, 10. 30—32, 16.1—2(见 *The Nag Hammadi Library in English*, 34, 37, 32)。

［75］ Ibid., 8.10—25(见 *The Nag Hammadi Library in English*, 33)。

［76］ *LetPetPhil*, 139.9—21 (Frederik Wisse 译文,见 Robinson 与 Smith, *The Nag Hammadi Library in English*, 436)。

［77］ Ibid., 139.21—28(*The Nag Hammadi Library in English*, 436).

［78］ 见 Riley, *Resurrection Reconsidered*, 7—68。

［79］ *TreatRes* 44.13—33;48.10—19(Malcolm Peel 译文,见 Robinson 与 Smith, *The Nag Hammadi Library in English*, 54, 56)。

［80］ Ibid., 45.36—46.2,见 *The Nag Hammadi Library in English*, 55。

［81］ Cor 15.

［82］ 对其他特征的进一步讨论,见 M. Williams, *Rethinking "Gnosticism"*。

［83］ 他的结论是,"这些陈词滥调单独看也许很适合这个或那个材料,但关于总的'灵知派资源',它们完全无法把握任何实质性的东西"(*Rethinking "Gnosticism"*, 264)。有关"抗议性诠释"和对身体的态度,见同上书,264。

［84］ Ibid., 51.

［85］ Ibid.

［86］ Ibid., 265.

［87］ Ibid., 266.

第八章　灵知派终结了?

　　现在,灵知派这个范畴会怎么样? 我以为,"灵知派"这个术语,至少其当前用法,最后很可能被抛弃。学者们也许会继续使用它来称呼一组界划清晰的材料,比如"赛特派灵知派"或"经典灵知派"。也许不会。重要的与其说是取消这个术语本身,不如说是要认识并纠正复活正统与异端这个话题的这些方法,这个话题歪曲了我们对古代宗教的解读和重建。这些歪曲既搞乱了文献史学,也损害了神学思索的正当工作。

　　认识到旧框架与反天主教的新教辩论、反犹太教以及殖民意识形态(我们无意支持这些东西)的纠缠,我们可以阐述更适当的框架来解决我们后殖民多元化世界的诸多问题,并为更全面评估基督教、犹太教以及其他古代宗教的史学和神学财富提供更丰富的资源。

　　认识到灵知派研究与对规范性基督教的定义是如何彻底地联系在一起,我们就能分析 20 世纪对灵知派的学术研究在哪儿和怎样复活与翻版了关于正统和异端的古代话语。我们还可以看到有关历史主义和殖民主义的现代讨论贯穿进来后在这个话语中发生的变化。这种变化与福柯检讨话语史时所

述模式非常符合。[1]我们看到的不是因果连续性的线性线路，
而是替代、转换、分裂、不合、纠缠。作为论述的对象，灵知派
被替换为异端。这个对象的功能被转换了，虽然有时仍努力
于确立基督徒身份，不过现在面临对规范性的新争论和新定
义（如新教天主教之争、东方学及其殖民事业），导致明显的分
裂和不合，例如当前基督教的东方源头与晚出的灵知派异端
概念冲突时。它与其他领域的关系也在变化，有时与语文学
和启蒙时代文献史学纠缠甚深，有时又与神学、生存哲学、现
象学、比较宗教的形式和主张联手。其阐述模式也变化剧烈，
带着我们的论题——灵知派——往复于教会和大学的论坛之
间。这个论题表面上没变，却借宿在不同类型的话语中，在其
中发挥不同的作用、参与多种策略、遵循不同的权力关系系
统。当然这一话语的功能依然不变：代表他者。灵知派研究
于是搭接叠覆在思想话语与权力关系中，远超出任何冷漠的
客体性概念，通常也超出个体学者的明显意图。[2]

　　我们面前的挑战是，通过重思灵知派研究中所用文献史
学的方法论和理论基础，提出一个研究古代宗教的新框架。
我所建议者并不极端（以至于有人怕有人爱）。对于目前的任
务，文献史学的基本方法依然是基础，但我希望面向不同的目
的和重点使用它们，这将要求一些理论重估，特别是从思路方
法和社会学假设方面。

对方法论的反思

　　有关正统与异端的古代话语，影响的不只是灵知派研究

的目标和实质，也影响到其研究方法。我认为，在现代史学学术的发展中，对起源、本质、纯正性等古代话语的关心，被转化成了学科方法。对起源的探讨被历史主义接管了；对纯正和污染的勾画借宿在反混合论的术语和方法中；对本质的确定奠基在类型学或生存哲学的现象学方法中。[3] 谱系学，是从源头及其变化发展追索某现象的史学事业，贯穿所有上述三者。[4]

　　为了把史学方法从这一结构中解脱出来，我有两个建议。一，如菲伦莎（E.S.Fiorenza）所说，史学家必须仔细检查他们的目标，以便显明文献史学的伦理品质并接受批判。尽管文献史学总是纠缠在权力关系中，但这种权力关系无需私下运作。第二，一旦从对起源、纯正、本质的关注中解脱出来，文献史学可以做得更好。历史现象从来没有一个纯粹的源头，而总是处在中间的东西；也没有纯正性，有的只是混合物；没有本质，只有差异中的连续性。这三项中没有一项在史学研究拥有合法地位。

　　为做进一步说明，我将依次处理这三种方法，并讨论可能的不同思路。

史学探索与源头寻找

　　灵知派研究中的史学目标通常被定在源头现象本身，而剪去了历史积累和错误。通常是，对此首要源头地点和推动力的确定似乎已足以描述灵知派的真正本质，而无需解释说明。

　　例如，文本批判（textual criticism，经文鉴别或经文校勘），是通过分析现有抄本中的异文来开展的，以求获得一个批判版，目标是最大可能地确立"原始文本"。这个目标反复引导学者们把所有异文（一个除外）处理为真正原本的二手讹误。传播史经常被拉来用于文本批判，用来定位或消除文本讹误，不管这些讹误是无意的还是有意的。文本批判的目标是分辨和去除来自后来叛教者神学、社会学兴趣（"倾向"）的所有痕迹，结果所有誊抄者、编辑者、解释者都成了原本的"腐蚀者"。在这个过程中，叛教者的兴趣成了造成讹误的动力，而非实际的证据。专家们正重新思考这些方法，尤其是通过探讨文本性和传播的述行方面和诠释方面。[5]

221

　　类似地，来源批判（source criticism，源流批判），通过把一部作品拆解为其"来源"成分，努力确定灵知派的起源，这些成分或者被看作独立作品或者被看作思想"影响"。这些成分源头是对准犹太教或柏拉图主义这些规范性传统（它们本身在基督教身份话语的参数内活动）的。就是说，一个源头被确定的意思是说它原本是犹太教的（像《创世记》）或哲学的（像柏拉图的《蒂迈欧篇》）。学者们对它们作等级制安排，或者就其对该神话的基本重要性作类型学的安排，或者就推定的写作史按年代顺序编排。（因而，比如人们可以主张《约翰密传》的犹太教源头是首要的，柏拉图化因素是第二位的。）最后，他们把灵知派的源头归属于首要源头材料的所在（比如犹太教）。最后一步需要一个极大的逻辑跳跃：对于灵知派著作的来源材料来说，如果逻辑上首要、年表上最早者显示为犹太教的，则灵知派的起源就被认为位于犹太教中。这也适用于柏拉图哲学或伊朗神话或其他一些真正的宗教传统。然而，一部文献作品的产生及传承无法以这种方式确定,原因有几个。第一,成分来源本身不足以描述作为结果的现象,需要描述的是整体的产生。其次,文献作品,更不用说"思想影响",可以"属于"并在各式各样的社会群体中传播(就如同《圣经》和柏拉图著作在犹太人、基督徒和希腊哲学家中的情况),因而,知道谁"最先"创作了一部具体的文献作品,并不真正标志着要把它用作后来作品的"源头"。最后,像瓦伦廷派神话或赛特派灵知派的文献作品表明,各式各样的来源材料本身模糊了各规范性传统之间的界线,而这些来源就是对准这些规范性传统的。使用诸如对《圣经》的误释、不纯或反叛、历史危机、存在主义异化等因素,来解释一个稳定且界划清晰领域中的差异的引入,是个令人绝望的行为。来源批判有助于确定神话造作中的资源作者,但这一方法却不会导向灵知派的起源。

222

混合论作为不纯和不真的东西

来源批判不只被用于寻找起源,也用于对纯正性的论辩。就灵知派来说,把每个来源归属于其真正的、规范性的传统导致这样一个结论,即"灵知派没有自身的传统,只有借来的传统"。如鲁道夫所说:

> 灵知派传统的种种怪异……在于它频繁地从形形色色的既有传统中吸收材料,把自己附着其上,同时,把自己置于新的框架中,而在这个新框架中,这些材料获得了新的特征和全新的意义。从外面看,灵知派文献通常来

自各种地方宗教和文化的神话或宗教观念的混合甚至混杂：希腊哲学、犹太、伊朗神话、基督教（在摩尼教，还要包括印度和远东）。在这个意义上，灵知（已经被反复地确立）是希腊化混合论的产物，这是亚历山大大帝征服后希腊与东方传统和观念的混合……不过，用"人造神话"来表述灵知派诸体系易生误导，应予避免。它全然不是"伪造"的东西，不是从根本上讲无关紧要的混杂，而是灵知派世界观生存境况的表达。既然这一世界观主要把自己附着在老的宗教形象上（就像在"宿主宗教"的土地上繁盛的寄生虫），因而也可以把它描绘为**寄生的**。 **在这个意义上，严格说来灵知派没有自身的传统，只有借来的传统。** 它的神话是从外来材料中有意识地创造出来的，它挪用这些材料来匹配自身的基本概念。[6]

这儿对混合论的指控不只是要显示灵知派传统的不纯，还要给予否定性评估：如果称之为人工神话不合适的话，至少可以称之为"寄生的"。

灵知派研究中有个罕见的共识，就是认为灵知派是混合的。[7]混合论，据说是区别基督教与灵知派的明显因素。基督教的本质被描述为原始的本真的，而灵知派被说成是衍生的、人工的和寄生的。[8]如鲁道夫上面所说，它并无自身传统，而只是从其他传统借入。相反，基督教则据说是原创的，是"自然地"从犹太教中发展出来的。[9]

然而，对宗教的比较研究已经表明，所有宗教都是混合的，就是说，它们全都经受过"混合"过程、"形形色色信仰和实践的混合"过程。[10]混合论是"宗教间长期相互作用的外观",关乎变化,关乎宗教信仰与实践穿越时代穿越地理文化空间的动力学。[11]在这个意义上说灵知派材料是混合论的是没有问题的,当然这个说法对基督教同样适用。既然所有宗教都既是混合的又是唯一的,那么用这些术语来刻画任何宗教,都是画蛇添足。

那么,我们该怎么理解这一主张:作为混合宗教,灵知派是派生的而基督教是原创的? 我们在第二章中曾讨论,"混合论"这个术语,不只标示了混合的历史过程,也包含了对这一过程清晰的雄辩论评价。范德维尔(Peter van der Veer)写道:

> "混合论"这个术语指向一种区别策略和身份……在对其理解中权力概念是关键。攸关的是确定真正宗教的权力、把某些行为认定为"真"而把其他行为认定为"假"的权力。有些人认为混合论推动了宽容,是积极的;有些人认为混合论损害了真正的信仰,是消极的……混合论是(身份)话语中的一个术语,承认社会生活的渗透和流动,但习惯于对它作出评价。[12]

有关灵知派混合论的现代话语完全是消极的,很大程度上复制了辩论家对异端的谴责。认为基督教是原创的而灵知派是派生的,这种主张基于一种社会学上站不住脚的区分:原创性是纯正的,而混合论是拌合的。把灵知派混合论与基督教的某些纯粹本质对立起来,并不仅仅是要**确立**"异端"或"灵知派"(都用作单数),而是把它们**制造**为基督教的"他者"。

当然，"异端"与"灵知派"这两术语所涵盖的现象在某些意　224
义上已经存在，就是说，瓦伦廷、巴西利德和其他一些人确实在
以前生活过，他们也确实写了一些东西并持与教父对立的观点
等。但他们并不作为异端或"灵知派"的例证存在，直到辩论家
或现代学者在他们的宗教身份策略中出于特殊目的把这些范
畴发明出来。要点在于，无论在古代还是现代关于灵知派的作
品中，反混合论充当制造"异端"或"灵知派"的策略性话语，主要
在身份塑造、划界、授权、对本真基督教的捍卫中起作用。

反混合论在这些辩护事业中居于支配地位。据范德维
尔，"混合论"这个术语是宗教改革期间出现的，几乎完全处在
基督教内部争辩的背景中。[13]它主要是作为新教诽谤天主教
的辩论工具得以展开的，新教指责天主教通过吸收异教（偶像
崇拜的）因素败坏了基督教的原始真理。[14]同时，这一话语也
用于支持新教自己的主张：新教代表了对原始基督教源头的
回归。[15]这儿，反混合论话语显然在捍卫宗教边界和对"本真
性"与"纯正性"的构建中起作用。

"灵知派"这个术语也创制于同一时期及同样的反天主教
背景中，这不是巧合。把天主教等同于灵知派，并把二者等同
于偶像崇拜的异端，这就在宗教改革背景中复活了辩论家的
反混合论话语。反混合论话语的大量变种也出现在 19、20 世
纪的文献史学中，并在其中发挥着重大影响。

现象学与对本质的确定

对灵知派的类型学刻画（比如汉斯·约纳斯）试图使用现

象学方法确定灵知派的本质。在宗教研究中,现象学利用了三股思想潮流:哲学中的现象学运动、宗教史中的比较研究、存在主义。哲学现象学的目标是为真实陈述现象提供哲学基础。在实践中,这一方法要求对判断作悬置以便致力于如其所显现的现象,描述而不是解释它们,对各方面等量齐观。目标是关注现象以求确定其结构或其可变特征与不变特征(以便最终确定所得经验的"定向形状")以及现象带来了什么。[16]宗教比较使用类型学分析传统宗教范畴及其象征结构。其目标是整理各组宗教现象(比如献祭与苦行),以便可以获得现象本身的要素(本质),而无需诉诸信条预定。[17]来自生存哲学的推动也加入进来,尤其是以揭示隐藏在宗教经验生活世界中的深层结构和意义为目标的地方。约纳斯阐发灵知派类型学,他在对现象学方法的使用中对这三者都有依赖。然而具有讽刺意味的是,约纳斯得到的结论与辩论家提供的相差无几,增加的是灵知派现在可以被看作一种关于异化和反叛的宗教,具有和 20 世纪虚无主义类似的特征。

现象学方法追求纯粹、客观、无前提的分析,这些主张受到了批判。对于文献史学来说,重要的是,当一个现象是就抽象本质来定义时,这个现象的历史特征就丢失了。[18]为了分析的纯粹性,现象学回避史学方法的凌乱、破碎、单一主义、相对化特征,所有前提被悬置,所有历史偶然性、所有策略、所有社会特殊性在其中像薄纱一样逐渐消失以揭示"事情本身"。不用说,在实际中事情本身是它自己制造的一个产物,复制着其制造者的立场、个性和偶然。它有所揭示有所遮蔽,它满足了一些目的也蔑视了一些目的。现象学导向对摆脱了教条化判断和简单化解释的宗教现象的重视，这是值得赞许的，但在灵知派，这个方法的成功主要在于复活了辩论家的诋毁，在于把灵知派的不同表述从这些表述只在其中才有意义的社会历史政治环境中割裂出来。而且，把灵知派预设为一个服从现象学分析的不同的东西，必然使灵知派成为现象学方法的产物。正是在现象学手上，灵知派被最彻底地具体化成了一种具有自身资格的不同的东西。

226

　　然而如我所论，归为"灵知派"的种种现象完全无法支持一个单一、大一统的定义，**而且实际上没有任何一手材料适合标准的类型学定义**。[19]出现这一貌似惊人的事实，部分原因在于下定义的诸特征本身就带来歪曲。而另一个关键原因在于类型学列举从定义上就是混合产物。这种一览表是从种种材料中挑出来的，必然无法对其中任何材料作出具体描绘。这同样也适用于对"灵知派神话"的特性描绘。宗教史学者从曼达派、摩尼教、波斯及异教研究资源中收集到的种种不相干的材料也是混合产物。尽管这些不相干的材料巩固了通常所谓的本质因素，事实上只是成功给出了一个跨越形形色色宽阔地理文化区域的大一统灵知派神话的虚假印象。

　　因为没有任何文本包含所有所列特征，类型学的现象学于是提出了这样一个问题：任何具体实例需表明具有多少理想类型的因素才可算灵知派之一例？[20]一些学者强调某单一特征具有决定意义，比如反宇宙二元论、人神同质同体、知识拯救，尽管一个特别普遍的选项是真神与《创世记》造物神之间的区别。[21]其他一些学者则列举了一系列特征，把由这些特征结合起来的现象称作灵知派。这一方法还产生了一些令人失望的妥协性术语,如"原始灵知派"、"前灵知派"、"灵知标志",来指称那些包含了某些但不是全部(或至少是不多)必要特征的现象(全部必要特征具足才配那个无条件的称呼)。这些术语足以说明这一定义方法是多么模糊以及它的结果是多么不准确。类型学定义的混合论特征还试图阐发一个虚假和人造的统一体来支撑多变的现象。通过抹去或至少是淹没灵知派诸现象之间的差异,类型学隐藏了多样性问题而不是解决了它。

除了身份政治的歪曲和各种材料的多样,这些问题中有一些是类型学界划方法本身所固有的。[22]比如,类型学看来是通过把现象简化为其最基本特征来简单化现象,然而,这一过程固有过度简化和模式刻板的危险。当这种综合变成仅仅是简化的表示和物化,而与被认为是它们所从出的材料很少相似,歪曲就容易发生。[23]试图通过把多样性问题和社会学信息缺乏问题"置于括号中"的方法来解决这些问题,并未澄清它们想要描述的现象,而是遮蔽了这些现象。

而且,很容易理解这一指控:包含在类型学界划中的选择是武断的,并掩盖了过程的连接不畅。[24]把一个现象的某些方面选择为首要的,使之居于主导地位,把这一现象的其他方面降至边缘甚至无形。例如,对《约翰密传》来说,二元论和对《圣经》的不敬解释主导了对这个作品的标准解读,它的乌托邦神学或身体疗法则被忽视甚至被完全错失了。使用什么标准来区分一个现象的本质特点和次要特点?这些标准是谁定的?这些决定必以某些标准为基础,而这些标准的目的通常是不明说的,因而无法批判地细查这些目的是否适当。例如,

灵知派的许多类型学定义是建立在与基督教和犹太教的规范
结构或某种"真正宗教"的模糊概念相比较的基础上的。

最后，类型学方法带来的重大问题不仅有对这一方法的
不当使用，更有它带来的非历史化、本质化和匀质化后果。这
不是说我们应该彻底摒弃类型学，而是要清晰表达其目的和
定位、认识其暂时性。例如，申科对赛特派特性的列举极大地
推动了对这些材料的分析。[25]然而，如果不再看见随后的构
建——"赛特派灵知派"——作为一种类型学构建物的思想体
身份，则必致误导。

对历史学的反思

灵知派研究中最棘手的问题——关于灵知派起源的争
论、用混合论来框文化的变化与相互作用的不当，以及类型学
特征的站不住脚，是与有关确定起源、纯正性和本质的方法联
系在一起的。我并不认为史学研究的专业方法应被抛弃，远
非如此。但它们必须面对不同的目的重新定向，并补充以新
的分析形式。我在史学批判和文献方法中呼吁的，是从寻找
源头到分析实践的转变。[26]

首先，这一重思意味着需要抛弃某些固有假定。主要有
如下几点：

> 真理与年代先后的关联。古代辩论家和辨惑家认
> 为，真理在年代上先于谬误。鲍尔认为，在有些地方，"异
> 端"可能比"正统"出现早，在对鲍尔这个论点的抵制中我

228

们看到这条假定依然在起作用。那些支持新约具有规范性的人认为这些或其他"正统"作品年代较早，同时抵制对非正典（特别是"异端"）著作断代较早的企图。那些给非正典或"异端"材料断代相对较早的人完全理解这儿攸关的是什么，并通常试图通过断代游戏损害"正统"的权威。有那么一个阶段，仅称一部作品是"灵知派的"就意味着较晚的断代（最早到 2 世纪中晚期），但这一假定已经维持不了了。已经逐渐清楚，早期耶稣传统造成了大量反响，并不是所有这些反响后来都成了"正统"。宗教史学派已经为灵知派的起源提出了一个前基督教的起源，但除了这一显然激进的主张，通过把现象从其原始源头到其充分发展进行编绘，它保留了真理的年代学维度这一假定。但是哪个模型也没被接受。年代学本身既不能保证也不能驳斥神学上的真理或优势。

真理是纯粹的而混合是污染。在古代辩论和现代学术的反混合论话语中，这一假定得到充分体现。然而，历史现象并不接受这种意义上的纯正性——这些现象没有先例，或者说它们是唯一的而其他现象不是。所有宗教都是混合论的；没有任何历史现象与其他现象是同一的，在这个意义上所有宗教都是唯一的。纯正与污染因而是经不住史学分析的检验的。它们反而属于社会论辩的宣称，是诸集团构建他们集体身份、为他们所能接受的连贯与变化进行划界而做出的。

真理（"正统"）的特点是团结、统一、一致而虚假（"异端"）的特点则是分裂、形式多样、种类繁多。史学无法支持这一断言。"正统"基督教本身就种类繁多形式多样，反复被分裂所破坏，其他宗教传统同样如此。差异就其本身而言并不就是问题，实际上差异对现实来说是建设性的和构成性的。[27]

另一种方法是就**差异中的连续性**来重构宗教传统和身份。这一视角假定，并没有纯粹开端这么一种东西。如乔治·艾略特雄辩地提出的："没有可以把我们带到真实开端的追溯；无论我们的序幕是在天上还是在凡间，都不过是我们的故事据以开始的预设事实的一部分。"[28]历史并非静态本质的"雕塑剧"，而是一出变化运动剧。在事件之流中被我们固定为"开端"的那一刻，并未以任何认识论上的优越方法揭示本质，它与所有跟进者一样，也总是从中途开始的。

本书自始至终试图表明，宗教并非固定的东西——具有纯粹起源的确定本质和决定性时刻。它们是这样一些建构，需要以坚持不懈的持久努力来面对内部权力关系的竞争和外部传统对边界的渗透与重叠。这些传统之间的关系因而无法被准确地构想为是稳固的或整洁的。伯勒斯的话最恰当不过了："基督教与灵知派，也包括犹太教，是邻接的、实际上重叠和反复相互滋养的、杂交的、多方面的、持续转变的、共同演进的话语，参与进文化杂交广泛的'希腊化'领域中。因而也就不能用其中任何一个本来地来决定或包含（更说不上'发源'）另一个。"[29]从这种观点看，说灵知派起源于犹太教或基督教或希腊哲学——甚至说基督教起源于犹太教，完全不准确。[30]相反，必须分析这种宗教性指定或起源断语的论辩性目的及

230

其多方面效果。[31]

差异中的连续性表明,传统和身份并非纯粹和固定的,而是只要它们还活着,就是一个不断形成、变形和重塑的过程。实际上,如韦斯特(Cornel West)所说,"传统并非只是个被给定的东西,它是个被争取被争夺的东西"。[32]传统从来不是身份故事的全部,而只是这个混合物的一部分。霍米·巴巴(Homi Bhabha)写道:"对过去的重演就把其他的、不一致的文化物(这些东西也是暂时的)导入对传统的发明中。这一过程使通向原始身份或'公认传统'的任何直接通道都变得疏远了。"[33]差异中的连续性意味着一个文化变化过程,其中断裂与接入同时存在,其中"文化碰撞的词语(无论是对抗的还是从属的)就述谓地产生出来了"。[34]它通过拒绝采用、构建或具体化宗教身份的本质主义范畴,回避了反混合论论辩的身份政治。历史过程的特点是杂交,而非纯粹性。[35]每个宗教传统都包含它过去和当前环境的多元可能性。

新近的观点认为,"有界性、连续性、同质性并非社会生活的客观方面",而是构建谈论、理解一个宗教社团的具体方式的辩论术词语。[36]社会团体不断地被卷入身份塑造和界线设置,并利用现有资源去思索。为了理解这些过程,关键是要将视角从把宗教理解为"等待解释的现成意义系统"转到这种观点:"人们利用恰在手头的无论什么文化资源,一直在编造格尔茨所谓的'意义之网'。"奥特纳这样看,我们需要确立的最基本的假定乃是"人们总是试图为其生活赋予意义,总是在编织意义的织品,无论精巧还是残破"。[37]这样看来,对古代文化杂交的研究,应少关注哪些材料被结合进了综合融汇中,而更应关注在古代多元主义背景中人们为其生活赋予意义的话语、过程和实践，以及推动或阻碍这些实践的统治政体和机制，关注攸关利害的权力关系。

史学的任务，因而乃是去分析这些过程，而不是去确定具体观念、故事和习俗的"真实"源头，更不是去指明谁"真正"拥有它们。相反，史学家必须问谁做了这些断言，他们依据了什么，目的何在。恰是这类问题存在争论，比如，在关于对《圣经》的正确解释的古代争论中：《圣经》到底属于谁？谁能正确地解释它？

切题的史学问题并非一个传统纯正与否或者谁真正拥有它，而是被用于思考的资料是什么——无论是书面或非书面"文本"、文化符号还是论证结构。在起作用的诠释学策略是什么？所提出生成性的、辩论术地被构建出来的问题是什么？它们被用于什么目的？把分析者导向实践而非导向起源，极大转变了史学批判和文献方法的功能。文本批判关注对文本性本身的理解，包括一部作品对其来历的自我解释。异文分析被用作作品在其整个传播史中的意义转变和使用情况的线索；还有一些因素也是线索，诸如：从希腊语到科普特语的翻译、抄写过程中造成的变动、方言、手稿学上的重建、特定手稿中具体作品的分类甚至掩埋它们的陶罐。传播史需从两个方向写书：以拿戈·玛第为例，一是从陶罐的发现向后写，重建其使用和创作的渐增的假设阶段；一是就其在当代环境中的意义和使用，从1945年的发现往前写。对体裁、结构、文学策略和主题的分析，将被用于确定作品的生成性问题和诠释学策略。

232

来源批判需要从确定前例转到分析作品的诠释学逻辑。来源批判的任务不是把一部作品解构为其次级单元或确定对该作品施加"影响"的"背景",而是确定哪些资源被用于思索以及哪些互文阅读的诠释学策略被用于塑造作品的意义和雄辩术论证。与使用共同材料的其他作品对比(比如斐洛和《约翰密传》对柏拉图《蒂迈欧篇》或《创世记》的解读),可以阐明这种策略和论证是如何运作的。[38]

反混合论方法(来源批判)与互文性之间的区别,在于我们如何构想文本创作的实践。谱系学方法,借"混合论"观念,假定作者们借入了他人创造的观念和文献资源,或受到了这些观念、资源的影响。原始观念和文献资源通常被描绘为某种固定和本质的意义(常被描述为原始作者的意图)由于新背景的引入而被歪曲。分析感兴趣的是确定新作者或编者创造了多少、借入了多少。来源批判被用于确定这些参数。而互文性,关注的是读者。它回避了本质观念,认为诸文本总是充斥着可供替代的意义,因为这些文本的特点就是隔阂、不一致、一符多音。所有文本都包含对更早话语的引用,在这个意义上,任何创作都不是"纯粹创造力"的行为;还因为,文化密码既约束也促成文献创造。[39]互文关注的是意义的变形而非关于挪用的谱系。因而,问题不在于确定什么是创造性的、新的和本源的,而在于理解文学实践、文化密码、论证结构、诠释策略和雄辩目的,这些东西约束了一部具体文学作品的产生,并使这一产生成为可能。

同样,雄辩术批判,并不局限在确定古代学院传统所授说服技巧的文学样式,尽管这也是一项重要任务。雄辩术分析试图从诸多方面确定一部作品的构建：隐含的作者和读者、作品目的及其说服手段、争论的问题、它所采用的符号世界以及它所构建的世界。在这种方式下，雄辩术批判不是诸方法中的一种，而是对史学认识论的一种战略性介入，警告不要把关于一部作品作者、读者、问题和环境的**雄辩术构建**与关于该作品作者、读者、问题和环境的**实际历史**世界混淆起来。[40]简言之，文学作品并非像镜子一样的反映，而是以获得某种具体效果为目标的介入。当然，这些目标并不只是作者有意识的意图，毋宁说，它们也受到"作为标志库、行为域、权力网和符号系统的'世界'"[41]的塑造。雄辩术分析可以帮助我们把握文本材料与符号世界、权力关系世界和行为世界之间动力学上的内在联系。

当读者、听众和环境因时变迁，作品的雄辩术效果也发生变化。只要可能，我们就需要了解变化着的互文是什么（不只是作品本身的文学来源，而且是作为符号资源的世界）以及社会政治环境是什么，以便观察它们在做什么、为谁做。例如，拿戈·玛第文本所含作品在其创造环境中所具有的意义和功能，不同于这些作品对收集藏匿它们的 Pachomian 僧人所具有的意义和功能，也不同于对于写作来反对它们的辩论家所具有的意义和功能，当然也更不同于它们在 20 世纪解释者手里所具有的意义和功能。这种分析将有助于帮助我们获得这些作品的其他意义与功能。

时 间 与 历 史

这样一种史学方法将对基督教史的撰写产生明确深远的

影响。我们必须抛弃讲述基督教起源故事的两个最流行的叙事结构：一种剧情是纯粹起源及其堕落，一种剧情是从原始阶段逐步发展。将不再可能把现象分成两种而且只有两种类型（正统与异端），分成各种基督教的线性轨迹，分成一套融贯且内部一致却又相互排斥且不相容的"各种基督教"（不管怎么样还是各种各样）。无论哪种情况，通过这些方法建立起来的现象的融贯都是学者话语的产物，不是1世纪至4世纪作者和读者的实践。

只有几个情节对我们依然有用，和我们一样受到我们自身文化密码的约束，至少是受到我们时间观念的约束。[42]新物理学，从相对论到亚原子粒子研究，正在重构西方的时间观念。[43]在量子力学中，事件之间的联系是测量的结果；两个事件之间的因果联系是不可感知的，有的只是间隔。[44]尽管我无法理解这一研究的细节，但清楚的是不能再就部分和整体的关系来构想时间。整体作为一套因果联系，以直接的线性图式把过去和当前统一起来。这一视角提示我们需从整体开始，但整体却不是那么清楚明白的。[45]

现在还远不清楚历史事件是否遵循物理定律，然而科学和历史哲学之间似乎存在某种概念上的相似性。比如，利科提过一个叙事中"时间的不可再现性"。他在皇皇三卷本著作的结论部分写道，"承认叙事的局限性（与承认时间的神秘性相关）……产生了一种紧迫，去多想并以不同的方式说"。这一承认不是要为晦涩朦胧提供担保。我们必须坚持他的观点："在其有效性局限内重申历史意识，反过来要求个人及其所从出的团体研究他们各自的叙事身份。"[46]

福柯的观点可资对照：

> 这种历史感带来了与三种柏拉图式史学样式相对
> 立、对应的三种用法。首先是滑稽模仿式用法，用来破坏
> 现实性，与作为回忆或认可的历史主题相对立；其次是分
> 解式用法，用来破坏身份，与作为连续性或代表传统的
> 历史相对立；第三是献祭式用法，用来破坏真理，与作为
> 知识的历史相对立。它们意味着史学的这样一种使用：
> 割裂它和回忆的联系，打破其形而上学或人类学模型，
> 构建一种反回忆——将史学转换为一种完全不同的时
> 间形式。[47]

235

这种新的时间形式是不连续的、未成模式的。它不是严肃的、
实在的或真实的；它不提供价值定向、意义或身份；也不带来
肯定定义和绝对物。它拒绝这样的观念，即意义能在对源头
的回溯中，在时间的启示录式高峰中，或在历史自身中（如在
救赎神学中）寻得。史学不是关于真理而是关于统治的权力
关系的学说。

这种哲学分析在何处影响了基督教的起源叙事？它表
明，没有什么叙事可以对过去（作为客观的或客观化的东西）
进行完整再现。福柯式的谱系学史学将展示话语的运转——
制造间隔、不协调、不连续、变形，因而无法再因果关系地把事
件联系起来，或者无法表明事件是按导向某种必然结果的模
式发展的。挑战将是，通过首先处理深不可测的整体来理解
部分，同时就话语的片段式运作来看事件，并把身份塑造理解

作权力关系转换策略和主题的不协调不连续地展开。

不过我相信利科也是对的。叙事的诗学将不会停止与时间的困境（aporetics）作斗争，个人和社会将继续在叙事中表现真理、意义和身份。但是对"时间的不可再现性"的相关认识意味着我们必须"去多想并以不同的方式说"。首先，这意味着身份构建的伦理学、对此事业中权力关系的认知，必须走向前台。

那么我们应该怎样以不同的方式说？我们当怎样表述基督教史，以什么为目标？这个历史是为谁写的？应该讲述什么样的真理和身份故事？

在对这些问题的回答中，对这样一项任务所采取的一些基本原则，我能提供的只是不完整的观点。我在这儿提出的分析，意图处理实践而非起源和本质。它并未提供更大的相关整体，而是一套片段，不再联系在有关起源和发展的任何因果线性框架中。这一文献史学方法的结果将展示"文本"资源、文化密码、文学主题、诠释学策略、社会政治环境、基督教文学创作中各种雄辩术行为的宗教利益、神学反思、仪式与伦理实践以及社会构建，在何处和怎样同时形成了连续性、脱节、矛盾和不连续的多重重叠。这种文献史学事业将导致不止一种真实真正的叙事，但不是基督教非凡成功的叙事或归化正统派的叙事（因为它会通过地中海世界中基督教实践综合体内的擦除、协调和授权等雄辩术—政治行为，描绘构建"正统"的决定性行为）。它将彻底说明攸关的是什么、为了谁。21世纪的这些史学实践毫无疑问将导致不止一种可能的、合法的基督教叙事，这不只是因为解释它们的学者和团体视角各异，也因为伦理取向不同。对基督教身份、神学、修行

236

和实践的讨论将建设性与批判性地保证这套丰富复杂的史学肖像。

本书并没有为20世纪的灵知派研究提供一个完整分析。它的目标也很有限——确定灵知派构建中的一些不协调处，以便在有关宗教身份塑造的"去多想并以不同的方式说"中有所助益。我已表明，去多想并以不同方式说，要求修正我们关于传统和史学的观念，改造话语、范畴和方法，首先是重思具有伦理学色彩的史学分析目标。

对方法的注释

239

我试图弄懂史学研究和文本解释的框架、方法、目标及用法，解析灵知派的定义问题是这个研究计划的一部分。我关于写史的观点是以学院中讨论的一些更大问题为背景的：符号的多义性、宗教传统的多样性、文化杂交、语言与表象、文献史学的本体论与认识论基础、东方学、种族、性别、后殖民地时期的政治等。对女权主义、雄辩术批判、社会学、人类学、历史哲学、新历史主义、后现代哲学和后殖民主义的研究导致我极大地改变了这一计划。[48]

表面上看，这一计划似乎要被构建为一部观念史，但它试图超出原来计划的局限。[49]我不是就描述此前灵知派研究的史学实践，而是就话语的分析和批判（特别是正统与异端这一话语）来构建本书的。在这儿发挥作用的话语概念主要来自福柯，对他来说，话语分析关注的不是诸团体间言语行为在语法、逻辑或心理上的联系，而是诸陈述（声明）之间的联系。陈

述包含一个区分原则（比如，区分出正统和异端）；规定发言者
的立场（比如，作为信仰的使徒传统的捍卫者或者作为离经叛
道的革新者）；阐明一个相关领域（不是一个语言行为的真实
背景或历史环境，而是，比如，与正统共存的哲学真理或宗教
信仰）；并界定使用和重复使用某策略要素的地位和可能性
（如宣布一条陈述是来自上帝的永恒启示；把这类陈述制度化
为正典和信经、使徒统绪的学说以及教会权威）。[50]

正统与异端这一话语制造并组织了规范性基督教身份塑
造的实践及其在其中运作的体制，它说话的某些方式[就灵知
派来说，其起源、发展（从与真正基督教的关系来看）及本质特
征等]区分并构建了遗留为"灵知派证据"的文学，以便构成关
于宗教真理与谬误的知识模式。这一话语促成、约束如何做
出、抗辩关于世界的存在方式、个人之间和团体之间合适的社
会关系、恰当的伦理价值和取向的主张。正统与异端话语，与
所有话语一样，内部包含间隔、不协调、不连续与脱节，允许与
其他领域的转化、替代和纠缠，允许论证式构造——著名的如
启蒙哲学、历史主义和东方学。

我发现，用布迪厄的社会学框架来解读福柯的话语概念
颇多助益。布迪厄的著作帮助我更好地理解论证性构造（作
为在它们建立和约束的社会建构和权力关系之内运作的**实
践**）的动力学。[51]这儿的关键是他的习性（*habitus*）观念：

　　　与某特定阶级生存条件相关的调节形成习性。习性
是持久却可转移的倾向，是被结构的结构——预先已作
为具有结构功能的结构在起作用，就是说，作为产生并组

织实践与表象的原则在起作用。习性可能在客观上适应
了这些实践和表象的结果，但并未预设自觉的目标或为
达到这些目标所必需的明确的操控手法。这些习性在客
观上"被调节"和"做调节"，却不以任何方式遵守规则；它
们也可能集体性地被协调，但却不是某个指挥组织行为
的产物。[52]

对我来说，话语分析提供了一种方法，来理解**习性**的被调节实　241
践运作的过程。对于理解世俗、社会世界中的实践目标和论
证性构造的效果，布迪厄的工作比福柯的更有用。布迪厄强
调的不只是实践的调节性，而且还有其即兴特点及雄辩术
逻辑。

　　而且，布迪厄的社会理论还提供了一个框架，拒斥宗教研
究中的本质化方法和功能主义方法。尽管我确实谈论灵知派
神话所做的工作，但我的系统不是功能主义，而是布迪厄的实
践理论。这种视角避免了本质主义——宗教表达（如神话）被
理解为社会构建；避免了纯粹的功能主义方法——神话的构
建是在布迪厄**习性**概念的动力学内被理解的。实践总是关乎
权力关系，只要实践生产并再生产社会团体对事物存在方式
的理解。这种理解把某种社会关系和权利动力学理性化了，
同时确立了夺取它们的框架。人类实践总是指向某些目的，
总是纠缠在赋予意义的过程中，总是注入、再注入或争夺某种
权利关系。

　　赋予意义的实践总是介入对**习性**结构的建构、解构和重
构中，介入对划分社会阶层的权力关系的再注入和争夺中。

一个人正在干什么总是受到**习性**约束的限制,受到接受事物存在方式的限制,这些意识通过社会灌输已经铭刻在人类身体自身上。这种方法,允许我们(与本质主义者)确认,宗教在社会现实和世俗现实中有其基础,这个现实完全不是武断的。这种方法也允许我们(与功能主义者)确认,宗教实践指向并追求某种目的,审慎(作者面向特定目的具有说服特定听众的特定目标)而又无意识(宗教实践必然再生产**习性**的结构及区分社会阶层的话语;在这个意义上,雄辩术论证总是超出作者和读者的意图)。这种方法还允许我们把实践的思想价值、道德价值和精神价值确认为人类赋予意义和向之归属的基本行为。然而,无论如何这种方法都不允许我们把宗教压进一个超越的或世俗的本质,也不允许仅仅把它作为一种社会或心理学功能而抛弃掉。[53]

为了分析正统与异端话语,我们可以就场域(*field*)来把宗教概念化。场域是个具有自身目标、战略、制度以及意识形态—雄辩术系统的斗争场所,某些种类的实践就是在其中被合理化和辩护。分析宗教场域内的争斗因而就可以确定场域因之得以运转的话语、此场域所形成的实践,以及此场域所服务的利益主体和目标。[54]这种方法有助于获得对正统与异端的动力学更普遍的理解。如布迪厄所说:"实践的分类学,作为真实社会分层的变形和误认,通过在客观上形成协调的实践来适应这些区分,有助于这种阶层的形成。"[55]这样,正统与异端的分类学有助于形成社会阶层的划分,而这些划分是这种方式——把那种(武断的)分层确立为事物的自然阶层——的产物[布迪厄因而称之为**幻象**(*doxa*)]。[56]当这种自然化取

242

得成功,社会阶层就显得是自明的、必然的和权威的了,但这恰恰因为它被集体性地确认如此。

然而,正统与异端,暗示"意识和认识到了不同或对抗性信仰的可能性"。[57]布迪厄写道,当"社会世界"由于某些危机——比如"文化碰撞"、物质条件的变化或政治—经济危机——"丧失了其作为自然现象的特征",异端就变得可能了。于是"对社会现实的自然或传统特征(*phusei* 或 *nomo*)的怀疑就被提出来了"。[58]然而,对现成秩序的怀疑不会彻底,因为正统与异端之间的竞争某种程度上建立在共同意见场域的基础上。毋宁说,斗争围绕着 *doxa* 的边界本身。布迪厄说:

> 被统治阶级的兴趣是把**幻象**的限制往回推、揭露这种被认为是理所当然的武断;统治阶级的兴趣是捍卫这种幻象的完善,如果缺少这个,则必然确立不够完美的替代物——正统······但正统话语强加的明显的审查、言说思维世界的官方方式,掩盖了另一个更严峻的审查:"正确"意见与"剩下的"或"错误"的意见之间的公开对立,这一审查界划了可能话语的领域(不管合法还是非法、委婉还是傲慢),反过来又掩饰了可以被陈述被思维的领域与被认为是理所当然的领域之间的基本对立。[59]

在实践中,这意味着,对**幻象**的任何批判的界线恰恰是这样确立的:在围绕正统边界的斗争中,斗争中的所有党派必然无意识或下意识地接受他们共同社会的大量**幻象**——不但是游戏规则(即那些种类的论证或论据被认为是有效的或有说服力的),甚至是基本的起结构作用的结构(尽可能地声称拥有真理的知识)。[60]

布迪厄的模型极其有用,不只因为分析了早期基督教内正统与异端话语的运作,而且确定了基督徒在与非基督徒的斗争中使用的策略。而且,也适用于我对 20 世纪文献史学中的灵知主义进行分析的目标。我做的其实正是我所批判的:书写灵知派的起源和历史以便"颠覆这一游戏"。布迪厄就时尚场域中老设计师与先锋派设计师之间的竞争谈论了这种斗争:

> 为了反抗新来者的颠覆战略,合法性的拥有者,就是那些处于统治地位的人,总是要对不可言喻、"难于言表"的东西说含混浮夸的话语。正如阶级关系场域中的统治集团,他们拥有保守的防御性战略(这些战略依然可能是不说出不明言的),因为这些人只能是其所是以便行为得体。相反,左岸*的女装男设计师拥有推翻现有游戏原则的战略——但通常是打着这种游戏和游戏精神的旗号。他们回溯源头的策略在于,他们恰恰用统治者为其统治合理性辩护的原则来反对统治者……但进入场域的前提是认识到攸关的价值并因而认识到界限不能被突破,否则就会被逐出游戏。希望在电影或绘画中引起革命的人会说,"这不是**真正的电影**"或"这不是**真正的绘**

---

* 巴黎左岸地区,指塞纳河左岸即南岸,是大学生、作家和艺术家的汇集之地。——译者注

画"。他宣判可憎之物——却是以对统治者进行统治的
原则作更纯粹更本真定义的名义。[61]

或者,论及艺术的社会学:

　　推翻一个场域内权力关系的具体革命,只有在这种
情况下才是可能的:比如,那些引入新倾向并施加新立场
的人在场域之外的新受众中获得了支持,他们表达并生
产了这些新受众的需求。[62]

同样,把这一研究概念化的路子之一,是把这一研究看作颠
覆正统与异端游戏的一种努力,就如在宗教研究的学术场域
中展现的那样。20世纪围绕如何定义灵知派的争论主要是
在这样一个场域中上演的,就是这个场域的目标和关切与基
督教身份塑造的政治以及与有关聘任、任期、晋升和威望的
学术实践紧密相关。那些对规范性定义投入较大的人试图把
灵知派的自明本性作为一种具体东西保持其活力,以便它能
继续担当异端"他者"的角色。而像 W.鲍尔和 H.科斯特这样
学者的工作表明,揭露灵知主义的被构造特征就是要通过质
疑规范性基督教的身份而在这个场域中引发"革命"。任何替
代方案的合法性依赖于是否被新受众接受,这些新受众的兴
趣恰在于推翻把他们的需求作为一种"异端"呼声而予取消的
游戏。当然,任何"革命"必然是偏袒的,这恰恰因为批判是
"以对统治者进行统治的原则作更纯粹更本真定义的名义"宣
布的。

245

简言之,学术分析的事业完全纠缠在政治中,无论是否被认识到。只要学者和宗教信徒同样要求断言世界是如何如何的权利,那么用来捍卫这些断言的事业就和对抗这些断言的事业一样与政治纠缠在一起。如布迪厄所说:"知识理论是政治理论的一维,因为施加现实构造原则(特别是社会现实)的具体符号(象征)权利,乃是政治权利的主要维度。"[63] 正是在这个意义上,写史需要结合当前政体的政治和知识的权力关系。

尽管本书的分析有文献史学和政治学维度,但我的目的首先是伦理学的。这方面我从菲伦莎的文献史学伦理学中获益良多。[64] 她认为,所有解释都具有伦理学维度:"学术,无论当前还是过去,总是出自拥有某种经验、价值和目标的人,也是为了这些人。因而,要探索学术未曾明言的利益和未说出的目标、责任感的强弱及其问责性。"[65] 一门关于解释的伦理学"必须培养这样一种性格,即要有批判的灵活性、民主的争论、思想的多语种的多学科的竞争。它的目标应该是种可以向公众说清楚的学术,并对这种学术的成果和传播负责"。[66] 简言之,其目标并不是要取代作为有效学术标准的科学客观性,而是为了坚持追求真理的伦理学维度,对这种有效学术的标准适当地进行相对化。[67]

这样一种方法并不是要拒斥现象的实在性,它不过是主张伦理的、自反的批判应该是所有史学撰写的必要组成部分。解释现实有许多可行的方法(即有许多可行的方法来做到与现有的物质和社会条件一致),但这些方法从伦理学上看并非

都是可取的。尽管把史学重构理解作相对的(即通过社会构

建起来的)确实损害了存在单一、客观的真理这种主张,但却并未损害主张(多元)真理和为规范性确立标准的能力。这种方法的效果毋宁说是把真理主张充分性的标准从客观性转向了伦理学。伦理学不会回避探索中的公正性和对史学方法的专业使用,而是需要它们。

目前的任务是在文献史学和神学中促成一种具有批判—自反实践的伦理学。我的目标不是要用"异端"取代"正统"来作新的规范性基础,而是要从文献史学学术的话语和方法方面推进批判的自反性。如果把宗教传统理解作固定的和给定的,那么我们只能接受它或拒绝它;但如果把它理解作不断构建和革新的,那么这就要求人类的能动性因而也就要求人类的责任感。对于理想化的公正的史学重建来说,也是这样的。正如布迪厄指出的,对过去的客体化,本身就是我们与其关系中最基本的部分。[68]我们可能不知不觉地再生产着那些让我们感到厌恶的因素——比如基督教的反犹或与权力的殖民主义、种族主义关系,在这一过程中,我们的伦理实践至为重要。我说"不知不觉"是因为习性和幻象的观念完全暗示了自觉和蓄意的界限。恰是因为这些界限,我们不能把对宗教传统的内在化和挪用看作总是"安全的",我们必须在暴力与自由、不义与义中批判性地考察它们的过去和潜在含义。批判性实践必须包括问责性,包括一个人对谁负责。史学重建以及神学的信仰和实践为谁服务？它们排斥了谁伤害了谁？

目标并非要摧毁传统,而是要为在其中听到别样的或被边缘化的声音打开空间。宗教信仰更丰满的历史肖像能丰富宗教传统的宝库,为处理我们自己时代的复杂问题提供更综合的神学资源。一个人自己的信仰不会因为听到其他声音而削弱,它甚至会被强固和丰富。

史学研究并不能为人类想象力或神学建设提供替代的视野和意象,但是通过尽可能细致地刻画不只是身份塑造过程的"事实",而且还有生产知识的历史地社会地构建起来的话语(这样这些话语的伦理学含义就可以得到批判性地考虑),史学研究可以为反思提供越来越坚实的基础。批判的文献史学有助于克服对以下情况的无知——在这种情况中,宗教传统及其话语是在一种提升了的人类安康或强化了的暴力与不公中被构建和起作用的。它可以为信仰社群中的神学和伦理学反思提供资源,以便这些社群对他们自身传统、实践和话语进行建设性的批判和革新。

从我们事后的立场,可以看到对灵知派的学术研究已经参与了 20 世纪晚期深受诟病的有关种族与文化的殖民主义、伪科学和进化论话语。我们的世界是一个后殖民地和后现代的世界,这个世界在与我们这个多元多文化星球的遗产作斗争。必不可少的是批判性地把握这些话语以便把它们从我们的自身活动中清理出来。我们是带着对前辈学者的尊重和感激来做这些的,他们的工作构成了我们的过去。我们也知道我们自己的工作引起的只是一场不完全的革命,毫无疑问,也将受到后来者的批判。[69]

注 释

[1] 特别参看 *The Archaeology of Knowledge*。

[2] 参看新近文化批判和意识形态批判领域的著作,如,Schüssler

Fiorenza，*Rhetoric and Ethic*；Young，*Colonial Desire*；Olender，*The Language of Paradise*；以及 Chakrabarty，*Provincializing Europe*。

［3］　见 Hamilton，*Historicism*；Young，*White Mythologies*；以及 Chakrabarty，*Provincializing Europe*。

［4］　这意思是说这些现代学科可以轻易地通过本质化的、霸权的努力来达到任何它们设定的目标。它们可以用来把人们从不公正的束缚中解放出来，也可以用来强化某些权力关系。这些方法本身既说不上好也说不上坏——它们是好是坏依赖于谁在做出评判——但就它们本身来说，它们属于本质化的和霸权的努力，尽管这一努力在实践中可能模糊、不完整和破裂。

［5］　见Nagy，*Homeric Questions* 以及 *Poetry as Performance*；Parker，*The Living Text of the Gospels*；Ehrman，*The Orthodox Corruption of Scripture*。

［6］　Rudolph，*Gnosis*，54—55.重点是我加的。

［7］　下面几段是对我这篇文章的修订。King，"The Politics of Syncretism"，462—466。

［8］　见Jonas，"Delimitation"，100—101；Pearson，*Gnosticism*，*Judaism*，*and Egyptian Christianity*，8—9；Rudolph，*Gnosis*，54—55。

［9］　参见例如，Casey，"The study of Gnosticism"，59—60。

［10］　Van der Veer，"Syncretism"，208。Van der Leeuw 追随 Wach，在 1938 年也看到了这一点（*Religion in Essence and Manifestation*，II，609）。Rosalind Shaw 与 Charles Steward 认为："仅仅把某个仪式或传统确定为'混合的'并没说出什么，在实践上也没什么结果。因为所有宗教都有混合的起源并通过混合和消除的持续过程不断重构。"（"Introdution"，7）或如 Peter Van der Veer 所说，混合论"可以被看作那么一个宽泛的过程，每个宗教都是混合论的，因为它不断依赖各种因素，以至于历史学家无法理清这些因素的来历"（"Syncretism"，208）。

[11] Van der Veer，"Syncretism"，208.

[12] Ibid.，196，209.

[13] 见 Van der Veer 的讨论，"Syncretism"，196—197。混合论通常也被看作对宽容的呼吁，比如 Erasmus 与 Deist 兄弟的作品（见 Ibid.），但在这个阶段中其主流用法是贬义的。

[14] 见 J.Z. Smith，*Drudgery Divine*，22，34—35。通过研究 19 世纪美国人 Joseph Priestly 的著作，他为新教立场提供了一个很好的概况："Priestly 认为……在基督教的早期时代，哲学的或柏拉图化中的基督徒……采取了……来自当时希腊思想中'东方'或'柏拉图主义'派生物的宗教观念……这些东西……损害了……原始基督教的纯洁性……以至于造成了基督教的偶像崇拜（即令后宗教改革基督徒以及'犹太教徒'难堪的'天主教'）或者哲学上的荒谬，这种荒谬使基督教在'不信者'和'左派'批评家看来荒唐可笑。"(Ibid.，11—12)

[15] 有关"原始主义"（primitivism）意思和使用的进一步讨论，见 Hughes，*The Primitive Church in the Modern World*。

[16] 见 Schmitt，"Phenomenology"。

[17] 参见例如，Van der Leeuw，*Religion in Its Manifestation and Essence*。

[18] 见 Oxtoby 的批判，"Religionswissenschaft Revisited"。

[19] 有关这一问题的早期表述，参见 Wisse，"The Nag Hammadi Library and the Heresiologists"。

[20] 见 Jonas，"Delimitation"，103。

[21] Ibid.，96；Pétrement，*A Separate God*，9—10.也见 M. Williams，*Rethinking "Gnosticism"*，265—266。

[22] 这儿我是从 M. Williams 对类型学的分析出发的。他认为，把基本问题理解为去发现诸特征，这才是"更真实的类型论"（*Rethinking "Gnosticism"*，51）。

[23]　Rudolph 在 *Gnosis* 中对灵知派的优秀导论也是这一困难的例证。如标题所示，这部著作分成两大部分：对灵知派本质性质的类型学界定，以及对其历史表现的描述。此书第一部分阐释材料的融贯；第二部分，阐释这些材料的多样性。Rudolph 以这种方式组织他的这本书，其实是以更紧凑论述的分析形式复写了这个领域的思想结构。Anne McGuire 在对此书的书评中简明地概述了相关问题。我在此引述是因为，如她所说，Rudolph 此书之所以重要，不只是因为它在对灵知/灵知派的介绍中有其地位，也因为它是对这个领域当前状态的扼要复写。McGuire 写道："Rudolph 采取了墨西拿会议所列要素，正如他决定'把历史、年表和社会问题放置一旁'，这既导致了解释学上的问题也导致了史学上的问题，正如它造成了这种印象——'灵知，或任何宗教现象，都可以从其特有具体形式以及社会背景中割裂出来'。仅把文本的一些材料与灵知的'构成要素'联系起来，Rudolph 实际上忽视了它们与其所从出的文学和社会历史背景之间更重要的关系。同时，试图说明各种灵知的共同特征，甚至反复征引其'繁杂的多样性'，导致傲慢的普遍化，在这种普遍化中，一个因素，可能只在一两处文本中找到，突然变成了整个'灵知'的特征。这种方法，几乎总是要遮蔽构成这一现象的文本、人物和团体的历史特性和差异。"（McGuire，"Kurt Rudolph, *Gnosis*"，48）

[24]　Jonas 说得对，类型学定义法是循环的（"Delimitation"）。参看 Morton Smith 对灵知派定义循环更辛辣的描绘，见"The History of the Term Gnostikos"，798。

[25]　见 Schenke，"Das sethianische System"与"The Phenomenon and Significance"。

[26]　这种分析需要以关于实践的社会学（比如布迪厄的社会学）为基础。

[27]　Audre Lorde, "Age, Race, Class, and Sex"; Lazreg, "Decolonizing Feminism".

[28]　Eliot, *Daniel Deronda*, 1.

[29]　私人通信,2002.1.28。

[30]　说基督教并非来自犹太教,不是否认它们的亲密关系;这要求我们并不是就独立的边界清晰的领域之间的相互作用来重新思索这种关系。不过,这一方法也并不损害关于基督教起源和历史的取代论(Supersessionism)定义。

[31]　Bourdieu 说,"常识"是习性的一个功能;是"对社会世界'活的'体验,即对自明、'当然'世界的理解。这是因为它排除了这一体验的可能条件问题,也就是客观结构和内在结构的符合一致问题。内在结构提供了直接理解(对日常世界的实践体验)的幻觉。这同时也就在实践中排除了任何对自身可能条件的追问"(*The Logic of Practice*, 25—26)。我在这儿建议的恰恰是要追问这些宗教名称和假定的谱系关系的可能条件。

[32]　发表于有关"政治自由主义:宗教与公共理性"的一个小组讨论。哈佛大学神学院,剑桥,马萨诸塞州,5 月 3 日,1995。

[33]　Bhabha, *The Location of Culture*, 2.

[34]　Ibid.

[35]　新近,开始就文化杂交来讨论文化差异,因为关于"混合论"的老术语多暗示一种本质主义样态,文化杂交这个术语,最终可能比试图改造"混合论"这个老词来得更有用。我从这些讨论中得到的观念是,文化中的本质主义是不可能的。当然,也不能毫无保留地赞扬杂交(见 Young, *Colonial Desire*)。

[36]　来自 Richard Handler, 转引自 Van der Veer, "Syncretism", 208—209。

[37]　Ortner, "Introduction", 9.

[38]　在这个层次的分析上,比较将不用于建构有关借入或影响的谱系——即使构建起了直接的文学联系,也将用于建设史学联系及辩论术联系的后续甄别任务。

[39]　我这儿依据的是 Boyarin, *Intertextuality*, 12;也见 Barthes, *S/Z*; Bakhtin, *The Dialogic Imagination*; Allen, *Intertextuality*。

[40]　特别参看 Schüssler Fiorenza, *Rhetoric and Ethic*, 105—128。

[41]　Ibid., 125. Schüssler Fiorenza 认为:"理解'世界'的实践——比如说话、书写、阅读或推理——从来不在语言之外或时代和历史之外,即它们从来不是超越在'世界'之外。因而这一方法关注以语法形式发生的语言、文本和作品的模糊性和不稳定性——用这样一种语言理论,即不采用语言决定论。而是把语言理解作约定俗成和工具,使作者和读者能够协调语言张力及其内嵌的模糊性,从而在具体的上下文和社会政治场所中创造意义。"(Schüssler Fiorenza, *Sharing Her Word*, 95—96)

[42]　有关作为一种文化建构的时间观念,参见 Aveni, *Empires of Time*; Thompson, "Time, Work-Discipline, and Industrial Capitalism"。

[43]　参见例如 Zukav, *The Dancing Wu Li Masters*。他归纳了牛顿物理学和量子力学的两个最基本不同。第一个与感知有关;第二个与对事物的描述能力有关:"量子理论不光与哲学紧密相关,而且,变得越来越明显,与感知理论密切相关……玻尔的互补原理也处理力学与意识间的基本关系。做实验的人对试验的选择决定着同一现象相互排斥的方面中的哪一个(波或粒子)将展示自身。同样,海森堡的测不准原理表明,我们无法观察一个现象而不给它带来改变。我们在'外部'世界中观察到的物理性质卷进了我们自身的感知,这种卷入不只是心理学的,而且也是本体论的。牛顿物理学与量子理论第二个根本不同在于,牛顿物理学描

述事物而量子力学描述事物的概率。按量子力学,事物间决定性的关系是统计学的,也就是说是个概率问题。"(322—323)

[44]　Zukav 写道:"比如,我们通常说,我们先在 A 点之后又在 B 点测到一个电子,但严格说来,这是不对的。按量子力学,并无电子从 A 点跑到 B 点。我们只是在 A 点和 B 点做了测量。"(*The Dancing Wu Li Masters*, 322)

[45]　Zukav 写道:"按玻姆(David Joseph Bohm,中译按,美国量子物理学家),'我们必须把物理学倒过来。不是从部分出发并展示它们如何一起活动(笛卡尔秩序),而是从整体出发'。玻姆理论与贝尔(John Stewart Bell,中译按,爱尔兰量子物理学家)定理是相容的。贝尔定理表明,宇宙在表面上看来'独立的部分'在更深更根本的层次上是紧密相连的。玻姆声称,最基本的层次是一个**连续的整体**,用他的话说,'物如'(that-which-is)。有那么一个秩序被包进宇宙的所有过程中,但这个被包裹的秩序却不是显而易见的。"(*The Dancing Wu Li Masters*, 323)

[46]　Ricoeur, *Time and Narrative*, III, 274.

[47]　Foucault, "Nietzsche, Genealogy, History", 160.

[48]　尽管我自己的书不是建立在新历史主义理论上的,我确实借鉴了所谓新历史主义的许多假定:"1.每个表述行为都嵌在一个物质实践网络中;2.每个揭露、批判和对抗行为所使用的方法正是它所谴责的,并有可能沦为它所揭实践的牺牲品;3.文学与非文学'文本'之间往来无碍,不可分离;4.没有任何话语,无论是虚构的还是记录在案的,通向不变的真理或表达不变的人性;5.适用于描述资本主义文化的批判方法和语言参与在它们描述的经济中。"(Veeser, *The New Historicism Reader*, 2;也见 Veeser, *The New Historicism*; Thomas, *The New Historicism*)

[49]　Foucault, *The Archaeology of Knowledge*, 3—30.

[50] Ibid., 115—116.

[51] 我相信，布迪厄会赞成这一方法——鉴于他总的说来喜欢福柯的著作，除了他准确地批评福柯本质上拒绝"在'话语场域'之外寻找场域内各话语的解释原则"。布迪厄把他自己的著作看作一种重要的矫正物（见 Bourdieu，"Principles for a Sociology"，特别是 178—179）。

[52] Bourdieu，*The Logic of Practice*，53.

[53] Chakrabarty（查卡拉巴提）现在出色地批评了宗教社会学的局限："穿越欧洲现代政治思想和社会科学的第二个假定是，人在本体论上是独一无二的，神灵最终是些'社会现实'，社会总是先于他们存在。另一方面，我试图不用这一假定（甚至是社会在逻辑上的先在性）来思索。人们凭经验知道，在任何社会中人类都是伴随神灵而存在的。尽管一神论的神在 19 世纪'觉醒的世界'的欧洲故事中颇受打击（如果不是实际上'死掉了'），众神和栖居着所谓'迷信'的其他代理物从未死掉。我认为神灵将与人类共存，并认为从这一假定出发，做人问题包含与神灵共处的问题。做人的意思是，如 Ramachandra Gandhi 所说，发现'唤起神（或诸神）的可能性，而无需先得建起他（或他们）的实在'。这是为什么我在分析中特意不重复任何宗教社会学的原因之一。"（*Provincializing Europe*，16）面对这样的分析，我们需要在把宗教从社会上分析为场域和有关神（诸神）或神灵存在的本体论宣告之间做出区分。我们可以在一个具体的历史背景中分析宗教场域的结构和运作，而无需从本体论上将其普遍化。实际上，Chakrabarty 认为，从诸神存于其中的诸世界从未消失这一事实可以看出，历史化实践是可能的（Ibid.，112）。

[54] 参见例如，Bourdieu，*The Logic of Practice*，95。

[55] Bourdieu，*Outline of a Theory of Practice*，163.

[56] 见 Ibid.，164—168。

[57] Ibid.，164.

[58] Ibid.，169.

[59] Ibid.，169—170.

[60] 从布迪厄就统治阶级与被统治阶级来描绘这一斗争看，我们在早期基督教中看到的恰恰是要力求**成为**统治集团。认为已成"正统"的一方本是统治集团，将在正统先于异端这一假定中得到背书；但这件事在早期基督教斗争中本身就成问题。

[61] Bourdieu，"Haute Couture and Haute Culture"，见 *Sociology in Question*，134。因而，比如，在对当前灵知派主流类型学的批判中，Williams 呼吁"比以往更清楚更真实的类型学概念"（*Rethinking "Gnosticism"*，51）。

[62] Bourdieu，"But Who Created the 'Creators'?"见 *Sociology in Question*，143。

[63] Bourdieu，*Outline of a Theory of Practice*，165.

[64] Schüssler Fiorenza 通过 13 个论题为关于解释的伦理学提供了一个综合建议（见 *Rhetoric and Ethic*，193—198）。

[65] Schüssler Fiorenza，*Rhetoric and Ethic*，197；也见"The Rhetoricity of Historical Knowledge"；*Sharing Her Word*。

[66] Schüssler Fiorenza，*Rhetoric and Ethic*，198.

[67] 为了从女权主义角度批判"自由的政治多元主义（这种多元主义忽视了知识产生中权力关系的不平等）"的相对主义化实践，Schüssler Fiorenza 在这儿使用了"相对主义"语言（见 Berkhofer 的讨论，*Beyond the Great Story*，209—214；引文见 210）。

[68] 见 Bourdieu，*The Logic of Practice*，第 1、2 章，特别是 33—35。

[69] 如 Robert Young 所说："在今天的文化概念和过去的文化概念之间存在着一个历史的谱系，从这个谱系出发，我们倾向于认为我

们已经远离了自身。在我们使用的语言和概念中我们悄悄地重申和复述它们……这如何影响了我们对那个想象的过去的当代重建？我们所主张的自身和过去间的距离可能比我们假定的要小。我们可能更紧地绑缚在我们所思使用的范畴上。文化与种族一同发展，彼此交织：不连续的重复形式表明，如福柯所说，'我们是如何被拘因在自己的历史中'。"意识形态与种族主义范畴的梦魇依然在生活中重复（*Colonial Desire*，27，28）。正如伴随着种族与殖民主义，同样也就伴随着内嵌在古代基督教身份构造话语及其现代变种中的意识形态差异与范畴差异。我们纠缠在关于正统和异端的意识形态中，我们也就是在背书这些话语的某些部分。

参 考 书 目

A

Abelson，Raziel，《定义》（"Definition"），载《哲学百科全书》（*The Encyclopedia of Philosophy*），第 2 卷，314—324。Paul Edwards 编，New York：Macmillan Publishing，1967。

Aland，Barbara 编，《灵知：汉斯·约纳斯纪念文集》（*Gnosis. Festschrift für Hans Jonas*），Göttingen：Vandenhoeck and Ruprecht，1978。

——，《什么是灵知？它是如何被战胜的？试简短定义》（"Was ist Gnosis？Wie wurde sie überwungdern？Versuch einer Kurzdefinition"），载《宗教理论与政治神学，第 2 卷：灵知与政治》（*Religionstheorie und Politische Theologie*，vol. 2：*Gnosis und Politik*），54—65，Jacob Taubes 编，Munich：Wilhelm Fink Verlag，1984。

Allen，Graham，《互文性》（*Intertextuality*），London：Routledge，2000。

Asad，Talal，《宗教的谱系：基督教和伊斯兰教中的权力规训与理性》(*Genealogies of Religion*：*Discipline and Reasons of Power in Christianity and Islam*)，Baltimor，Md.：Johns Hopkins University Press，1993。

Aveni，Anthony F.，《时间的帝国：日历、时钟与文化》(*Empires of Time*：*Calendars*，*Clocks*，*and Cultures*)，New York：Kodansha International，1995。

B

Bakhtin，M.M.，《对话之想象：四篇论文》(*The Dialogic Imagination*：*Four Essays*)，Austin：University of Texas，1981。

Barnard，Leslie William 译，并导言和注释，《殉教者圣查士丁：第一和第二护教书》(*St. Justin Martyr*：*The First and Second Apologies*)，古代基督教著作家，第 56 种，New York：Paulist Press，1997。

Barns，J.W.B.，G.M. Browne 和 J.C.Shelton，《书套内衬上的希腊文与科普特文纸草文献》(*Greek and Coptic Papyri from the Cartonnage of the Covers*)，NHS XVI. Leiden：E.J. Brill，1981。

Barth，Fredrik(弗雷德里克·巴特)，《复杂社会中的文化分析》("The Analysis of Culture in Complex Societies")，《民族》(*Ethnos*) 54(1989)，120—142。

——，《制作中的宇宙观：内新几内亚文化变异的生成方法》(*Cosmologies in the Making*：*A Generative Approach to Cultural Variation in Inner New Guinea*)，Cambridge，England：Cambridge

University Press，1987。

——，《族群分析中的老问题与新问题》（"Enduring and Emerging Issues in the Analysis of Ethnicity"），载《族群人类学：超越"族群与族界"》（*The Anthropology of Ethnicity：Beyond "Ethnic Groups and Boundaries"*），11—32，Hans Vermeulen 与 Cora Govers 编，The Hague：Het Spinhuis，1994。

——，《文化多元论概念化中的问题，以阿曼苏哈尔港为例》（"Problem in Conceptualizing Cultural Pluralism，with Illustrations from Sohar，Oman"），载《展望多元社会：1982 年美国民族学学会公报》（*The Prospects for Plural Societies，1982 Proceedings of the American Ethnological Society*），第 77—87 页。Stuart Plattner 与 David Maybury-Lewis 编，Washington，D. C.：The American Ethnological Society，1984。

Barthes，Roland（罗兰·巴特），《S/Z》（*S/Z*），New York：Hill and Wang，1974［中译按，有屠友祥中译本，上海人民出版社 2000］。

Bauer，Walter，《早期基督教中的正统与异端》（*Orthodoxy and Heresy in Earliest Christianity*），第 2 版，Philadelphia，Penn.：Fortress Press，1971。

Benko，Stephen，《伊皮法纽所记的灵知派放纵派别Phibionites 派》（"The Libertine Gnostic Sect of the Phibionites according to Epiphanius"），*VC*（1976），103—119。

——，《异教罗马与早期基督徒》（*Pagan Rome and the Early Christians*），Bloomington：Indiana University Press，1984。

Berkhofer，Robert F.，Jr.，《伟大故事的背后：作为文本和话语的历史》（*Beyond the Great Story. History as Text and Discourse*），Cambridge，Mass.：Belknap Press of Harvard University Press，1995［中译按，有邢立军中译本，北京师范大学出版社 2008］。

Bhabha，Homi K（霍米·巴巴），《文化的定位》（*The Location of Culture*），London：Routledge，1994。

Bianchi，Ugo 编，《灵知派的起源：墨西拿会议（1966.4.13—18）采访》（*Le Origini dello Gnosticismo. Colloquio di Messina 13—18 Aprile 1966*），SHR XII. Leiden：E.J. Brill，1967。

Bidney，David，《神话、象征与真理》（"Myth，Symbolism，and Truth"），载《神话：专题论集》（*Myth：A Symposium*），3—24。Thomas A. Sebeok 编，Bloomington：Indiana University Press，1994。

Bloom，Harold，《飞往路西法：一部灵知派幻想》（*The Flight to Lucifer：A Gnostic Fantasy*），New York：Farrar，Straus，Giroux，1979。

Böhlig，Alexander，《作为犹太—伊朗灵知证据的〈亚当启示录〉（拿戈·玛第抄本 V）》（"Die Adamsapokalypse aus Codex V von Nag Hammadi als Zeugnis jüdisch-iranischer Gosis"），《东方基督徒》（*Oriens Christanus*）48（1964），44—49。

——，《拿戈·玛第灵知派文本中的犹太教与犹太基督教背景》（"Der jüdische und jüdenchristliche Hintergrund in gnostischen Texte von Nag Hammadi"），载《灵知派的起源：墨西拿会议（1966.4.13—18）采访》（*Le Origini dello Gnosticismo.*

Colloquio di Messina 13—18 Aprile 1996），109—140，Ugo Bianchi 编，SHR XII. Leiden：E.J. Brill，1967。

Borg，Marcus，《非末世论耶稣的一个温和例证》（"A Temperate Case for a Non-Eschatological Jesus"），《论坛》（*Forum*）2/3（1986），81—102。

Bourdieu，Pierre，《实践的逻辑》（*The Logic of Practice*），Stanford，Calif.：Stanford University Press，1990。

——，《实践理论大纲》（*Outline of a Theory of Practice*），Richard Nice 译，Cambridge Studies in Social Anthropology 16，Cambridge，England：Cambridge University Press，1977。

——，《质疑中的社会学》（*Sociology in Question*），Richard Nice 译，London：Sage Publications，1993。

Bousset，Wilhelm，《灵知、灵知派》（"Gnosis, Gnostiker"），载《古典古代实用百科全书》（*Real-Encyclopädie der klassischen Altertumswissenschaft*）VII.2，pp.1503—1546，A. Paul 与 G. Wissowa 编。重印在《宗教史研究：希腊化时代宗教史论》（*Religionsgeschichtliche Studien. Aufsätze zur Religionsgeschichte des Hellenistischen Zeitalters*）中，44—96，Anthonie F. Verheule 编，Leiden：E.J. Brill，1979。

——，《灵知的主要问题》（*Hauptprobleme der Gnosis*），据 1907 年第 1 版重印，Göttingen：Vandenhoeck and Ruprecht，1973。

——，《耶稣在反对犹太教中布道：宗教史的比较》（*Jesu Predigt in ihrem Gegensatz zum Judentum：Ein religionsgeschichtlicher*

Vergleich），Göttingen：Vandenhoeck and Ruprecht，1892。

——，《为王的基督：从基督教开始到伊里奈乌的基督信仰史》（Kyrios Christos：*A History of the Belief in Christ from the Beginnings of Christianity to Irenaeus*），John E. Steely 译，Nashville，Tenn.：Abingdon Press，1970。

——，《曼达派宗教》（"Die Religion der Mandäer"），《神学评论》（*Theologische Rundschau*）20（1917），185—205。

——，《晚期希腊化时代的犹太教》（*Die Religion des Judentums in späthellenistischen Zeitalter*），第 3 版，H. Gressam 编，Tübingen：Mher，1966。

Boyarin，Daniel，《为神而死：殉教与基督教和犹太教的形成》（*Dying for God*：*Martyrdom and the Making of Christianity and Judaism*），Stanford，Calif.：Stanford University Press，1999。

——，《〈美拿福音〉：犹太二一论与〈约翰福音〉序》（"The Gospel of the *Memra*：Jewish Binitarianism and Prologue to John"），*HTP* 94//3（2001），243—284。

——，《互文性与米德拉什解读》（*Intertextuality and the Reading of Midrash*），Bloomington：Indiana University Press，1990。

Brandt，Wilhelm，《曼达派：他们的宗教与历史》（*Die Mandäer*：*ihre Religion und ihre Geschichte*），Amsterdam：Johannes Muller，1915。

——，《曼达派宗教：从神学、宗教、哲学和文化角度对曼达派宗教的研究》（*Die Mandäische Religion．Eine Erforschung der*

Religion der Mandäer in theologischer，religioser，philosophischer，und kultureller Hinsicht dargestellt），Leipzig，1889；reprint Amsterdam：Philo Press，1973.

——，《曼达派文献》(*Mandäische Schriften*)，Göttingen：Vandenhoeck and Ruprecht，1893。

Brooks，Cleanth，《沃克·珀西与现代灵知派》("Walker Percy and Modern Gnosticism")，载《沃克·珀西的艺术》(*The Art of Walker Percy*)，260—279，P.R. Broughton 编，Baton Rouge：Louisiana State Press，1979。

Brumlik，Micha，《灵知派：人类自我救赎的梦想》(*Die Gnostiker. Der Traum von der Selbsterlösung des Menschen*)，Frankfurt am Main：Eichboen，1992。

Buckley，Jorunn Jacobsen，《曼达派中存在女祭司的证据》("Evidence for Women Priests in Mandaeism")，《近东研究》(*Journal of Near Eastern Studies*) 59(2000)，93—106。

——，《是否放纵：灵知派中的水果、面包、精液以及其他体液》("Libertines or Not：Fruit，Bread，Semen and Other Body Fluids in Gnosticism")，*JECS* 2.1(1994)，15—31。

——，《曼达派：古代文本与现代信徒》(*The Mandaeans：Ancient Texts and Modern People*)，Oxford：Oxford University Press，2002。

——，《曼达派宗教中的圣灵拯救》("The Salvation of the Spirit Ruha in Mandaean Religion")，载《灵知派中女性的过失及其实现》(*Female Fault and Fulfilment in Gnosticism*)，20—38，Chapel Hill：University of North Carolina Press，1986。

——，《与伊朗曼达派信徒在一起》（"With the Mandaeans in Iran"），《宗教学新闻报》（*Religious Studies News*）（September 1996），8。

Buell，Denise Kimber，《塑造基督徒：亚历山大的克莱门与合法性的雄辩术》（*Making Christians：Clement of Alexandria and the Rhetoric of Legitimacy*），Princeton，N.J.：Princeton University Press，1999。

——，《早期基督教中的种族与普适主义》（"Race and Universalism in Early Christianity"），*JECS* 10.4（2002），429—468。

——，《重思种族对早期基督教自我界定的意义》（"Rethinking the Relevance of Race for Early Christian Self-Definition"），*HTR* 94—4（2001），449—476。

——，《为什么这是个新种族？早期基督教中的种族推定》（"*Why This New Race?*" *Ethnic Reasoning in Early Christianity*，中译按，已经出版，哥伦比亚大学出版社 2005）。

Bultmann，Rudolf，《新发现的曼达派和摩尼教资料对理解〈约翰福音〉的意义》（"Die Bedeutung der neuerschlossenen mandäischen und manichäischen Quellen für das Verständnis der Johannesevangeliums"），*ZNW* 24（1925），100—146。

——，《作为东方宗教和西方宗教的基督教》（"Christianity as a Religion of East and West"），载《哲学与神学论集》（*Essays：Philosophical and Theological*），209—233，London：SCM Press，1955。

——，《〈约翰福音〉评注》（*The Gospel of John：A Commen-*

tary)， G. R. Beasley-Murray 等 译，Philadelphia， Penn.：
Westminster Press，1971。

——，《约翰著作与灵知》（"Johanneische Schriften und
Gnosis"），载《东方文学报》（*Orientalistische Literaturzeitung*）43
（1940），150—175。

——，《关联与差异》（"Points of Contact and Conflict"），
载《哲学与神学论集》（*Essays：Philosophical and Theological*），
London：SCM Press，1955。

——，《当时背景中的原始基督教》（*Primitive Christianity
in Its Contemporary Setting*），R. H. Fuller 译，London：The
New English Library Limited，1956。

——，《〈约翰福音〉序言的宗教史背景》，（"Die religionsge-
schichtliche Hintergrund des Prologs zum Johannes Evangelium"），
卷 2，载《致谢，新旧约宗教与文学研究，赫曼·贡克六十华诞》
（*Eucharistarion. Studien zur Religion und Literatur des Alten und
Neuen Testaments. Hermann Gunkel zum 60. Geburtstag*），3—26，
Hans Schmidt 编，Göttingen：Vandenhoeck and Ruprecht，1923。

C

Cameron, Ron,《〈多马福音〉与基督教起源》（"The Gospel
of Thomas and Christian Origins"），载《早期基督教的未来：赫尔
穆特·科斯特纪念文集》（*The Future of Early Christianity：Essays
in Honor of Helmut Koester*），381—392，Birger Pearson，
A. Thomas Kraabel，George W. E. Nickelsburg 以及 Norman
R. Petersen 编，Minneapolis，Minn.：Fortress Press，1991。

Cameron，Ron 和 Arthur Dewey，《科隆摩尼古卷（编号 4780）:其文本的起源》[*The Cologne Mani Codex（P. Colon. Inv. Nr. 4780）: Concerning the Origin of His Body*]，Missoula，Mont.: Scholars Press，1979。

Casey，R.P.，《灵知派研究》（"The Study of Gnosticism"），*JTS* 36（1935），45—60。

Chadwick，Henry，《早期教会》（*The Early Church*），New York: Viking Penguin. Inc.，1967。

——，导论并译，《奥利金:反驳克理索》（*Origen: Contra Celsum*），Cambridge，England: Cambridge University Press，1980。

Chakrabarty，Dipesh，《地方化中的欧洲:后殖民地思想与历史差异》（*Provincializing Europe: Postcolonial Thought and Historical Difference*），"普林斯顿文化、权利、史学研究系列"，Princeton: Princeton University Press，2000。

Cohen，Shaye J.D.，《犹太人身份的起源:边界、种类与不确定性》（*The Beginnings of Jewishness: Boundaries，Varieties，Uncertainties*），Berkeley: University of California Press，1999。

——，《从马加比家族到密西拿》（*From the Maccabees to Mishnah*），Philadelphia: Westminster Press，1987。

Colpe，Carsten，《灵知，I，宗教史》（"Gnosis. I. Religionsgeschichtlich"），1648—1652,载《宗教的历史与现状,神学与宗教学简明词典》（*Die Religion in Geschichte und Gegenwart. Handwörterbuch für Theologie und Religionswissenschaft*），第 3 版,

Tübingen：J.C.B. Mohr，1958。

——，《灵知派中被拯救的救主形象》（"Die gnostische Gestalt des Erlöst Erlösers"），《伊斯兰》（*Der Islam*）32（1956/57），194—214。

——，《宗教史学派，从灵知派救主神话展示并批判其意象》（*Die religionsgeschichtliche Schule. Darstellung und Kritik ihres Bildes vom gnostischen Erlösermythus*），新旧约宗教与文学研究系列第 60 种（Forschungen zur Religion und Literatur des Alten und Neuen Testmentes N.F. 60），Göttingen：Vandenhoeck and Ruprecht，1961。

Conze，Edward，《佛教与灵知派》（"Buddhism and Gnosticism"），载《灵知派的起源：墨西拿会议（1966.4.13—18）采访》（*Le Origini dello Gnosticismo. Colloquio di Messina 13—18 Aprile 1996*），651—667，Ugo Bianchi 编，SHR XII. Leiden：E.J. Brill，1967。

Cooper，James Fenimore，《最后的莫西干人》（*The Last of the Mohicans*），Oxford：Oxford University Press，1998。

Countryman，L. William，《德尔图良与信仰准则》（"Tertullian and the Regula Fidei"），《2 世纪》（*Second Century*）2.4（1982），208—227。

Coxe，A. Cleveland，《前尼西亚教父：325 年之前教父著作译文，卷3：德尔图良；卷5：希波律陀、西普里安、卡尤斯、诺瓦替安，附录》（*The Ante-Nicene Fathers：Translations of the Writings of the Fathers Down to A.D. 325，vol.3：Tertullian；vol.5：Hippolytus，Cyprian，Cius，Novation，Appendix*），

Grand Rapids, Mich.: Wm. B. Eerdmans, reprint 1978。

Crossan, John Dominic,《其他四本福音书：正典旁观》（*Four Other Gospels*: *Shadows on the Contours of Canon*），Minneapolis, Minn.: Winston Press, 1991。

Cumont, Franz,《罗马异教中的东方宗教》（*Oriental Religions in Roman Paganism*），New York: Dover Publications, 1956。

D

Davids, Adelbert,《谬误与异端：克雷芒一世—安提阿的伊纳爵—查士丁》（"Irrtum und Häresie: I Clement-Ignatius von Antioch-Justinus"），《时机》（*Kairos*）15（1973），165—187。

Davids, Stevan L.,《多马福音与基督教的智慧》（*The Gospel of Thomas and Christian Wisdom*），New York: Seabury Press, 1983。

Dawson, David,《古代亚历山大的寓意解经者与文化修正》（*Allegorical Readers and Cultural Revision in Ancient Alexandria*），Berkeley: University of California Press, 1992。

Deismann, Adolf,《古代近东的光芒》（*Light from the Ancient Near East*），New York: Harper and Brothers, 1922。

Denzey, Nicola Frances,《在无情的天空下：2 世纪基督教文献中的皈依、宇宙论和对"命运奴役"的雄辩》（"Under a Pitiless Sky: Conversion, Cosmology and the Rhetoric of 'Enslavement to Fate' in Second-Century Christian Sources"），博士论文，Princeton University, 1998。

Desjardins, Michel,《鲍尔及其他：新近对早起基督教时代异端的讨论》("Bauer and Beyond: On Recent Scholarly Discussions of *hairesis* in the Early Christian Era"),《2 世纪》(*Second Century*)8.2(1991),65—82。

——,《瓦伦廷派中的罪》(*Sin in Valentinianism*),《圣经》文学协会专题论文系列 108,Atlanta, Ga.: Scholars Press, 1990。

Détienne, Marcel,《神话的创作》(*The Creation of Mythology*), Chicago: University of Chicago Press, 1986。

Dillon, John M.,《中期柏拉图派:公元前 80 年到公元 220 年的柏拉图主义》(*The Middle Platonists: A Study of Platonism 80 B.C. to A.D. 220*), London: Duckworth, 1977。

——,《"正统"与"折衷":中期柏拉图派与新毕达哥拉斯派》("'Orthodoxy' and 'Eclecticism': Middle Platonists and Neo-Pythagoreans"),载《"折衷主义"问题:晚期希腊哲学研究》(*The Question of "Eclecticism": Studies in Later Greek Philosophy*), 103—125, J.M. Dillon 与 A.A. Long 编,"希腊化时代的文化与社会"3, Berkeley: University of California Press, 1988。

Drower, E.S.,《曼达派的正典祈祷书》(*The Canonical Prayerbook of Mandaeans*), Leiden: E.J. Brill, 1959。

——,《*Haran Gawaita* 与 *Hibil-Ziwa* 的洗礼》(*The Haran Gawaita and Baptism of Hibil-Ziwa*), Studi e Testi 176. Vatican City: Biblioteca Apostolica Vaticana, 1953[中译按,*Haran Gawaita* 是曼达派经书名字,*Hibil-Ziwa* 是曼达派圣使名字]。

——,《伊拉克和伊朗的曼达派》(*The Mandaeans of Iraq and Iran*), Leiden: E.J. Brill, 1962。

Dunderberg, Ismo,《约翰与多马冲突?》("John and Thomas in Conflict?"),载《拿戈·玛第文库50年:1995年〈圣经〉文学协会纪念文集》(*The Nag Hammadi Library after Fifty Years: Proceedings of the 1995 Society of Biblical Literature Commemoration*), 361—380, John D. Turner 与 Anne McGuire 编,NHMS 44. Leiden: E.J. Brill, 1997。

Durkheim, Emile,《宗教生活的初级形式》(*The Elementary Forms of Religious Life*), New York: The Free Press,1965。

E

Edgar, Andrew 与 Peter Sedgwick 合编,《文化理论中的主要概念》(*Key Concepts in Cultural Theory*), London: Routledge, 1999。

Ehrman, Bart D.,《正统对〈圣经〉的腐蚀:早期基督论争论对新约文本的影响》(*The Orthodox Corruption of Scripture: The Effect of Early Christological Controversies on the Text of the New Testament*), Oxford: Oxford University Press, 1993。

Eliot, George,《丹尼尔·德隆达》(*Daniel Deronda*), Edinburgh: W. Blackwood, 1876。

Eltester, W. 编,《基督教与灵知》(*Christentum und Gnosis*), BZNW 47. Berlin: Verlag Alfred Töpelmann, 1969。

F

Fallon, Francis T.,《萨巴奥的加冕:灵知派创世神话中的犹太因素》(*The Enthronement of Sabaoth：Jewish Elements in Gnostic Creation Myths*)，NHS 10. Leiden：E.J. Brill，1978。

Feldman，Burton 与 Robert D. Richardson 合编，《现代神话学的兴起：1680—1860》(*The Rise of Modern Mythology：1680—1860*)，Bloomington：Indiana University Press，1972。

Feldman，Louis H.，《古代世界中的犹太人与外邦人：从亚历山大到查士丁尼之间的态度与互动》(*Jew and Gentile in the Ancient World：Attitudes and Interactions from Alexander to Justinian*)，Princeton，N.J.：Princeton University Press，1993。

Filoramo，Giovanni，《灵知派史》(*A History of Gnosticism*)，Oxford：Basil Blackwell，1990。

Fossum，Jarl，《犹太教、撒玛利亚人和灵知派对〈创世记〉1：26 和 2：7 的解释》("Gen. 1，26 and 2，7 in Judaism，Samaritanism and Gnosticism")，载《犹太教研究》(*Journal for the Study of Judaism*)，16(1985)，202—239。

——，《灵知派德牧革概念的发源》("The Origin of the Gnostic Concept of the Demiurge")，《鲁汶神学报》(*Ephemerides Theologicae Lovanienses*)61(1985)，145—152。

Foucault，Michel，《知识考古学与语言的话语》(*The Archaeology of Knowledge and the Discourse on Language*)，A.M. Sheridan Smith 译，New York：Pantheon Books，1972。

——，《尼采、谱系学与历史》("Nietzsche，Genealogy，History")，载《语言、反记忆与实践》(*Language，Counter-Memory，Practice*)，139—164，Donald F. Bouchard 编，Ithaca，N.Y.：Cornell University Press，1977。

Fox，Robin Lane，《异教徒与基督徒》（*Pagans and Christians*），New York：Alfred A. Knopf，1987。

Frankfurter，David，《罗马埃及的宗教：同化与阻力》（*Religion in Roman Egypt*：*Assimilation and Resistance*），Princeton，N.J.：Princeton University Press，1998。

Freud，Sigmund，《幻象之未来》（*The Future of an Illusion*），Garden City，N.Y.：Anchor Books，Doubleday and Co.，1964。

Frizzell，Lawrence E.，《"来自埃及的战利品"：在犹太人和灵知派之间》（"'Spoils from Egypt'：Between Jews and Gnostics"），载《回顾希腊化：在希腊—罗马世界中描述基督教的回应》（*Hellenization Revisited*：*Shaping a Christian Response within the Greco-Roman World*），139—164，Wendy Helleman编，Lanham. Md.：University Press of America，Inc.，1994。

Funk，Wolf-Peter，《对拿戈·玛第抄本进行分类的语言学的观点》（"The Linguistic Aspect of Classifying the Nag Hammadi Codices"），载《拿戈·玛第抄本及其分类问题：1993.9.15—19 魁北克会议文集》（*Les Textes de Nag Hammadi et le Problème de leur Classification. Actes du colloque tenu à Québec du 15 au 19 septembre 1993*），107—147，Louis Painchaud 与 Anne Pasquier 编，BCNH. SÉ（科普特文拿戈·玛第文库分组研究）3. Quebec：Les Presses de I'Université Laval，1995。

G

Geertz，Clifford，《文化的解释》（*The Interpretation of*

Cultures：Selected Essays），New York：Basic Books，1973［中译按，有两个中译本，韩莉译，译林出版社，1999；纳日碧力戈等译，王铭铭校，上海人民出版社，1999］。

——，《地方性知识：解释人类学论文集续编》（*Local Knowledge：Further Essays in Interpretive Anthropology*），New York：Basic Books，1983［中译按，有两个中译本，王海龙、张家瑄译，中央编译出版社，2000；杨德睿译，麦田出版社，2002］。

——，《破碎的世界：世纪末的文化与政治》（"The World in Pieces：Culture and Politics at the End of the Century"），*Focaal* 32（1998），91—117［中译按，*Focaal* 是人类学杂志名，出版集团名］。

Gero，Stephen，《随 W.鲍尔游底格里斯河：叙利亚—美索不达米亚基督教中的禁欲正统与放纵异端》（"With Walter Bauer on the Tigris：Encratite Orthodoxy and Libertine Heresy in Syro-Mesopotamian Christianity"），载《拿戈·玛第灵知派与早期基督教》（*Nag Hammadi Gnosticism，and Early Christianity*），287—307，Charles W. Hedrick，Robert Hodgson 与 Jr. Peabody 编，Mass.：Hendrickson，1986。

Goehring，James E.，《苦修、社团与沙漠：早期埃及隐修主义研究》（*Ascetics，Society，and the Desert：Studies in Early Egyptian Monasticism*），SAC. Harrisburg，Penn.：Trinity Press International，1999。

——，《放纵还是解放：灵知派所谓放纵团体中的妇女》（"Libertine or Liberated：Women in the So-Called Libertine Gnostic Communities"），载《灵知派中的女性形象》（*Images of* the Feminine in Gnosticism》，329—344，Karen L. King 编，SAC. Philadelphia，Penn.：Fortress Press，1988。

Grant，Robert M.，《灵知派与早期基督教》（Gnosticism and Early Christianity），New York Columbia University Press，1959。

Green，Henry，《灵知与灵知派：方法论研究》（"Gnosis and Gnosticism：A Study in Methodology"），《守护神》（Numen）24(1977)，95—134。

Greenslade，S.L.编译，《早期拉丁神学：德尔图良、西普里安、安波罗修、哲罗姆文选》（Early Latin Theology：Selections from Tertullian，Cyprian，Ambrose and Jerome），基督教经典书库，Philadelphia：Westminster Press，1956。

Gressman，Hugo，《希腊化时期救赎宗教的宗教史起源问题》（"Das religionsgeschichtliche Problem des Ursprungs der hellenistischen Erlösungsreligion"），《教会史》（Zeitschrift für Kirchengeschichte）40(1922)，178—191。

Guerra，Anthony J.，《好辩的基督徒：德尔图良对确定性的追求》（"Polemical Christianity：Tertullian's Search for Certitude"），《2 世纪》（Second Century）8.2(1991)，109—123。

Gunkel，Hermann，《对新约的宗教史理解》（Zum religionsgeschichtlichen Verständnis des Neuen Testaments），第 2 版，Göttingen：Vandenhoeck and Ruprecht，1910。

H

Haardt，Robert，《评确定灵知派起源的方法》（"Bemerkungen zu den Methoden der Ursprungsbestimmung von Gnosis"），载

《灵知派的起源:墨西拿会议(1966.4.13—18)采访》(*Le Origini dello Gnosticismo. Colloquio di Messina 13—18 Aprile 1996*),161—189,Ugo Bianchi 编,SHR XII. Leiden:E.J. Brill,1967。

——,《研究灵知的方法》("Zur Methodologie der Gnosis Forschung"),载《灵知与新约:宗教与神学研究》(*Gnosis und Neues Testament. Studien aus Religionswissenschaft und Theologie*),183—202, Karl-Wolfgang Tröger 编, Gerd Mohn: Gütersloher Verlagshaus,1973.

Haenchen,Ernst,《是否存在一种前基督教的灵知?》("Gab es eine vorchristliche Gnosis?"),《神学与教会》(*Zeitschrift für Theologie und Kirche*)49(1952),316—349。

Hall,David D.编,《美国的生活宗教:面向实践史》(*Lived Religion in America:Toward a History of Practice*),Princeton,N.J.:Princeton University Press,1997。

Hamilton,Paul,《历史主义》(*Historicism*),London:Routledge,1996。

Handler,Richard and Jocelyn Linnekin,《传统,真或假》("Tradition,Genuine or Spurious"),《美国民俗》(*Journal of American Folklore*)97(1984),273—290。

Harnack,Adolt von,《教义史》(*History of Dogma*),4卷,据德文第3版译出,New York:Dover Publications,1961.

——,《马西昂:异在上帝的福音》(*Marcion:The Gospel of the Alien God*),J.E. Steely 与 L.D. Bierma 英译,Durham,N.C.:The Labyrinthy Press,1990[中译按,有朱雁冰中译本

《论马克安：陌生上帝的福音》，三联书店，2007]。

——，《基督教最初三个世纪的宣教与扩张》（*The Mission and Expansion of Christianity in the First Three Centuries*），James Moffatt 译，Gloucester，Mass.：Peter Smith，1972。

——，《基督教神学及教会教义的兴起》（*The Rise of Christian Theology and of Church Dogma*），Neill Buchanan 英译，New York：Russell and Russell，1958 重印。

——，《什么是基督教？》（*What Is Christianity?*），New York：Harper Torchbooks，1957。

Harrington，Daniel，《近十年来对 W.鲍尔有关早期基督教中正统与异端观点的接受》（"The Reception of W. Bauer's Orthodoxy and Heresy in Earliest Christianity during the Last Decade"），*HTR* 73(1980)，289—298.

Hedrick，Charles W.与 Paul A. Mirechi，《救主的福音：一部新的古代福音》（*Gospel of the Savior：A New Ancient Gospel*），CCL. Santa Rosa，Calif.：Polebridge Press，1999。

Helleman，Wendy E.，《德尔图良论雅典与耶路撒冷》（"Tertullian on Athens and Jerusalem"）及《跋》（"Epilogue"），载《回顾希腊化：在希腊—罗马世界中描述基督教的回应》（*Hellenization Revisited：Shaping a Christian Response within the Greco-Roman World*），361—382 及 429—511，Wendy Helleman 编，Lanham. Md.：University Press of America，Inc.，1994.

Henaut，Barry W.，《作为希腊化本质的亚历山大或雅典：历史家对哲学家的回应》（"Alexandria or Athens as the

Essence of Hellenization: A Historian Responds to a Philosopher"),载《回顾希腊化:在希腊—罗马世界中描述基督教的回应》(*Hellenization Revisited: Shaping a Christian Response within the Greco-Roman World*),99—106,Wendy Helleman 编,Lanham. Md.: University Press of America, Inc., 1994.

Heron,A.I.C.,《沃特·鲍尔〈早起基督教中的正统与异端〉中对克雷芒一世的解释》("The Interpretation of I Clement in Walter Bauer's 'Rechtgläubigkeit und Ketzerei im ältesten Christentum'"),《教会灯塔》(*Ekklesiastikos Pharos*),55(1973),517—545。

Horsley,Richard A.,《考古:加利利的历史与社会,耶稣与拉比的社会背景》(*Archaeology: History and Society in Galilee. The Social Context of Jesus and the Rabbis*),Valley Forge,Penn.: Trinity Press,1996。

Hughes,Richard T.编,《现代世界中的原始教会》(*The Primitive Church in the Modern World*),Urbana and Chicago: University of Illinois Press,1995。

Hultgren,Arland J.,《规范化基督教的兴起》(*The Rise of Normative Christianity*),Minneapolis,Minn.: Fortress Press, 1994。

J

Johnson Hodge,Caroline E.,《"既是儿女,便是后嗣":保罗书信中的亲属与种族研究》("'If Sons,Then Heirs': A

Study of Kinship and Ethnicity in Paul's Letters"），博士论文，Brown University，2002。

Jonas，Hans，《从类型学和历史学上界划灵知现象》（"Delimitation of the Gnostic Phenomenon-Typological and Historical"），载《灵知派的起源：墨西拿会议（1966.4.13—18）采访》（*Le Origini dello Gnosticismo. Colloquio di Messina 13—18 Aprile 1996*），99—108，Ugo Bianchi 编，SHR XII. Leiden：E.J. Brill，1967。

——，《真理的福音与瓦伦廷派思辨》（"Evangelium Veritatis and the Valentinian Speculation"），载《教父研究（六）：第三届国际教父研究文集，牛津基督教会，1959》（*Studies Patristica VI. Papers Presented at the Third International Conference on Patristic Studies Held at Christ Church，Oxford，1959*），96—111，F.L. Cross 编，TU 81. Berlin：Akademie-Verlag. 1962。

——，《灵知与近古精神：第 1 卷，灵知派神话》（*Gnosis und spätantiker Geist. I. Die mythologische Gnosis*），第 3 版，Göttingen：Vandenhoeck and Ruprecht，1964。

——，《灵知派宗教：异乡神的信息与基督教的开端》（*The Gnostic Religion：The message of the Alien God and the Beginnings of Chrestianity*），第 2 版，Boston，Mass.：Beacon Press，1958。

——，《神话与神秘主义》（"Myth and Mysticism"），载《哲学论集：从古代信条到技术人》（*Philosophical Essays：From Ancient Creed to Technological Man*），291—304，Englewood Cliffs，N.J.：Prentice Hall，1974。

——，《回应 G.奎斯佩尔的〈灵知派与新约〉》（"Response

to G. Quispel's 'Gnosticism and the New Testament'"),载
《现代学术中的〈圣经〉》(*The Bible in Modern Scholarship*),
279—293,J. Philip Hyatt 编,Nashville, Tenn.：Abingdon
Press,1965。

K

Kasser, Rodolphe,《灵知派文本：〈约翰密传〉及保罗、雅
各、亚当启示录新版注释》("Textes gnostiques：Remarques à
propos des editions recent du Livre secret de Jean et des
Apocalypses de Paul, Jacques et Adam"),《博物馆》(*Muséon*)
78(1965),71—98。

King, Karen L.,《探讨〈约翰密传〉的不同版本》
("Approaching the Variants of the *Apocryphon of John*"),载《拿
戈·玛第文库 50 年：〈圣经〉文学协会纪念文集(1995.11.17—
22)》(*The Nag Hammadi Library after Fifty Years：Proceedings
of the 1995 Society of Biblical Literature Commemoration,
November 17—22, 1995*),105—137,John D. Turner 与
Anne McGuire 编,NHMS 44. Leiden：E.J. Brill,1997。

——,《斐洛著作及〈约翰密传〉中的身体与社会》("The
Body and Society in Philo and the *Apocryphon of John*"),载《摩
西派：斐洛与希腊化宗教研究,纪念霍斯特·毛令》(*The
School of Moses：Studies in Philo and Hellenistic Religion in
Memory of Horst R. Moehring*),82—97,John Peter Kenney
编,BJS 304. 斐洛研究专集(Studia Philonica Monographs) 1.
Atlanta, Ga.：Scholars Press,1995。

——,《马利福音》(*The Gospel of Mary*), Santa Rosa, Calif.：Polebridge Press，2003。

——,《抹大拉的马利的福音》("The Gospel of Mary Magdalene"),载《查考〈圣经〉,卷2：女权主义评注》(*Searching the Scriptures, vol.2：A Feminist Commentary*)，601—634，Elisabeth Schüssler Fiorenza 编,New York：Crossroads Press，1994。

——,《有那么一个叫作灵知派的东西吗?》("Is There Such a Thing as Gnosticism?")，SBL/AAR(《圣经》文学协会/美国宗教学会)年会论文,Washington, D.C.，November 20—23，1993。

——,《神话与起源上的阴谋》("Mackinations on Myth and Origins"),载《重述基督教的起源:纪念伯顿·迈克学术研讨会》(*Reimagining Christian Origins：A Colloquium Honoring Burton L. Mack*)，157—172，Elizabeth A. Castelli 与 Hal Taussig 编,Valley Forge, Penn.：Trinity Press International，1996。

——,《灵知派起源与基督教身份》("The Origins of Gnosticism and the Identity of Christianity"),向国际《圣经》文学协会会议(1999.7.18—21,芬兰,赫尔辛基和拉赫蒂)"拿戈·玛第与灵知派"小组提交的论文。

——,《混合论策略与灵知派定义问题》("The Politics of Syncretism and the Problem of Defining Gnosticism"),《改造混合论》(*Retrofitting Syncretism*)，William Cassidy 编,Special volume of《史学反思》(*Historical Reflections/Réflexions Historiques*) 27.3(2001)专辑,461—479。

——,《灵知派伦理学的基本原理》("The Rationale of Gnostic Ethics"),向国际科普特语研究会议(1992.8.11—16,美国天主教大学,华盛顿特区)提交的论文,修订稿曾在 SBL/AAR(《圣经》文学协会/美国宗教学会)年会(1992.11.21—23,旧金山)上分发。

——,《通过文本揭示未识的上帝,对〈阿罗基耐〉(*NHC XI*,3)的译注》(*Revelation of the Unknowable God with Text, Translation and Notes to NHC XI, 3 Allogines*),CCL. Santa Rosa, Calif.: Polebridge Press, 1995[中译按,原作 *NHC IX, 3*,误]。

——,《翻译史:在后现代性中重订灵知派》("Translating History: Reframing Gnosticism in Postmodernity"),载《传统与翻译:宗教现象的跨文化可译性问题,卡斯滕·柯尔普六十五岁纪念文集》(*Tradition und Translation. Zum Problem der interkulturellen Übersetzbarkeit religiöser Phänomene. Festschrift für Carsten Colpe zum 65. Geburtstag*),264—277,Christoph Elsas, Renate Haffke, Hans-Michael Haußig, Andress Löw, Gesine Palmer, Bert Sommer 及 Marco S. Torini 合编,Berlin: Walter de Gruyter, 1994。

Klimkeit, Hans-Joachim,《丝路灵知:来自中亚的灵知派寓言、圣歌和祷文》(*Gnosis on the Silk Road: Gnostic Parables, Hymns and Prayers from Central Asia*),San Francisco, Calif.: Harper and Row, 1993。

Kloppenborg, John S. & Marvin W. Meyer, Stephen J. Patterson 与 Michael G. Steinhauser,《Q-〈多马福音〉读本》

（*Q-Thomas Reader*），Sonoma，Calif.：Polebridge Press，1990〔中译按，《多马福音》是 20 世纪《圣经》学上的一大发现。Q是德文 Quelle（来源）的缩写。有一种理论认为"对观三福音"中，《马可福音》最早，《马太福音》和《路加福音》皆以《马可福音》和另一部已失传的文献为蓝本。因而《马太福音》和《路加福音》中文意相通而《马可福音》所缺的部分，应该就来自这部已失传的文献即 Q 来源〕。

Koenen，Ludwig 与 Cornelia Römer，《科隆摩尼古卷：其文本的起源》（*Der Kölner Mani-Kodex. Über das werden seines Leibes*），Opladen：Westdeutscher Verlag，1988。

Koester，Helmut，《古代的基督教福音：它们的历史和发展》（*Ancient Christian Gospels：Their History and Development*），Philadelphia，Penn.：Trinity Press International，1992。

——，《宗教史学派、灵知与约翰福音》（"The History-of-Religions School，Gnosis，and Gospel of John"）《神学研究》（*Studia Theologica*）40（1986），115—136。

——，《使徒传统与灵知派的起源》（"La Tradition apostolique et les Origines de Gnosticisme"），《神学与哲学》（*Revue de Théologie et de Philosophie*）119（1987），1—16。

Koschorke，Klaus，《有关瓦伦廷派灵知晚期历史的教父材料》（"Patristische Materialen zur Spätgeschichte der valentinianischen Gnosis"），载《灵知与灵知派：第八届教父研究国际会议论文集（牛津，1979.93—8）》〔*Gnosis and Gnosticism：Papers Read at the Eighth International Conference on Patristic Studies（Oxford，September 3rd—8th，1979）*〕，120—

139，Martin Krause 编，NHS 17. Leiden：E.J. Brill，1981。

Kraeling，C. H.，《曼达派的起源与古代信徒》（"The Origin and Antiquity of the Mandaeans"），《美国东方学会会刊》（*American Oriental Society Journal*）49(1929)，195—218。

Krause，Martin，《灵知文本的基督教化》（"The Christianization of Gnosis Texts"），载《新约与灵知：R.McL.威尔森纪念文集》（*The New Testament and Gnosis：Essays in honour of Robert McLachlan Wilson*），187—194，A.H.B. Logan 和 A.J.M. Wedderburn 编，Edinburgh：T. and T. Clark，1983。

Kümmel，Werner Georg，《新约：问题研究史》（*The New Testament：The History of the Investigation of Its Problems*），S. McLean Gilmour 与 Howard C. Kee 译，Nashville，Tenn.，and New York：Abingdon Press，1972。

L

Lake，Kirsopp，《使徒教父》（*The Apostolic Fathers*），两卷本，洛布古典丛书，Cambridge，Mass.：Harvard University Press，1977。

Layton，Bently，《灵知派经书：新译新注》（*The Gnostic Scriptures：A New Translation with Annotations and Introductions*），Garden City，N.Y.：Doubleday and Company，1987。

——，《古代灵知派研究引论》（"Prolegomena to the Study of Ancient Gnosticism"），载《第一批基督徒的社会世界：韦恩·A.米克斯纪念文集》（*The Social World of the First Christians：Essays in Honor of Wayne A. Meeks*），334—350，L.

Michael White 与 O. Larry Yarbrough 编，Minneapolis，Minn.：Fortress Press，1995。

——，《灵知派的复苏：拿戈·玛第考察中语文学家的任务》（"The Recovery of Gnosticism：The Philologist's Task in the Investigation of Nag Hammadi"），《2 世纪》（*Second Century*）1.2(1981)，85—99。

——编，《拿戈·玛第抄本 II，2—7 以及 III，2 *，Brit. Lib. Or.4926(1)与 P.Oxy. 1，645，655》[*Nag Hammadi Codex II，2—7 Together with III，2 *，Brit. Lib. Or.4926（1），and P.Oxy. 1，645，655*]，2 卷本，NHS XX 与 XXI，Leiden：E.J. Brill，1989。

——编，《灵知派的重新发现：灵知派国际会议文集（耶鲁，纽黑文，康涅狄格州，1978.3.28—31），第 1 卷：瓦伦廷派；第 2 卷：赛特派灵知派》（*The Rediscovery of Gnosticism：Proceedings of the International Conference on Gnosticism at Yale，New Haven，Connecticut，March 28—31，1978，vol.1：The School of Valentinus；vol.2：Sethian Gnosticism*），SHR XLI. Leiden：E.J. Brill，1981。

Lazreg，Marnia，《去殖民化女权主义》（"Decolonizing Feminism"），载《女权主义与"种族"》（*Feminism and "Race"*），281—293，Kum-Kum Bhavnani 编，Oxford：Oxford University Press，2000。

Le Boulluec，Alain，《2—3 世纪希腊文献中的异端概念》（*Le Notion d'hérésie dans la literature grecque IIe—IIIe siècles*），Paris：Études augustiniennes，1985。

Lebreton，Jules 与 Jacques Zeiller，《异端与正统：3 世纪上半叶基督教正统遭遇的早期挑战，从灵知派带来的危机到异教的反对》（*Heresy and Orthodoxy*：*The Early Challenges to Christian Orthodoxy in the First Half of the Third Century*，*from the Gnostic Crisis to the Pagan Opposition*），New York：Collier Books，1962（据 1946 版重印）。

Lessa，William A. 与 Evon Z. Vogt，《比较宗教读本：人类学方法》（*Reader in Comparative Religion*：*An Anthropological Approach*），第 3 版，New York：Harper and Row，1972。

Lévi-Strauss，Claude，《神话学，II：从蜂蜜到烟灰》（*Mythologiques II*：*Du Miel aux cendres*），Paris：Libraire Plon，1966［中译按，有周昌忠中译本，中国人民大学出版社，2007］。

——，《神话的结构研究》（"The Structural Study of Myth"），载《神话：专题论集》（*Myth*：*A Symposium*），81—106，Thomas A. Sebeok 编，Bloomington：Indiana University Press，1994。

Lidzbarski，Mark，《曼达派宗教的时代与家园》（"Alter und Heimat der mandäischen Religion"），*ZUW* 27（1928），321—327。

——，《津扎：曼达派的珍宝或大书》（*Ginza*：*Der Schatz oder das Grosse Buch der Mandäer*），Göttingen：Vandenhoeck and Ruprecht，1925.

——，《曼达派的约翰书》（*Das Johannesbuch der Mandäer*），2 卷本，Giessen，1905；再版 Berlin：Walter de Gruyter，1966。

——，《曼达派诸问题》（"Mandäische Fragen"），*ZNW* 26 （1927），70—75。

——，《曼达派仪式》（*Mandäische Liturgien*），哥廷根科学 史学会教会史文集，语言学—历史类 N.F. XVII 1，Berlin： Weidmannsche Buchhandlung。

——，《查拉塞尼王国硬币讲述曼达派传奇》（"Die Münzen der Characene mit mandäischen Legende"），《钱币学 杂志》（*Zeitschrift für Numismatik*）33（1922），83—96。

Lietzmann，Hans，《对曼达派问题的一份贡献》（"Ein Beitrag zur Mandäerfrage"），载《普鲁士科学院公报，哲学、历史 类》（*Sitzungsberichte der Preussischen Akademie der Wissenschaften, philo. hist. Klasse*）1930，596—608，重印在 TU 67 中，124—140。

Lieu，Samuel N.C.，《后期罗马帝国和中古中国的摩尼 教》（*Manichaeism in the Later Roman Empire and Medieval China*），Tübingen：J.C.B. Mohr，1992。

Lipsius，Richard A.，《最古老异端的历史起源》（*Die Quellen der ältesten Ketzergeschichte*），Leipzig：J. A. Barth， 1857。

Logan，Alastair H.B.，《灵知派真理与基督教异端：灵知 派历史研究》（*Gnostic Truth and Christian Heresy：A Study in the History of Gnosticism*），Peabody，Mass.：Hendrickson Publishers，1996。

Löhr，W. A.，《重思灵知派决定论》（"Gnostic Determinism Reconsidered"），*VC* 46（1992），381—390。

Loisy，Alfred，《福音与教会》（*The Gospel and the Church*），

Christopher Home 译，"耶稣生平系列丛书"，Philadelphia，Penn.：
Fortress Press，1976。

Lorde，Audre，《年龄、种族、阶级与性别，女性重新界定
差别》（"Age，Race，Class，and Sex. Woman Redefining
Difference"），载《姐妹外人》（ *Sister Outsider* ），114—123，
Freedom，Calif.：The Crossing Press，1984。

Lupieri，Edmondo F.，《曼达派：最后的灵知派》（ *The
Mandaeans： The Last Gnostics* ），Grand Rapids，Mich.：
Eerdmans，2001。

Luttikhuizen，Gerard P.，《读者对〈约翰密传〉回应中的互
文参照》（"Intertextual References in Readers' Responses to the
Apocryphon of John"），载《〈圣经〉作品中的互文性：Bas van
Iersel 纪念文集》（ *Intertextuality in Biblical Writings： Essays in
Honour of Bas van Iersel* ），117—126，S. Draisma 编，Kampen：
J.H. Kok，1989。

——，《灵知派神话造作者的思维模式及其对〈圣经〉传统
的使用》（"The Thought Pattern of Gnostic Mythologizers and
Their Use of Biblical Traditions"），载《拿戈·玛第文库 50
年：〈圣经〉文学协会纪念文集（1995.11.17—22）》（ *The Nag
Hammadi Library after Fifty Years： Proceedings of the 1995
Society of Biblical Literature Commemoration， November 17—
22， 1995* ），89—101，John D. Turner 与 Anne McGuire 编，
NHMS 44. Leiden：E.J. Brill，1997。

——，《〈约翰密传〉中的亚里士多德思想踪迹》（"Traces
of Aristotelian Thought in *The Apocryphon of John*"），载《对孩

子来说的完美讲授:科普特文灵知派文献柏林工作组三十周年之际汉斯-马丁·申科纪念文集》(*For the Children*, *Perfect Instruction*: *Essays in Honor of Hans-Martin Schenke on the Occasion of the Berliner Arbeitskreis für koptisch-gnostische Schriften's Thirtieth Year*), 181—202, Hans-Ggbhard Bethge, Stephen Emmel, Karen L. King 与 Imke Schletterer 合编, NHMS. Leiden: E.J. Brill, 2002。

M

MacMullen, Ramsay,《罗马帝国的异教》(*Paganism in the Roman Empire*), New Haven, Conn.: Yale University Press, 1981。

MacRae, George W.《科普特文灵知派文献亚当启示录》("The Coptic Gnostic Apocalypse of Adam"),《海斯洛普杂志》(*Heythrop Journal*)6(1965), 27—35〔中译按,海斯洛普是伦敦大学学院名〕。

——,《灵知派索菲亚神话的犹太教背景》("The Jewish Background of the Gnostic Sophia Myth"),《新约》(*Nov Test*), 12(1970), 86—101.

——,《新约与灵知派研究》(*Studies in the New Testament and Gnosticism*), 福音研究(Good News Studies)26, Wilmington, Del.: Michael Glazier, Inc., 1987。

——,《教会为什么拒斥灵知派》("Why the Church Rejected Gnosticism"),载《新约与灵知派研究》(*Studies in the New Testament and Gnosticism*), 251—262, 福音研究(Good

News Studies)26，Wilmington，Del.：Michael Glazier，Inc.，
1987。

　　Macuch，Rudolf，《从新发现的资料看曼达派的时代与起源》("Alter und Heimat des Mandäismus nach neuerschlossenen Quellen")，《神学文献报》(*Theologische Literaturzeitung*)，82 (1957)，410—418。

　　——，《灵知派伦理学与曼达派起源》("Gnostische Ethik und Anfänge der Mandäer")，载《红海基督教》(*Christentum am Roten Meer*)，第 2 卷，254—274，Franz Altheim 与 Ruth Stiehl 编，Berlin：Walter de Gruyter，1973。

　　——，《古典与现代曼达派手册》(*Handbook of Classical and Modern Mandaic*)，Berlin：Walter de Gruyter，1965。

　　——，《曼达派及其剧本的起源》("The Origins of the Mandaeans and Their Script")，《闪米特研究》(*Journal of Semitic Studies*)，16(1971)，174—192。

　　Magne，Jean，《从基督教到灵知以及从灵知到基督教：从文本到天堂之树或来自天堂之树的旅程》(*From Christianity to Gnosis and from Gnosis to Christianity：An Itinerary through the Texts to and from the Tree of Paradise*)，BJS 286，Atlanta，Ga.：Scholars Press，1993。

　　Maier，Johann，《灵知派发展中的犹太教因素》("Jüdische Faktoren bei der Entstehung der Gnosis?")，《旧约—早期犹太教—灵知，"灵知与〈圣经〉"新探》(*Altes Testament-Frühjudentum-Gnosis. Neue Studien zu "Gnosis und Bible"*)，239—258，Karl-Wolfgang Tröger 编，Berlin：Evangelische Verlagsanstalt，1980。

Malinwoski，Bronislaw，《魔法、科学与宗教》（*Magic，Science and Religion*），Garden City，N.Y.：Doubleday Anchor Books，1964。

Markschies，Christoph，《瓦伦廷的灵知派？瓦伦廷派灵知研究及瓦伦廷残篇评注》（*Valentinus Gnosticus? Untersuchungen zur valentinianischen Gnosis mit einem Kommentar zu den Fragmenten Valentins*），Tübingen：J. C.B. Mohr(Paul Siebeck)，1992。

Markus，Robert A.，《古代基督教的终结》（*The End of Ancient Christianity*），Cambridge，England：Cambridge University Press，1990。

Masuzawa，Tomoko，《寻找黄金时代：追寻宗教的起源》（*In Search of Dreamtime：The Quest for the Origin of Religion*），Chicago，Ill.：University of Chicago Press，1993。

McDonald，Lee M.，《基督教〈圣经〉正典的形成》（*The Formation of the Christian Biblical Canon*），修订版，Mass.：Hendrickson Publishers，1995。

McGuire，Anne，《科特·鲁道夫的〈灵知：灵知派的性质与历史〉》（"Kurk Rudolph，*Gnosis：The Nature and History of Gnosticism*"），书评，《2世纪》（*Second Century*）5(1985)，47—49。

——，《瓦伦廷与"灵知派异端"：探索灵知派历史中的瓦伦廷立场》（"Valentinus and the 'Gnostikê Hairesis'：An Investigation of Valentinus's Position in the History of Gnosticism"），博士论文，Yale University，1983。

——，《瓦伦廷与灵知派异端：伊里奈乌〈驳异端〉第1卷第11章第1节与拿戈·玛第抄本中的证据》（"Valentinus and the gnostikê hairesis: Irenaeus. Haer.I. xi.1 and the Evidence of Nag Hammadi"),载《第九届教父研究国际会议论文集,牛津大学,1983》(*Papers of the IXth International Conference on Patristic Studies*, *Oxford University*, 1983), 247—252,《教父研究》18(Studia Patristica 18), Elizabeth A. Livingstone 编, Kalamazoo, Mich.: Cistercian Press, 1985。

Mead, G.,《灵知派的施洗约翰:曼达派约翰书选辑》(*The Gnostic John the Baptizer*: *Selection from the Mandaean John-Book*), London: J.M. Watkins, 1924。

Ménard, Jacques,《真理的福音》(*L'Évangile de vérité*), NHS 2. Leiden: E.J. Brill, 1972。

Miller, Robert J.,《启示论的耶稣:一个争论》(*The Apocalyptic Jesus*: *A Debate*), Santa Rosa, Calif.: Polebridge Press, 2001。

Moffatt, James,《沃特·鲍尔的〈早期基督教中的正统与异端〉》("Walter Bauer, *Orthodoxy and Heresy in Earliest Christianity*"), 书评,载《释经时代》(*Expository Times*) 45 (1933/34), 475—476。

Mosse, David,《宗教综合的策略:罗马天主教与泰米尔纳德邦的印度村社》("The Politics of Religious Synthesis: Roman Catholicism and Hindu Village Society in Tamil Nadu, India"),载《混合论与反混合论:宗教综合的策略》(*Syncretism/Anti-Syncretism*: *The Politics of Religious Synthesis*), 85—107, Charles Stewart 与 Rosalind Shaw 合编,New York: Routledge, 1994。

N

Nagy，Gregory，《荷马诸问题》（*Homeric Questions*），Austin：University of Texas Press，1996[中译按，有巴莫曲布嫫中译本，广西师大出版社，2013]。

——，《诗歌作为表现：荷马及其他》（*Poetry as Performance：Homer and Beyond*），Cambridge，England：Cambridge University Press，1996。

Nock，Arthur Darby，《转化：从亚历山大大帝到奥古斯丁期间宗教中的新东西与旧东西》（*Conversion：The Old and the New in Religion from Alexander the Great to Augustine of Hippo*），犹太教布朗经典据 1933 年版再版，London，Md.：University Press of America，1985。

Nöldeke，Theodore，《曼达派语法》（*Mandäische Grammatik*），Halle：Buchhandlung des Waisenhauses，1875。

Norris，Frederick，《依纳爵、波利卡普与克莱门一世：重新认识沃特·鲍尔》（"Ignatius，Polycarp，and I Clement：Walter Bauer Reconsidered"），*VC* 30（1976），23—44。

North，June，《宗教多元论的发展》（"The Development of Religious Pluralism"），载《罗马帝国异教和基督教中的犹太人》（*The Jews among Pagans and Christians in the Roman Empire*），174—193，Judith Lieu，John North 与 Tessa Rajak 编，London：Routledge，1992。

O

O'Connor，June，《宗教伦理学的做法》（"On Doing Religious Ethics"），《宗教伦理学》（*Journal of Religious Ethics*），7.1(1979)，81—96。

Olender，Maurice，《天堂的语言：19 世纪的种族、宗教和语文学》（*The Language of Paradise：Race，Religion，and Philology in the Nineteenth Century*），Cambridge，Mass.：Harvard University Press，1992。

Oris，Robert，《日常神迹：生活宗教研究》（"Everyday Miracles：The Study of Lived Religion"），载《美国的生活宗教：面向实践史》（*Lived Religion in America：Toward a History of Practice*），3—21，David D. Hall 编，Princeton，N. J.：Princeton University Press，1999。

Ortner，Sherry B.，《导论》（"Introduction"），《表象》（*Representations*），59(1997)，1—13。

Otto，Rudolph，《论神圣：神性观念中的非理性因素及其与理性的关系》（*The Idea of the Holy：An Inquiry into the Non-Rational Factor in the Idea of the Divine and Its Relation to the Rational*），第 2 版，John W. Harvey 译，London：Oxford University Press，1970。

Oxtoby，Willard，《宗教学再审视》（"Religionswissenschaft Revisited"），载《古代的宗教》（*Religions in Antiquity*），590—608，Jacob Neusner 编，Leiden：E.J. Brill，1968。

P

Pagels，Elaine，《对拿戈・玛第选文中创世描述的阐释》（"Exegesis and Exposition of the Genesis Creation Accounts in Selected Texts from Nag Hammadi"），载《拿戈・玛第灵知派与早期基督教》（*Nag Hammadi Gnosticism，and Early Christianity*），257—285，Charles W. Hedrick 与 Robert Hodgson，Jr.合编，Peabody，Mass.：Hendrickson，1986。

———，《灵知派的保罗：保罗书信的灵知派解释》（*The Gnostic Paul：Gnostic Exegesis of the Pauline Letters*），Philadelphia，Penn.：Trinity Press，1975。

Painchaud，Louis，《拉瓦尔大学科普特文拿戈・玛第文库出版计划》（"Le projet d'édition de la bibiliothèque copte de Nag Hammadi à l'Université Laval"），《宗教研究》（*Studies in Religion / Sciences Religieuses* 27）（1998），467—480。

Painchaud，Louis 与 Anne Pasquier 合编，载《拿戈・玛第文本及其分类问题，魁北克会议（1993.9.15—19）文集》（*Les Textes de Nag Hammadi et le Problème de leur Classificaton. Actes du colloque tenu à Québec du 15 au 19 septembre 1993*），BCNH. SÉ 3. Quebec：Les Presses de l'Université Laval，1995。

Pallis，S. A.，《曼达派书目 1560—1930》（*A Mandaean Bibliography，1560—1930*），London：V. Pio，1933；reprint，Amsterdam：Philo，1974。

Parker，David C.，《活着的福音文本》（*The Living Text of the Gospels*），Cambridge，England：Cambridge University

Press，1997。

　　Pearson，Birger，《灵 知 派、犹 太 教 与 埃 及 基 督 教》（ *Gnosticism，Judaism，and Egyptian Christianity* ），SAC. Minneapolis，Minn.：Fortress Press，1990。

　　——，《灵知派是种宗教吗?》（"Is Gnosticism a Religion?"），载《比较研究中的"宗教"概念：国际宗教史协会第 16 届大会文选（罗 马，1990，9，3—8)》（ *The Notion of "Religion" in Comparative Research：Selected Proceedings of the XVI Congress of the International Association for the History of Religion，Rome，3—8 September 1990* ），105—114，Ugo Bianchi 编，Storia delle Religione 8. Rome：L'Erma di Bretschneider，1994。

　　——，《灵知派文献中的犹太教来源》（"Jewish Sources in Gnostic Literature"），载《第二圣殿期的犹太教文献：次经、伪经、库姆兰古卷、斐洛、约瑟夫》（ *Jewish Writings of the Second Temple Period：Apocrypha，Pseudepigrapha，Qumran Sectarian Writings，Philo，Josephus* ），443—481，Michael E. Stone 编，Assen：Von Gorcum；Philadelphia，Penn.：Fortress Press，1984。

　　——，《有关犹太教灵知派文献》（"The Problem of Jewish Gnostic Literature"），载《拿戈·玛第、灵知派与早期基督教》（ *Nag Hammadi，Gnosticism，and Early Christianity* ），15—35，C.W. Hedrick 与 R. Hodgson，Jr 编，Peabody，Mass.：Hendrickson，1986，eds。

　　——，《灵知派文献中 Mikra（〈圣经〉）的使用、权威与阐释》（"Use，Authority and Exegesis of Mikra in Gnostic

Literature"），载《Mikra(〈圣经〉)，古代犹太教和早期基督教中希伯来〈圣经〉的文本、翻译、阅读和解释》(*Mikra. Text, Translations, Reading and Interpretation of the Hebrew Bible in Ancient Judaism and Early Christianity*)，635—652，截至新约时代的犹太事略(Compendia Rerum Iudaicarum ad Novum Testamentum)I，Martin Jan Mulder 编，Assen：Van Gorcum；Philadelphia，Penn.：Fortress Press，1988。

——编，《拿戈·玛第抄本》(Nag Hammadi Codex) VII. NHMS XXX. Leiden：E.J. Brill，1996。

——编，《拿戈·玛第抄本》(Nag Hammadi Codex) IX and X.NHS XV. Leiden：E.J. Brill，1981。

Perkins，Pheme，《灵知派的对话体文献：早期教会与灵知派危机》(*The Gnostic Dialogue：The Early Church and the Crisis of Gnosticism*)，当代《圣经》与神学问题研究，New York：Paulist Press，1980。

——，《灵知派与新约》(*Gnosticism and the New Testment*)，Minneapolis，Minn.：Fortress Press，1993。

——，《伊里奈乌与灵知派：〈驳异端〉第 1 卷中的雄辩与构思》("Irenaeus and the Gnostics：Rhetoric and Composition in *Adversus Haerese*s Book One")，*VC* 30(1976)，193—200。

Petermann，H.，《珍宝或大书，通常被称作"亚当书"，曼达派最重要的书》(*Thesaurus sive Liber Magnus，vulgo "Liber Adami" appelatus，opus Mandaeorum summi ponderis*)，2 卷本，Berlin-Leipzig，1867。

Pétrement，Simone，《分离的上帝：灵知派的基督教源头》

（*A Separate God*：*The Christian Origin of Gnosticism*），San Francisco，Calif.：Harper and Row，1990。

Plotinus，《九章集》（*Enneads*），Arthur Hilary Armstrong 译，洛布古典丛书，7 卷本，Cambridge，Mass.：Harvard University Press，1966—1988。

Poirier，Paul-Hubert，《被归于多马的作品与多马传统》（"The Writings Ascribed to Thomas and the Thomas Tradition"），载《拿戈·玛第文库 50 年：〈圣经〉文学协会纪念文集（1995.11.17—22）》（*The Nag Hammadi Library after Fifty Years*：*Proceedings of the 1995 Society of Biblical Literature Commemoration*，*November 17—22*，*1995*），295—307，John D. Turner 与 Anne McGuire 编，NHMS 44. Leiden：E. J. Brill，1997。

Pokorny，Petr.，《灵知的社会背景》（"Der soziale Hintergrund der Gnosis"），载《灵知与新约，宗教学与神学研究》（*Gnosis und Neues Testament*. *Studien aus Religionswissenschaft und Theologie*），77—87，Karl-Wolfgang Tröger 编，Gerd Mohn：Gütersloher Verlagshaus，1973。

Porphyry，《普罗提诺的生平》（*Life of Plotinus*），载 Plotinus，《九章集》（*Enneads*），第 1 卷，Arthur Hilary Armstrong 译，洛布古典丛书，Cambridge，Mass.：Harvard University Press，1966。

Price，S. R. F.，《仪式与权力：小亚细亚的罗马帝国异教》（*Rituals and Power*：*The Roman Imperial Cult in Asia Minor*），Cambridge，England：Cambridge University Press，1987。

Q

Quispel，Gilles，《灵知派与新约》（"Gnosticism and the New Testament"），载《现代学术中的〈圣经〉》（*The Bible in Mordern Scholarship*），252—271，J. Philip Hyatt 编，Nashville，Tenn.：Abingdon Press，1965。

——，《灵知派的"人"与犹太教传统》（"Der gnostische Anthropos und die jüdische Tradition"），《爱诺斯年鉴》（*Eranos Jahrbuch*），22(1954)，195—234。

——，《犹太教、犹太基督教与灵知》（"Judaism，Judaic Christianity and Gnosis"），载《新约与灵知：R. McL.威尔逊纪念文集》（*The New Testament and Gnosis：Essays in honour of Robert McLachlan Wilson*），47—68，A.H.B. Logan 与 A.J.M. Wedderburn 编，Edinburgh：T. and T. Clark，1983。

——，《灵知派德牧革的起源》（"The Origins of the Gnostic Demiruge"），载《灵知派研究》（*Gnostic Studies*），第 1 卷，213—220，伊斯坦布尔：中东的荷兰历史考古研究所（Istanbul：Nederlands Historisch-Archaeologisch Instituut in het Nabije Oosten)，1974。

R

Reitzenstein，Richard，《救赎信仰的发展》（"Gedanken zur Entwicklung der Erlöserglaubens"）《史学杂志》（*Historische Zeitschrift*）126(1922)，1—57。

——，《希腊化与早期基督教文学中的女神普绪客》（*Die*

Göttin Psyche in der hellenistischen und frühchristlichen Literatur），海德堡科学院公报（Sitzungberichte der Heidelberger Akademie der Wissenschaften），1917。

——，《希腊化时代神秘宗教》（*The Hellenistic Mystery Religions*），Pittsburgh，Penn.：Pickwick Press，1978。

——，《伊朗的救赎信仰》（"Iranischer Erlösungsglaube"），*ZNW* 20(1921)，1—23。

——，《曼达派的圣主书与福音传统》（*Das mandäische Buch des Herrn der Grösse und die Evangelien-überlieferung*），Heidelberg：C. Winter，1919。

——，《人的牧者，希腊—埃及与早期基督教文献研究》（*Poimandres. Studien zur griechisch-ägyptischen und frühchristlichen Literatur*），Leipzig：B.G. Teubner，1904。

Reitzenstein，Richard 与 Hans Schaeder，《对伊朗与希腊古代混合论的研究》（*Studien zum Antiken Synkretismus aus Iran und Griechenland*），Leipzig：B.G. Teubner，1926。

Richardson，Cyril C.，《早期基督教教父》（*Early Christian Fathers*），New York：Collier Books(Macmillan Publishing)，1970。

Ricoeur，Paul，《时间与叙事》（*Time and Narrative*），3 卷本，Kathleen Blamey 与 David Pellauer 译，Chicago：University of Chicago Press，1995。

Riley，Gregory J.，《对复活的再思索：皈依中的多马与约翰》（*Resurrection Reconsidered：Thomas and John in Controversy*），Minneapolis，Minn.：Fortress Press，1995。

Robinson, James M.,《从悬崖到开罗：拿戈·玛第抄本的发现者与中间商》("From Cliff to Cairo: The Story of the Discoverers and Middlemen of the Nag Hammadi Codices"),载《拿戈·玛第文本国际研讨会（魁北克，1978.8.22—25）》[*Colloque international sur Les Textes de Nag Hammadi（Québec，22—25 août 1978）*]，21—58，Bernard Barc 编，BCNH. SÉ 1. Quebec and Louvain: Les Presses de l'Université Laval and Éditions Peeter，1981。

——,《今天的科普特文灵知派文库》("The Coptic Gnostic Library Today")，《新约研究》(*New Testament Studies*)，14 (1968)，365—401。

——,《从复活节到瓦伦廷（或使徒信经）的耶稣》["Jesus from Easter to Valentinus(or to the Apostle's Creed)"]，*JBL* 101(1982)，5037。

——,《拿戈·玛第：第一个五十年》("Nag Hammadi: The First Fifty Years")，载《拿戈·玛第文库 50 年：〈圣经〉文学协会纪念文集（1995.11.17—22）》(*The Nag Hammadi Library after Fifty Years: Proceedings of the 1995 Society of Biblical Literature Commemoration，November 17—22，1995*)，3—33，John D. Turner 与 Anne McGuire 编，NHMS 44. Leiden: E.J. Brill，1997。

——,《拿戈·玛第抄本：拿戈·玛第科普特文灵知派文库通论》(*The Nag Hammadi Codices: A General Introduction to the Nature and Significance of the Coptic Gnostic Library from Nag Hammadi*)，Claremont，Calif.: Institute for Antiquity and Christianity，1977。

Robinson，James M.与 Helmut Koester，《早期基督教的轨迹》(*Trajectories through Early Christianity*)，Philadelphia，Penn.：Fortress Press，1971。

Robinson，James M.与 Richard Smith 合编，《英文拿戈·玛第文库》(*The Nag Hammadi Library in English*)，第 3 版，San Francisco，Calif.：Harper and Row，1988。

Robinson，T.A.，《查考鲍尔论题：早期基督教会中的异端版图》(*The Bauer Thesis Examined：The Geography of Heresy in the Early Christianity Church*)，《圣经》与早期基督教研究 11。Lewiston，N.Y.：Mellen Press，1988。

Roukema，Riemer，《早期基督教中的灵知与信仰：灵知派导论》(*Gnosis and Faith in Early Christianity：An Introduction to Gnosticism*)，John Bowden 译，Harrisburg，Penn.：Trinity Press International，1999。

Rousseau，Jean-Jacque，《论不平等》(*A Discourse on Inequality*)，Maurice Cranston 据 1755 年版译，London：Penguin，1984。

Rowe，William V.，《哈那克与希腊化概念》("Adolf von Harnack and the Concept fo Hellenization")，载《回顾希腊化：在希腊—罗马世界中描述基督教的回应》(*Hellenization Revisited：Shaping a Christian Response within the Greco-Roman World*)，69—98，Wendy Helleman 编，Lanham. Md.：University Press of America，Inc，1994.

Rudolph，Kurt，《灵知：灵知派的历史与性质》(Gnosis：

The Nature and History of Gnosticism），R. Mcl. Wilson 译，
San Francisco，Calif.：Harper and Row，1983。

——，《灵知派》（"Gnosticism"），载《早期基督教：起源及到
公元 600 年的演化，纪念 W.H.C.弗伦德》（*Early Christianity：
Origins and Evolution to AD 600. In Honour of W.H.C. Frend*），
186—197，Ian Hazlett 编，London：SPCK，1991。

——，《曼达派》（*Die Mandäer*），2 卷本，旧约新约宗教与
文学研究 74、75，Göttingen：Vandenhoeck and Ruprecht，
1960—1961。

——，《曼达派文献，论其文本的地位》（"Die Mandäische
Literatur. Bemerkungen zum Stand ihrer Textausgaben"），载《灵知
与近古宗教史文集》（*Gnosis und Spätantike Religionsgeschichte.
Gesammelte Aufsätze*），339—362，Leiden：E.J. Brill，1996。

——，《社会学问题与灵知的"本土化"》（"Das Problem
einer Soziologie und ' Verortung ' der Gnosis"），《时机》
（*Kairos*），39.1（1977），35—44。

——，《有关曼达派宗教发展史的诸问题》（"Problems of a
History of the Development of the Mandaean Religion"），《宗
教史》（*History of Religions*）8（1969），210—235。

——，《曼达派的起源与年代问题》（"Quellenprobleme
zum Ursprung und Alter der Mandäer"），载《灵知与近古宗教
史文集》（*Gnosis und Spätantike Religionsgeschichte. Gesammelte
Aufsätze*），403—432，Leiden：E.J. Brill，1996。

——，《犹太教的边界与灵知派的起源问题》（"Randers-
cheinungen des Judentums und das Problem der Entstehung

des Gnostizismus"),《时机》(*Kairos*)9(1967)，105—122。

S

Said，Edward,《东方学》(*Orientalism*)，New York：
Random House，1978；重印 reprint Vintage Books，1979。

Schenke，Hans-Martin,《多马书(NHC II.7)：伪经征战者
雅各书的修订版》["The Book of Thomas(NHC II.7)：A
Revision of a Pseudepigraphical Epistle of Jacob the
Contender"]，载《新约与灵知：R.McL.威尔森纪念文集》(*The
New Testament and Gnosis*：*Essays in honour of Robert McL.
Wilson*)，213—228，A. H.B. Logan 与 A. J. M. Wedderburn
编，Edinburgh：T. and T. Clark，1983。

——,《拿戈·玛第研究(一)：约翰密传的文学问题》
("Nag Hammadi Studien I：Das literarische Problem des
Apocryphon Johannis")，载《宗教与思想史》(*Zeitschrift für
Religions-und Geistesgeschichte*)，14(1962)，57—63。

——,《灵知派赛特派的现象与意义》("The Phenomenon
and Significance of Gnostic Sethianism")，载《灵知派的重新
发现：灵知派国际会议文集(耶鲁，纽黑文，康涅狄格州，1978.
3.28—31)》(*The Rediscovery of Gnosticism*：*Proceedings of the
International Conference on Gnosticism at Yale*，*New Haven*，
Connecticut，*March 28—31*，*1978*)，第 2 卷，588—616，SHR
XLI. Leiden：E.J. Brill，1981。

——,《灵知问题》("The Problem of Gnosis")，《2 世纪》
(*Second Century*)，3.2(1983)，73—87。

——,《评收藏于老开罗科普特文博物馆（由 Alexander Böhlig 与 Pahor Labib 收集），出自拿戈·玛第抄本 V 中的科普特文灵知派诸启示录》(Review of *Koptisch-gnostische Apocalypsen aus Codex V von Nag Hammadi im koptischen Museum zu Alt-Kairo by Alexander Böhlig and Pahor Labib*)，载《东方文学报》(*Orientalistische Literaturzeitung*)61(1966)，23—34。

——,《拿戈·玛第抄本中的赛特派系统》("Das sethianische System nach Nag-Hammadi-Handschriften")，载《科普特研究》(*Studia Coptica*)，165—174，Peter Nagel 编，Berlin：Akademie Verlag，1974。

——,《多马书：拿戈·玛第抄本 II.7.》(*Das Thomas-Buch：Nag Hammadi-Codex II.7.*)，TU 138. Berlin：Akademie Verlag，1989。

——,《什么是灵知？关于灵知派起源与性质这一老问题的一些新方面》("Was ist Gnosis? Neue Aspekte der alten Fragen nach dem Ursprung und dem Wesen der Gnosis")，载《灵知：关于 1993 年 10—11 月的施蒂利亚之秋和奥地利乌拉妮娅音乐节活动意义的演讲集》(*Gnosis. Vorträge der Veranstaltungsfolge des Steirischen Herbstes und der Österreichischen URANIA für Steiermark vom Oktober und November* 1993)，180—203，Johannes B. Bauer 与 Hannes D. Galter 编，格拉茨神学研究 16. Graz：RM-Druk-& Verlag，1994。

——,《柏林工作组过去、现在和未来的工作》("The Work of the Berliner Arbeitskreis Past，Present，and Future")，载《拿戈·玛第文库 50 年：〈圣经〉文学协会纪念文集(1995.11.17—

22)》(*The Nag Hammadi Library after Fifty Years*：*Proceedings of the 1995 Society of Biblical Literature Commemoration*，*November* 17— 22，*1995*)，62—71，John D. Turner 与 Anne McGuire 编，NHMS 44. Leiden：E.J. Brill，1997。

Schmidt，Carl 编，Violet MacDermot 译，《布鲁斯抄本中的述之书与无标题文本》(*The Books of Jue and Untitled Text in the Bruce Codex*)，NHS XIII. Leiden：E.J. Brill，1978。

———，《智慧信仰书》(*Pistis Sophia*)，NHS IX. Leiden：E.J. Brill，1978。

Schmitt，Richard，《现象》("Phenomenology")，载《哲学百科全书》(*The Encyclopedia of Philosophy*)，第6卷，135—151，Paul Edwards 编，New York：Macmillan and Free Press；London：Collier Macmillan，1967。

Schoedel，William R.，《灵知派一元论与〈真理的福音〉》 ("Gnostic Monism and the Gospel of Truth")，载《灵知派的重新发现：灵知派国际会议文集(耶鲁，纽黑文，康涅狄格州，1978.3.28—31)，第1卷：瓦伦廷派》(*The Rediscovery of Gnosticism*：*Proceedings of the International Conference on Gnosticism at Yale*，*New Haven*，*Connecticut*，*March* 28—31，*1978*，vol.1：*The School of Valentinus*)，379—390，Bentley Layton 编，SHR XLI. Leiden：E.J. Brill，1981。

Scholem，Gershom，《亚大巴奥再思索》("Jaldabaoth Reconsidered")，载《H-C. 疱克提供的宗教史混合物》 (*Mélanges d'Histoire des Religions offert à Henri-Charles Peuch*)，405—421，Paris：Presses Universitaires de France，1974。

Scholer，David M.，《拿戈·玛第书目 1948—1969》(*Nag Hammadi Bibliography 1948—1969*)，NHS 1. Leiden：E.J. Brill，1971。

——，《拿戈·玛第书目 1970—1994》(*Nag Hammadi Bibliography 1970—1994*)，NHMS 32. Leiden：E.J. Brill，1997。

Scholten，Clemens，《灵知问题：老问题新方法》("Probleme der Gnosisforschung：alte Frage-neue Zugänge")，《国际天主教》(*Internationale Katholische Zeitschrift/Communio*)，26（1997），481—501。

Schottroff，Luise，《灵魂的自然保存：论灵知派的天堂起源问题》("Animae naturaliter salvandae：Zum Problem der himmlischen Herkunft der Gnostikers")，载《基督教与灵知》(*Christentum und Gnosis*)，65—97，Walther Eltester 编，BZNW 37. Berlin：Alfred Töpelmann，1969。

Schüssler Fiorenza，Elisabeth，《雄辩与道德：〈圣经〉研究的策略》(*Rhetoric and Ethic：The Politics of Biblical Studies*)，Minneapolis，Minn.：Fortress Press，1999。

——，《历史知识的修辞性：保罗话语及其语境化》("The Rhetoricity of Historical Knowledge：Pauline Discourse and Its Contextualizatons")，载《新约世界中宣教竞争的宗教宣传》(*Religious Propaganda of Missionary Competitions in the New Testament World*)，443—469，Lukas Bormann 等编，New York：E.J. Brill，1994。

——，《分享她的话：语境中的女性主义〈圣经〉解释》

(*Sharing Her Word*： *Feminist Biblical Interpretation in Context*)，Boston，Mass.：Beacon Press，1998。

Schweitzer，Albert,《神国的奥秘：耶稣的弥赛亚身份与受难》(*The Mystery of the Kingdom of God*： *The Secret of Jesus' Messiahship and Passion*)，Walter Lowrie 译，New York：Macmillan，1954。

Scott，Joan W.,《"经验"》("'Experience'")，载《女权主义者把政治理论化》(*Feminists Theorize the Political*)，22—40，Judith Butler 与 Joan W. Scott 编，Routledge：New York，1992。

Segal，Alan,《天上两神：有关基督教与灵知派的早期拉比报导》(*Two Powers in Heaven*： *Early Rabbinic Reports About Christianity and Gnosticism*)，Leiden：E.J. Brill，1977。

Segal，Robert A.编,《灵知派的魅力：荣格心理学与当代文化中的灵知派经验》(*The Allure of Gnosticism*： *The Gnostic Experience in Jungian Psychology and Contemporary Culture*)，Chicago and LaSalle，Ill.：Open Court，1995。

——编,《灵知派的荣格》(*The Gnostic Jung*)，Princeton，N.J.：Princeton University Press，1992。

Sevrin，J.-M.,《赛特派洗礼记录：灵知派圣礼研究》(*Le dossier baptismal séthien*： *Études sur la sacramentaire gnostique*)，BCNH. SÉ 2，Quebec：Les Presses de l'Université Laval，1986。

Shaw，Rosalind 与 Charles Steward,《导论：成问题的混合论》("Introduction：Problematizing Syncretism")，载《混合

论与反混合论:宗教综合的策略》(*Syncretism / Anti-Syncretism: The Politics of Religious Synthesis*), 1—26, Sharles Steward 编, London: Routledge, 1994。

Sider, Robert D.,《接近德尔图良:新近的学术研究》("Approaches to Tertullian: A Study of Recent Scholarship"),《2世纪》(*Second Century*)2.4(1982), 228—260。

Simon, Marcel,《宗教史学派,五十年之后》("The religionsgeschichtliche Schule, Fifty Years Later"),《宗教研究》(*Religious Studies*)11(1975), 135—144。

Slusser, Michael,《幻影论:史学上的定义》("Docetism: A Historical Definition"),《2世纪》(*Second Century*)1.3(1981), 163—172。

Smith, Jonathan Z.,《差异平等:论"他者"的构建》("Differential Equations: On Constructing the 'Other'"), 1992.3.5 亚利桑那州立大学宗教研究系第 13 届年度大学宗教演讲。

——,《神的苦役:论早期基督教与近古宗教的比较》(*Drudgery Divine: On the Comparison of Early Christianities and Religions of Late Antiquity*),比较宗教约旦讲座(十四),伦敦大学东方与非洲研究学院, Chicago: University of Chicago Press, 1990。

——,《篱笆与邻居:早期犹太教的一些特征》("Fences and Neighbors: Some Contours of Early Judaism"),载《想象的宗教:从巴比伦到琼斯镇》(*Imagining Religion: From Babylon to Jonestown*), 1—18, Chicago: University of Chicago Press, 1982。

——,《地图不是领土》(*Map Is Not Territory*),Chicago:University of Chicago Press,1978。

——,《宗教、宗教们、宗教的》("Religion, Religions, Religious"),载《宗教研究的关键术语》(*Critical Terms for Religious Studies*),269—284,Mark C. Taylor 编,Chicago:University of Chicago Press,1998。

Smith,Morton,《灵知派这个术语的历史》("The History of the Term Gnostikos"),载《灵知派的重新发现:灵知派国际会议文集(耶鲁,纽黑文,康涅狄格州,1978.3.28—31),第2卷:赛特派灵知派》(*The Rediscovery of Gnosticism*:*Proceedings of the International Conference on Gnosticism at Yale*,*New Haven*,*Connecticut*,*March 28—31*,*1978*,vol.2:*Sethian Gnosticism*),796—807,Bentley Layton 编,SHR XLI. Leiden:E.J. Brill,1981。

Smith,Richard,《后记:灵知派的现代意义》("Afterword:The Modern Relevance of Gnosticism"),载《英文拿戈·玛第文库》(*The Nag Hammadi Library in English*),第3版,532—549,James M. Robinson 与 Richard Smith 编,San Francisco,Calif.:Harper and Row,1988。

——,《古代灵知的复活》("The Revival of Ancient Gnosis"),《灵知派的魅力:荣格心理学与当代文化中灵知派的经验》(*The Allure of Gnosticism*:*The Gnostic Experience in Jungian Psychology and Contemporary Culture*),204—223,Robert A. Segal 编,Chicago and LaSalle,Ill.:Open Court,1995。

Standaert，Benoit，《"真理的福音"与"福音的真理"：标题问题与教父证据》（"'Evangelium Veritatis' et 'veritatis evangelium'：Le question du titre et les témoins patristiques"），*VC* 30（1976），243—275。

Strecker，Georg，《对此书的感受》（"The Reception of the Book"），载 Walter Bauer，《早期基督教中的正统与异端》（*Orthodoxy and Heresy in Earliest Christianity*），第 2 版，附录 2，286—316，Philadelphia，Penn.：Fortress Press，1971。

Stroumsa，Gedaliahu A.G.，《另一粒种子：灵知派神话研究》（*Another Seed：Studies in Gnostic Mythology*），NHS XXIV. Leiden：E.J. Brill，1984。

T

Tardieu，Michel，《耶鲁大学关于灵知派的会议（1978.3. 28—31）》["Le Congrés de Yale sur le Gnosticisme（28—31 mars 1978)"]，《奥古斯丁研究》（*Revue des Études Agustiniennes*），24(1978)，188—209。

Tardieu，Michel 与 J.-D. Dubois，《灵知派文献导论》（*Introduction à la littérature gnostique*），Paris，du Cerf，1986。

Taylor，Joan E.，《早期犹太—基督教现象：现实还是学术捏造?》（"The Phenomenon of Early Jewish-Christianity：Reality or Scholarly Invention?"），*VC* 44(199)，313—334。

Tertullian，《驳斥瓦伦廷派》（*Against the Valentinians*），载《反—尼西亚教父》（*The Ante-Nicene Fathers*），503—520，A. Cleveland Coxe 编，Grand Rapids，Mich.：Eerdmans，1978。

Thomas，Brook，《新历史主义与其他老派主题》（*The New Historicism and Other Old-Fashioned Topics*），Princeton，N.J.：Princeton University Press，1991。

Thomassen，Einar，《拿戈·玛第抄本中瓦伦廷作品的界定》（"Notes pour la délimitation d'un corpus Valentinien à Nag Hammadi"），载《拿戈·玛第文本及其分类问题，魁北克会议（1993.9.15—19）文集》（*Les Textes de Nag Hammadi et le Problème de leur Classification. Actes du colloque tenu à Québec du 15 au 19 septembre 1993*），243—259，Louis Painchaud 与 Anne Pasquier 编，BCNH. SÉ 3. Quebec：Les Presses de I'Université Laval，1995。

Thompson，E.P.，《时间、工作纪律与工业资本主义》（"Time，Work-Discipline，and Industrial Capitalism"），《过去与现在》（*Past and Present*）38(1990)，56—97。

Tiessen，Terrance，《灵知派作为异端：伊里奈乌的回应》（"Gnosticism as Heresy：The Response of Irenaeus"），载《回顾希腊化：在希腊—罗马世界中描述基督教的回应》（*Hellenization Revisited：Shaping a Christian Response within the Greco-Roman World*），339—360，Wendy Helleman 编，Lanham. Md.：University Press of America，Inc.，1994。

Till，Walther 与 Hans-Martin Schenke，《柏林科普特文灵知派纸草抄本 8502》（*Die gnostischen Schriften des koptischen Papyrus Berolinensis 8502*），TU 602. Berlin：Akademie Verlag，1974。

Trinh T. Minh-ha，《女性、本土、他者：后殖民写作与女权主义》（*Woman*, *Native*, *Other*: *Writing Postcoloniality and Feminism*），Bloomington and Indianapolis：Indiana University Press，1989。

Tröger，Karl-Wolfgang，《多元视野中灵知派宗教对犹太教的态度》（"The Attitude of the Gnostic Religion towards Judaism as Viewed in a Variety of Perspectives"），载《拿戈·玛第文本国际研讨会（魁北克，1978.8.22—25）》［*Colloque international sur Les Textes de Nag Hammadi（Québec，22—25 août 1978）*］，86—92，Bernard Barc 编，BCNH. SÉ 1. Louvain，Belgium：Éditions Peeter，1981。

———，《灵知与犹太教》（"Gnosis und Judentum"），载《旧约—犹太教—灵知，"灵知与〈圣经〉"新研究》（*Altes Testament-Frühjudentum-Gnosis. Neue Studien zu "Gnosis und Bible"*），155—168，Karl-Karl-Wolfgang Tröger 编，Berlin：Evangelische Verlagsanstalt，1980。

Trombley，Frank R.，《370—529 的希腊化宗教与基督教化》（*Hellenic Relgion and Christianization c. 370—529*），希腊罗马世界的宗教 115/1—2. Leiden：E.J. Brill，1993。

Turner，H.E.W.，《基督教真理的模式：早期教会中正统与异端关系研究》（*The Pattern of Christian Truth：A Study in the Relations between Orthodoxy and Heresy in the Early Church*），Bampton Lecture，London：A.R. Mowbray，1954。

Turner，John D.，《征战者多马书》（*The Book of Thomas the Conterder*），SBL Dissertation Series 23. Missoula，Mont.：Scholars Press，1975。

——,《赛特派灵知派：文献史》("Sethian Gnosticism: A Literary History"),载《拿戈·玛第灵知派与早期基督教》(*Nag Hammadi Gnosticism, and Early Christianity*),55—86,Charles W. Hedrick 与 Robert Hodgson, Jr. 编,Peabody,Mass.: Hendrickson,1986。

——,《拿戈·玛第抄本中赛特派灵知派论文的类型学》("Typologies of the Sethian Gnostic Treatises from Nag Hammadi"),载《拿戈·玛第文本及其分类问题,魁北克会议(1993.9.15—19)文集》(*Les Textes de Nag Hammadi et le Problème de leur Classification. Actes du colloque tenu à Québec du 15 au 19 septembre 1993*),169—217,Louis Painchaud 与 Anne Pasquier 编,BCNH. SÉ 3,Quebec: Les Presses de l'Université Laval,1995。

Turner, John D. 与 Ruth Majercik 合编,《灵知派与后期柏拉图主义：主题、形象与文本》(*Gnosticism and Later Platonism: Themes, Figures, and Texts*),SBL 专题论文集系列 12. Atlanta, Ga.: SBL,2000。

Turner,Victor,《神话与象征》("Myth and Symbol"),载《社会科学国际百科全书》(*International Encyclopedia of the Social Science*),第 10 卷,576—582,David L. Sills 编,New York: Macmillan Company and the Free Press,1969。

——,《仪式过程：结构与反结构》(*The Ritual Process: Structure and Anti-Structure*),Ithaca,N. Y.: Cornell University Press,1969[中译按,有黄剑波、柳博赟中译本,中国人民大学出版社,2006]。

U

Unger，Dominic J.，John J. Dillon 校，《里昂的圣伊里奈乌：驳异端》(*St. Irenaeus of Lyons：Against the Heresies*)，古代基督教作家 55. New York：Paulist Press，1992。

Usener，Hermann，《I. 论文：神学》("I Abhandlungen. Mythologie")，《宗教学档案》(*Archiv für Religionswissenschaft*) 7(1904)，6—32。

V

Vallée，Gérard，《伊里奈乌对灵知派驳斥中的神学动机与非神学动机》("Theological and Non-Theological Motives in Irenaeus' Refutation of the Gnostics")，《犹太教与基督教的自我界定，第 1 卷：2 世纪和 3 世纪中基督教的自我塑造》(*Jewish and Christian Self-Definition*，vol.1：*The Shaping of Christianity in the Second and Third Centuries*)，Philadelphia：Fortress Press，1980。

Van der Leeuw，Gerardus，《宗教的本质与表现》(*Religion in Essence and Manifestation*)，J. E. Turner 译，New York：Harper and Row，1963。

Van der Veer，Peter，《混合论、多元文化论与有关宽容的论述》("Syncretism, Multiculturalism and the Discourse of Tolerance")，载《混合论与反混合论：宗教综合的策略》(*Syncretism/Anti-Syncretism：The Politics of Religious Synthesis*)，196—211，Charles Stewart 与 Rosalind Shaw 编，New York：Routledge，1994。

Van Unnik，Willem Cornelis，《灵知与犹太教》（"Gnosis und Judentum"），载《灵知，汉斯·约纳斯纪念文集》（*Gnosis. Festschrift für Hans Jonas*），Barbara Aland 编，Göttingen：Vandenhoeck and Ruprecht，1978。

——，《"真理的福音"与新约》（"The 'Gospel of Truth' and New Testament"），载《荣格抄本：新发现的灵知派纸草文献》（*The Jung Codex：A Newly Recovered Gnostic Papyrus*），79—129，Frank L. Cross 编，London：A.R. Mowbray，1955。

——，《新发现的灵知派写本：对拿戈·玛第发现的初步概览》（*Newly Discovered Gnostic Writings：A Preliminary Survey of the Nag Hammadi Find*），《圣经》神学研究 30，Naperville，Ill.：Alec R. Allenson Inc.，1960。

Veeser，H. Aram 编，《新历史主义》（*The New Historicism*），New York：Routledge，1989。

——，《新历史主义读本》（*The New Historicism Reader*），New York：Routledge，1994。

Voegelin，Eric，《科学、政治与灵知派》（*Science，Politics and Gnosticism*），Washington，D.C.：Regnery Gateway，1968。

Von Staden，Heinrich，《Hairesis 与 Heresy：论 *hairesis iatrikai*》（"Hairesis and Heresy：The Case of the *hairesis iatrikai*"），载《犹太教与基督教的自我界定，第 3 卷：希腊罗马世界中的自我界定》（*Jewish and Christian Self-Definition，volume 3：Self-Definition in the Greco-Rome World*），76—100，Ben F. Meyer 与 E.P. Sanders 编，Philadelphia：Fortress Press，1982。

W

Waldstein，Michael，《汉斯约纳斯构造的"灵知派"：分析与批判》（"Hans Jonas' Construct 'Gnosticism'：Analysis and Critique"），《早期基督教研究》（*Journal of Early Christian Studies*）8.3（2002），341—372。

Wallis，Richard T.与 Jay Bregman 合编，《新柏拉图主义与灵知派》（*Neoplatonism and Gnosticism*），新柏拉图主义研究：古代与现代 6，Albany：SUNY Press，1992。

Waszink，J.H.，《德尔图良释经的原则与方法》（"Tertullian's Principles and Methods of Exegesis"），载《早期基督教文献与古典思想传统，纪念 R.M.格兰特》（*Early Christian Literature and the Classical Intellectual Tradition in Honorem Robert M. Grant*），17—31，William R. Schoedel 与 Robert L. Wilken 编，Théologie historique 54. Paris：Éditions Beauchesne，1979。

Webster，Daniel，《韦氏新大学词典》（*Webster's New Collegiate Dictionary*），Springfield，Mass.：G. and C. Merriam Company，1980。

Weiss，Johannes，《耶稣对神国的宣告》（*Jesus' Proclamation of the Kingdom of God*），从德文第 1 版译出，1982，有 R.H. Heirs 与 D.L. Holland 的导论，"耶稣生平"系列，Philadelphia，Penn.：Fortress Press，1971。

Weltin，E.G.，《雅典与耶路撒冷：论基督教与古典文化》（*Athen and Jerusalem：An Interpretive Essay on Christianity and Classical Culture*），AAR 宗教研究 49，Atlanta，Ga.：Scholars

Press，1987。

　　White，Hayden，《形式的内容：叙事话语与历史表现》（*The Content of the Form：Narrative Discourse and Historical Representation*），Baltimore，Md.：Johns Hopkins University Press，1987。

　　——，《元史学：19 世纪欧洲的历史想象》（*Metahistory：The Historical Imagination in Nineteenth-Century Europe*），Baltimore，Md.：Johns Hopkins University Press，1973。

　　——，《人文科学中的实、真和比喻》（"The Real，the True，the Figurative in the Human Science"），《信念》（*Profession*）（1992），15—17。

　　——，《话语的比喻：文化批评论集》（*Tropics of Discourse：Essays in Cultural Criticism*），Baltimore，Md.：Johns Hopkins University Press，1978。

　　White，L. Michael，《A.哈纳克与早期基督教的"扩张"：一个社会史的再评价》（"Adolf Harnack and the 'Expansion' of Early Christianity：A Reappraisal of Social History"），《2 世纪》（*Second Century*），5.2（1985/86），97—127。

　　Wilken，Robert L.，《基督教起源的神话：历史对信仰的影响》（*The Myth of Christian Beginnings：History's Impact on Belief*），Garden City，N.Y.：Doubleday and Co.，1971。

　　Williams，Michael，A.，《不会动摇的种族：一个灵知派名称以及这一主题在近古的稳定性》（*The Immovable Race：A Gnostic Designation and the Theme of Stability in Late Antiquity*），NHS XXIX. Leiden：E.J. Brill，1985。

——,《拿戈·玛第文库作为"集"》("The Nag Hammadi Library as 'Collection(s.)'"),载《拿戈·玛第文本及其分类问题,魁北克会议(1993.9.15—19)文集》(*Les Textes de Nag Hammadi et le Problème de leur Classification. Actes du colloque tenu à Québec du 15 au 19 septembre 1993*), 3—50, Louis Painchaud 与 Anne Pasquier 编, BCNH. SÉ 3, Quebec: Les Presses de l'Université Laval, 1995。

——,《心灵的表达:灵知派对身体和灵魂的感知》("Psyche's Voice: Gnostic Perceptions of Body and Soul"),向 AAR/SBL 全国会议拿戈·玛第与灵知派组与柏拉图主义与新柏拉图主义组联席会议提交论文的手稿, Kansas City, Mo., November 24, 1991。

——,《重新思考"灵知派":拆毁一个含混的范畴》(*Rethinking "Gnosticism": An Argument for Dismantling a Dubious Category*), Princeton, N. J.: Princeton University Press, 1996。

Williams, Rowan,《存在前尼西亚会议的正统吗?》("Does It Make Sense to Speak of Pre-Nicene Orthodoxy?"),载《正统的形成:亨利·查德威克纪念文集》(*The Making of Orthodoxy: Essays in Honor of Henry Chadwick*), 1—23, R. Williams 编, Cambridge, England: Cambridge University Press, 1989。

Wilson, Robert McL,《从灵知到灵知派(灵知主义)》("From Gnosis to Gnosticism"),载《H-C.疱克提供的宗教史混合物》(*Mélanges d'Histoire des Religions offert à Henri-Charles*

Peuch），423—436，Paris：Presses Universitaires de France，1974。

——，《灵知与灵知派：墨西拿定义》（"Gnosis and Gnosticism：The Messina Definition"），载《》（*Agathē elpis. Studi Storico-Religiosi in Onore di Ugo Bianchi*），539—551，Guilia Sfameni Gasparro 编，Rome ："L'Erma" di Bretschneider，1994。

——，《灵知与新约》（*Gnosis and the New Testament*），Philadelphia，Penn.：Fortress Press，1968。

——，《又是灵知派起源》（"Gnostic Origins Again"），*VC* 11（1957），93—110。

——，《犹太"灵知"与灵知派起源：概览》（"Jewish 'Gnosis' and Gnostic Origins：A Survey"），《希伯来联合学院年报》（*Hebrew Union College Annual*）45（1974），179—189。

——，《不明确的词汇，II：灵知、灵知人、灵知主义》（"Slippery Words，II：Gnosis，Gnostic，Gnosticism"），《释经时报》（*Expository Times*）89（1978），296—301。

——，《瓦伦廷派与真理的福音》（"Valentinianism and the Gospel of Truth"），载《灵知派的重新发现：灵知派国际会议文集（耶鲁，纽黑文，康涅狄格州，1978.3.28—31），第 1 卷：瓦伦廷派》（*The Rediscovery of Gnosticism：Proceedings of the International Conference on Gnosticism at Yale，New Haven，Connecticut，March 28—31，1978*，vol.1：*The School of Valentinus*），133—141，Bentley Layton 编，SHR XLI. Leiden：E.J. Brill，1981。

Wimbush，Vincent，《放弃社会工程学：为研究希腊—罗马古代苦行主义一辩》（*Renunciation towards Social Engineering：An*

Apologia for the Study of Asceticism in Greco-Roman Antiquity ），古代与基督教研究所论文单刊 8，Claremont，Calif.：Claremont Graduate School，1986。

Wink，Walter，《解码灵知派：灵知派众神》（*Cracking the Gnostic Code：The Powers in Gnosticism* ），SBL.专著系列 46. Atlanta，Ga.：Scholars Press，1993。

Wintermute，O.，《对灵知派旧约阐释的研究》（"A Study of Gnostic Exegesis of the Old Testament"），载《旧约在新的和其他论文中的使用，纪念 W.F.Stinespring》（*The Use of the Old Testament in the New and Other Essays：Studies in Honor of William Franklin Stinespring* ），241—270，James Efird 编，Durham，N.C.：Duke University Press，1972。

Wisse，Frederik，《拿戈·玛第文库与异教研究者》（"The Nag Hammadi Library and the Heresiologists"），*VC* 25（1971），205—223。

——，《从拿戈·玛第文献看新约中的"敌人"》（"The 'Opponents' in the New Testament in Light of the Nag Hammadi Writings"），载《拿戈·玛第文本国际研讨会（魁北克，1978.8.22—25）》［*Colloque international sur Les Textes de Nag Hammadi（Québec，22—25 août 1978）*］，99—120，Ed. Bernard Barc 编，BCNH. SÉ 1. Quebec and Louvain：Les Presses de I'Université Laval and Éditions Peeter，1981。

——，《追踪那些难以捉摸的赛特派信徒》（"Stalking Those Elusive Sethians"），载《灵知派的重新发现：灵知派国际会议文集（耶鲁，纽黑文，康涅狄格州，1978.3.28—31），第 2

卷：赛特派灵知派》(*The Rediscovery of Gnosticism：Proceedings of the International Conference on Gnosticism at Yale，New Haven，Connecticut，March 28—31，1978*，vol. 2：*Sethian Gnosticism*)，563—576，Bentley Layton 编，SHR XLI. Leiden：E.J. Brill，1981。

　　——，《作为内部多样性与冲突证据来使用的早期基督教文献》("The Use of Early Christian Literature as Evidence for Inner Diversity and Conflict")，载《拿戈·玛第灵知派与早期基督教》(*Nag Hammadi Gnosticism，and Early Christianity*)，177—190，Charles W. Hedrick 与 Robert Hodgson、Jr. Peabody 编，Mass.：Hendrickson Publishers，1986。

Y

　　Yamauchi，Edwin，《灵知派伦理学与曼达派起源》(*Gnostic Ethics and Mandaean Origins*)，哈佛神学研究系列24，Cambridge，Mass.：Harvard University Press，1970。

　　——，《前基督教的灵知派》(*Pre-Christian Gnosticism*)，Grand Rapids，Mich.：Eerdmans，1973。

　　Yoder，John Howard，《激烈变革中的原始主义：优势与劣势》("Primitivism in the Radical Reformation：Strengths and Weakness")，载《现代世界中的原始教会》(*The Primitive Church in the Modern World*)，74—97，Richard T. Hughes 编，Urbana and Chicago：University of Illinois Press，1995。

　　Young，Robert J.C.，《殖民欲：理论、文化与种族中的杂交》(*Colonial Desire：Hybridity in Theory，Culture and Race*)，

London：Routledge，1995。

——，《白人的神话学：修史与西方》（*White Mythologies：History Writing and the West*），London：Routledge，1990。

Z

Zukav，Gary，《物理大师翩跹舞：新物理学概览》（*The Dancing Wu Li Masters：An Overview of the New Physics*），New York：William Morrow and Co.，1979。

译 者 后 记

　　谁是正统？谁是异端？月饼，五仁是正统？鲜肉是异端？你是五仁派，还是鲜肉派？

　　本书以现代学术成果（福柯、布迪厄）解析早期基督教的身份塑造问题，解析现代文献史学如何一步一步发明出一种新宗教（灵知派），解析那些古老的论辩术在当代文献史学中如何起作用，乃是一部异彩纷呈的名著。

　　凯伦·L.金（Karen L. King）是哈佛大学神学院的霍利斯教授。霍利斯教授是 19 世纪美国最富盛名的教授席位，由英国商人托马斯·霍利斯 1721 年出资设立。凯伦·金是美国历史上第一位获此教职的女教授。她现年 60 岁出头，作品还有《约翰的秘密启示》、《抹大拉马利亚福音》、《耶稣与首位女性使徒》、《解读犹大：〈犹大福音〉与基督教的形成》、《未知上帝的启示》等。2012 年一些科普特文专家在罗马开研讨会，她带了个纸草纸残片，上面有耶稣说"我的妻子"的话，不少媒体报道。这是她偶尔走入公众视野的例子。

　　水平所限，译文不足之处欢迎读者指正。

张　湛

2016 年 4 月

上海宗教文化研究中心

图书在版编目(CIP)数据

何为灵知派/(美)凯伦·L.金(Karen L. King)
著;张湛译. —上海:上海书店出版社,2022.3(2023.9 重印)
(人与宗教译丛)
书名原文:What Is Gnosticism?
ISBN 978 - 7 - 5458 - 1947 - 2

Ⅰ.①何… Ⅱ.①凯… ②张… Ⅲ.①基督教-神学
-研究 Ⅳ.①B972

中国版本图书馆 CIP 数据核字(2021)第 256162 号

责任编辑 俞芝悦
封面设计 汪 昊

人与宗教译丛
何为灵知派
[美]凯伦·L.金 著 张 湛 译

出 版	上海书店出版社	
	(201101 上海市闵行区号景路 159 弄 C 座)	
发 行	上海人民出版社发行中心	
印 刷	江阴市机关印刷服务有限公司	
开 本	889×1194 1/32	
印 张	13.875	
字 数	250,000	
版 次	2022 年 3 月第 1 版	
印 次	2023 年 9 月第 2 次印刷	
ISBN 978 - 7 - 5458 - 1947 - 2/B·107		
定 价	88.00 元